古典文献

杨琳 著

古典文献及其利用
[第五版]

北京大学出版社
PEKING UNIVERSITY PRESS

图书在版编目(CIP)数据

古典文献及其利用 / 杨琳著 .—5 版 .—北京：北京大学出版社，2021.10
ISBN 978-7-301-32473-8

Ⅰ.①古… Ⅱ.①杨… Ⅲ.①古文献学—中国—高等学校—教材 Ⅳ.①G256.1

中国版本图书馆 CIP 数据核字(2021) 第 182141 号

书　　　名	古典文献及其利用（第五版）
	GUDIAN WENXIAN JIQI LIYONG（DI-WU BAN）
著作责任者	杨琳 著
责 任 编 辑	张弘泓
标 准 书 号	ISBN 978-7-301-32473-8
出 版 发 行	北京大学出版社
地　　　址	北京市海淀区成府路 205 号　100871
网　　　址	http://www.pup.cn　新浪微博：@北京大学出版社
电 子 邮 箱	编辑部 dj@pup.cn　总编室 zpup@pup.cn
电　　　话	邮购部 010-62752015　发行部 010-62750672　编辑部 010-62756449
印 刷 者	天津和萱印刷有限公司
经 销 者	新华书店
	720 毫米 ×1020 毫米　16 开本　24 印张　484 千字
	2004 年 8 月第 1 版　2010 年 2 月第 2 版
	2014 年 1 月第 3 版　2018 年 1 月第 4 版
	2021 年 10 月第 5 版　2024 年 10 月第 4 次印刷
定　　　价	96.00 元

未经许可，不得以任何方式复制或抄袭本书之部分或全部内容。
版权所有，侵权必究
举报电话：010-62752024　电子邮箱：fd@pup.cn
图书如有印装质量问题，请与出版部联系，电话：010-62756370

前　言

　　高等院校的文史类专业一般要开设"古典文献学"课程。该课程以讲述目录学、版本学和校勘学的基础知识为核心，阐述目录学、版本学和校勘学的基本概念、历史沿革和有关文献等，注重理论知识的概括性和系统性，使学生对古典文献的各方面有一个总体把握。本教材则侧重对古典文献本身的介绍，目的在于引导学生利用文献，培养学生实际应用文献的能力，使他们知道中国古代有哪些重要文献，哪些文献可以解决什么样的问题，什么样的问题可以找哪些文献来解决，怎样能够迅速找到自己需要的资料，将文献学的理论知识与具体实践相结合，既熟悉了古典文献，同时也加深了对理论知识的理解。

　　与同类著作相比，本教材有四个特点。

　　一、资料最新。以前出版的文献学著作是根据当时的文献资料编撰而成的，而新编的文献资料不断问世，新编文献往往比原先编成的同一文献内容更准确，使用更方便，因而更需要学生掌握，但旧有文献学著作不能反映最新文献信息，应用价值不免要打折扣。就拿古代文化经典《十三经注疏》来说，前人著作中介绍的大都是中华书局1980年影印出版的阮元校刻本，但后来有使用更为便利的版本问世。北京大学出版社1999年出版了录排标点简体本《十三经注疏》，2000年又出版了标点繁体本，全面吸收了阮元《十三经注疏校勘记》和孙诒让《十三经注疏校记》的成果，同时还择要采用了近现代学术界有关十三经及其注疏的校勘、辨证、考异、正误等方面的成果，并对全书进行了统一规范的标点。2007年以来，上海古籍出版社又推出了一套《十三经注疏》点校本，各经底本力求目前能找到的最佳版本，试图整理出一套比阮刻本更为完善的本子。2012年，山东大学儒学高等研究院启动了《十三经注疏》汇校和《十三经注疏》标点通行本的项目。汇校将各种版本加以对照，写出详细的校勘记。在汇校的基础上，择善而从，编成一部错误最少、附有简明校勘记的通行本。这些重要信息在以前编撰的文献学著作中都是没有的。本教材的资料截止于正式出版的前一个月，书中提供的是目前最新的古典文献信息。

　　二、内容全面。以前出版的文献学著作偏重于介绍传世文献，而且还往往限于普通文献或儒家文献，本教材则将文献范围大加拓展，给人以更加全面的古典文献信息。如简帛文献、敦煌文献、宗教文献（大藏经、道藏）、中医文献、图像文献、电子文献等，这些内容在过去的文献学著作中大都介绍较少或没有涉及。尤其是电子文献,使用起来比纸质文献快捷便利,但目前的古典文献学著作反映这方面内容的很少。本教材则介绍了目前为止有哪些电子文献可以利用,这些电子文献有什么特点,给学习者以最实用的现代化古典文献信息。

三、抓大放小。中国古典文献浩如烟海,要想对每一部文献加以介绍是不可能的。本教材针对文史专业的特点,以"抓大放小"为原则,主要介绍包容量大、使用价值高的文献。例如介绍"二十四史",而不单独介绍《史记》《汉书》;介绍《全唐诗》,而不介绍《李太白集》《杜少陵集》;介绍《甲骨文献集成》,而不介绍众多的单个论著;介绍《四库全书总目》,而不介绍《四库全书简明目录》《书目答问》;等等。掌握了大部头的文献,可以对同类文献有一个整体的了解,同时也便于找到想找的资料。

四、注重应用。以前出版的文献学著作偏重于介绍文献知识,本教材在介绍文献知识的同时更注重对文献的利用,所以书名取为《古典文献及其利用》。例如谈到大藏经时,指出"曹冲称象"的故事与佛经故事的复杂关系;谈到图像资料时,引用商周青铜匕的图像说明"匕首"得名于羹匙;谈到出土文献时,论及宋玉《登徒子好色赋》的真伪问题;等等。这些实例使学习者切实认识到各类文献的价值所在。

本教材在撰写过程中参考引用了许多前修时贤的论著,大都在文中作了交代。有些表述则是综合众说而成,未能一一揭示,以免烦琐。由于中国古典文献千头万绪,要做到书中讲述的所有内容都准确无误是很困难的,不当之处期盼读者批评指正,以便在重印或再版时得以更正。

目 录

一 导 论 / 1
  1.1 为什么要学习古典文献知识 / 1
  1.2 怎样学习古典文献知识 / 5

二 文献检索方法 / 9
  2.1 形序法 / 9
  2.2 音序法 / 17
  2.3 义序法 / 18
  2.4 电子检索法 / 19

三 电子文献及其利用 / 21
  3.1 电子文献概说 / 21
  3.2 网络电子文献 / 23
  3.3 磁盘电子文献 / 34
  3.4 理想电子文献的标准 / 38
  3.5 电子文献攻略 / 44
    3.5.1 电子文献的四种常用格式 / 44
    3.5.2 兼容多种格式的浏览器 / 58
    3.5.3 图像文字的识别 / 59
    3.5.4 文本格式的批量加工 / 63

四 类书及其利用 / 67
  4.1 类书概说 / 67
  4.2 隋唐类书 / 74
    4.2.1 《玉烛宝典》/ 74
    4.2.2 《北堂书钞》/ 76
    4.2.3 《艺文类聚》/ 78
    4.2.4 《初学记》/ 80

4.3 宋代类书 / 82
  4.3.1 《太平御览》/ 82
  4.3.2 《册府元龟》/ 83
4.4 明代类书 / 84
4.5 清代类书 / 92
  4.5.1 《渊鉴类函》/ 92
  4.5.2 《古今图书集成》/ 93
  4.5.3 《佩文韵府》和《骈字类编》/ 98
4.6 现代类书 / 100
  4.6.1 《中华大典》/ 100
  4.6.2 字词训释类书 / 103

五 政书及其利用 / 109
 5.1 政书概说 / 109
 5.2 十通 / 111
 5.3 会要和会典 / 114

六 丛书及其利用 / 119
 6.1 丛书概说 / 119
 6.2 四库全书类 / 123
  6.2.1 《四库全书》/ 123
  6.2.2 《四库全书荟要》/ 133
  6.2.3 《四库提要著录丛书》和《四库全书底本丛书》/ 134
  6.2.4 《四库全书存目丛书》和《四库未收书辑刊》/ 135
  6.2.5 《续修四库全书》/ 136
 6.3 丛书集成类 / 139
  6.3.1 《丛书集成初编》/ 139
  6.3.2 《丛书集成续编》和《三编》/ 141
 6.4 经藏类 / 142
  6.4.1 大藏经 / 142
  6.4.2 道藏 / 152
  6.4.3 儒藏 / 161
  6.4.4 子藏 / 163
  6.4.5 医藏 / 164

  6.5 专门类 / 165
    6.5.1 善本丛书 / 165
    6.5.2 地方丛书 / 177
    6.5.3 外国汉文丛书 / 184
  6.6 专科类 / 187
    6.6.1 经部丛书 / 187
    6.6.2 史部丛书 / 189
    6.6.3 子部丛书 / 193
    6.6.4 集部丛书 / 196
    6.6.5 小学丛书 / 214

七 出土文献及其利用 / 219
  7.1 出土文献概说 / 219
  7.2 甲骨文献 / 225
  7.3 金石文献 / 233
  7.4 简帛文献 / 247
  7.5 敦煌、吐鲁番、黑水城文献 / 254
    7.5.1 敦煌文献 / 254
    7.5.2 吐鲁番文献与黑水城文献 / 269

八 图像资料及其利用 / 276
  8.1 图像资料概说 / 276
  8.2 综合图集 / 280
  8.3 专科图集 / 288

九 书目及其利用 / 297
  9.1 书目概说 / 297
  9.2 丛书综录类 / 298
    9.2.1 《中国丛书综录》/ 298
    9.2.2 《中国丛书广录》和《中国丛书综录续编》/ 301
    9.2.3 《中国古代著名丛书提要》/ 302
  9.3 古籍总目类 / 303
    9.3.1 《中国古籍总目》/ 303
    9.3.2 《中华古籍总目》和《中国少数民族古籍总目提要》/ 305

9.3.3　海外中文古籍总目 / 306
9.4　四库提要类 / 310
　9.4.1　《郡斋读书志》和《直斋书录解题》/ 310
　9.4.2　《四库全书总目》/ 312
　9.4.3　《续修四库全书总目提要》/ 316
　9.4.4　《四库大辞典》/ 318
9.5　专门类 / 321
　9.5.1　史书书目 / 321
　9.5.2　方志书目 / 324
　9.5.3　佛道书目 / 325
　9.5.4　善本、图录、小说、戏曲、中医、断代等书目 / 332

十　古书形制 / 348
　10.1　古书形制概说 / 348
　10.2　简牍形制 / 348
　10.3　纸书形制 / 351
　10.4　刻本版式 / 353

书名索引 / 358
第三版后记 / 370
第四版后记 / 374
第五版后记 / 376

一 导 论

1.1 为什么要学习古典文献知识

"文献"一词最早见于《论语·八佾》:"子曰:夏礼吾能言之,杞不足征也;殷礼吾能言之,宋不足征也。文献不足故也,足则吾能征之矣。"东汉郑玄解释说:"献犹贤也。我不以礼成之者,以此二国之君文章贤才不足故也。"(三国魏何晏《论语集解》引)这里的"文"指文字记载,"献"指有学识的贤人。古代大量的知识靠贤能之人口耳相传,所以贤人大脑中存储的资料也是文献的重要组成部分。今天由于记载手段的发达,人脑存储的无法直观的不确切的信息已不在文献范围之列。今天的"文献"指用各种载体记录的所有资料,如文字记载、图像、录像、录音等。

中国古典文献指中国古代流传下来的以及考古发现的一切文字资料和图像资料(包括今人印制的古代文物的图片),通常以清代灭亡的 1911 年为下限,这些资料是我们了解研究中国古代社会政治、经济、文化各方面的重要依据。美国佛罗里达州立大学多德大楼(Dodd Hall)的门楣上写着这样一句格言:"The half of knowledge is to know where to find knowledge."意为"知哪查检,知识一半"(图 1-1)。遇到疑难问题,知道在哪里能找到有关的文献资料,这是解决问题的先决条件。所以我们要通过学习,掌握中国古代有哪些类型的重要文献,学会怎样高效地找到所需的信息资料,即获得"哪里找"及"如何找"的知识和技能,为从事涉及中国传统文化的工作打好基础。

图 1-1　多德大楼门楣

文史类专业的学生无论是在校学习期间还是毕业后走上工作岗位，往往少不了要跟中国古典文献打交道。

在校学习期间，本科生要写学年论文和毕业论文，写论文就有一个怎样查找资料的问题。论文的产生不外两个途径：一是先有一个题目再去找资料；二是先阅读有关资料，然后在此基础上形成自己的思想观点。无论哪一种途径，查阅资料是不可或缺的程序。有些同学还想报考研究生，打算将来从事研究工作，对这部分同学来说，文献资料的查找更是一项不可或缺的基本功，必须打好坚实的基础。

也许有些同学会问：我打算将来从事媒体传播工作或是文学创作，不想搞研究工作，古典文献的知识对我有用吗？回答是肯定的。让我们来看这样一个例子。有家电台曾播出过一个介绍电子存储技术的节目，主持人介绍说电子存储技术可以大大节省书籍的存放空间，比如纸质本的《史记》摆在书架上要占好几排，如果存储在光盘里，薄薄的一张光盘就足够了。这位主持人看来没见过《史记》，也对《史记》缺乏应有的了解。传本《史记》原文不过六十万字，用五号字印成书也就六百来页。中华书局整理出版的校点本《史记》包括三家注在内，也只有十册而已。说纸质本《史记》要在书架上占好几排，未免失之太远。这是节目主持人因缺乏古典文献常识而造成的疏失。

记者在新闻报道中难免要涉及中国的历史文化，比如有关考古发现的报道、名胜古迹的报道、生态环境的报道、风俗习惯的报道，等等，写这类报道，如果不是人云亦云而是想有一定的深度和广度的话，就需要查阅相关的历史文献资料。下面是《人民日报》2003年1月30日第15版上的一篇题为《春节佳话》的文章的一部分，我们来看看写这样一篇文章需要什么样的文献知识。

春节的过法有诸多讲究，其传说亦多种多样。现就民间的习俗及典籍的记载略述一二。

春节源起我国原始社会中的"腊祭"。传说那时每逢腊尽春来，人们便要杀猪、宰羊，祭祀祖先和老天，祈求来年风调雨顺，避祸免灾。人们用朱砂涂脸，鸟羽装饰，又唱又跳，热闹非凡。《尔雅》一书中就说春节"夏曰岁，商曰祀，周曰年"。据此看来，春节在不同的时期是有不同的称呼和含义。汉代，人们把二十四节气中的"立春"定为春节；南北朝时，人们又将整个春季都定为"春节"；殷商时，春节叫元日或祀日；汉武帝时，春节又叫朔日。中国人过"年"，很早以前不是在腊月的最后一天，而是在"腊日"，即农历腊月初八。到了南北朝以后，才把"腊日"移到岁末。辛亥革命后，孙中山提出"行夏历，所以顺农时，从西历，所以便统计"，遂决定实行公历纪年。由此，便将公历一月一日称为元旦，农历正月初一定为春节。1949年中国人民政治协商会议第一次全体会议正式将此节规定下来，通令全国施行。在民间的传统习惯上，春节的节日活动实际上是从腊月二十三祭灶开始一直延续到正月十五元宵节。

春节的一大特征是除旧迎新。一进腊月,民间就开始举行清洁大扫除。腊月二十三或二十四祭灶日为高潮。北方叫"扫房子",南方称"掸棚尘"。宋人吴自牧在《梦梁录》中记述道:"不论大小人家,俱洒扫门闾,去尘秽,净庭户。"民间也流传着"腊月二十五,扫房掸尘土""腊月二十七,里外洗一洗""腊月二十八,家什擦一擦""腊月二十九,脏土都搬走"等谚语。同时,人们还喜欢用红纸或金纸制成各种吉庆饰品张贴、悬挂在大门、厅堂、居室、家具、用器上面,将环境打扫得干干净净、喜气盎然。旧时习惯,除夕之夜,家家户户的男女老幼,必须换新衣。旧时民谣云:"糖瓜祭灶,新年来到。丫头要花,小子要炮,老娘们要裹脚布,老头要顶新毡帽。"

要做好这样一篇文章必须查阅大量的古代文献,作者也声称自己查阅了"典籍的记载",但我们感到作者对古代典籍是不够熟悉的,或者说没有认真查阅第一手资料,因为文中有好些差错。《尔雅·释天》中固然有"夏曰岁,商曰祀,周曰年"的说法,但这里讲的是不同时代对作为时间单位的年有不同的叫法,并不是说春节有不同的名称。若知道《梦粱录》之名取自"黄粱一梦"的典故的话,"粱"字就不会误写成"梁"①。《梦粱录》的引文也不准确,原话是这样的(见卷六):"士庶家不以大小,家俱洒扫门闾。"其他如"南北朝时,人们又将整个春季都定为'春节';殷商时,春节叫元日或祀日"云云,都是经不起推敲的。

中国社科院文学研究所的王学泰曾经谈到过这样一件事:

1981年8月24日美国前总统卡特访问北京,当时正值盛暑,北京一连几天又非常热。卡特一下飞机不知在哪里"中国通"的指导下念了两句中国古诗:"今世褦襶子,触热到人家。"一时,外交部的人不知所云,就打电话问文学所。科研处接到电话已经是下午了,那时文学所在日坛路六号,一切都很简陋;到了下午,所里就没几个人了。科研处找不到人,就打电话给《文学遗产》编辑部,我恰巧在。来电说外交部问两句唐诗的出处(因为唐诗在外国最有名,中国人一听外国人念中国诗就认为是唐诗),你负责唐宋段给查一查。我从电话中听懂这两句诗的写法后,感觉不太像唐诗,我也刚读完《全唐诗》,毫无印象。我没有从唐诗里寻找,当时还没有《全宋诗》。我翻开了丁福保的《全汉三国晋南北朝诗》,没有想到一下子就翻到"晋诗",又一翻,"今世"两句赫然在目。真是有点《易传》中所说"一索而得男",快何如之!此诗是晋人程晓所

---

① 《梦粱录·自序》:"昔人卧一炊顷,而平生事业扬历皆遍,及觉,则依然故吾,始知其为梦也,因谓之黄粱梦。矧时异事殊,城池苑囿之富,风俗人物之盛,焉保其常如畴昔哉?缅怀往事,殆犹梦也,名曰《梦粱录》云。"

作。一读全诗深感那位"中国通"了不起,这首诗并非"名诗","触热"两句更非"名句",但它却十分符合卡特此次来访的时间和自己的身份。诗云:"平生三伏时,道路无行车。闭门避暑卧,出入不相过。今世褦襶子,触热到人家。主人闻客来,𧾷䠓奈此何!"下面还写到,客人来访,也没有什么要紧事,可是给主人添了许多麻烦。当时卡特已经是"前总统"了,用此诗作为到京的开场白,其中包含了对主人的尊重和自谦,立言非常得体,真是应了孔子那句话"不学诗,无以言"。我也从"一索"而中,获得了喜悦。①

这种事无论是记者还是国家公务员,都有可能随时遇到。王学泰是碰巧一下翻着了这首诗,其实如果掌握了文献检索的知识和技巧,是可以通过正常的方法很快找到原诗的。今天由于电子检索手段的出现,解决这种问题就更加快捷了。只要到网上查一下,就可查到这首诗名叫《嘲热客》。再查有关工具书,知道程晓是三国时期魏国人,《三国志·魏书·程昱传》有程晓的附传。

中华网(http://news.china.com)2004年2月17日曾刊登一篇题为《辽甘两省国宝〈四库全书〉争夺战20年备忘》的报道,报道中说:

> 文溯阁《四库全书》是清朝乾隆皇帝留给沈阳、乃至整个中国的一个"奇迹",它是中国历史上最大的一部丛书,前后耗时15年、动用4400余人才编撰完成。此后乾隆帝在全国修建7座藏书楼收藏此书,沈阳故宫的文溯阁就是其中之一。
>
> 从成书至1949年建国近200年间,其他六阁所藏《四库全书》因各种原因而大多散失,仅有沈阳故宫文溯阁仍然"书阁合一"完整保存着。

这些话暴露出作者对《四库全书》的情况不是很清楚。按文章的说法,似乎全国七座藏书楼收藏的都是"文溯阁《四库全书》",这显然是错误的。七阁《四库全书》明明现存四阁(文澜阁本多为后人抄补),却误报成其他六阁所藏大多散失。这是文献知识欠缺造成的误说。

文学创作如果是历史题材,就必须查阅大量的历史文献,弄清当时社会的方方面面,这样才能创作出符合历史真实的作品来。如果是拍摄历史题材的影视剧,对细节的真实要求更高,如穿什么样的衣服,摆什么样的家具,行什么样的礼仪等,都应该有文献依据。作家姚雪垠为创作长篇历史小说《李自成》查阅了大量明代的历史文献,抄录的卡片就有两万多张,搜集了丰富的第一手历史资料,因而在历史真实和艺术真实的关系上处理得比较妥当,很多细节描写给人以身临其境的感觉。

由此可见,古典文献知识具有多方面的应用价值,对文史类专业的学生来说是

---

① 王学泰《获解的愉快》,《中华读书报》2001年6月20日。

1.2 怎样学习古典文献知识

学习古典文献知识要理论学习和具体实践相结合，重在实践。理论学习主要通过文献学、书目提要等著作了解典籍的种类、性质、体例、作者、著述时代、流传情况、版本、真伪、有无注疏等基本情况，这样在看到别人引用时能做到心中有数，不致为低级浅显的错误所蒙蔽；另一方面，自己在遇到问题的时候知道在哪些书中可以找到解决的线索，并能正确引用文献。例如《诗经·大雅·荡》中有"侯作侯祝"的话，有人引证说："陆德明《经典释文》释'侯作'曰：'祝诅也，注同本或作诅。'又释'侯祝'曰：'注同本或作咒非。'这些古注皆把祝、作、诅、咒视为同义。"①引者显然对《经典释文》的体例不熟悉。《经典释文》是一部"音义"类的书，以给单字注音为主，兼及释义。为了便于读者将注文与经典正文对上号，《经典释文》在给单字注音释义时往往连带摘引出前后的一两个字。上面引文中摘引的"侯作""侯祝"只是对"作""祝"二字作音义，"侯作""侯祝"犹言"侯作之作""侯祝之祝"，并非对"侯作"和"侯祝"整体作注释，所以《经典释文》释'侯作'曰"的说法是不合适的，容易给读者造成误解。作者对引文的断句更令读者不知所云。我们说了，《经典释文》以注音为主，它摘引的字一般都有注音。"侯作"下《经典释文》的原文为："侧虑反，祝诅也，注同。本或作诅。""侯祝"下的原文是这样的："周救反，注同。本或作咒，非。"陆德明的意思是说"侯作"之作读侧虑反，注文（指毛传）中的"作"也读这个音。有的版本"作"字写作"诅"。"侯祝"下的释文仿此。"非"是说有的版本将"祝"写作"咒"是错误的。从陆德明"本或作咒，非"的注释中恐怕得不出注者"把祝、作、诅、咒视为同义"的结论。可见不熟悉古籍的体例，就难以正确理解古籍的含义，也就不可能据此证明自己的观点或得出可信的结论。

理论学习只能给我们提供有关典籍的基础知识，要真正熟悉典籍，还须经常查阅使用，在使用中去印证和深化我们学到的理论知识。跟学习和研究关系密切的要籍还要认真研读。南宋诗人陆游《冬夜读书示子聿八首》之诗云："古人学问无遗力，少壮工夫老始成。纸上得来终觉浅，绝知此事要躬行。"这是至理名言。如果仅从有关介绍中得到一些肤浅的感性认识，是不可能很好地利用古典文献的。

例如教育部推荐的高校教材《中国文学史》第一卷中有两处提到班固的《竹扇赋》。一处介绍说："班固的《竹扇赋》今存残篇，是一首完整的七言诗，原来当是系于赋尾。这首七言诗叙述竹扇的制作过程，它的形制、功用，遣词造句质朴无华，浅

---

① 《诗经的文化阐释》，湖北人民出版社1996，第41页。

显通俗。"另一处介绍说:"以七言诗融入汉赋者,主要有班固的《竹扇赋》、张衡的《思玄赋》、马融的《长笛赋》、王延寿的《梦赋》……其中班固的《竹扇赋》所存部分纯为七言句。"①文学史家们之所以关注《竹扇赋》,主要是在他们看来此赋在形式上是"一首完整的七言诗",而通常认为现存最早的完整的七言诗是曹丕的《燕歌行》,此赋的发现可以将七言诗体的出现年代提前150年左右的时间。然而当我们找来《竹扇赋》仔细一读,就会发现学者们对此赋的看法与实际不符。

《竹扇赋》最早见于《古文苑》卷五,后见于明张溥辑《汉魏六朝百三名家集》卷一一《汉班固集》。按照此赋"纯为七言句"的观点,全文应该这样标点:

青青之竹形兆直,妙华长竿纷实翼。杳篠丛生于水泽,疾风时纷纷萧飒。削为扇翣成器美,托御君王供时有,度量异好有圆方。来风辟暑致清凉,安体定神达消息。百王传之赖功力,寿考康宁累万亿。

如此句读,许多句子全然不知所云,如"妙华长竿纷实翼""托御君王供时有,度量异好有圆方"等,说明这样句读是有问题的。北京大学出版社1993年出版的《全汉赋》据《古文苑》录入,并加了标点,编者是这样标点的:

青青之竹形兆直,妙华长竿纷实翼。杳篠丛生于水泽。疾风时,纷纷萧飒。削为扇,翣成器,美托御君王。供时有度量,异好有圆方。来风辟暑致清凉,安体定神达消息。百王传之赖功力,寿考康宁累万亿。

这样断句虽然比断成七言诗稍好一些,但文意仍然难以完全贯通。
我们认为全文应这样标点:

青青之竹,形兆直妙。华长竿纷,实翼杳篠。丛生于水泽,疾风时□□。纷纷萧飒,削为扇翣。成器美[良],托御君王。供时有度量,异好有圆方。来风[堪]辟暑,[静夜]致清凉。安体定神达消息,百王传之赖功力,寿考康宁累万亿。

下面交代一下这样断句的理由。

从形式来看,赋为韵文,如此断句,妙、篠押韵(宵幽合韵)、飒、翣押韵(缉叶合韵)、良、王、量、方、凉押韵(阳部)、息、力、亿押韵(职部),符合赋的特点。

再来看内容。"形兆"犹言形迹、形状。班固《白虎通·天地》:"始起先有太初,后有太始。形兆既成,名曰太素。""形兆既成"谓形状既成。"形兆直妙"是说竹子形状挺直美妙。"华"字义不可通,竹子一般不开花,当为"叶"字形误,繁体"華""葉"形近。实,虚词,犹乃。"杳篠"当作"杳窱"。《说文》:"窱,杳窱也。""杳窱"为

---

① 高等教育出版社1999,第268、170页。

幽深貌。班固《西都赋》："步甬道以䓕纡,又杳窱而不见阳。""叶长竿纷,实翼杳窱"是说竹子叶长枝繁,荫翼幽深。"疾风时"下当脱两字,否则不成比对。"萧飒"有许多意思,这里当作潇洒自然解。白居易《画竹歌》："婵娟不失筠粉态,萧飒尽得风烟情。"此即谓竹子潇洒自然。"扇翣"同义连文,翣亦指扇子。晋崔豹《古今注》卷上《舆服》："舆辇有翣,即缉雉羽为扇翣,以障翳风尘也。""削为扇翣"谓将竹子削成竹篾,编织成扇子。"成器美"《古今图书集成·考工典》卷二二一《扇》下引作"成器良","良"适与下句"王"押韵,盖本作"成器美良",《古文苑》与《古今图书集成》各脱一字。"成器美良,托御君王"是说做成的竹扇非常精美,贡给君王使用。唐代田鹤《扇赋》云："虽见重于人臣,未承恩于天子。曷若充岁贡,随箧笥,比德进贤,齐芳献雉,徙倚君侧,徘徊宫里。"此亦"托御君王"之意。《古文苑》"来风辟暑致清凉"句下南宋章樵注云："一本:来风堪避暑,静致夜清凉。""静致夜清凉"句意难通。按:《艺文类聚》卷六九《扇》下引班固《竹扇诗》曰："供时有度量,异好有团方。来风堪避暑,静夜致清凉。"根据《古文苑》,我们知道这本是《竹扇赋》中的句子,因摘出的这四句像一首诗,故《艺文类聚》误题作《竹扇诗》,今据以补正《竹扇赋》。"供时有度量"是说扇子的使用有节度,即有季节性。"异好有圆方"是说竹扇有圆形的,有方形的,人们的爱好各不相同。"消息"有休息的意思(参《汉语大词典》)。"安体定神达消息"是说扇子能使人在炎炎夏日身心安宁,得到很好的休息。"百王传之赖功力"是说历代君王将竹扇代代相传,他们都要依赖竹扇安体定神的功力。"寿考康宁累万亿"是说竹扇使许许多多的人寿考康宁。东汉傅毅《扇铭》云："翩翩素圆,清风载扬。君子玉体,赖以宁康。"晋傅咸《扇赋》云："下济亿兆,上宁侯王,是曰安众。""安众"是一种方形古扇的名字,因使众人在炎夏得以安宁而得名。此皆谓扇可使人康宁。"寿考康宁累万亿"即"安众"之意。赋之为体,文句往往成双,故疑最后三句脱漏一句。"安体定神达消息,百王传之赖功力"二句就君王而言,即"上宁侯王"之意;"寿考康宁累万亿"就百姓而言,即"下济亿兆"之意,然百姓之意未见,故所脱当在此句前后。

经过这样一番整理,始觉此赋怡然理顺。从文意来看,文章先描写竹子,继写削竹制扇,最后写扇子的功用,虽说个别字句有脱漏,但大体上文意连贯,首尾完整。如果这一理解不错的话,那么将此赋当成"一首完整的七言诗"的观点以及现存此赋原本是《竹扇赋》结尾部分的猜测,都是缺乏根据的,难以成立。

由此可见,书本上对文献资料的介绍利用不一定都是恰当的,我们只有深入其中,自己真正熟悉它,才能正确地使用它。这就要求我们尽可能地使用第一手资料,不要随便转引,因为转引的资料是作者根据自己的需求摘抄的,没有上下文,存在误抄、误解甚至曲解的可能。

例如,关于菊花是否会落瓣的问题,宋代文人间曾有一番争议。北宋蔡绦在

《西清诗话》(南宋胡仔《苕溪渔隐丛话》前集卷三四引)中记载说:"欧公嘉祐中见王荆公诗'黄昏风雨瞑园林,残菊飘零满地金',笑曰:'百花尽落,独菊枝上枯耳。'因戏曰:'秋英不比春花落,为报诗人子细看。'荆公闻之,曰:'是岂不知《楚词》夕餐秋菊之落英?欧阳九不学之过也。'"南宋史铸在《百菊集谱》卷三中引唐薛莹《十日菊》诗中的"今朝篱下见,满地委残阳"两句说明菊花是有落瓣的。光看这两句,好像说的就是菊花凋落于地。但查看原诗,此前两句是:"昨日尊前折,万人醉晓香。"意思是九月初九重阳节的时候人们纷纷采摘菊花泛酒插头,沉醉于菊花的芳香。那么接下来写"今朝篱下见,满地委残阳",分明是指重阳节的第二天人们都把摘来的菊花丢弃于地,跟菊花落瓣无关。史铸还引了陆游《陶渊明云三径就荒松菊犹存盖以菊配松也余读而感之因赋此诗》中的"纷纷零落中,见此数枝黄",从题目的"三径就荒,松菊犹存"及下文的"折嗅三叹息,岁晚弥芬芳"来看,"纷纷零落"指的是其他花草零落,诗意反而说的是菊花能岿然独存。如果不查原诗,是很难发现其中的问题的。

再来看一个转引致误的例子。清窦光鼐、朱筠等《日下旧闻考》卷一四八《风俗》引明刘侗、于奕正《帝京景物略》:"九月九日,载酒具、茶炉、食榼,曰登高。高山高阁释而不登,但赁园亭,闯坊曲,为娱耳。"据此则明代北京人过重阳节时,似乎不登高山高阁,只是租个亭子玩玩或逛逛街巷。事实并非如此。《帝京景物略》卷二《春场》:"九月九日,载酒具、茶罏(lú)、食榼,曰登高。香山诸山,高山也;法藏寺,高塔也;显灵宫、报国寺,高阁也。释不登。赁园亭,闯坊曲,为娱耳。"这是说高山、高塔、高阁都登,但和尚们("释")不登高,转引中误成了"释而不登"。另外,"茶罏"指茶杯,转引中却成了"茶炉"。使用第一手资料的重要性由此可见。

二　文献检索方法

文献从物质形态上来看,主要有纸质文献和电子文献两类。检索纸质文献主要是利用为各种文献编制的索引或相关工具书。无论是什么样的索引,其编制对象都是汉字,汉字有形、音、义三种属性,所以索引的编排法就有依据字形的形序法、依据字音的音序法及依据字义的义序法三种。

电子检索是现代电子科技的产物,它利用电脑等设备在电子文献中进行检索,不但检索范围广,速度快,而且对特定对象很容易做到穷尽性的检索,其功效是传统检索方法无法比拟的。所以一种文献如果有电子文本,自然应优先选择电子检索。

下面对这两类检索方法加以介绍。

2.1　形序法

1. 部首法　部首是排列单字时起分类作用的汉字偏旁。按部首排字,创始于东汉学者许慎。许慎在他编写的字典《说文解字》中设立了 540 个部首,将具有同一部首的字排列在一起。后世字典大都采用此法,沿用至今,只是各字典对部首的分合不尽相同。使用部首法要注意以下两点:

1)要了解所检工具书设立了哪些部首。部首的设立并没有统一的标准,不同工具书设立的部首不一定相同。例如《说文解字》设 540 个部首,梁代顾野王的《玉篇》设 542 个部首,辽释行均的《龙龛手镜》设 242 个部首,明代梅膺祚的《字汇》设 214 个部首(《康熙字典》《中华大字典》等都沿用《字汇》的 214 部),《辞海》(1979 年修订本)设 250 个部首,旧版《新华字典》和《现代汉语词典》设 189 个部首[①],《汉语大字典》和《汉语大词典》设 200 个部首。有的据义立部(如《说文解字》),有的据形立部(如修订本《辞海》),有的则是形义兼顾(如《新华字典》)。由于部首不同,同一个字在不同的工具书中有可能归在不同的部首。以"衍"字为例,《说文》据义立部,

---

[①] 1979 年版《现代汉语词典》的《部首检字表》的《说明》中说共有 188 个部首,统计有误,实为 189 个,1997 年修订本已作了改正。《新华字典》2004 年第 10 版以后、《现代汉语词典》2005 年第 5 版以后均采用《汉字统一部首》的 201 个部首。

放在水部；《中华大字典》设行部，放在行部；《汉语大字典》不设行部，衍字归于彳部。即使有同样的部首，归字也不一定相同。如"荆"字《康熙字典》归艸部，《汉语大字典》归刀部；"咸"字《康熙字典》归口部，《汉语大字典》归戈部。工具书虽然对部首的选取都有自己的原则，但大多数工具书都不作明确交代，这可以说是索引编制工作中的一个通病，增加了使用部首法的困难。

2) 采用部首法编制的索引一般都附有难检字笔画索引，凡是找不到部首的字可在难检字表中查找。如"七、书、长、为、卡、民"等字，部首难以确定，不妨在难字表中找找看。

部首法虽然给汉字的排检找到了一条线索，但这种方法的缺点也是显而易见的：部首的设立及字的归部没有统一的标准，检索者不易确定字的部首；单纯用部首法排列的索引每部包含的字上百甚至上千，难以很快找到要找的字。所以部首法一般跟笔画法配合使用，即同部首的字再按笔画多少为序排列，以缩小检字范围。

国家有关部门一直在为汉字查字法的标准化而努力。1961 年，由文化部、教育部、中国文字改革委员会、中国科学院语言研究所联合组成汉字查字法整理工作组，工作组经过研究，于 1964 年 4 月提出四种查字法草案推荐给文化、教育和出版界试用。其中《部首查字法》草案共设立了 250 个部首，规定了具体的单字归部原则。这是历史上首次提出的一个完全据形取部的方案，规则明确，便于操作。1979 年出版的修订本《辞海》就采用了这一草案，并将草案的规定列在《部首查字法查字说明》中，给检索者提供了很大的方便。1999 年修订版《辞海》沿袭了这一做法。但这一草案并没有通行开来，后出的一些权威工具书如《现代汉语词典》《汉语大字典》《汉语大词典》等都没有采用这一方案。

1983 年 6 月，在中国文字改革委员会和文化部出版局的领导下，成立了统一部首查字法工作组，工作组由上海辞书出版社、商务印书馆、汉语大字典编纂处、汉语大词典编纂处、中国社会科学院语言研究所词典室组成。该工作组又制订了一个《汉字统一部首表(草案)》[①]，共设 201 个部首，但没有制定具体的单字归部原则，具体执行起来仍然各行其是。例如国家语委汉字处根据《草案》编制的《现代汉语常用字表》(语文出版社 1988)和《现代汉语通用字表》(语文出版社 1989)，在 3500 个常用字和次常用字的归部上就存在较大的出入。所以这一《草案》需要进一步完善。1998 年，《汉字统一部首表》标准研制组发布了《〈汉字统一部首表(草案)〉修订说明》[②]，对《草案》作了 8 条修订，主要是调整部首排序及增删变形部首，仍然没

---

① 《文字改革》1983 年 11 月号。发表时题为《统一汉字部首表(征求意见稿)》。此为主管部门后来的改称。

② 《语文建设》1998 年第 11 期。

有归字原则。

2009年1月12日,教育部和国家语言文字工作委员会联合发布了《汉字部首表》及《GB13000.1字符集汉字部首归部规范》。《汉字部首表》在《汉字统一部首表(草案)》(1983)的基础上作了11项调整和增补,共设主部首201个,附形部首99个。每个主部首都有固定序号,附形部首的序号与主部首一致,这使部首的排列顺序有了统一的规范。《GB13000.1字符集汉字部首归部规范》在《汉字部首表》的基础上规定了单字的具体归部规则,共有5条:

(1)从汉字的左、上、外位置取部首。如果左和右、上和下、外和内都是部首,则只取左、上、外位置的部首。

(2)汉字的左、上不是部首,右、下是部首,取右、下位置的部首;半包围结构的字,外不是部首,内是部首,取内。

(3)汉字的左和右、上和下都不是部首,按照先左后右、先上后下的顺序,从偏旁的位置取部首。如"蠢"取"虫"部、"赢"取"月"部。

(4)左右、上下、包围结构的字及其他字如从上述位置取不到部首,则从起笔的位置取单笔部首。

(5)在取部位置上少笔与多笔几个部首出现叠合时,取多笔部首,不取少笔部首。如"赣"字左上有"丶、亠、立、音"等部首叠合,取笔画最多的"音"部。

《GB13000.1字符集汉字部首归部规范》根据上述规则列出了20902个汉字的部首归部表。

这两个规范文件的发布标志着汉字的部首及字的归部有了正式的国家规范,随着这两个规范文件的实施,汉字部首的设立及归部的混乱局面有望逐渐消失。

2. 笔画法 汉字在书写时从落笔到提笔叫一笔或一画,合称笔画。笔画法就是以笔画数的多少为序排检汉字的方法。

笔画法在历史上的出现时代以往有不同的说法。有些人认为首创于明代梅膺祚的《字汇》。如胡朴安说:"《字汇》以笔画之多少分部列字,可谓为检字者开一方便之法门。"[1]有些人认为首创于明代都俞的《类纂古文字考》。如《四库大辞典》"类纂古文字考"条:"共分314部,每部之中又按字的笔画排列先后,比以往的字书检索方便,是其首创。"[2]其实早在宋金时期笔画法就已用于汉字排检。成书约在1109—1136年间的《海篇》(今有《续修四库全书》本,题《新校经史海篇直音》)收字55665个,分归444部,部内之字以笔画多少为序[3]。金代王太编有《类玉篇海》,

---

[1] 胡朴安《中国文字学史》,上海:商务印书馆1937,第244页。
[2] 李学勤、吕文郁主编《四库大辞典》,吉林大学出版社1996,第745页。
[3] 参杨正业《〈海篇〉成书年代考》,《辞书研究》2005年第1期。

其书今虽亡佚,但金代邢准的《新修累音引证群籍玉篇》(今有《续修四库全书》本)卷首载有《大定甲申重修增广类玉篇海序》,序中说:《类玉篇海》"仿顾野王《玉篇》分部,又于每部以下(按:疑为"下以"误倒)字画分为二十段。……以类附字,以画分段,有若叶之从条,珠之在贯,粲粲然使览者无昧于字而音义俱明矣"。可知其书先据部首分类,同一部首的字再按笔画排列。金世宗大定甲申年为1164年。后来韩孝彦、韩道昭父子编的《四声篇海》(书成于1208年)也采用了这种部首与笔画相结合的方法,该书共收54595字,分归440部,每部内的字也是按笔画多少为序排列的。

笔画法的优点是原则简单,容易掌握。缺点是同笔画的字太多,找字费事;笔画多的字尤其是繁体字,数笔画很麻烦;有些字的笔画数不易确定,如"美"是9画还是8画?"片"是4画还是5画?"敝"是11画还是12画?其他如"象、臣、贯、祭、韋"等字的笔画都容易数错。

为了弥补同笔画字太多的缺点,笔画法往往又辅以笔顺法或是部首法。笔顺法先确定几种笔形,规定这几种笔形的先后顺序,然后根据起笔的笔形排字,起笔笔形相同的字排在一起。笔画法中采用笔顺法或部首法,就是将同笔画的字再按起笔笔形或部首排列,这样可以进一步分化同笔画的字,缩小检字范围。然而由于不少字的笔顺没有统一的规范,部首法也有种种不足,所以这两种弥补措施也难尽如人意。

3. 号码法 号码法也是一种根据字形排序的方法。这种方法为一套笔形规定代码,按照一定规则选取笔形,并将笔形转换成数码,然后按数码大小排序。

号码法是由王云五(1888—1979)发明的。王氏发明的号码法因根据一个字四角的笔形取号,故称"四角号码检字法"。四角号码检字法最早发表在1926年3月出版的《东方杂志》23卷第3号上,1928年10月商务印书馆出版了第二次改订《四角号码检字法》单行本。据介绍,王氏对四角号码检字法曾做过七十多次小的修订和三次大的修改,其中附号的增加是采纳了高梦旦的建议。有些文章中说四角号码检字法是高梦旦发明的,王云五窃取了高梦旦的成果,纯属无稽之谈。商务印书馆1926年4月出版的王云五《四角号码检字法》单行本中标明:"高梦旦君为检字法附角之发明者。"可见高梦旦的贡献在于提议增加附号,四角号码检字法的主要发明人为王云五无疑。

四角号码检字法由两部分组成:(甲)笔形和代号,(乙)取号方法。

甲 笔形和代号

本查字法将笔形分为十种,分别用0到9十个数目作代号。现列表(表2-1)说明如下:

二 文献检索方法　13

表 2-1 笔形表

笔名		号码	笔形	字例	说　明
单笔	横	1	一	天土	横
			㇀ ㇉ ㇌ ㇂	活培织兄风	挑、横上钩和右钩
	竖	2	∣	旧山	直
			㇓ ㇁ ㇂ ㇆	千顺力则	撇和直左钩
	点	3	丶	宝社军外去亦	点
			㇇ 乀	造瓜	捺
复笔	叉	4	十	古算	两笔交叉
			十七乂丬攵	对式皮猪	
	串	5	丰	青本	一笔穿过两笔或两笔以上
			扌戈耂丰走	打戈寨申史	
	方	6	口囗	另扫国甲古曲	四角整齐的方形
			口囗	目四	
	角	7	㇆ ㇇ 又 ㇋ ㇊	刀写又亡表	一笔的转折
			㇈ ㇉ ㇆	阳兵雪	两笔笔头相接所形成的角形
	八	8	八	分共	八字形
			人入ㄨ丷ㄍ	余乘央羊午	八字形的变形
	小	9	小	尖宗	小字形
			忄木⺕⺌⺍纟	快木录当兴组	小字形的变形
	头	0	亠	主病广言	点和横相结合

乙　取号方法

1.每字按①左上角②右上角③左下角④右下角的次序取四个角的号码。例如：

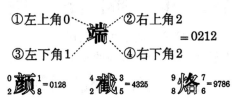

2. 一个笔形,前角已经用过,后角作为0。例如:

$\begin{matrix}1\\2\end{matrix}$王$\begin{matrix}\\0\end{matrix}$ $\begin{matrix}2\\3\end{matrix}$冬$\begin{matrix}\\0\end{matrix}$ $\begin{matrix}3\\8\end{matrix}$之$\begin{matrix}\\0\end{matrix}$ $\begin{matrix}4\\\end{matrix}$直$\begin{matrix}\\0\end{matrix}$ $\begin{matrix}5\\\end{matrix}$中$\begin{matrix}\\0\end{matrix}$ $\begin{matrix}8\\\end{matrix}$全$\begin{matrix}\\0\end{matrix}$

$\begin{matrix}2\\0\end{matrix}$卜 $\begin{matrix}3\\0\end{matrix}$心 $\begin{matrix}3\\0\end{matrix}$斗 $\begin{matrix}4\\\end{matrix}$持 $\begin{matrix}6\\\end{matrix}$时$\begin{matrix}4\\0\end{matrix}$ 一

$\begin{matrix}4\\0\end{matrix}$十 $\begin{matrix}6\\0\end{matrix}$口 $\begin{matrix}8\\0\end{matrix}$八 小

3. 一笔如果可以分为两种笔形,分两角取号。例如:

$\begin{matrix}2\\7\end{matrix}$以$\begin{matrix}8\\\end{matrix}$ $\begin{matrix}2\\7\end{matrix}$乱$\begin{matrix}\\1\end{matrix}$ $\begin{matrix}4\\7\end{matrix}$七$\begin{matrix}0\\\end{matrix}$ $\begin{matrix}7\\7\end{matrix}$习$\begin{matrix}\\2\end{matrix}$ 乙$\begin{matrix}7\\1\end{matrix}$ $\begin{matrix}2\\\end{matrix}$几$\begin{matrix}7\\1\end{matrix}$

4. 一笔的上下两段和别笔构成两种笔形的,分两角取号。例如:

$\begin{matrix}9\\5\end{matrix}$半 $\begin{matrix}4\\\end{matrix}$大 $\begin{matrix}4\\\end{matrix}$木 $\begin{matrix}5\\\end{matrix}$来 $\begin{matrix}\\\end{matrix}$火 米

5. 下角笔形偏在一角的,按实际位置取号,缺角作0。例如:

$\begin{matrix}0\\2\end{matrix}$产 $\begin{matrix}3\\2\end{matrix}$户 $\begin{matrix}1\\0\end{matrix}$亏 $\begin{matrix}2\\0\end{matrix}$飞 $\begin{matrix}7\\2\end{matrix}$弓 $\begin{matrix}4\\\end{matrix}$妒$\begin{matrix}3\\\end{matrix}$

但"弓亏"等字用作偏旁时,取2作整个字的左下角号码。例如:

$\begin{matrix}1\\2\end{matrix}$张$\begin{matrix}2\\\end{matrix}$ $\begin{matrix}6\\2\end{matrix}$鄂$\begin{matrix}7\\\end{matrix}$

6. 凡外围是"口门(門)鬥"的三类字,左右两下角改取里面的笔形。例如:

囡=6021 田=6040 闭=3724 開=7744 鬨=2221

但上、下、左、右有附加笔形的字,都不在此例。例如:

苗=4460 恩=6033 泪=3610 睦=6401 简=8822

7. 尽量取笔画多的复笔。例如:

| 正 | $\begin{matrix}\\2\end{matrix}$庄$\begin{matrix}\\\end{matrix}$ 寸$\begin{matrix}\\3\end{matrix}$ 扎$\begin{matrix}2\\0\end{matrix}$ 厂 养$\begin{matrix}\\2\end{matrix}$ 介$\begin{matrix}\\0\end{matrix}$ 气$\begin{matrix}\\2\end{matrix}$ 少$\begin{matrix}\\0\end{matrix}$ |
| 误 | $\begin{matrix}\\3\end{matrix}$庄$\begin{matrix}0\\\end{matrix}$ 寸$\begin{matrix}\\2\end{matrix}$ 扎 厂$\begin{matrix}0\\\end{matrix}$ 养$\begin{matrix}2\\\end{matrix}$ 介$\begin{matrix}3\\\end{matrix}$ 气 少$\begin{matrix}3\\\end{matrix}$ |

8. 一角有两种笔形可取的,如果两种笔形皆为单笔或一单笔一复笔的,不论高低,一律取最左或最右的笔形。例如:

$\begin{matrix}0\\\times\end{matrix}$症 $\begin{matrix}1\\\end{matrix}$非 尋$\begin{matrix}7\\\end{matrix}$ $\begin{matrix}2\\\end{matrix}$白 物 句$\begin{matrix}2\\\end{matrix}$ $\begin{matrix}3\\\end{matrix}$州$\begin{matrix}2\\\end{matrix}$

梁 治 巾 掉 拍 鸣 郑

但点下带横折的,如"空户"等字的上角取点作3。

如果两种笔形皆为复笔,在上角取最高的复笔,在下角取最低的复笔。例如:

$\begin{matrix}1\\2\end{matrix}$功$\begin{matrix}4\\\end{matrix}$ $\begin{matrix}\\\end{matrix}$九 $\begin{matrix}4\\2\end{matrix}$力 $\begin{matrix}\\2\end{matrix}$内 $\begin{matrix}4\\\end{matrix}$皮 $\begin{matrix}4\\\end{matrix}$也 $\begin{matrix}\\\end{matrix}$成 $\begin{matrix}3\\0\end{matrix}$军$\begin{matrix}7\\\end{matrix}$

9. 当中起笔的撇,下角有他笔的,取他笔作下角。例如:

衣 左 奎 友 右 寿 春 复

但左边起笔的撇,取撇笔作角。例如:

辟 尉 仓

10. 为减少重码,取靠近右下角上方一个笔形作为附号,若这一笔形已被上角用过,则作0。附号采用下标的形式排列。例如:

芒=44710 喜 目 工 元 石
百 出 欠 令 公 玉 疳
西 圙 宙 逢 难 单 子
都 豆 否 泰 决 運

11. 笔形以新定规范字形为准。例如:

正	住 言 路 比 反 禺 祚 户 卜
误	住 言 路 比 反 禺 祚 户 卜
正	斥 业 亦 灰 兔 草 执 衣 么
误	斥 业 亦 灰 兔 草 执 衣 么

以上介绍的是 1964 年经汉字查字法整理工作组修订的新四角号码查字法,自新法公布以来,新编的四角号码索引大都采用新法。新法公布以前的四角号码索引都是依据旧法编制的,在台湾香港地区编制的四角号码索引多仍用旧法,所以我们对旧法也应掌握。旧法与新法的不同之处主要有6项:

1. 旧法规定一笔形前面用过后,后面不能再据以取号,一律作0。新法改为一笔的上下两段和别笔构成两种笔形的,分两角取号。如"大"字按旧法为4003,按新法为4080。

2. 旧法规定"行"字笔形围成的字,下面两角取里面的下角笔形。新法废除了这一规定,改按一般规则取号。如"衍"字按旧法为2110,按新法为2122。

3. 旧法规定字的上部或下部只有一个笔形时,无论在何位置,都算左角,右角作0。新法改为下角笔形偏在一角的,按实际位置取号,缺角作0。如"气"字旧法为8010,新法为8001。

4. 旧法规定撇为下面他笔所托时,取他笔作下角。新法改为只有当中起笔的撇,下角有他笔的,取他笔作下角。左边起笔的撇,取撇为角。如"辟"字旧法为

7064，新法为 7024。

5. 旧法规定附号取右下角上方"露锋芒"的笔形。新法改为取靠近右下角上方的一个笔形，取消了"露锋芒"的条件。如"理"字旧法为 1611_4，新法为 1611_5；"法"字旧法为 3413_1，新法为 3413_2。

6. 旧法规定字形以楷书为准。新法改为以《印刷通用汉字字形表》规定的为准。如"马"旧法为 7712，新法为 1712。

旧四角号码检字法为了帮助使用者记忆笔形代码，还附有胡适编的"笔画号码歌"。歌诀是这样的：

一横二垂三点捺　　点下带横变零头
叉四插五方块六　　七角八八小是九

中华人民共和国成立之初，商务印书馆编纂《四角号码新词典》(1950 年 8 月出版)的时候，编辑小组中有人指出，原歌诀将数字从三跳到零，是个缺点。于是编辑组的黄维荣作了一番修改，便成了我们今天常见的《四角号码查字法口诀》[①]：

横一垂二三点捺　　叉四插五方框六
七角八八九是小　　点下有横变零头

这一改动虽然比原歌诀要合理一些，但仍有不足之处。所以我们将歌诀进一步修改如下，供使用者采择：

横 1 竖 2 点捺 3　　叉 4 串 5 方框 6
角 7 八 8 小是 9　　点下有横变 0 头

与原歌诀相比，我们这一歌诀的优点是：(1)先提笔形，后说数码，表述顺序整齐划一，便于记忆。原歌诀在笔形与数码的表述顺序上不免混乱。(2)"叉"和"插"为同音字，易于混淆。新四角号码法已将"插"改称为"串"，我们采纳新法的名称。另外，"垂"不是汉字笔画名称，所以改称为"竖"。(3)数码改用阿拉伯数字，不但更为醒目，而且使笔形与数码的对应性更为直接。(4)代码 9 也入韵，使歌诀更为上口。

最后，还应指出的是，胡适的原歌诀名叫《笔画号码歌》，比较符合歌诀的内容。修订的歌诀称为《四角号码查字法口诀》，但其中并未涉及查字方法，未免名不副实。我们认为称为《四角号码笔形代码口诀》比较恰当。

四角号码检字法见形知号，直接检字，是汉字检字法中检索速度最快的，熟悉以后使用非常方便。不足之处是规则比较复杂，附号的选取不易把握，对字形的规

---

① 参张志强《〈王云五小字汇〉谈屑》，《书屋》1998 年第 1 期。

范性也要求很高,这都影响了取号的准确性。如"也"字易误为4771(应为4471),"蚕"字易误为2013(应为1013),"四"字易误为6022(应为6021),"羌"字易误为8021(应为8051),等等。

除四角号码外,还有"三角号码查字法""三码查字法""五码查字法"等号码法,笔者也曾设计过一个"五笔号码检字法"[①],这些后出的号码法实际中很少应用,影响远不能跟四角号码法相比。

2.2 音序法

根据字的读音排序始于三国时期。据唐代封演的《封氏闻见记》卷二《文字》记载:"魏时有李登者,撰《声类》十卷,凡一万一千五百二十字,以五声命字,不立诸部。""以五声命字"就是按五声分类排字的意思。但"五声"具体指什么,不得其详。有人认为指声调,有人认为指喉、牙、舌、齿、唇五音,有人认为指韵部。《声类》早已亡佚,无从考实。今天所见的最早而且对后世影响最大的按音序排列的字典是隋代陆法言的《切韵》。该书先根据声调平、上、去、入将字分为四类;同一声调内又将韵部相同的字排在一起,共分193韵;同一韵部内又将读音相同的字排在一起。这种排列方法叫韵目法。后来的韵书大都沿袭这一方法,如宋代的《广韵》《集韵》,金代的《平水韵略》,明代的《洪武正韵》等。清代以来用得较多的是《平水韵略》106韵的韵目,如清代张玉书等编的《佩文韵府》、阮元等编的《经籍籑诂》等都按平水韵排序。

我国语音史上有所谓"三十六字母",这是唐宋之际汉语"雅言"的声母系统。有些工具书就是根据三十六字母来排序的,如清代王引之的《经传释词》、现代裴学海的《古书虚字集释》等。

无论是韵目法还是字母法,对今天大多数的使用者来说都是不熟悉的,所以用这些方法排序的工具书今天重印的时候大都附有用四角号码法、笔画法等编制的索引。

中国第一套法定的拼音字母叫"注音字母",它是1913年由中华民国教育部组织的读音统一会制定的,1918年由北洋政府教育部公布实施。这套方案选用笔画简单的汉字(有的则略加修改)作为字母,共计39个,音节的拼写采用声、介、韵三拼法,声调则另加标记。该方案后来做过数次修改,其中比较重要的修改是:1920年增加了字母"ㄜ";原先的拼音标准是读音统一会议定的"国音"(被称为"老国音"),其中混杂了方音成分,1924年改为以北京语音为标准(被称为"新国音");

---

① 《图书馆学研究》1994年第4期。

1930年把"注音字母"名称改为"注音符号"。大陆自1958年推行汉语拼音方案后停止使用注音符号;台湾则沿用至今,目前使用的字母有37个,其中声母21个,韵母16个。现将注音符号与汉语拼音方案对照如下(表2-2):

表2-2 汉语拼音方案

声母				韵母			
注音	拼音	注音	拼音	注音	拼音	注音	拼音
ㄅ	b	ㄐ	j	ㄚ	a	ㄢ	an
ㄆ	p	ㄑ	q	ㄛ	o	ㄣ	en
ㄇ	m	ㄒ	x	ㄜ	e	ㄤ	ang
ㄈ	f	ㄓ	zh	ㄧ	i	ㄥ	eng
ㄉ	d	ㄔ	ch	ㄨ	u	ㄝ	ê
ㄊ	t	ㄕ	sh	ㄩ	ü	ㄦ	er
ㄋ	n	ㄖ	r	ㄞ	ai		
ㄌ	l	ㄗ	z	ㄟ	ei		
ㄍ	g	ㄘ	c	ㄠ	ao		
ㄎ	k	ㄙ	s	ㄡ	ou		
ㄏ	h						

今天应用最广的音序法是汉语拼音字母法,一般都能熟练使用,这里就不多说了。

音序法的优点是直接检字,速度较快,但如果不知道字的读音,音序法是无法使用的,所以这种方法适合于常用字。

2.3 义序法

义序法是将字词根据意义分类排列的一种方法。这是历史上出现最早的排序方法,西汉初期的词典《尔雅》采用的就是义序法,我国古代的类书大都是用义序法排列的,今天的百科全书也常用义序法排列。使用义序法工具书首先要了解一下有哪些义类,然后才能根据义类查找字词。义序法的优点是将内容相同相关的资料汇集在一起,便于利用。但由于义类的设立没有统一的标准,字词的归类也具有多重性,所以查检用义序法排列的工具书不是很方便。

2.4 电子检索法

电子检索可分为网络检索和磁盘检索两类。不同磁盘文献有不同的检索程序,我们只能逐个去熟悉。这里主要介绍利用搜索引擎进行网络检索的方法。

(一)搜索引擎的种类

常用的搜索引擎有全文搜索引擎(Full Text Search Engine)和目录搜索引擎(Index/Directory Search Engine)两种。

全文搜索引擎的工作原理是通过自己的检索程序到各个网站收集网页信息,纳入自己的索引数据库。当用户查询时,搜索引擎从数据库中调出与关键词匹配的页面提供给用户。这就是说,全文搜索引擎提供给用户的信息并不是即时从互联网上检索得到的,而是它提前存储在数据库当中的。这类搜索引擎国外著名的有 Google、Bing(中文名为"必应",隶属微软公司)等,国内著名的有百度(Baidu)、搜狗(Sogou)等。这种搜索引擎的优点是信息量大,更新比较及时,缺点是无关信息多,需要用户筛选。

目录搜索引擎提供给用户的只是分类编排的网页内容摘要及网页链接。用户查询时可选择关键词搜索,也可按分类目录逐层查找。这种搜索引擎的信息是人工搜集的,所以比较准确,缺点是信息量较少。国内的新浪、搜狐、网易、腾讯等都属于这类搜索引擎。

全文搜索引擎现在也提供简单目录搜索,如百度设有"新闻、网页、贴吧、音乐、图片、视频、地图、百科"等类目,使检索更为便捷有效。目录搜索引擎也大都设有网站搜索和网页搜索,用户可自行选择。选择网站搜索时,它们是目录搜索,搜索范围仅限于自身注册的网站;选择网页搜索时,它们又成了全文搜索,但信息量不如百度、Google 丰富。

(二)搜索引擎的使用方法

使用搜索引擎首先要选择好关键词。关键词要选择最有可能在别人文章中出现的词语,而且要尽可能地具体,这样就能搜索到最准确的资料。

搜索引擎通常不区别关键词的大小写,如把"URL"写成"url",搜索结果是一样的。

要正确使用空格、加号、减号等符号。如果关键词只是一个词,用不着使用任何符号。如果关键词是词组或句子,用不用上面这些符号就会有不同的搜索结果。不同的搜索引擎对这些符号的规定不一定相同,下面我们以国内最有影响的百度搜索引擎为主来说明这些符号的用法。

空格和加号一般作用相同,表示"关键词要同现于同一网页但不一定相连"。

例如要查找有关"四角号码查字法"的资料,如果输入"四角号码查字法",最先提供的是这七个字相连的资料;如果输入"四角号码 查字法",可以检索到同时出现"四角号码"和"查字法"但两个词不一定相连的资料。显然后一种方法搜索到的资料要比前一种丰富得多。

要同时搜索几个关键词,可用竖杠隔开。例如要搜索《北堂书钞》的资料,考虑到"钞"字又写作"抄",搜索时可输入"北堂书钞 | 北堂书抄"。这一命令与"北堂书钞 北堂书抄"的区别在于后者要求同一网页中同时出现两个关键词,这一命令则可以是同一网页中只出现其中一个关键词。Google 用大写的 OR 表示这一命令。如果要在 Google 上搜索《汉语大字典》和《汉语大词典》的资料,可输入"汉语大字典 OR 汉语大词典"。

在一个或几个关键词前加 intitle:,可以限制只搜索标题中含有这些关键词的网页。例如输入"intitle:古代 瘟疫",表示搜索标题中含有关键词"古代"和"瘟疫"的网页。

在一个网址前加 site:,可以限制只搜索某个具体网站、网站频道或某域名内的网页。例如输入"李白 site:www.sohu.com",表示在 www.sohu.com 网站内搜索和"李白"有关的资料。输入"清明节 site:com.cn"表示在域名以"com.cn"结尾的网站内搜索和"清明节"相关的资料。要注意的是关键词在前,site:及网址在后;关键词与 site:之间须留一空格;site:后不能有"http://"前缀或"/"后缀,网站频道只限于"频道名.域名"方式,不能是"域名/频道名"方式。

著名搜索引擎都提供网页快照(Snap Shot)查寻,主要有两个作用。一是当我们遇到"该页无法显示"的情况时,点击网页快照可以获得部分资料。二是当我们想快速了解该网页的信息时,可以使用网页快照,因为网页快照大都保留的是网页的文字信息,所以打开速度要比包含全部信息(包括图片、广告)的网页快。

另外,有些搜索引擎还有"高级搜索"功能,有助于提高检索的准确性,应注意利用。

三 电子文献及其利用

3.1 电子文献概说

电子文献主要有两种类型,一种是数据库,一种是单行本。

数据库形式的电子文献其最大功用在于可以进行全文检索,能够在最短的时间里找到我们需要的资料,这正是电子文献的优势所在。著名语言学家王力1927年在清华国学研究院攻读研究生时,在其论文《中国古文法》的一处附言中说:"反照句、纲目句在西文罕见。"导师赵元任批注道:"未熟通某文,断不可定其无某文法。言有易,言无难!""有""无"二字下面还加了着重号,以示强调。"言有易,言无难"后来成了学术界流行的格言。在只有纸质文献的时代,一个人能够查阅到的文献极其有限,所以这两句话是切合实际的。但在拥有大型电子数据库的今天,这两句话完全可以修改为"言有甚易,言无不难"。随着时间的推移,几乎所有的纸质图书都会有相应的电子文本,我们最终会迈进以电子书为主的时代,到那时,说有言无更是一件轻而易举的事。

季羡林曾花了近二十年(1981—1998)时间撰写了一部学术著作《糖史》,季先生谈到为撰写《糖史》搜集资料的情况时说:

> 搜集资料,捷径是没有的,现有的引得之类,作用有限。将来有朝一日,把所有的古书都输入电脑,当然会方便得多。可是目前还做不到。我只有采用一个最原始、最笨、可又决不可避免的办法,这就是找出原书,一行行,一句句地读下去,像砂里淘金一样,搜寻有用的材料。我曾经从1993年至1994年用了差不多两年的时间,除了礼拜天休息外,每天来回跋涉五六里路跑一趟北大图书馆,风雨无阻,寒暑不辍。我面对汪洋浩瀚的《四库全书》和插架盈楼的书山书海,枯坐在那里,夏天要忍受书库三十五六摄氏度的酷暑,挥汗如雨,耐心地看下去。有时候偶尔碰到一条有用的资料,便欣喜如获至宝。但有时候也枯坐半个上午,把白内障尚不严重的双眼累得个"一佛出世,二佛升天",却找不到一条有用的材料,嗒然拖着疲惫的双腿,返回家来。经过了两年的苦练,我练就一双火眼金睛,能目下不是十行、二十行,而是目下一页,而遗漏率却小

到几乎没有的程度。我的《糖史》就是在这样的情况下写成的。①

在已有各种大型电子古籍数据库的今天,季先生辛辛苦苦耗费两年时间才完成的资料搜集工作,如今完全可以在一月之内轻松完成,而且找到的资料肯定比手工所得更加丰富。

电子数据库可以帮助我们解决传统方法难以解决的问题。南宋许棐《泥孩儿》诗云:"牧渎一块泥,装塐恣华侈。所恨肌体微,金珠载不起。双罩红纱厨,娇立瓶花底。少妇初尝酸,一玩一心喜。潜乞大士灵,生子愿如尔。"钱钟书《宋诗选注》(人民文学出版社 1982:291):"牧渎,牛喝水的小河。"程千帆《宋诗精选》(江苏古籍出版社 2002:197):"牧渎,牛喝水的溪沟。"钱、程二位虽然博览强记,但此注并不正确,毕竟靠披览纸书看到的资料是很有限的。我们检索古籍数据库,发现有如下记载:明王鏊《姑苏志》卷五六:"袁遇昌居吴县木渎,善望(塑)化生摩睺罗,每抟埴一对,价三数十缗,其衣襞脑囟,按之蠕动。"清冯桂芬《(同治)苏州府志》卷二〇《物产·摩睺罗》:"《梦华录》云:'摩睺罗惟苏州者极巧,为天下第一。今木渎袁家所制益异众工。'"唐陆广微《吴地记·后集》:"木渎镇在县西南二十七里。"这些资料告诉我们,木渎是苏州吴县的一个小镇,当地所塑泥孩儿闻名于世。关于木渎的得名,民国张郁文《木渎小志》(1928)卷一中解释说:"吴中地名多取溪渎,如射渎、练渎、管渎、菱渎之类多矣。相传昔时吴王得越贡神木,将筑姑苏台,积材三年,连沟塞渎,木渎之名由此始也。"可见传本许棐诗中的"牧渎"应为"木渎"之误。

数据库虽有广检博搜之便,但要想阅览其中一本书的原貌,这在没有图文对照功能的数据库中是无法实现的,有图文对照功能的数据库中虽能实现,但对照的便捷性有待完善。单行本电子文献的优势在于可以方便快捷地阅览处置。现在单行本电子文献的资源已是非常丰富,其制作者既有很多专门的公司,还有无数的个人。浙江大学牵头建设的"大学数字图书馆国际合作计划"目前拥有各类单行本电子图书近283万册,其图书采用DjVu格式。北京世纪超星信息技术发展有限责任公司的超星数字图书馆(现改名为汇雅电子书),号称是世界最大的中文在线数字图书馆,目前拥有单行本电子图书达200多万册,其图书采用PDG格式。个人制作的电子图书数量也相当可观,大型古籍丛书如《续修四库全书》《丛书集成初编》《丛书集成新编》《丛书集成续编》《丛书集成三编》《中华大藏经》《中华道藏》等都被电子书爱好者们制作成了电子本,这些电子本大都是PDF或DjVu格式。单行本也有文本类的,这类图书多采用EXE格式,如钱建文制作的上千种电子古籍都是这种格式。

当然,电子检索的结果难免有差错,为了保证资料的可靠性,应与原书进行核对,尤其是在文义难通的情况下,更须注意电子资料是否有误。

---

① 季羡林《我的学术总结》,《文艺研究》1999年第3期。

3.2 网络电子文献

网上的中文古籍资源以台湾开发最早,台北"中央研究院"的资料库(http://hanji.sinica.edu.tw/index.html)从1984年开始建设,现有"汉籍电子文献资料库"和"近代史数位资料库"两个全文检索数据库,免费供外界使用。

中研院历史语言研究所有"简帛金石资料库"(http://saturn.ihp.sinica.edu.tw/~wenwu/search.htm),向公众开放使用。该库收集了大陆、台湾以及日本的简帛资料,包括已经整理出版的先秦至魏晋的简牍、帛书、碑刻、官印、镜铭等,还收录了相关的书目、索引,内容极为丰富。资料库采用台湾GAIS搜索引擎,分全文和书目两部分,可进行复合检索,输出方式包括释文、编号、所在图书页码等。

历史语言研究所的免费资源还有"先秦甲骨金文简牍词汇资料库"(https://inscription.asdc.sinica.edu.tw/c_index.php),甲骨文主要依据《甲骨文摹释总集》,金文主要收录《殷周金文集成》《新收殷周青铜器铭文暨器影汇编》,简牍包括《楚帛书甲乙丙本》《曾侯乙墓竹简》《包山楚墓竹简》《望山楚墓竹简》《江陵九店东周墓竹简》《郭店楚墓竹简》《新蔡葛陵楚墓竹简》《睡虎地秦墓竹简》《云梦龙冈秦简》《上海博物馆藏战国楚竹书》等。检索有"词汇检索"和"全文检索"两种模式。"词汇检索"的内容是经搜集、整理、考释的词汇数据,搜寻方式包括"词汇查询""词类查询"及"材质/书籍查询"三部分,可输入词汇全面检索,也可限定词类或出土材料范围进行查检。查询结果提供严式、宽式、词类、时代、材质、书籍、编号、释文等信息,并可按词类、时代、材质/书籍/编号三种方式进行排序。"全文检索"包括"释文查询"和"材质/书籍查询"两部分。在"释文查询"栏中输入不含标点的任何字词,再选择出土材料,便可得到详细的相关数据。使用者也可利用"编号"对照原出版品及各家注释,或"殷周金文暨青铜器数据库",得到铭文全文隶定、拓片影像及青铜器数据等信息。

历史语言研究所还有"历史文字资料库统合检索系统"(https://wcd-ihp.ascdc.sinica.edu.tw/union/),这是东亚规模最大的文字图像数据库。该系统由历史语言研究所及数位文化中心主持,整合了国内外多家机构收藏的历史文字高清图像200多万件,包括简牍与纸本文献中的文字资料,免费开放使用。系统采用国际图像互通架构(International Image Interoperability Framework,简称IIIF)的国际标准,可以方便地从所有数据库中检索出指定的单字图像,每个图像都有详细的出处,有些机构还提供该字所在的上下文。

香港中文大学中国文化研究所网站(www.chant.org)的汉达文库除传世文献外,还有大量的出土文献。"甲骨文库"收录了《甲骨文合集释文》《英国所藏甲骨集》《甲骨文校释总集》等九种甲骨文资料,共计67683片,是网上较为完备的甲骨文全文检索数据库。"金文库"以中国社会科学院考古所编纂的《殷周金文集成释文》为据,收录12021件铜器,约1.8万张拓本(包括摹本),近100万字器物说明,另有14万字隶定释文,皆经研究人员仔细校勘。"竹简帛书库"收录出土简帛文献,包括《武威汉简》《马王堆汉墓帛书》《银雀山汉简》《睡虎地秦墓竹简》等多种,附释文及图像逐简对照。"先秦两汉库"收录先秦两汉所有传世文献,采用旧刻善本重新校勘,总字数超过900万字。"魏晋南北朝库"收录魏晋六朝全部传世文献,大部分文献重新标点,又比对不同版本,全面记录异文,总字数超过2400万字。"类书库"所收主要为唐宋类书,以善本为底本,加以标点校勘。以上资料都实行收费检索。

大陆电子古籍最丰富的网站是"爱如生"(www.er07.com/index.jsp),该网站的"典海数字平台"是目前世界上规模最大的中文古籍数字图书馆,计划收录先秦至民国十年的历代典籍5万种(不收民国十年以后对上述典籍的点校、注释、今译之类著作),可按书名、作者、卷目进行查询。网站还配有"搜神"搜索引擎,可对站内古籍进行全文搜索。

"瀚堂典藏数据库"(www.hytung.cn)是目前大陆为数不多的可在微软平台上支持超大字符集、可进行自然语言全文检索、实现编辑功能的古籍数据库。该库能及时跟进Unicode扩展码的每一次更新,目前数据库可处理的汉字字种数接近9万字,基本解决了生僻汉字在计算机平台上无法录入、显示、编辑的难题。现已上传一万多种古籍,绝大多数典籍都有对照图版,核对文本十分方便,使用通用浏览器即可浏览、检索和复制,无需安装任何客户端软件。下图是瀚堂典藏数据库的总体构架及检索页面(图3-1):

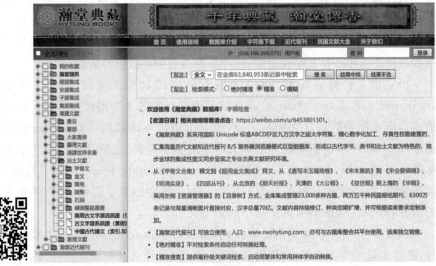

图3-1 "瀚堂典藏"首页

可以看出其规划是相当宏伟的,志在将古典文献一"网"打尽。其中最具特色的是经部的小学类典籍及专题文献中的出土文献,如《说文解字》《篆隶万象名义》《一切经音义》《龙龛手镜》《集韵》《康熙字典》《甲骨文合集》《甲骨文编》《小屯南地甲骨》《殷周金文集成释文》《金文编》、敦煌文献等,这类典籍僻字俗字成堆,大多数古籍数据库不愿收录,即使收录了,很多字也无法录入显示,不能正常使用,瀚堂典藏则较好地解决了这一难题。

中国国家图书馆网站(www.nlc.cn)的电子文献也比较丰富,有丛书库、类书库、方志库、谱牒库、甲骨库、碑帖库、敦煌文献库(IDP 数据库)、西夏文献库、年画库、民国图书期刊库等,另有大量常见古典文献,都可免费查阅。

碑帖库现有元数据 2.5 万余条,影像 3.1 万余幅。资源库内容以刻立石年月排序,提供单一字段的简单检索、多条件限定组合的高级检索和元数据内容关联检索等查询方式。

方志库由全文影像库、全文文本库、书目库、地名库、作品库、景观库、插图库、事件库和相关文献库等构成,全部建成后可为用户提供方志资源的多样检索,如全文、书目(含卷目)、地名、人物、作品、景观、插图、事件等单项与复合检索,支持并实现与其他数字图书馆资源库的关联检索和跨库连接,最终形成内容丰富、检索便利的馆藏数字方志资源库。

IDP 是英文 International Dunhuang Project 的缩写,意思是"国际敦煌学项目"。该数据库由英国图书馆于 1993 年开始开发,计划逐步将世界上各机构收藏的敦煌文献全部数字化。IDP 数据库用精密的数码扫描设备将敦煌写卷制成一幅幅高清图像,能展示写卷的全部内容——正面、背面以及没有文字的地方,图像的清晰度与看原卷没有区别。高清彩图放大之后,甚至比看原卷更为真切,可以看清字的细部、墨的层次、纸张的纤维等细节。IDP 网站从 1998 年 10 月正式运行,至今已上传 10 余万件来自敦煌和丝绸之路上的写本、绘画、纺织品及器物的信息和图片,用户可从网上进入 IDP 数据库免费检索,还可查阅敦煌学研究论著目录。IDP 在伦敦、北京、圣彼得堡、京都以及柏林都设有中心,各中心负责数据库和网站的维护、更新及质量监控。

由国家图书馆和北京大学联合研制的"中国历代典籍总目"(www.chinabooktrading.com)是一个大型网络化古籍目录知识服务系统。该系统志在全面汇总中国历代书目,建成全球收录最广、数据最全的汉文古籍目录数据库,所收目录包括史志书目、官修书目、私藏书目、知见书目、公藏书目、专科书目、丛书书目、珍贵古籍名录等,书目内容包含品种、版本、印次和藏本等信息,每一条书目数据都处在由这些信息组成的多维知识数据空间中。系统拥有强大的检索功能(图3-2),除支持繁简通检外,还支持书名、书目范围、书目分类、书目层级、版本类型、版本时代、责任、责任时间等多条件的检索。系统还具有多维分析功能,能够根据用户提出的要求对古籍文献目录信息资源进行深层次的开发利用,使用户能够在最短的时间内获得更多更有用的信息。例如同一书目著录的责任者之间通常具有复杂的社会关系,通过对这些责任者著录信息进行定量分析可以获得较多的学术传承、交游往来甚至姻亲关系的知识。

图 3-2 "中国历代典籍总目"检索页面

　　隶属中华书局的古联数字传媒科技有限公司建设和运营的"籍合网"(www.ancientbooks.cn)是一家专门从事古籍整理与数字化综合服务的网站。该网站目前正式上线的重要数据库是"中华古籍书目数据库"(http://bib.ancientbooks.cn/docGuji),资源类型包括古典目录、馆藏编目、古籍整理本书目、出版社书目以及其他高质量的古籍相关书目整理成果,现已收录《中国古籍总目》《四库全书总目》"海外汉籍总目系列""二十四史"经籍志、艺文志等古籍目录,检索便利。籍合网还有"中华经典古籍库",只收录国内一些出版社(以中华书局为主)整理出版的排印本古籍,可以查检、阅读和复制。该库每年都有新书增加,目前的收录量为500多种。据悉《全宋笔记》也将于2022年加入该库。

2007年,国务院办公厅发布《关于进一步加强古籍保护工作的意见》,提出在"十一五"期间实施"中华古籍保护计划",国家图书馆随即成立"国家古籍保护中心",在文化部的领导下负责计划的具体实施。从2007年开始,中心组织全国公共图书馆、博物馆和教育、宗教、民族、文物等系统对古籍的收藏和保护状况进行全面普查,在此基础上建立了"全国古籍普查登记基本数据库"和"中华古籍资源库"两个大型数据库,并于2016年正式对外开放。读者在国家图书馆网站注册后即可利用这两个数据库。

"全国古籍普查登记基本数据库"(http://202.96.31.78/xlsworkbench/publish)是全国各古籍收藏单位通过目验原书、按照统一的古籍著录规则完成的普查成果,提供的信息主要包括普查编号、索书号、题名、著者、版本、册数、存缺卷、收藏单位等。通过该数据库可以实现全国古籍的统一检索。

"中华古籍资源库"(http://mylib.nlc.cn/web/guest/shanbenjiaojuan)提供古籍高清图片的检索阅览服务,是一项高效利用古籍善本的便民工程。该库采取"原样数字化"方式,即按照古籍原样扫描或拍照,最大限度地保存古籍原有信息。目前上传的古籍主要有国家图书馆藏善本及普通古籍、法国国家图书馆藏敦煌遗书、天津图书馆藏普通古籍等,资源总量超过3.3万部(件)。

国学网(www.guoxue.com)是一个为国学研究提供资讯的网站,网上有可以全文检索的大型古籍数据库"国学宝典"。该数据库由北京国学时代文化传播有限公司制作,收录了自先秦至清末的古籍6000多种,总字数超过20亿字。目前仍在不断扩充,其目标是建成一个包含所有重要中文古籍的全文电子数据库。"国学宝典"1999年推出单机版,2005年推出网络版,2020年推出APP版。系统使用Unicode大字符集,生僻字及特殊文字如篆文、蒙文等都用图片的方式来处理。古籍中的大量插图整卷显示时可与文字同屏显示。

高等学校中英文图书数字化国际合作计划(China-American Digital Academic Library,简称CADAL)是由国家计委、教育部、财政部于2002年投资建设并得到美国方面出资的软硬件系统支持的大型数字化图书馆,是全球数字图书馆(Universal Digital Library)项目的组成部分。该项目由浙江大学和中国科学院牵头,全国16所重点高校共同承担建设任务,建成了2个数字图书馆技术中心(浙江大学、中国科学院研究生院)和14个数字资源中心(北京大学、清华大学、浙江大学、复旦大学、南京大学、中国科学院研究生院、上海交通大学、西安交通大学、武汉大学、华中科技大学、吉林大学、中山大学、四川大学、北京师范大学),完成了102.3万册中英文图书的数字化,中文和英文文献各50万册左右。英文文献主要包括:①美国大学核心馆藏、无版权的图书资料、政府出版物。②有版权的部分资源(美方已与出版社、作者解决版权的资源)。③原生数字化资料,如美国数字图书馆联盟所属25所大学的学位论文、技术报告、会议录等。中文文献突出高校教学科研的需要,兼顾保存和传承我国优秀传统文化的要求。该项目的门户网站于2005年11月在浙江大学正式开通运行(http://cadal.edu.cn/index/home),系统设有古籍、民国图书、民国期刊、现代图书、学位论文、绘画、视频、英文等类目。目前,古籍、民国书刊等没有版权限制的文献可以在网上免费阅读。该数字图书馆不仅容量巨大,而且拥有许多先进功能。如在该网站上注册一个账号,就能拥有"个性化图书馆","图书馆"会根据个人的喜好设置,及时将"新书"放到个人的"书架"上。系统有强大的中英文翻译功能,读者在查阅资料时,只要输入中文关键词,就能查阅到相关的英文书籍,甚至可以读到"中文译本"。

2009年该项目又启动了二期建设,改名为"大学数字图书馆国际合作计划"(China Academic Digital Associative Library,CADAL)。截至2020年底,总藏书量已接近283万册(件)。

CADAL项目的总体目标是:构建拥有多学科、多类型、多语种海量数字资源的具有高技术水平的学术数字图书馆,成为国家创新体系信息基础设施之一。

下面是CADAL的资源构成数据(表3-1):

表3-1 资源构成数据

资源种类	一期资源	二期增加资源	总计
中文古籍	155910 册	100000 册	255910 册
民国书刊	236594 册	200000 册	436594 册
中文现代图书	298869 册	300000 册	598869 册
英文图书	151107 册	400000 册/篇	551107 册/篇
中文学位论文	178159 篇		178159 篇
其他中文资源	2786 册	250000 件地方文史资料 50000 期中文报纸 200000 件媒体资源	502786 册

北京翰海博雅科技有限公司研发的"鼎秀古籍全文检索平台"是一个功能比较完善的全文检索大型古籍数据库。数据库采用IE浏览器直接浏览,检索结果可呈

现为原文文本、原文图像、图文并排三种模式,文本的版式和字形尽量与原书保持一致,核对文本正误十分便捷。所收图书分为经史子集丛五大类,大类下再细分小类,每类标目下注明了收书数量,合计超过 2 万种。但实际收书未必比"中国基本古籍库"多,主要有两个原因。一是统计标准从分不从合。如《元刊杂剧三十种》,一般算一种书,该库则统计为 30 种。二是重复计算为数不少。如《金水桥陈琳抱妆盒》《两军师隔江斗智》《吕蒙正风雪破窑记》三部同一版本的杂剧,既列在"集部·曲类·杂剧之属",又列在"集部·戏剧类·杂剧之属";《游仙窟》一书既列在"集部·小说类·短篇之属",又列在"集部·小说类·文言之属";这种叠床架屋的混乱分类似乎就是为了增加统计数据。我们以"冷铺"为关键词进行检索,"中国基本古籍库"共检出 92 条结果,鼎秀检出 74 条结果,这在一定程度上反映出两库的收书状况。

鼎秀在文献信息的标注方面错误很多。如:"绿牡丹,[明]吴炳撰,2 卷,明末刊本。"实际所收为清二如亭主人所撰武侠小说《绿牡丹》,吴炳的《绿牡丹》是剧本。《雅伦》的作者著录为"[清]谢文洊",应为明费经虞。《清稗类钞》的作者著录为"[清]郝玉麟",实为徐珂。《白雪遗音》的作者著录为"[宋]陈德武",实为清华广生。鼎秀中这种胡乱标注文献信息的问题相当严重,它会给引据者造成各种麻烦,提醒使用者务必核实,不可轻信(图 3-3)。

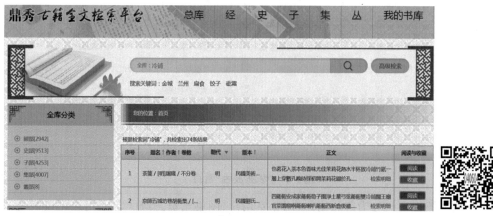

图 3-3 "鼎秀"首页

"学苑汲古——高校古文献资源库"(http://rbsc.calis.edu.cn:8086/aopac/jsp/indexXyjg.jsp)是 CALIS(China Academic Library & Information System,中国高等教育文献保障系统)工程的子项目,2004 年由北京大学图书馆牵头,联合国内多家高校图书馆共同建设(现已扩大至 28 家高校图书馆),其宗旨和目标是建立起一套较为完善的古文献数字资源建设和服务体系,成为一个内容丰富、功能完备、理念先进、服务创新的全国性高校古文献数字图书馆,实现高校古文献资源的共享。资源库内容包括各参建馆所藏古籍文献的书目数据及部分图书的全书图像或书影。目前该库所收古籍元数据达到 63 万条,书影 23 万幅,电子图书 10 余万册,并向全社会开放服务(图 3-4)。

图 3-4 "学苑汲古"首页

该系统将用户分为普通用户、阅览室用户、图书馆员三级。普通用户可以查看古籍书目记录的概要和详细显示结果以及相应图像的缩略图。阅览室用户可以查看所有书目记录的详细显示结果和中精度图像,可执行"收藏"功能的操作,并下载一定数量的书目数据。图书馆员可以查看书目记录的详细显示结果和高精度图像,并执行打印、下载等系统设置的所有功能,以帮助读者满足其有关需求。普通用户如想获得古文献图像或全文,可点击详细记录显示界面下方的"文献传递请求",即弹出一个表格,填写完成后,点击"提交",将该项请求发送至相应的图书馆,双方商定付款金额和方式后,用户即可收到所需文献的复制件。

"汉籍数字图书馆"(www.hanjilibrary.cn)是陕西师范大学出版总社出版运营的大型汉字古籍数据库,2016年9月推出"汉籍数字图书馆"2.0版,分为传世文献库及八个专题库:甲骨文献库、金文文献库、石刻文献库、敦煌文献库、明清档案库、书画文献库、舆图文献库、中医药文献库,目前上线的有传世文献库、敦煌文献库和中医药文献库三个库。网站声称传世文献库收录文献原件87704种,印本116671个;敦煌文献库收录编号72513个,图版文件517022个;中医药文献库收录文献原件4914种。数据库由目录系统和文献系统两部分组成。目录部分采用文本格式,收录了古籍的相关信息,如文献名、子目、时期、作者、分类、版本等,并可通过四部、时代、作者等方式了解文献总体情况。文献部分采用图片PDF格式,忠实原貌。

"雕龙"是由日本凯希多媒体公司和台湾得泓信息有限公司共同研制的大型全文检索古籍数据库,收录古籍2万余种(图3-5)。检索结果可呈现为文本、图像、图文并列三种模式。其中最有特色的资源是《续修四库全书》《四库存目》《四库禁毁书》"敦煌史料"和"日本古典书籍库",为其他全文古籍数据库所无。"日本古典书籍库"收录的是日本古代用汉文撰写的著作,如《本朝文粹注释》《倭名类聚钞》《新撰字镜》等,对研究汉语言文字很有价值。

图 3-5 "雕龙"首页

该数据库目前存在的主要问题是:(一)运行速度缓慢,检索等待时间过长。(二)检索程序功能低下。如没有按时代、按文献性质(如经史子集)检索的功能;很多情况下检索结果不呈现关键词所在页面,只是提供所在卷数,具体页面需要自己翻检。如下图是检索关键词"做得官时"的一条结果,它只是告诉你该关键词在《红楼梦》第七十五回,不能直接链接到所在页面(图3-6)。

图 3-6　检查信息

北京籍古轩图书数字技术有限公司开发的"中国数字方志库"(http://x.wenjinguan.com)图像版收录了 1949 年以前的方志 1 万余种,是目前收录方志最多的数据库(图 3-7)。所收方志种类有:(1)地理学通论、总志(如一统志等),(2)方志类(如通志、府、厅、州志、县志、乡土志、乡镇志、艺文志、调查录、统计表等),(3)专类地志(如山川、河渠水利、名胜古迹、祠庙、苑囿、边塞、边区民族等志),(4)游记类,(5)外国地理类,(6)外国游记类等。该库书籍可逐页阅览高清图版,提供书名、著者、出版年、出版项、版本、类别、目录及省份、专类等多种检索方式。

图 3-7　"中国数字方志库"首页

北京大学数据分析研究中心研制的"全唐诗分析系统""全宋诗分析系统"(北京大学出版社投资)及"二十五史研习系统",文本采用繁体字,检索功能多样,能提供多种信息。北京大学中国语言学研究中心(http://ccl.pku.edu.cn)有"现代汉语语料库""古代汉语语料库""汉英双语语料库"三个语料库。其中"古代汉语语料库"收录先秦至民国时期的文献 1059 种,约 1.6 亿字。

国家语委的"语料库在线"(http://corpus.zhonghuayuwen.org/index.aspx)网站免费提供"现代汉语语料库"和"古代汉语语料库"检索,后者收录先秦至清的语料约 7000 万字。

1949 年以前的期刊也有电子数据库可供查询。上海图书馆上海科学技术情报研究所的《全国报刊索引》编辑部编制了"晚清期刊全文数据库"和"民国时期期刊全文数据库",前者收录了 1833—1911 年间出版的 302 种期刊,共约 28 万篇文章;后者计划收录民国时期(1911—1949)出版的 2.5 万余种期刊。这两种数据库几乎囊括了当时出版的所有期刊。北京尚品大成数据技术有限公司制作的"大成老旧刊全文数据库"收录了清末自有期刊以来到 1949 年以前中国出版的 6800 多种期刊,180 余万篇文章。以上三种数据库都是高清扫描的原件图片,不能进行全文检索,只可从标题、作者、刊名等途径检索到文献后浏览图片,也可下载全文图片。由于标题、作者等信息是人工录入的,难免存在差错,所以检索不到时不妨另换关键词试试。

华东师范大学中国文字研究与应用中心网页(https://wenzi.ecnu.edu.cn)的"数字化资源"栏目下,有"文字关联书系""出土文献文字""中国历史字汇""少数民族文字""域外汉字资源"等资源库(图 3-8)。

图 3-8 "数字化资源"

"国学大师"(www.guoxuedashi.net)是一个专为国学研究服务的网站,上面有上万种古籍,提供全文检索、在线浏览、免费下载等服务,部分古籍还有影印图片。网站还提供 50 多种字词典的在线检索,能显示 10 余万种单字,不涉及版权的辞书可直接打开相应图版,涉及版权的提供具体页码。网站还提供古籍书目检索,汇集的信息相当丰富。

国医典藏(http://v2.gydc.ac.cn:82/)是中国中医科学院中医药信息研究所研发的中医古籍全文数据库,共收录先秦至清末的医籍 1500 种,分为"馆藏精品库"和"子部医家库"2 个专题,前者提供珍本彩图阅览,后者收录《四库全书》和《续修四库全书》中的医书,提供全文检索及图文对照。

佛教典籍以中华佛典宝库网站(www.fodian.net)最为丰富,除《大藏经》外,还有藏外佛典、佛学辞典、佛教图片、佛教音乐等,提供浏览及下载服务。台湾中华电子佛典协会(Chinese Buddhist Electronic Text Association,简称 CBETA)的网站(www.cbeta.org/index.htm)免费提供全文检索电子佛典数据库"电子佛典集成"(CBReader),最新版为2021年7月发布的0.6.1版,内容包括大正新修大藏经、卍新纂续藏经、历代藏经补辑、"国家图书馆"善本佛典、汉译南传大藏经、藏外佛教文献、正史佛教资料类编、北朝佛教石刻拓片百品、大藏经补编、中国佛寺志、印顺法师佛学著作集等,各文献均附有版本、原始数据来源等信息。使用者除了下载安装到电脑、手机等终端设备上外,也可以在线检索浏览。

道教典籍以"白云深处人家"(http://www.homeinmists.com/index.htm)提供的资源比较丰富,可以下载各种版本的《道藏》《藏外道书》等。台北中研院"瀚典全文检索系统"2.0版中包含可全文检索的《正统道藏》(http:/hanji.sinica.edu.tw/index.html),台湾汉珍数字图书股份有限公司也于2009年制作完成《正统道藏》全文检索网络版(http://daozang.infolinker.com.tw:8099)。爱如生公司有《道教全书》全文数据库,收录《正统道藏》1453种、《万历续道藏》54种、藏外道书493种,共计2000种,附有原版影像,配备方便的检索系统和工作平台。

目前提供免费电子文献的网站很多,但有些不是很稳定,忽生忽灭,需要时我们不妨用搜索引擎搜索一下。

3.3 磁盘电子文献

除网络外,电子资料还常存储在供单机使用的磁盘上,如光盘、U盘、移动硬盘等。

与港台相比,大陆的古籍电子化工作起步较晚,大约在20世纪90年代末才陆续上马,但发展迅猛。北京书同文数字化技术有限公司研制了文渊阁《四库全书》(与迪志文化出版有限公司合作,2000年完成)、《四部丛刊》(2001年完成)、《中国历代石刻史料汇编》(2004年完成)、《十通》(2004年完成)、《大明实录》《大清五部会典》《大清历朝实录》等电子文献。电子版《四库全书》把原文转化为电子字符,有全文(逐字)、分类(经史子集)、书名、著者四种检索模式,每种模式下还可以进行"与"(同现一卷)"或"(可只现其中一项)"非"(排除其中一部分)三种高级检索,电子字符可与图版进行对照。《四库全书》的数字化是古籍数字化进程中具有里程碑意义的一件大事,为古籍的数字化制作树立了标本,积累了经验。《四部丛刊》除了具有与《四库全书》相同的检索功能外,还提供摘要、笔记、纪元换算及简、繁、异体字相互关联查询的功能。2009年又出版了《四部丛刊》增补版,将《四部备要》汇入其中。《中国历代石刻史料汇编》全文版采用最新数字化技术制作,中、日、韩汉字大字符集文字平台,也有高级检索功能。

1998年成立的北京爱如生数字化技术研究中心是目前大陆制作数字化古籍最多的公司,它制作的数字化古籍总数近5万种。爱如生有一个庞大的古籍数字化规划,其网站上公布的大型古籍数据库有:中国基本古籍库、中国方志库、中国谱牒库、中国金石库、中国丛书库、中国类书库、中国辞书库、中国史学库、中国俗文库、儒学经典库、诸子经典库、佛教经典库、道教经典库、历代别集库、敦煌文献库、明清档案库等,这些数据库有些已经完成,有些正在制作。

1998年正式启动的"中国基本古籍库"光盘工程是对中国古典文献进行数字化处理的一项宏伟工程。该项目由北京大学中国基本古籍库工作委员会和北京爱如生数字化技术研究中心联手制作,安徽黄山书社2003—2005年出版,共收录上自先秦下至民国初年(20世纪20年代)的历代典籍1万种,每种典籍至少提供1个版本的全文和图像,部分典籍另附有其他版本的图像,全文约17亿字,版本12500多个,图像1200万页,内容总量将近是《四库全书》的3倍。该库将所收典籍分为哲科、史地、艺文、综合4个子库,20个大类,近百个细目。出版后又不断加以完善,或增补要籍,或改换善本,或删除重复及不重要的典籍,或改进检索功能,质量不断提高。2012年推出7.0版,对软件和数据做了第7次升级更新,增补重要典籍90种,删除非要籍或重复之书39种,并将原为一书却拆分几处的80种典籍合并为29种,增加珍本14个,更换原据版本18个,投放数字定本25种。通过以上更新,实际增加典籍51种,增加善本32个,此前存在的一些问题如繁简转换错误、异体字不能关联、关键词检索不到等,都有明显改善。2021年推出定型版8.0版,调换图书上千种,版本数由12500个增至近14000个,增补了此前版本删除未录的序跋文本,版本价值、图像质量及文本准确性均有很大提升。

该数据库未收录三类图书:1.丛书,因其内容与已收单本重复。2.篇幅超过千卷之书,因其部头太大,占用资源太多。3.图表为主之书,因其难以数字化。

这套数据库的特色是:

其一,检索方便快捷。中国基本古籍库开发的 ASE 古籍专用检索系统提供四种检索方式:一、分类检索,根据内容分为哲科、史地、艺文、综合四类;二、条目检索,有书名、作者、时代、版本、篇目五个选项;三、全文检索,有类目、书名、作者、时代四个选项。四、高级检索,有二次检索、逻辑检索两个选项。检索功能较为丰富,便于筛选所需资料。

其二，使用功能众多。例如在浏览原文时，可以加圈加点，加中文、英文或日文批注；可根据需要调阅数个版本，实现全文版与图像版以及图像版与图像版的对照；可按页码翻上翻下，也可点击目录框跳转至所选卷、篇、标题；可自动记录二十条前次浏览的典籍及页码，以便重新检阅；可自由设定竖排或横排、有列线或无列线的版式，以适应不同读者的阅读习惯；可自动收藏并分类管理以前查阅的信息，方便归纳研究；可实现文字的繁简、粗细及色彩的自由转换，并可随意缩放；可复制全文或章节进行校改、标点、注释，并可打印；可通览所收典籍的基本情况及内容提要，并可在选定后查看原书；可通览一万种典籍作者的概况，双击作者可检索所收该作者的著作；可查询所收典籍的现存版本及收藏地点；可利用随机的语音字典查阅所收典籍中生僻字的发音和释义。

其三，该程序有纠错机制。凡发现数据有讹脱衍倒之处，即可通过纠错盘予以更正，使数据日臻完美。

其四，数据可运行于中、英、日、韩多语种操作平台。

"中国方志库"计划收录汉魏至民国时期的历代方志1万种，包括全国总志、各省通志、府州县志、村镇里巷志、山川名胜志、风俗乡土志等，覆盖全国近两千个县市。该数据库有分省和分集2种形式。分省即按现行行政区划的32个省市自治区分为32编，分集即按所收方志内容分为5集。每种地方志均提供全文数据和原版图像，堪称数字化中国地方志的渊薮。"中国方志库"提供分类、区域、条目、全文、高级五条检索路径。区域检索通过中国现行行政区划的省、地、县三级地域查到相关的方志，条目检索限定书名、时代、作者、版本等条件查到相关的方志，全文检索输入任意字、词或字符串进行检索，可检索到所收方志中全部相关资料，并可预览其摘句。如综合各种关联选项进行精确检索，可排除大量无关资料。

"中国谱牒库"分为家谱（宗谱、族谱、世谱、家谱、家乘等）、年谱（年谱、年表、行实、自述等）、仕谱和日谱（日谱、日记、日录、日札等）四编，收录宋元明清历代家谱3.8万种，年谱1500种，仕谱1万种，日谱500种，共计5万种。每种皆据善本制成数码全文，附以原版影像。

"中国金石库"收录上古至民国初年历代金石文献，其中金石拓片10万件，金石志书2千种。每种（件）各据善本（原件）详加订释，制成数码全文，附以高度清晰的原版影像和可以360度旋转观察的原件影像。

"中国丛书库"拟收宋代至民国的丛书3000部，去其重复，制成数码化全文，并附以原版影像。

"中国辞书库"收集历代字书、韵书、雅书共计1000种，3亿余字，左图右文逐页对照，颇便核对。

"中国俗文库"收录变文、宝卷、善书、小说、戏曲、评弹、鼓词、快书、歌谣、俗谚等。

"敦煌文献库"计划收录敦煌汉文文献3万余件。

北京国学时代文化传播有限公司制作了各种系列的光盘及U盘电子古籍库。综合性的有"中国历代基本典籍库",这是一套分朝代编排的大型古代文献数据库,分为"先秦两汉魏晋南北朝卷""隋唐五代卷""宋辽夏金元卷""明清卷"四种,收录近3000种古代典籍,总字数约6亿字。每部书都配有提要,便于读者对使用的典籍有一个基本的了解。"国学备要"共收录研究人员常用的古籍280种,其中有《二十六史》《十三经》、诸子(包括《艺文类聚》《初学记》《太平御览》等)、诗文集(如《全唐诗》《敦煌变文集》《全唐五代词》《全宋词》《太平广记》)等,总字数超过1亿5千万字,随文配有3千余幅插图,具有全文检索、打印、复制等功能,并内置了联机字典。还有多种专题文献库。"古代小说典"共收录中国古典小说1000种,上起先秦,下迄清末,其中文言小说775种,白话小说225种,另含小说史等附录5种。"中国历代笔记"分为汉魏晋南北朝、唐五代、宋辽夏金元、明、清五卷,共收录汉代到清末的笔记1150种,总数约1.5亿字。"中国古代戏剧专辑"分《全诸宫调》《新编元曲选》《〈永乐大典〉戏文三种》《六十种曲》《盛明杂剧》《笠翁十种曲》《明清著名传奇选》七部分,共收录古代戏剧310种。这些光盘均有全文检索、复制及打印的功能。"古代文论典"收录中国历代文论专著223种。

陕西师范大学袁林开发的"汉籍全文检索系统"也是一个规模较大的古籍数据库,最新的4.20版由3个子系统组成:

A.简体文本:收录文史哲类古籍2288种,共9.1亿字。

B.繁体文本:收录《十三经注疏》等重要古籍129种,共1.9亿字,与简体文本重复。

C.文史哲科研教学参考资料:收录海内外近现代文史哲文献543种,共4.4亿字。

以上共计收录文献2960种,15.4亿字。该系统在版式上尽量与原书保持一致,如保留原书正文大字、注文小字的区别,图表按原形显示,图形与文字并存于一页等。汉字采用GBK标准,能显示21008个汉字,缺字则利用GBK组字符解决。系统具有较好的检索功能,可进行多种类型的检索。

台湾有多家机构制作了全文检索电子版《古今图书集成》,如中研院、得泓信息有限公司、联合百科电子出版公司等。联合百科电子出版公司的电子版《集成》完成于2003年。该电子版组织40余位专家学者对《集成》进行了标点校勘,以繁体中文录入,繁体中文呈现,但软件界面分别以繁体和简体两种版本呈现,可输入简体或繁体搜寻相对应的繁体中文内容,可以跨语系、跨平台使用,可以将数字文本和原始图版对照浏览。本数据库除全文检索外，用户还可从目录中依汇编、典、部、汇考等经纬目分层浏览，或自订检索范围、自选检索项目查找图文，检索结果中除呈现查找到的篇章标引外，还会呈现关键词词频、关键词异色标示、继续查询等加值功能。此外还有"查询管理"与"分类管理"功能，方便用户储存检索结果，以及自设数据夹复制、剪贴、编辑等。功能比较完善。

台湾道教学术信息网站(www.ctcwri.idv.tw)2009年制作完成了《正统道藏》全文检索的光盘，采用IE浏览器作为阅览工具，《正统道藏》中的僻字安装网站提供的"道教讳秘字集"后可正常显示。

金文资料的数字化率先由华东师范大学中国文字研究与应用中心研制成功，其"金文语料库"光盘版2003年由广西教育出版社出版。该软件收录了当时见到的大多数金文资料，可以全文检索任意字词句，可以根据时代或器名进行检索，可以跟图版进行对照，还提供检索词条的出现次数，检索功能比较强大，能够满足多方面的检索需求。

由陕西省考古研究所吴镇烽研究员领衔的课题组与西安广才科技公司合作研制的"商周金文资料通鉴"光盘版于2007年正式面世，共4张光盘，收录有铭文的商周青铜器14175件，铭文拓本16500余幅（包括摹本），器物图像7556幅（包括彩色照片、黑白照片和墨线图），资料截止于2004年8月。文字资料约200万字，内容包括器物编号、名称、时代、出土时间地点、收藏单位、尺寸重量、形制和纹饰描述、著录书刊、铭文字数和所在部位、铭文释文等。内含金文字库，共有金文隶定字6058个，图形字1008个，基本上涵盖了2004年以前传世和出土的商周青铜器铭文隶定字中GBK字库所没有的字。该光盘配有简便的检索系统，可以实现任意浏览和检索，检索到的文字资料、金文拓本或者器物图像均可复制另存、打印输出。

3.4　理想电子文献的标准

从上面的介绍来看，我国重要的古籍大都已有了电子文本，包括传世典籍和出土文献，这给人们利用古代典籍提供了极大的方便，对中国传统文化的学术研究起到了有力的促进作用。如今的学术研究如果不知道充分利用电子文献，那就意味着效率上的少慢差费，成果的创新性及可靠性也会降低。

目前，电子图书还没有统一的质量标准，制作机构各行其是。电子图书的质量标准当然不能搞一刀切，也不可能是一成不变的。不同的图书类型，不同的读者对象，应该有不同的质量标准。从学术需要的角度来看，理想的电子文献应符合以下五项标准。

其一，文本要可靠。

这是对电子文献最起码的要求。判定文本可靠的标准有两条。

一是文字跟纸质古籍一样，没有差错，即没有脱字、增字、别字、错字等现象。要真正做到这一点很不容易，目前恐怕还没有哪个电子文献数据库敢说没有差错。我们在使用中时有发现。如《四库全书》电子版《周易本义》提要"劉宏"为"劉宖"之误。"中国基本古籍库"：宋王炎《双溪类稿》卷五《饮闵月上不能留客再成一篇》，"闵"为"闌"之误；王念孙《读书杂志·汉书弟十四·见哀》："《吕氏春秋·报更篇》：'人主胡可以不务哀士？'""哀土"为"哀士"之误；日本正平刊本《论语集解》卷七："苞氏曰：微坐，姓也。""坐"为"生"之误；元陈世隆《北轩笔记》："倉长官禁贵人，汝亦被拘耶。""倉"为"舍"之误；清詹应甲《赐绮堂集》卷四《玉兰词六首》"㝍车同问海棠巢"，"㝍"为"停"之误。繁简字转换方面的错误更是俯拾即是，其他方面的错误也不少。宋戴侗《六书故》卷前附有《六书通释》一卷，"古籍库"整卷脱漏。又如清王棠《燕在阁知新录》卷一六《净旦末丑》条(图3-9)，其中的"雜劇三甲白水潛夫武林舊事宋"之语令人莫名其妙，核查图版，原来这里的"雜劇三甲"是小标题，"白水潛夫"以下为正文，下面的"雜劇三甲"是正文的话，却误作小标题，致使两处都难理解。南开大学组合数学研究中心、天津永川软件技术有限公司联合研制的"二十五史全文阅读检索系统"：《晋书·甘卓传》的"察孝谦"，"谦"为"廉"之误；《史记·陆贾列传》的"以好田畤地善"，"田畤"为"畤田"误倒。瀚堂典藏《读书杂志·汉书弟十一·司马迁传》"具罪"条"隶书氏字或作互又作互"，前一个"互"应该是 ![], 后一个"互"应该是 ![]。可见电子古籍的差错率是比较高的。

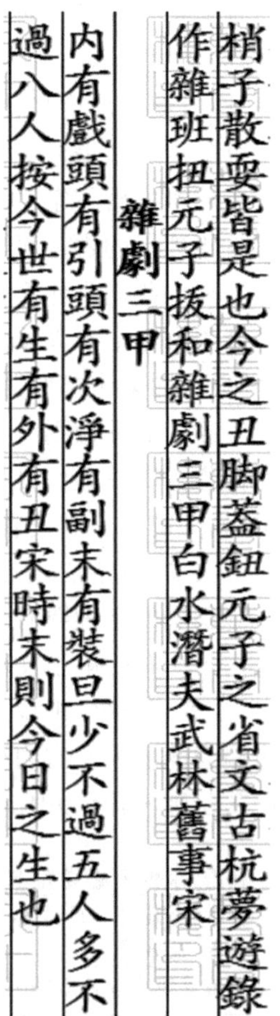

二是尽可能地保存底本文字的原样。这就是说，底本写什么样的字，电子文献应显示什么样的字。按照这一标准，脱离底本的繁体字系统并不符合要求。例如底本中"于""於"二字并用，繁体字系统中有可能统一用"於"；底本中既有"并"字，又有"並"字，繁体字系统中有可能统一用"並"；目前不少繁体字电子文献就是这样处理的。这种做法使古籍走了样，丢失了一些有价值的古籍文本信息，不利于学术研究。有些情况下甚至会造成理解上的混乱。例如《礼记·月令》："(孟秋之月)修

图 3-9
《燕在阁知新录》书影

宫室,坏墙垣,补城郭。"这里的"坏"读 péi,是"用泥土封塞空隙"的意思,如果转换为"壞",文意就大相径庭了。清陈康祺《郎潜纪闻初笔》卷八载:"林文忠性卞急,抚苏日尝手书匾额于听事之堂,曰'制一怒字'。昔宋贤吕本中教属吏当先以暴怒为戒,公以之自律,其克己功夫尤切实已。"意思是说林则徐为了克制急躁易怒的毛病,在官衙大厅内悬挂上"制一怒字"的匾额来警诫自己。如果转换成"製一怒字",意思就成制造愤怒了。一本初中政治课本中的林则徐画像中就是这样写的。所以脱离底本的繁体字系统不是理想的电子文献。至于把古籍转换为简体字系统的,那就距理想的古籍更远了。

那么我们为什么说"尽可能地保存"底本文字的原样而不要求全部保存呢?这是因为古籍中有大量的手写体和俗体,手写体和俗体变化多端,一个字可能有十多种写法,如果全都原封不动地再现于电子文献,在目前的技术条件下存在很多困难。即使能够做到,也将大大增加电子文献的制作成本,从而制约电子文献的生产和销售。所以我们在标准中提"尽可能地保存",言下之意是文字原样保存得越多越好,关键在于制作者能够找准经济效益和理想标准的平衡点。

其二,僻字能正常显示。

汉字的字种数有十余万种,其中常用字不过三四千字,绝大多数属于僻字。目前几乎所有的电子文献都未能解决僻字的录入显示问题。遇到无法录入显示的僻字,或者用方框、黑块等符号表示空缺,或者用数字代替,链接到字形图片,或者说明偏旁的上下左右内外等,给阅读利用造成障碍。下图(图 3-10)是国学网"国学宝典"《尔雅·释鱼》中的一条:

标题:尔雅注疏 卷九·释鱼第十六
作者:郭璞注、邢昺疏 分类:经部·十三经注疏
其他:版本 提要
鱣鮪鱏鮥疲鯉@鱼"出乐浪潘国"是也。鱼有力者,[A192]。(强大有力。○[A192],音晖。)[疏]"鱼有力者, [A192]"。○释曰:凡鱼之强大多力异於群辈者,名[A192]。鮂,鰕。(出秽邪头国,见吕氏《字林》。○鮂,音坟。)[疏]"鮂,鰕"。○释曰:鮂鱼,一名鰕。郭云:"出秽邪头国,见吕氏《字?.....

图 3-10 "国学宝典"《尔雅·释鱼》部分

僻字用编号代替,开头部分还是乱码。最新的全功版也是如此。

下图是书同文制作的电子版《四库全书》中《龙龛手鉴(镜)》卷一的一页(图 3-11),□表示不能录入显示的字,一页上就有 44 个字无法显示。

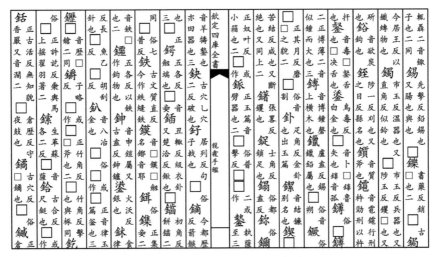

图 3-11　书同文电子版《四库全书》部分

"中国基本古籍库"元杨朝英《朝野新声太平乐府》卷九董君瑞《哨遍·硬谒》:"难动脚,怎转眼,便休推阻相延款,多共少,分明对面儿呝。""呝"应为"呢"。

这方面做得较好的是瀚堂典藏数据库,大部分僻字都能正常显示。如上面《尔雅·释鱼》的那一条,瀚堂典藏数据库中显示为(图 3-12):

出處　**經部集成·小學類·訓詁·雅類·爾雅·爾雅注·卷下·釋魚第十六**

標題　**魚有力者徽**

內容　謂凡魚之健者總名徽音徽

图 3-12　瀚堂典藏僻字显示例 1

尽管如此,有些字仍然无法录入显示,如下图(图 3-13)中的"□"就是无法录入显示的字。好在瀚堂典藏每段检索内容下大都配有图版,点击图版就知道原字了。

出處　**經部集成·小學類·佛經音義·龍龕手鑑·龍龕手鑑(續古逸叢書.Uni.10)·平聲卷第二·水部第三·去聲**

標題　**□□㳿(三俗)㴇(通)㴇(正)**

內容　**所禁反。滲漏也。五**

图 3-13　瀚堂典藏僻字显示例 2

北京大学数据分析研究中心研制的"全唐诗分析系统"中李白《秋浦歌》的"赧郎明月夜"之"赧"录作"{赤皮}","全宋诗分析系统"中范成大《癸卯除夜聊复尔斋偶题》的"温麿药鼎煨"之"麿"录作"{麻/香}",这样当你的关键词中带有"赧""麿"

字的时候就检索不到。

看来解决僻字的录入显示问题仍然是数码技术急需攻克的难题。

其三，每一种书都有版本信息，提供数字文本与图版文本互相对照的功能。

同一古籍常有多种不同的版本，不同版本字句上时有差异，如果没有版本信息，文本的可靠性无从核实，这就降低了电子文本的使用价值。"国学宝典"和"汉籍全文检索系统"都没有版本信息，学术研究上只能作为初步检索，真正采用还得找可靠的版本去落实。有些数据库虽然注明了版本，但有张冠李戴、与实际不符的问题。

另一方面，制作古籍软件应采用好的版本作为底本。如果采用了不好的版本，即使没有差错（指与纸质古籍一致），也不能算是理想的电子文献。如"中国基本古籍库"收录的北宋乐史《太平寰宇记》采用《四库全书》本，此书最好的版本是宋刻本，有中华书局 2000 年影印出版的《宋本太平寰宇记》，可惜"中国基本古籍库"没有采用，也没有作为对照版本。

无论怎样努力，数字文本是不可能完全再现古籍的全部信息的，加之难免有误，所以提供数字文本与图版文本互相对照的功能是理想的电子古籍不可或缺的，有了这一功能，就能保证资料的可靠性，从而彻底摆脱对纸质古籍的依赖。

其四，检索程序功能完善。

电子文献最大的优势在于能够进行检索，所以有一个功能完善的检索程序是理想电子文献最重要的标准。那么，怎样才算功能完善呢？

（1）检索速度要快。一般应在几秒钟之内列出关键词所在页面的所有条目，并按一定顺序排列。

（2）能够满足多种条件的检索需求。比如按朝代检索、按作者检索、按文体检索、排除式检索、"A＋任意字符＋B"字组检索等等，这些功能在学术研究上非常有用，可惜目前古籍软件的检索程序提供的功能比较少，难以做到精确检索。提供了某种功能的，还存在不少问题。比如电子版《四库全书》有"与""或""非"三种组合选项，但软件把"与""或""非"的出现条件限定在"一卷"的范围，而不是"一个页面"，这使"与""或""非"的检索基本上没有什么用处。"中国基本古籍库"提供按朝代检索的功能，但一次只能选一个朝代，不能同时多选，使用不便。至于具体文献的朝代归属，问题更多。如把明代牛衷编的《增修埤雅广要》放在宋代，大约由于此书是宋代陆佃《埤雅》的增补本的缘故，但《增修埤雅广要》与《埤雅》分明是两部书。《录鬼簿续编》的作者题元钟嗣成，《续编》不是钟嗣成作的，而是明人作品。《禅林宝训》的作者题"〔唐〕释净善辑"，净善是南宋人。《画山水赋》的作者题"〔南北朝〕荆浩撰"，荆浩是唐末五代人。《大智度论》的译者题"〔南北朝〕迦叶摩腾译"，译者实为后秦鸠摩罗什，迦叶摩腾是东汉时人，未闻翻译过《大智度论》。其他如把清代毕沅的《释名疏证》、清代王先谦的《释名疏证补》放在汉代,把清代仇兆鳌的《杜诗详注》、清代冯浩的《樊南文集详注》放在唐代,都是不合适的。注本一般应归于注者的时代,正如北魏郦道元的《水经注》虽然是注释汉代《水经》的,但我们不能把它当汉代典籍。如果是单纯编辑的文本,应放在文本产生的时代。如清代编的《全唐诗》《全唐文》,文本都是唐代的,自然应归于唐代。别以为文献的朝代归属无关紧要,放错了时代,会对学术研究产生不利影响。

(3)关联检索要准确。由于古籍中存在异体字问题,对大陆来说还存在繁简字问题,所以检索关键词时一般应有相应的关联,这样才能把想检索的内容一次都检索出来。异体关联如以"凉风"为关键词时,程序同时也能检索出"涼風"的条目。繁简关联如以"关于"为关键词时,同时能检出"關于"和"關於"的条目。目前的古籍软件大都不具备异体关联功能,有此功能的软件则非常低能。如《四库全书》设计了异体关联功能,但设计者把"异体"的范围放得很宽,包括"形似字"和"通假字"在内,其结果常常关联出一大堆无效信息,反而给检索造成障碍。比如当你检索含有"饔"字的资料时,大量含有"撰""饌"的资料也一并检索出来,检索"尺子"时,"尺予""尺于""斥予""斥于""斥子"等条目混杂其中。另一方面,一些应该同时检出的异体字,程序却视为不同的字而不能检出,出现漏检的情况。如"狼跋"俗体也写作"狼跂",当以"狼跋"为检索词时,"狼跂"的资料检不出来。这种关联还不如没有关联方便。异体关联应严格限定在"任何情况下都能互换的字"的范围之内,否则只会降低准确率。一些繁体字系统的古籍软件只能输入繁体关键词,不能用简体关键词,这给简体字使用者造成麻烦。有些软件虽然有繁简关联功能,但并不准确,用简体检索时不一定能关联到所有相应的繁体关键词。

(4)检索出的资料应有详细的出处显示,并能便捷地复制。一条完整的出处应包括作者、作者朝代、书名、卷数、篇名五项信息,这样的出处才符合学术需要,然而目前还没有达到这一标准的电子文献。"汉籍全文检索系统"没有出处复制的功能。《四库全书》有出处复制的功能,可惜出处只有书名和卷数,过于简单,不能满足需要。"中国基本古籍库"5.0以前的版本没有出处复制功能,6.1版以后的版本能在所检条目页面显示出处,并在"下载编辑"模式下可以复制,但缺少篇名信息。

(5)检索结果要有统计数据,并能快捷地打开查看和复制。目前的一些软件点开原文后显示的是关键词所在的整篇文章的开头,而不是关键词所在的段落,关键词也不能高亮显示,要找到关键词所在的段落并非易事。有些数据库对复制原文防范过严,如"中国基本古籍库"不能直接复制,须另外打开"下载编辑"窗口才能复制,而且每次最多只能复制200字,很不方便。软件制作者保护知识产权的用意是可以理解的,但只能复制一小部分的限制损害的是正当使用者的权益,建议修改为能直接复制全部当前页。

其五,能很好地兼容常用软件。

大多数大型古籍数据库需要安装专用的浏览软件,这给使用者造成不便。书同文的每一种数据库甚至都要安装单独的客户端程序,很不合理。理想的状态应该是用常用浏览器(如 IE)就可浏览,事实上瀚堂典藏数据库已经做到了这一点,建议其他数据库的研制者借鉴瀚堂典藏的成功经验。当然,如果能研制出一个更切合古籍浏览的通用软件也未尝不可,但目前各自为政的做法不但造成资源的浪费,而且给使用者造成很多麻烦,实不可取。

检索出来的资料人们一般是要复制到 Word 等字处理软件中使用的,然而有些数据库的资料复制粘贴后会发生错乱。例如不少古籍带有注文,注文一般是随文用小字表示。当你把《四库全书》中复制的带注文的资料粘贴到 Word 中时,所有的注文全都跑到正文的末尾之后,而不在原句之下,使你分不清楚哪是正文哪是注文。即便知道是注文,也不清楚是哪句正文的注文。不得已,还得跟数据库中的原页面仔细核对。大陆的使用者一般要把复制的繁体字资料转换为简体字,但这种转换会发生错误。如用 Word 的繁简转换工具把《四库全书》中复制的"譙國華佗字元化"整体转为简体时,"元"被转换成了"符",这是 Word 内置的繁体词库为台湾词汇的缘故。台湾把"字符"叫"字元",所以繁体"字元"转为简体时被替换成了"字符"。

总而言之,古籍的数字化是保存传播并充分利用古代典籍的革命性手段,具有重要的现实价值和深远的历史意义,各有关方面应该携起手来,与时俱进,共同迎接数字化时代的挑战。

3.5 电子文献攻略

电子文件格式可分为流式和版式两类。流式指文件内容可以直接编辑修改的格式,例如 Word 的 doc 格式。版式指文件内容不能直接编辑修改的格式。本节主要讲述 PDF、DjVu、PDG、EXE 四种常见版式电子文献的制作、阅览、加工等方面的方法和技巧,以及图像文字的电子识别方法、文本格式的批量整理等,以方便大家利用电子文献。

3.5.1 电子文献的四种常用格式

1. PDF 格式(附 OFD 格式)

PDF 是 Portable Document Format 的简称,意思是便携式文件格式。该格式由美国 Adobe Systems 公司 1993 年设计推出,其优点是在任何操作系统上能保持文件原有格式不变,可以包含超文本链接、声音和动态影像等电子信息,支持特长文件,集成度和安全性都较高;另外,格式标准开放,其他人可自由开发 PDF 相容软件。2008 年 7 月 2 日,国际标准化组织(ISO)批准 PDF 文件格式为国际标准,所以它是目前国际上最通行的电子文献格式,大量的电子图书、产品说明、公司文告、网络资料等都采用 PDF 格式。

用来制作 PDF 文件的源文件通常有两类形式,一类是文本(如 doc、txt 等格式),一类是图像(如 bmp、jpg、tiff 等格式),二者的区别是:根据文本制作的 PDF 文件可以检索和复制(制作时可限制复制),根据图像制作的 PDF 文件不能检索和复制。Word 2007 以上版本及 WPS 2009 以上版本都支持直接将文本文件保存为 PDF 格式。图像文件要变为 PDF 格式则需要专门的 PDF 制作软件。

制作 PDF 文件的软件很多,这里介绍三款比较好用的。

Adobe 公司研制的 Adobe Acrobat(最新版:Acrobat Pro DC 2021)是处理 PDF 格式的专用软件,它功能强大,可以将纸质文档、电子文档、照片、电子表格、网站、Adobe Flash Player 兼容视频等多种内容转换或扫描为 PDF,缺点是售价昂贵,体积庞大(安装后约 1.5G),占用系统资源多。

与 Adobe Acrobat 相比,美国 FinePrint Software 公司开发的 pdfFactory(最新版:7.46)是一个小巧高效的 PDF 文件制作软件,大小只有 10M 多一点,但制作 PDF 的功能并不比 Adobe Acrobat DC 逊色。它能把任何可以打印的文件转换成 PDF 文件,可以快速精确地预览 PDF,包括 400% 缩放,不需要先保存文件,也不需要用 PDF 阅读器打开。特别是其内嵌字体功能支持 Unicode13.0 中的 143859 个字符(涉及 100 多种语言),可使文档中使用的僻字在任何电脑上能正确显示,这一点连 Adobe Acrobat DC 目前也未能做到。专业版 pdfFactory Pro 还具有对 PDF 文件加密和控制访问的功能,只有输入密码才能进行打印、复制、编辑等操作。

当我们安装了 pdfFactory 之后,它就会添加到控制面板的"设备和打印机"目录下。使用前先双击打开 pdfFactory 打印机,在"打印机→打印首选项"对话框中对打印分辨率、图像分辨率等参数进行设置。一般来说,图像的分辨率不应低于 300dpi,否则打印的图像就不够清晰。制作 PDF 文件的过程相当简单,无论是文本文件还是图像文件,只要打开它们的软件有打印功能,我们选择 pdfFactory 打印机将它们虚拟打印成 PDF 文件就可以了。大多数电脑没有的字体需要内嵌进 PDF 文件,否则这些字体在别的电脑上无法显示。内嵌字体的方法是:在 pdfFactory 的打印界面上点击"设置"→"字体",出现下面的界面,其中左栏罗列的是文本中使用的未嵌入字体,想要嵌入哪种字体,把它们添加进右栏,点击"确定"即可(图 3-14)。

图 3-14　pdfFactory Pro 内嵌字体界面

中国马健设计的免费软件 FreePic2Pdf(最新版:5.06)也是制作 PDF 文件的利器,它可将图像文件(包括 TIFF、JPG、JP2/J2K/JPC、PNG、GIF、BMP)转换、合并成 PDF 文件。具有下列特色(图 3-15):

图 3-15　FreePic2Pdf 的界面

1. 对有损/无损压缩 JPEG 2000(jp2/j2k/jpc)文件,或有损压缩 JPG 文件及采用 JPEG/OJPEG 算法压缩的 TIFF 文件,直接将原始数据流嵌入 PDF 文件,避免因为重新压缩而造成图像质量下降。

2. 对其他无损压缩图像文件,黑白图像解码后压缩为 JBig2(有损/无损)或 CCITT G4,其他解码后压缩成 ZIP 数据流嵌入 PDF 文件,以减小 PDF 文件的体积。

3. 对于黑白图像,可以指定背景是否透明。如果透明,在 PDF 阅读器中可以根据需要自行设置背景色,以免白底黑字看着疲劳。

4. 支持多页 TIFF 和多帧(动画)GIF,每页或每帧算一幅图像。

5. 可以指定生成的 PDF 文件的页面大小及页边距,可以指定页面的固定宽度,以避免连续阅读时因页面宽度变来变去而影响阅读。

6. 可以将众多图像文件一次转换成各自独立的 PDF 文件,也可合并为一个 PDF 文件。转换时可以选择字母顺序、末尾数字顺序、超星顺序三种文件排序方式。

7. 支持通过接口自动生成多级书签、分段页码、添加文本页、设置 PDF 的文件属性,支持 Unicode 字符。接口文件可用于新生成的 PDF,也可用于已有的 PDF,包括往已有的 PDF 上加书签、从已有的 PDF 中抽取书签。

8. FreePic2Pdf 的缺省处理顺序为:图像质量、生成速度、PDF 文件大小;可通过设置改变为:图像质量、PDF 文件大小、生成速度。

对大多数人而言,制作 PDF 文件的需求毕竟不多,但阅读 PDF 文件则随时都有。PDF 阅读器种类繁多,功能各异,有的支持多种字符,有的对某些字符不能显示。Adobe 公司的 Adobe Reader(最新版:11)固然是 PDF 文件的正宗阅读器,字体渲染(render,从模型生成图像的过程)效果好,但因其体积较大、功能简单,未必能满足使用者的需求。这里推荐几款小巧的 PDF 阅读器,供大家选用。

Foxit Reader(最新版:11),这是中国的福昕软件开发有限公司研制的 PDF 阅读器(图 3-16),优点是:打开文件速度快,显示效果清晰,功能丰富,可满足阅读时的多种需求。如多标签显示功能允许在同一个窗口中同时打开多个文件,允许添

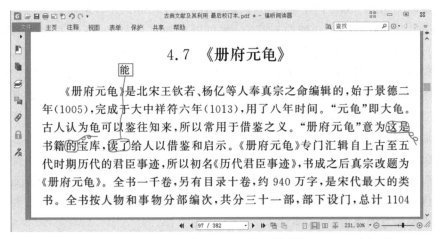

图 3-16　Foxit Reader 的校改功能

加及修改书签,对非正文页单独编码的文件可以准确定位于实际页码,快照工具可以抓取页面上的任意内容并放在剪贴板当中,可以旋转页面,可以自动滚屏,可以对特定内容添加批注(这对校改 PDF 样稿极为便利),可以朗读文本 PDF 文件,等等。不足是不支持超过 1G 的大文件。

PDF-XChange Viewer(最新版:2.5),这是加拿大的 Tracker Software Products 公司开发的软件,大小不足 60M,但功能十分丰富,如多标签显示、页面缩略图浏览、图像导出、批量搜索、支持对文件添加评论和注释、标记页面里的文本和对象等,应有尽有。尤其是很多参数使用者可以自行设定,如截图工具的分辨率、页面显示的各种方式、字体图画的渲染效果等,可以满足使用者的个性化需求。此外,支持超过 1G 的大文件也是该浏览器的一大优点。缺点是不能准确定位于实际页码。

我们得到的 PDF 格式的书籍大都有这样那样的缺憾,如缺少数页、页面错位、页面模糊、没有书签等,有的体积太大,有的分成几个文件,这都给使用造成不便,需要我们修补加工,使之成为电子"善本"。加工 PDF 书籍的软件首推 Adobe Acrobat,它功能全面,几乎涉及 PDF 修改加工的方方面面,如页面的裁剪、删除与插入、页眉页脚的编辑、文件的合并拆分、水印的添加删除等。

可与 Adobe Acrobat 相媲美的,是加拿大 Tracker Software Products 公司研制的 PDF-XChange Pro(最新版:9.1),该软件集创建、修改、转换等多种功能于一身,具有丰富的配置和功能选项,体积小巧,简单易用。它可将多种类型的文件转化为 PDF,可对 PDF 文件修改加工,如可在 PDF 文件的任意位置加上注解、输入文字、插入箭头、框线等,可添加或修改 PDF 书签,添加超链接,分割或合并 PDF 文件,更改 PDF 页面大小,提取 PDF 页面,单独提取页面中的图像,将 PDF 转换为 RTF、DOC、纯文本等格式,优化压缩文件,等等。

福昕公司的 Foxit PDF Editor(原名 Foxit PhantomPDF)(最新版:11)也是处理 PDF 文件的佼佼者,功能应有尽有,如可以添加页眉页脚,可以添加或删除水印,可以编辑 PDF 文件内容,可以对 PDF 文件进行批注,批注不仅可以显示,还可以打印出来,可以使用高亮、下划线或其他标记标示被选文本,可以高亮比较两个 PDF 文件的不同之处,可以直接拖拽缩略图改变页面顺序,可以通过加密控制 PDF 文件的操作权限,可以导出 PDF 文件为其他格式(如图像格式、Word 格式),可以撤销和重做,支持直接将纸质文档扫描为 PDF 格式。其高级编辑器的选择工具有全部、文本、图像、路径、渐变等多种选择模式,可以选定 PDF 文件中的特定对象加以删除,这对清除某些特殊的水印很管用。该版本还具有 OCR 功能;支持将多媒体文件如视频、音频或交互式内容等插入到 PDF 文件,使 PDF 文件成为一个容纳多种信息的平台。

例如,从知网下载的 PDF 格式论文页脚都加了英文版权说明,想要清除版权说明,在 Foxit PDF Editor 菜单栏上依次点击"编辑→编辑对象→形状"(图 3-17),选中版权说明,按删除键即可。

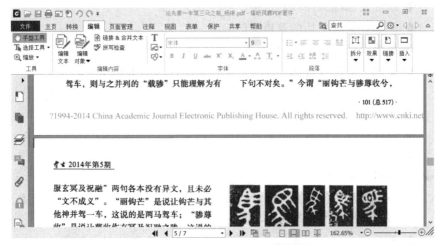

图 3-17　Foxit PDF Editor 的界面

修改加工 PDF 文件的软件一般都需购买,但"PDF 补丁丁"(最新版:PDFPatcher 0.6.2)则是免费的(图 3-18)。该软件出自中国一位名叫 WMJordan 的网友之手。

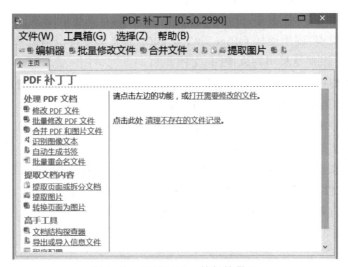

图 3-18　PDFPatcher 的初始界面

PDF 补丁丁的主要功能有:
★ 修改文档
　◆ 修改文档属性,如作者、主题、关键词等。支持通过文件名重写文档属性。

- ◆ 书签编辑：添加、修改或删除书签，设置书签的文字颜色、打开或收拢状态、点击后的跳转位置及页面缩放比例等。
- ◆ 添加或修改页面内的链接。
- ◆ 添加或更改文档的逻辑页码编号。
- ◆ 更改阅读器的初始设置，如显示比例、界面等。
- ◆ 缩放页面尺寸。此功能可使显示的文件页面大小一致。
- ◆ 调整页面旋转方向。
- ◆ 删除文档或页面内嵌的 XML 元数据及各种水印。
- ◆ 删除打开文档或页面时自动执行的动作。
- ◆ 去除对文件复制、打印的限制。

★ 高级补丁修改功能
- ◆ 导出信息文件：将文档属性、阅读器初始状态、页码设置、页面设置、书签等信息导出成可编辑的 XML 文件。
- ◆ 导入信息文件生成新文件：将上述信息文件和已有文件合并，生成新的 PDF 文档，该 PDF 文档具有 XML 信息文件的设置。

★ 制作 PDF 文件：将一批单个图片转换成一个 PDF 文件；将若干个 PDF 文件合并为一个；将一个 PDF 文件拆分若干个。

★ 自动生成 PDF 书签：分析 PDF 文档的文本，自动生成书签。

★ 文字识别：调用微软 Office2003 或 2007 的光学字符识别引擎，识别出 PDF 文档的文字。识别结果可写入 PDF 文档。

★ 字体替换：替换本文文档中使用的字体，并将字体嵌入到 PDF 文档，使之可在没有该字体的设备上正常显示，消除乱码。

★ 无损导出 PDF 文件的图片，提取 PDF 文件中指定的页面。

★ 根据文档元数据重命名 PDF 文件。

★ 分析文档结构：以树节点形式查看 PDF 文档结构，可将页面或文档内容导出成 XML 文件、二进制文件供 PDF 爱好者分析、调试之用。

★ 支持打开并修改超过 2G 的超大文档。

一个不到 30M 的免费软件有如此众多的功能，我们不能不对作者的敬业精神表示敬意。

PDF 文件的内容一般不能修改，但有些软件则是为修改 PDF 文件内容而设计的。英国 Iceni Technology Ltd 公司研制的 Infix PDF Editor Pro(最新版：7.6)可以像在 Word 中一样编辑文本 PDF 文件，如插入文字，删除文字，更改文字的字体、大小、颜色等等。中国一家公司研制的 PDF Eraser(最新版：1.9)可以擦除 PDF 文件中的任何内容，可以在空白处添加文字和图片，修改比较方便。

与 PDF 性能类似还有 OFD(Open Fixed-layout Document)格式,这是由我国工业和信息化部软件司牵头研制的具有自主知识产权的文件格式,2016 年 10 月 14 日由国家标准化管理委员会作为国家标准正式发布(GB/T 33190-2016)。2016 年 12 月,国家质量监督检验检疫总局、国家标准化管理委员会发布《党政机关电子公文格式规范》,规定"电子公文的承载格式为 OFD"。2018 年 11 月,国家市场监督管理总局、国家电子文件管理部际联席会议办公室联合发布《电子证照系列国家标准》,明确规定"电子证照使用 OFD 格式"。2020 年 1 月,国家税务总局发布《关于增值税发票综合服务平台等事项的公告》,也规定"增值税电子普通发票版式文件格式为 OFD 格式"。与 PDF 相比,OFD 有如下优势:

一、OFD 采用可扩展标记语言 XML 来描述数据和结构,体积精简,源代码开放,易于扩展。

二、OFD 支持国产加密算法,可以和数字签名技术相结合,有效防止篡改,安全可信。

三、文件可长久保存,且能在各种系统中精准呈现。

四、支持直接进行文件归档的一系列处理。

目前用来制作浏览 OFD 格式的软件还很少,福昕 OFD 版式办公套件(最新版:8.0)可以制作浏览 OFD 格式。WPS2021 年以后的版本可以阅览 OFD 格式文件。

2. DjVu 格式

DjVu 是美国电报电话公司实验室(AT&T Labs)1996 年研发的一种图像格式,它采用了一种新的图像压缩技术,比其他图像格式具有更高的压缩比(图像文件原始大小和经压缩后图象文件大小之间的比例)。一般来说,要确保文字和线条的清晰度需要较高的分辨率(通常不低于 300dpi),而反映连续色彩的图像和纸张的背景则不需要那么高的分辨率(通常 100dpi 即可)。DjVu 就是将图像分为背景层(纸的纹理和图像)和前景层(文本和线条),背景层采用低分辨率以节省体积,前景层采用高分辨率以利于还原,最大限度地提高可辨性,从而既保证了图像质量,又降低了体积。应用 DjVu 压缩格式,对包含文字和图像的彩色文件来说,在同等质量下 DjVu 文件通常只是 JPEG 文件的 1/10;对黑白图像来说,DjVu 文件通常只是 JPEG 文件的 1/20,PDF 文件的 1/5,其体积小的优势还是比较明显。

由于采用分层显示,而不是等到整幅图像都被解码之后才显示,加之文件小,这使 DjVu 图像的显示速度高于其他图像格式。也由于分层处理,DjVu 容易通过 OCR 识别制成文本层,从而实现文本的复制和检索。

DjVu 格式还支持 100 多种语言的 OCR 识别,支持图像超链接,支持多种格式文件的转换(如 PDF、DWG、JPG、TIF、BMP、DOC 等),支持水印、数字等多种图像加密技术。

　　制作加工 DjVu 文件的专业软件是美国 Caminova 公司发布的 Document Express(最新版:8.0),但售价不菲。比较理想的还是马健设计的免费软件 DjVuToy(最新版:3.08)。下面是该软件的界面,眉目清晰,想做什么,点击相应的标签即可(图 3-19)。

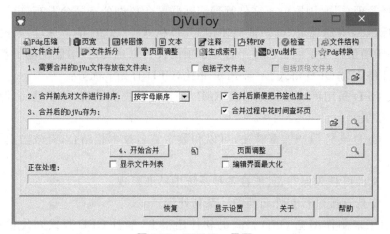

图 3-19　DjVuToy 界面

　　DjVuToy 的主要功能有:

　　★ DjVu 制作:支持将 PDG、BMP、GIF、PNG、TIFF、JPEG 等图像格式的文件转为 DjVu。应注意的是:设置中的黑白图像质量有无损、去斑、正常、瞎搞 4 个选项,制作出来的文件大小依次减小,"无损"转换出来的文件最大,不会产生差错,其他 3 个选项都有可能改变文件内容,如序号、字母被替换等。

　　★ 页面调整:插入、删除、移动、旋转多页 DjVu 中的页面,将多页 DjVu 的页面宽度或 DPI 设置为一个统一值。

　　★ 文件合并与拆分:将散页 DjVu 文件合并成一个多页 DjVu 文件,也可将一个多页 DjVu 拆分成单页文件,同时可指定是否拆分共享数据段、是否生成索引。

　　★ 生成索引:为文件夹下的散页 DjVu 文件生成索引文件。

　　★ 书签处理:可导出书签、加挂书签,支持多级书签。

　　★ 转换格式:一次将整本 DjVu 转换成 PDF,并可选择是否转换书签;也可将多页 DjVu 的每一页转换成一个图像。需要注意的是,将 DjVu 转为其他格式,体积往往会膨胀很多。有文本层和图像层的双层的 DjVu 文件转为 PDF 时,只能转换图像层,转换出来的 PDF 文件不能检索复制。

　　★ DjVu 文本处理:包括 OCR(生成可检索的隐藏文本)、导出纯文本、导出导入 XML 文本、删除文本。

DjVu 阅读器最流行的是 WinDjView（最新版：2.1），这是俄罗斯人 Andrew Zhezherun 开发的一个开源软件。该阅读器体积小巧，启动迅速，显示清晰，可创建书签（只能建单层书签）和批注，可调整亮度、对比度和灰度，页面可导出为 BMP、PNG、GIF、TIF、JPG 等格式的图片，可多标签显示，可抓取页面任意位置放在剪贴板当中，可以连续翻页，能记忆关闭前的阅读位置，有这些功能，阅读 DjVu 文件一般也就够用了。

总的来说，DjVu 格式不如 PDF 流行，相应的处理、浏览软件比较少，现有的软件功能也比较简单。

3. PDG 格式

PDG 是超星数字图书馆制作的电子图书的专有格式，它不是一个开源格式，缺乏通用性，所以除了超星公司，很少有人想采用这种格式制作电子图书。但由于超星数字图书馆的电子图书数量庞大，掌握有关阅览转换的知识还是很有用的。

超星图书为保护版权都加了密，用户只有获得授权才可以用官方的浏览器 SSReader 打开阅览。最新版 SSReader5.4 除了可以阅览 PDG 图书外，还有 OCR 文字识别功能，可以摘录书中文字；还有个人扫描功能，用户可以自己将纸质图书扫描为 PDG 格式。

超星的加密技术是不断更新换代的。早期超星图书的加密格式如 0xH、1xH、28H、AxH 等可以用一些第三方浏览器直接打开。现在的超星图书采用的是 6xH 加密格式，当你用官方的 SSReader 下载图书时，SSReader 将结合登录用户名、本地硬件信息（通称机器码）等生成密钥，加载到下载的图书当中，因此，用一台电脑下载的 6xH 加密图书，拿到另一台电脑就打不开了。除了机器码的限制外，PDG 图书还有时间限制，超过规定期限后，SSReader 就要求重新登录超星网站进行认证，否则下载的图书也无法打开。

超星电子图书的早期版本流散到社会上的很多，这些图书是可以用 BooX Viewer、Pdgreader Pro、UnicornViewer 等第三方软件打开阅览的。其中 Pdgreader Pro 打开加密格式的能力要强一些，但该软件需要超星浏览器 Pdg2 控件的支持才能运行，因此需要先安装超星浏览器，或单独注册与操作系统匹配的 Pdg2.dll 控件。不过，最好用的是马健开发的 UnicornViewer（简称 UV）。该浏览器有免费版和收费版两类，收费版的功能比免费版强大。免费版目前提供的最高版本是 0.12j，收费版的最新版本是 0.43。UV 的主要功能有：

★ 支持 PDG、PDF、DjVu、多页 TIFF 格式。PDG 格式支持图像版 0xH、1xH、28H、AxH，不支持 FFH、6xH 和文本 PDG；支持名为 PDG 实为 JPG、JPEG2000、PNG、GIF、TIFF、DjVu、PDF 的文件，但文件名必须符合 PDG 命名规范。PDF 支持 CJK 字符集、多级目录、分段页码等。

★ 支持连续翻页、并排显示、多种缩放方式及打印,支持背景色及背景图案。

★ 支持直接从 ZIP 文件读取 PDG,中间不生成任何临时文件。支持加密 ZIP 并能记忆密码。根据这一特点,可以把整个 PDG 文件夹压缩为 ZIP 格式后用 UV 阅读。不过这有一个限制:ZIP 文件中只允许一个文件夹,不支持多个文件夹。

★ 能记忆最后退出前的打开位置。

★ 可与 PdgCntEditor 联动,实现 PDG、PDF、DjVu 目录编辑,支持多级目录。

★ 支持 OCR,OCR 引擎为微软 Office 2003 所带的 Microsoft Office Document Imaging(MODI),支持英文、简体中文、繁体中文、日文。

★ 支持裁边/填白,以有效利用显示区域,或去掉扫描造成的黑边。

★ 提供"图像处理"功能,包括高亮度、自动色阶/自动对比度、曲线调节、亮度、对比度、Gamma 校正。图像处理仅对显示、打印有效,对原始文件没有任何影响。

PDG 也可以转换为其他格式。马健设计的 Pdg2Pic(最新版:5.06)软件可将 PDG 转成 TIFF、JPG、PNG、PDF 等格式,前提是 PDG 文件没有加密,并有超星浏览器 Pdg2 控件的支持,因此必须安装超星浏览器,或单独注册 Pdg2.dll。转为 PDF 格式时可以选择同时加载文本层,使文件可以检索复制(图 3-20)。

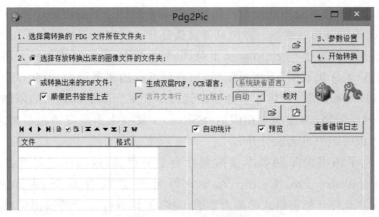

图 3-20　Pdg2Pic 的界面

其他编辑 PDG 图书的软件。

PdgCntEditor(最新版:3.15),这是马健设计的用来编辑目录文件的软件(图 3-21)。功能有:支持 PDG、PDF、DjVu 格式;提供文本、树形两种编辑模式,以满足不同需要;可以不解包直接编辑 ZIP 文件中的 PDG 目录文件,编辑结果直接存入 ZIP;能够与 UV 联动,从 UV 中启动以编辑当前正在阅读的文件目录,存盘后会自动通知 UV 刷新目录;支持符合 FreePic2Pdf 接口文件格式的目录文件(FreePic2Pdf_bkmk.txt),并能从 DjVuToy、FreePic2Pdf 中启动,对 PDF、DjVu 目录文件进行编辑。

菜单除常规的查找、替换、编辑等之外,还提供"总在最上面""半透明"等选项,方便对照原文编辑目录。另有 GB/Big5 编码转换功能,方便海外用户使用。

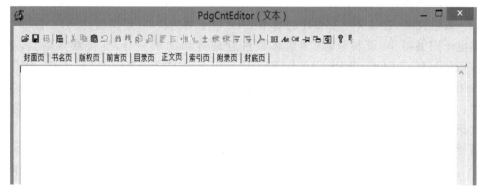

图 3-21　PdgCntEditor 文本界面

创建目录可按如下步骤:

1. 运行软件,进入文本编辑模式。

2. 点击相应的标签,输入目录,每条目录后按 Tab 键插入一个空格,然后输入页码。输入页码时可以点"透明度"按钮,将窗口设置成半透明。如果页码直接来自 OCR 结果,可以点"全选",再点"自动切分页码",在行末的页码数字前自动插入一个 TAB;点"自动缩进",自动尝试对诸如 1.1、1.1.1、1.1.2 的项目设置缩进。

3. 目录输入完毕后存盘。

4. 切换至树形界面,通过"右移一栏""左移一栏"调整目录分级。

5. 如果需要对文字或页码进行编辑,选中需要编辑的条目,按回车开始编辑,按回车或 ESC 退出编辑。

6. 点"保存"保存修改。

如果从 UV 中启动,目录会自动加挂到打开的图书当中。如果是单独用 PdgCntEditor 编辑的目录,可以通过 UV 的"工具"→"加入书签"将编辑的目录加挂到图书中。

PdgRenamer(最新版:2.16),这是马健设计的 PDG 文件更名工具,支持的图像文件包括 TIFF、JPG、PNG、DjVu。图像更名为 PDG 后,可直接用 ComicsViewer 和 UV 浏览。原始 PDG 文件的页码或页面类型可能有编排错误,通过 PdgRenamer 可以重新编排,理顺页面顺序。该软件还可以恢复图像文件扩展名,包括恢复名为 JPG 实为 PNG,或名为 PDG 实为 JPG、JPEG 2000、PNG、TIFF、DjVu 等的文件。在更名过程中,如果选择"黑白图像转 PDG"选项,黑白 TIFF、PNG、GIF、DjVu 在命名为 PDG 时将自动转换成 00H PDG,即无加密的 PDG 页面。

4. EXE 格式

EXE 是比较流行的一种电子文献格式,其特点是制作出来的电子书可以自己运行,无需别的阅读器,运行速度快,可以检索复制。制作 EXE 书籍的软件很多,这里介绍两款比较好用的。

友益文书,这是吴生友设计的制作 EXE 电子书的软件(最新版:9.6)。该软件集电子图书制作、资料管理、多媒体课件管理等功能于一身,支持众多格式,如 HTM、MHT、DOC、WPS、TXT、EXCEL、PDF、CHM、EXE、RTF、GIF、JPG、PNG、DJVU、ICO、TIF、BMP、FLASH 等,这些格式的资料都能直接生成可执行文件,在任何电脑上阅读;可方便制成翻页电子书;能生成具有全文搜索、目录搜索、收藏夹等功能的 CHM 格式文件;支持文本、网页文件的全文搜索;支持背景音乐播放;集成 PDF 阅读功能,不需要安装 PDF 阅读器即可阅读 PDF 文件。

软件采用视窗风格,目录树结构管理,所见即所得,不需要复杂的转换、编译,可以自由地添加删除目录树,自由地编辑文件,操作十分简便。软件采用混合索引算法,数据存储采用自带的压缩格式,具有多重文本超链接功能,全文搜索速度很快,对导入的网页仍可编辑,支持网页、文本等多种格式之间的转换。

网上提供的免费 TXT 文件很多,利用友益文书可以将众多 TXT 文件打包成一个整体,这样检索阅读就很方便了(图 3-22)。想把众多的单本 EXE 电子书整合到一起,可以用 EXE 转 TXT 工具(如 miniKillEBook)转成 TXT 文件后,再用友益文书打包。

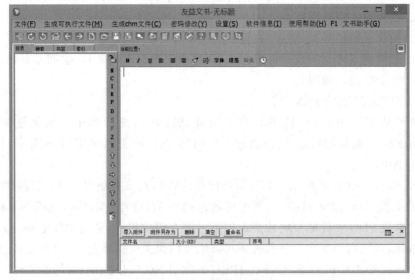

图 3-22 友益文书的界面

制作步骤:

1. 按批量导入图标,分类导入软件支持的各类格式的文件;RAR、ZIP 等压缩文件也可作为附件导入;每个目录可导入不同的附件。

2. 编辑目录,可上下左右调整目录位置和层级,设置目录图标、背景音乐等。

3. 对管理的文件或制作的电子书进行设置。在软件设置中设置操作习惯、软件界面等;在文书设置中设置打开方式、网页背景图片、标头图片、启动封面、文书权限等。

4. 点击"生成可执行文件"目录,选择电子书的打开方式,点"确定生成"就可生成 EXE 电子书了。点生成 CHM 文件目录,则可导出成 CHM 格式。

eBook Workshop,中文名叫"e 书工场"(最新版:1.5),是吴新兵设计的电子书制作软件。

e 书工场的操作界面(图 3-23)分"文件""界面""编译"三项,每项里又包含几个小项,其内容在右侧显示,简洁明了,操作方便。软件支持 HTML、TXT、图片、Flash 等格式,但不支持 DOC 文本。软件调用的所有文件都在内存中释放和读取,不产生垃圾文件。

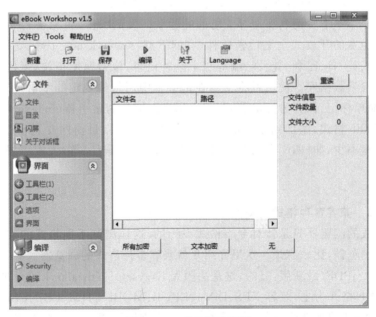

图 3-23　e 书工场的界面

制作步骤:

1. 打开源文件目录,对文件是否加密进行设置。

2. 选择"目录"标签,单击从文件夹建立,电子书的目录就做完成了,在右侧绿色框中的选项中对目录进行排序、新建和删除等操作。

3. 选择"闪屏",勾选"启动时显示闪屏",然后到文件夹中选择插入图片,该图片会在打开电子书时出现。

4. 点击"工具栏"进行有关选择,"工具栏"(1)中勾选"显示按钮标",阅读电子书时在各按钮边上会显示文字说明;"工具栏"(2)可选择电子书的图标,默认的是ebook 的标志,可换成自己喜欢的图标,这个图标会显示在电子书的右上角。背景的设置和图标是一样的,仅支持 BMP 图片格式。状态栏中输入文字信息,勾选"可视",它会显示在电子书的下面。

5. 点击"选项",输入电子书的名字,加入 e 书图标,勾选读书器选项。

6. 点击"界面",选择自己喜欢的界面。

7. 在"编译"界面中对是否设置密码、压缩方式等进行选择,最后保存即可。

上面两款软件共有的缺点是,电子书的目录只能由文件名构成,如果将一部书整体作为一个文件添加到软件,那就只有一条目录,不能自动生成章节目录;友益文书虽然可以手动添加目录,但手动添加的目录无法与正文链接,等于无效。要想得到有链接功能的目录,只有把整体的文本文件拆分成一个一个的小文件,未免过于繁琐费事,反映了软件在这方面还有很大缺陷,有待改进。

顺便介绍一下台湾刹那搜寻工坊的叶健欣研发的"开放古籍平台 accelon 3",这是一个免费的开放式全文检索软件(官网下载:www.ksana.tw),支持中(繁简自动转换)、英、日、巴利、梵、泰、缅等二十余种语言,检索速度很快,可用来建立自己的全文检索数据库。使用者将文本在记事本中用软件规定的术语(必须是繁体字)加以简单标记,保存为 xml 格式,然后用官方提供的索引器(indexer)将 xml 文本转换成 adb 格式,添加到软件的资料库中即可检索。目前网友制作分享的 adb 格式的古籍不少,如《四库全书》《四部丛刊》、多种《大藏经》等,大家可根据需要下载添加。

3.5.2 兼容多种格式的浏览器

大多数的浏览器只是针对专一格式设计的,这样浏览不同格式的文件就得安装不同的浏览器,比较麻烦。这里介绍几款兼容多种格式的浏览器。

SumatraPDF(最新版:3.2),这是法国人 Krzysztof Kowalczyk 设计的浏览器,以浏览 PDF 格式为主,兼容 XPS、DjVu、EPUB、MOBI、CHM、CBZ、CBR 等格式,一个不足 15M 的软件能浏览这么多格式,也算难能可贵。该浏览器支持超过 1G 的大文件,打开大文件的速度快,渲染效果好,文件看起来清晰舒服。此外,软件经常更新,性能在不断提高。当然,就 PDF 格式而言,其功能不如专用的 Foxit Reader 和 PDF-XChange Viewer 丰富。

三 电子文献及其利用 59

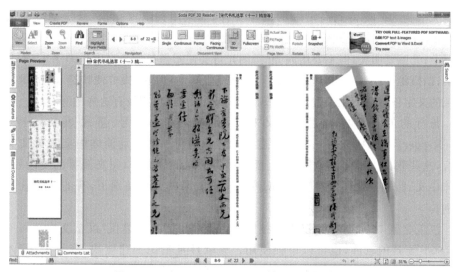

图 3-24 Soda PDF 3D Reader 的 3D 浏览模式

俄罗斯 UVViewSoft 公司研制的 Universal Viewer Pro(最新版:6.7)能支持 40 多种图像格式、170 多种多媒体格式(AVI、MPG、WMV、MP3、MP4、FLV、MKV 等)、各种文本格式、众多电子书格式(PDF、DJVU、XPS、CBR、CBZ 等)、各种网页格式(HTML、XML、MHT 等),并且支持最大 4G 的文件。可以说,该软件是快速查看文件及打开不常见格式文件的首选。

Soda PDF 3D Reader(最新版:8.0),这是加拿大的 LULU Software 公司研制的浏览器,支持 PDF、CBR、CBZ、ePub 等格式。该软件的优势在于阅览方式相当丰富,有单页、单页连续、双页、双页连续、3D 模式、全屏模式等。3D 模式+全屏模式显示效果极佳,像是在翻阅真正的纸书(图 3-24)。软件还支持从 300 多种文件格式创建 PDF 文档。

3.5.3 图像文字的识别

OCR(Optical Character Recognition)是光学字符识别的意思。通过扫描仪、数码相机等电子设备获得的资料是图像文件,只有经过 OCR 识别转换为文本文件,才能在 Word 等文字处理软件中自由使用。

OCR 可以识别的图像文字文件主要有铅字排印件、电脑打印件和古代印刷体刻印件。手写字体的识别有联机手写字体和脱机手写字体之分,联机手写字体目前已有较高的识别率,脱机手写字体识别仍是汉字识别的一个难题,尚未找到理想的识别办法。

OCR 识别率的高低取决于两个因素,一是图像文件的清晰程度,二是软件的识别能力,前一因素比后一因素更为重要。如果图像文件模糊不清,再好的识别软件也无能为力。要得到高清晰的图像文件,如果用扫描仪扫描,分辨率不能低于300dpi,以灰度扫描模式效果最佳;如果用数码相机获取图像,分辨率要在500万像素以上;光照要明亮,但不要用闪光灯,闪光灯会使图像各部分亮度反差增大,不利于识别;拍摄距离以30—40厘米为宜。数码相机的优点是拍摄方便快捷,但图像周边区域的文字往往会产生畸变,这将影响识别效果,扫描仪则没有这样的问题。

流行的OCR软件主要有:汉王文豪7600、尚书七号、慧视2008、ABBYY FineReader等,这些软件各有自己适宜的识别对象。就普通简体中文和英文文件而言,这些软件大都能轻松胜任;但面对多种语言混排文件、图文混排的复杂版面、繁体中文、特别是繁体竖排文件,软件的识别效果就大有差别了,有的干脆就不能识别。

汉王文豪7600是北京汉王科技股份有限公司为其扫描仪"汉王文本王——文豪7600"配备的软件,也可以单独使用。该软件批量识别速度快,容量大,繁体字识别能力差强人意,可以添加它不能识别的字体,还有屏幕摘抄功能。该软件最新版为文豪7660,在屏幕识别、数码照片、CAJ、PDF等电子图片识别方面性能有所提升。

尚书七号是汉王公司为其他公司提供的文字识别软件,性能不如汉王自用的文豪7600。它能识别GBK汉字及一百多种字体,支持多种字体混排,识别结果的保存可以选择TXT、RTF、HTML、XLS等格式。缺点是繁体识别率低,竖排版式的繁体更是难以胜任。

慧视2008是北京文通公司设计的软件,主要用于识别移动数码设备所获图像中的文字,其识别变形、光线不均、字迹模糊、带有背景图案的文字图像的能力更是出类拔萃,有良好的识别率。软件还有"屏幕识别"功能,可识别网页上禁止复制的文字。下面是慧视2008的工具栏(图3-25):

图3-25 慧视工具栏

使用方法很简单:点击工具栏中的"慧视文档"图标,打开要识别的文字图片(图3-26),点击"手动圈图",选取要识别的范围,然后点击"识别"图标,识别结果很快就会出现在记事本上。

如果要识别屏幕文字,点击工具栏上的"慧视屏幕"图标,选取要识别的范围,范围选定后会弹出如下窗口,我们根据图片情况对内容、背景、语种进行选择,点击"确定",就得到识别结果了。

文通公司另有文字识别软件TH-OCR SDK(最新版:12.0),可识别2万多个汉字,识别率较高,可以识别黑白、灰度、彩色图像,支持识别简繁体中文、纯英文、日文、韩文、中英文混排的图像,支持识别藏文、维文、哈萨克文、阿拉伯文、柯尔克孜文与中文、英文混排的图像,识别结果可以保持原有版面。

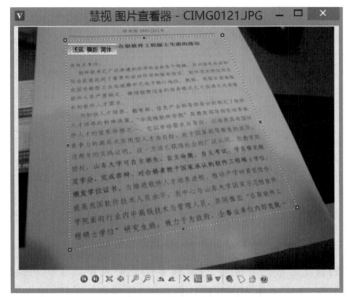

图 3-26　慧视文档

ABBYY FineReader 是俄罗斯的 ABBYY(中文名叫"泰比")公司研制的 OCR 识别软件,从 10.0 版开始全面支持中文,最新版为 15 版。该软件具有先进的 OCR 技术,具备 3D 图像的扭曲校正、模糊图像校正、噪点校正、梯形图像校正等自动预处理功能,可以迅速准确地将图片文件转换成可编辑的电子文本,并能精确还原版面;支持多国字符,能在 192 种语言中自动检测与转换,对繁简中文、英文、日文、韩文等都有很高的识别率,竖排版式及多文种混排也不成问题;15 版集 PDF 文件的创建、识别、编辑于一身,可以像文本编辑器一样编辑任何类型的 PDF(包括扫描文档),还可将比对结果导出为修订模式的 Word 文档,轻松作出接受或拒绝的校订。可以说,ABBYY FineReader 不仅在文字识别方面性能优异,在编辑加工方面也并不逊色。

OCR 软件的使用步骤基本上是相同的,即:打开图像文件→选择识别文字→选择版式→分析版面→开始识别→校对识别结果→输出识别结果。需要注意的是,识别对象有什么语言就选择什么语言,少选或多选都会影响识别率。

下面我们以 ABBYY FineReader15 为例(图 3-27),来展示其具体识别过程。

运行 FineReader15,根据源文件的不同选择相应的任务类型。我们的测试样本是繁体中文竖排版式的 JPG 格式图片,所以选择"在 OCR 编辑器中打开"即可。

图 3-27　ABBYY FineReader14 识别展示 1

FineReader15 的自动处理能力很强,打开样本的同时就给出了识别结果。对它认为不能确定的字符,文本上用不同颜色加以标示,等待我们验证(图 3-28)。底部是放大的图片文字,以便校对识别结果。一般来说,繁体中文竖排版式的识别是难度最大的,我们看到 FineReader15 的识别结果只错一字,即把"炁"识别成了"焦",不过对"焦"字加了标记予以提示,显示了其超强的识别能力及智能便捷的核校方式。

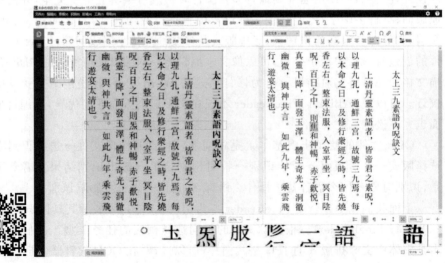

图 3-28　ABBYY FineReader14 识别展示 2

校对完毕后,点击"可编辑副本"框下拉菜单,有五种呈现模式可供选择(图3-29)。点击"保存"菜单,可另存为多种格式,也可直接发送到其他应用程序。

图 3-29　ABBYY FineReader14 识别展示 3

ABBYY FineReader 还附带了一款名为 ABBYY Screenshot Reader 的屏幕捕捉工具,它不仅可以抓取屏幕截图并保存为常规图片,也可以直接将屏幕图片中的文字提取为可编辑的文本,识别能力很强,是屏幕文字识别的利器。

泰比公司还有一款叫 ABBYY PDF Transformer 的软件,最新版 ABBYY PDF Transformer＋支持 189 种语言,并能自动进行语言探测,可将任何形式的 PDF 文件转换成 MS Office 格式,能直接创建可以检索复制的双层 PDF 文件,还可对 PDF 文件进行编辑(删除、插入、移动)、评注等操作。

3.5.4　文本格式的批量加工

从电子书及网上复制或下载的资料往往格式杂乱,如存在大量空格空行、分段及标点不符合要求等,手工整理非常麻烦,如果用文本整理软件来整理就省事多了。这里介绍三款这方面的软件。

文本整理器(最新版:3.0),这是风林设计的一款用来调整中文文本格式的免费绿色软件(图 3-30)。它提供众多细微的调整手段,可以批量整理文本,能在很短的时间内将大量格式杂乱的文本整理成符合使用者需要的格式。下面是软件的界面:

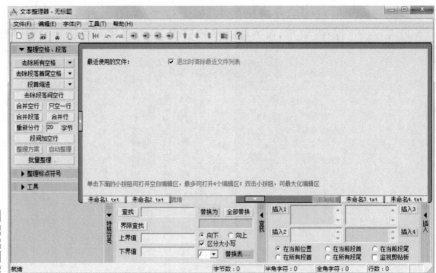

图 3-30 文本整理界面

该软件的主要功能有:

1. 编辑功能:可编辑 txt、htm、ini 等纯文本文件,进行查找替换、插入、合并文件等操作。

2. 整理空格:可去除所有空格;也可只去除段落首尾空格,此功能可避免删除文本中英文句子的空格。

3. 整理段落:1)段首缩进,缩进的空格可以是全角空格、半角空格或 Tab 符,缩进空格的多少可以设置;2)去除段落间空行;3)合并空行,把多个空行合并为一个;4)只空一行,在没有空行的段落后加入一个空行,有多个空行的段落只保留一个空行;5)合并段落,把几个段落合并为一个,并去除段落间的空格;6)合并行,把以硬回车换行的行合并为一段。

4. 字符转换:对常用标点符号进行半角—全角转换;数字、字母的大小写和全半角转换;文字的繁简转换;GB 码与 BIG5 码的转换;htm 与 txt 的转换。半角引号转换为全角引号时,如果原文中引号缺失,部分左右引号可能会发生混乱,此时选中发生混乱的部分,用"逆转引号"功能进行调整。

5. 其他功能:修正局部乱码,字数统计,查看二进制文本,整理 C 源代码,修改文件扩展名等。

6. 可同时打开四个文档,并排排列在窗口中,便于进行对照编辑。

7. 可以把几项整理功能设定为整理方案,按方案设定内容将多个格式相似的文本一次整理到位。

如果选择了文本,软件只整理选择的部分,否则整理全文。该软件的缺点是处理大文件时速度有些缓慢。

文本排版大师（最新版：4.25），这是浙江文胜软件工作室设计的一款功能更为丰富的文本整理工具。除了常见的剪切、复制、粘贴、查找替换等编辑操作外，还具有以下功能：

1. 支持删除所有同类字符，行首、行尾、段中空格，回车、连续重复行、多余空行。

2. 自动智能文本段落重排，支持同一目录中文本的批量整理。

3. 强大的文本转换功能，可将普通排版的文本转换为竖排方式、稿纸格式、信笺格式，也可将竖排方式恢复为横排文本，可将文本块左右互换、上下互换、横排转列排、列排转横排、重新排序，还有中文繁简互换、图片转换为字符画等功能。

4. 强大的文本表格制作能力，可自动生成各行各列的文本表格，可以自由扩展表格的行列、伸缩行列，制作出任意形状的复杂的文本表格，并可在表中自由输入文字而不致破坏表格形状。可将文本转换为表格，将固定分割的文本和按特定字符分割的文本转换为表格输出。

textpro（最新版：6.5），这是中华佛典宝库网站制作的免费绿色软件，功能十分丰富，除了常见的格式整理和文本编辑外，还支持中文内码转换，具有强化的查找/替换功能（双字节的正则表达式和自定义替换表），可同时对多个文件进行多步骤批处理。其合并文件功能可轻松合并多个 txt 文件。合并文件名无规律的文件，单击"文件→合并文件"，选择文件并排好顺序，填写合并后的文件名，然后单击"合并"即可。对文件名有规律的文件，单击"文件→自动合并文件"，选择要合并的文件，单击"开始合并"即可。textpro 还可在一个窗口中打开多个类似文件进行差异比较。在"窗口"菜单选择"平铺"，分别单击每个文件内容中相同的起始位置，然后反复按 F5 键进行比较。发现不同字符时，程序在下方状态栏提示该字符及其位置，当前激活的文件中，光标自动移到不相同的字符处，以便直接编辑，未激活文件窗口的显示位置自动随之移动。比较时自动忽略回车和半角空格，还有"忽略全角标点符号"和"忽略半角符号"的选项以及是否忽略异体字的两种选择。如果在比较中失去正确的位置对应，需在两个文件中重新设定往下比较的起始位置。

下面是 textpro 的界面（图 3-31）：

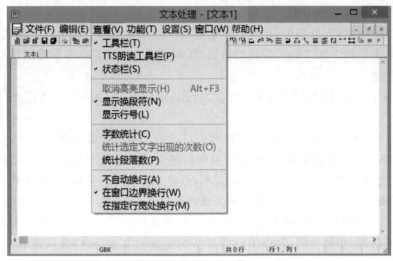

图 3-31　textpro 界面

四 类书及其利用

4.1 类书概说

类书的概念最早出现于后晋刘昫撰写的《旧唐书》,其《经籍志·子部》立有"类事"一目,著录类书22部。北宋欧阳修等撰《新唐书》改"类事"为"类书",从此"类书"之名便流行开来。然而直到今天,类书的概念还不是十分明确,正如刘叶秋所指出的:"究竟什么叫类书,大家却还没有给它下个科学的定义。所以同属一书,而此以为是类书,彼以为非类书,互相乖异,说法不一的,往往而有。"①我们认为类书的定义应该是:一种分门别类地汇辑资料以供查寻的工具书。它必须具备两个特点:一是录而不作,即纂辑罗列现有的资料,而非编者自己的论述或考辨,编者最多只是在某些资料前后加几句简单的按语;二是分门别类,即对搜集来的资料分类编排,把同类资料排列在一起,"类书"就是因类聚资料而得名的。凡不具备这两个特点的书都不应该阑入类书之列。比如有的书上把宋代高承的《事物纪原》、明代王圻、王思义的《三才图会》、明代郎瑛的《七修类稿》等都列为类书,这是不妥当的。这几部书虽然也将内容分门别类,虽然也征引资料,但它们都是研究探讨性质的著作,作者的目的并不是汇编同类资料供人浏览引用,而是为了弄清事物的真相,所以征引的资料以能说明问题为原则,而不是力求详备。如果这种书也算类书,那么几乎所有的古书都可以归入类书了。分类是人类认识和把握事物的基本方式,书籍是人类认识事物的成果,所以凡是书,其内容没有不分类的。如《诗经》分为"风""雅""颂"三类,《仪礼》分为《士冠礼》《昏礼》等十七类,《周礼》分为《天官》《地官》等六类,《尔雅》分为《释诂》《释言》等十九类,但这些书都不是类书,因为它们都不是客观地摘引罗列既有资料,不能仅仅根据"分类"的特点来确定类书。

从内容上来看,类书可分为综合性类书和专科性类书两种。综合性类书涉及的门类广泛,举凡天文地理、鸟兽虫鱼、衣食住行、名物制度等等,都在收录之列,可以查找多方面的资料,是类书的主要形式。如《艺文类聚》《太平御览》就属于这一类型。就综合性而言,这种类书有点像今天的百科全书,不同之处是类书只罗列原

---

① 刘叶秋《类书简说》,上海古籍出版社1980,第4—5页。

始资料,并不系统讲述知识。专科性类书只搜集汇编某一门类的资料,如《玉烛宝典》是岁时民俗方面的专科类书,专门汇编一年十二个月的宜忌资料及有关典故;《册府元龟》是历史方面的专科类书,专门汇编历代君臣事迹资料。

从编排方式来看,类书又可分为按义类编排的类书和按字顺编排的类书两种。绝大多数的类书都是按义类编排的,按字顺编排创始于颜真卿的《韵海镜源》(已佚),后世有《永乐大典》《佩文韵府》《经籍籑诂》等,都是以字韵为序编排的。

一般认为我国第一部类书是三国时期的王象、刘劭等人奉魏文帝之命编纂的《皇览》。据《三国志·魏书·杨俊传》"众冤痛之"裴松之注引《魏略》云:"魏有天下,拜(王)象散骑侍郎,迁为常侍,封列侯。受诏撰《皇览》,使象领秘书监。象从延康元年始撰集,数岁成,藏于秘府,合四十余部,部有数十篇,通合八百余万字。"又《刘劭传》云:"受诏集五经群书,以类相从,作《皇览》。"据梁代阮孝绪《七录》记载,《皇览》原有680卷,但传至隋代,只剩下120卷(《隋书·经籍志》),到唐代便亡佚了。唐人见到的《皇览》只是由刘宋时期的何承天和徐爰各自改编的《并合皇览》而已。到唐末五代,连《并合皇览》也亡佚了。清代孙冯翼从古书中辑出佚文一卷,收入《问经堂丛书》,另有黄奭辑本一卷,收入《汉学堂丛书》,可以略见其书一斑。

南北朝时期,梁代徐勉等编有《华林遍略》700卷,北齐祖珽等编有《修文殿御览》360卷,这些类书也都没有流传下来。法藏敦煌文献P.2526为唐抄本类书残卷,存256行,罗振玉、刘师培认为是《修文殿御览》的残卷,洪业认为是《华林遍略》的残卷[①],目前学界大都倾向于洪业的看法。[②]

隋唐时期编纂了不少类书,其中隋初杜台卿编的《玉烛宝典》是流传至今的最早的类书。其他如隋代虞世南《北堂书钞》、唐代欧阳询等编《艺文类聚》、徐坚等编《初学记》、白居易编《白氏六帖》等,这些类书主要是为了满足文人墨客们创作诗赋时征引辞藻典故的需要而编纂的。董治安主编的《唐代四大类书》(清华大学出版社2003年影印)将《北堂书钞》《艺文类聚》《初学记》《白氏六帖》四部类书汇于一编,颇便利用。

到了宋代,类书的编纂空前高涨,种类更多,规模更大,著名的有李昉等编《太平御览》,王钦若、杨亿等编《册府元龟》,此外还有南宋佚名编《锦绣万花谷》、祝穆编《事文类聚》、潘自牧编《记纂渊海》、吴淑编《事类赋》、孔传编《后六帖》、陈元靓编《岁时广记》、陈景沂编《全芳备祖》,等等。

元代编的类书很少,流传至今的只有阴时夫的《韵府群玉》、佚名编的《群书通要》等。

---

① 洪业《所谓〈修文殿御览〉者》,《燕京学报》第12期,1932。
② 参看刘金波《魏晋南北朝类书编纂研究》,民族出版社2018,第231—241页。

明代的类书最著名的要数解缙等人编的《永乐大典》，这是我国历史上最大的一部类书。其他还有俞安期编《唐类函》、徐元太编《喻林》等。

清代是我国类书编纂的又一辉煌时期，出现了现存部头最大的类书《古今图书集成》，还有张英等编《渊鉴类函》、张玉书等编《佩文韵府》、张廷玉等编《骈字类编》《子史精华》、陈元龙编《格致镜原》、何焯等编《分类字锦》、潘永因编《宋稗类钞》、徐珂编《清稗类钞》等。

现代社会虽然有百科全书及各种目录索引，但类书的资料性是百科全书和目录索引无法取代的，所以类书的编纂依然在继续。与古代不同的是，今天编的类书多为专科性的。如周勋初主编的《唐人轶事汇编》(32 开本 4 册，上海古籍出版社 1995)和《宋人轶事汇编》(32 开本 5 册，上海古籍出版社 2015)是专门摘编唐宋两代人物轶事的类书。两书以人名为子目，每目下按事迹先后编排资料。唐人编收录人物近 2700 人，采录资料 264 种，宋人编收录人物 2200 余人，采录资料约 500 种，不采正史资料。丁世良、赵放主编的《中国地方志民俗资料汇编》由书目文献出版社出版，分东北卷、华北卷、西北卷(以上三卷出版于 1989 年)、中南卷、西南卷(以上两卷出版于 1991 年)、华东卷(出版于 1995 年)6 卷，共 32 开本 10 册。该书专门汇辑地方志中的民俗资料，所辑地方志绝大多数为 1949 年以前所纂。方志按行政区划排列，每种志书注明卷数及版本年代，下分"礼仪""岁时""信仰""生活""民间文艺""民间语言"等类目。《中国各民族原始宗教资料集成》由吕大吉、何耀华任总主编，中国社会科学出版社出版，分考古卷(1996 年)、彝、白、基诺族卷(1996 年)、土家、瑶、壮、黎族卷(1998 年)、鄂伦春、鄂温克、赫哲、达斡尔、蒙、藏等族卷(1999 年)、傣、哈尼、景颇、普米、珞巴、阿昌等族卷(1999 年)、纳西、羌、独龙、傈僳、怒族卷(2000 年)，共 16 开本 6 卷。该书专门汇辑我国少数民族的原始宗教资料，内容包括自然崇拜、图腾崇拜、祖先崇拜、神灵观念、巫术、禁忌、宗教节日以及民间传说等。规模空前的《中华大典》下面将作详细介绍。

对今天的人来说，类书主要有两个用途。

一是查找百科资料。我们需要的资料是方方面面的，这些资料散见于各种不同的典籍当中，如果需要资料时直接到原始典籍中寻找，无异于大海捞针，一辈子恐怕解决不了几个问题，正如欧阳询在《艺文类聚序》中所说的，"延阁石渠，架藏繁积。周流极源，颇难寻究。披条索贯，日用弘多。卒欲摘其菁华，采其指要，事同游海，义等观天"。类书将同类资料汇编在一起，给我们提供了很大的方便，所以查找百科资料应从类书入手。例如 1965 年，蒋德隆、严济远发表《长江下游地区夏季旱涝演变趋势的研究》一文(《地理学报》1965 年第 2 期)，预测 1991 年至 1993 年间长江下游"可能有较重水涝"，1991 年长江中下游确实发生了大洪水。他们预测的主要根据就是古籍中数千年间的气象记载，而寻找古籍中的气象记载主要利用了《古今图书集成》等类书。

类书的第二个用途是考校典籍。类书的资料是从大量典籍中摘录来的,如《艺文类聚》征引的典籍约有 900 种[①];《太平御览》征引的典籍据卷首的《经史图书纲目》统计,有 1690 种,这还不算"古律诗、古赋、铭、箴、杂书等类",据今人马念祖统计[②],实际有 2579 种,大约是把编者未计的单篇文章也算在内。《艺文类聚》征引的书百分之九十今已亡佚,《太平御览》征引的书百分之七八十今已亡佚。如果典籍现存,可以利用这些类书征引的资料互相比勘,以订正讹误。例如《宋史·礼志六》(中华书局标点本):"王者各随其行,社以其盛,腊以其终。""社"字《古今图书集成·历象汇编·岁功典》卷九四引作"祖",应以"祖"字为是。《宋史》的这几句话来自唐代杜佑《通典》卷四四《大禘》中所引三国魏高堂隆议腊祭用日之语:"王者各以其行之盛而祖,以其终而腊。"古人常常"祖""腊"并举,如汉末蔡邕《独断》卷上中说:"青帝以未腊卯祖,赤帝以戌腊午祖,白帝以丑腊酉祖,黑帝以辰腊子祖,黄帝以辰腊未祖。"《太平御览》卷三三引《魏名臣奏》曰:"大司农董遇议曰:土行之君故宜以未祖,以丑腊,为得盛终之节,不可以戌祖辰腊。"可见今本《宋史》中的"社"字讹误。如果类书征引的典籍已经亡佚,其资料更为珍贵,不但有助于解决古代有关问题,而且也可以从中窥见佚书之一斑。例如唐初李泰等修撰的《括地志》是一部 500 多卷的地理著作,原书已经亡佚,其《序略》仅见于《初学记》卷八《总序州郡第一》,由此可以窥见贞观年间的政区划分和州县的数目。不少学者还将类书中散见的佚文搜集起来,更便于我们利用这些佚籍。如清代马国翰的《玉函山房辑佚书》辑录唐代以前散亡的古籍 594 种,现代日本学者安居香山与中村璋八编《纬书集成》(河北人民出版社 1994),收辑谶纬佚书 26 种(上海古籍出版社 1994 年出版的同名著作只有 14 种),类书是他们辑佚的主要资源。

类书虽然给我们提供很大的便利,但它本身也存在诸多缺点,使用者应有所了解。

其一,传世的类书大都是在前人类书的基础上编成的,其中相当一部分资料是从前人类书中转抄来的,如《太平御览》转抄《修文殿御览》《艺文类聚》《文思博要》等类书,《唐类函》几乎全是转录唐人类书而成,《渊鉴类函》又转录《唐类函》,《佩文韵府》转录元代阴时夫的《韵府群玉》和明代凌稚隆的《五车韵瑞》,等等。古谚说得好,"字经三写,乌(烏)焉成马(馬)"。传抄次数越多,产生的错误也就越多,所以使用类书资料时,若原书现存,必须复核原文;若原书已佚,也当与相关材料加以比勘,辨其是非,否则就有可能得出错误的结论。

---

① 流行的说法是 1431 种,未确。见韩建立《〈艺文类聚引用书目〉考辨》,《图书馆工作与研究》2013 年第 7 期。

② 见马念祖《水经注等八种古籍引用书目汇编》(中华书局 1959)序言。

例如《艺文类聚》卷四引东汉崔寔《四民月令》曰："七月七日曝经书,设酒脯时果,散香粉于筵上,祈请于河鼓织女。言此二星神当会,守夜者咸怀私愿。或云见天汉中有奕奕正白气,如地河之波,辉辉有光曜五色,以此为征应,见者便拜乞愿,三年乃得。"据此引文,牛郎织女七夕相会的传说似乎东汉时期就已存在。然而案检《玉烛宝典·七月孟秋》《初学记》卷四及《太平御览》卷三一所引《四民月令》,皆无"设酒脯时果"以下文字。《玉烛宝典》《太平御览》等引周处《风土记》云:"夷则应履曲,七齐河鼓礼。元吉。"原注:

> 七月俗重是日。其夜洒扫于庭,露施机筵("机"为"几"的俗体,《御览》作"几"),设酒脯时果,散香粉于筵上,荧重为稻,祈请于河鼓织女,言此二星神当会。守夜者咸怀私愿。或云:见天汉中有奕奕正白气,如地河之波,漾而辉辉有光,耀五色,以此为征应。见者便拜,而愿乞富乞寿,无子乞子。唯得乞一,不得兼求。见者三年乃得言之。或云颇有受其祚者。

由此可知"设酒脯时果"以下文字出自《风土记》的注文,《艺文类聚》窜乱于《四民月令》之下。不少研究牛郎织女神话的学者据《艺文类聚》立说,自然是靠不住的。据考查,牛女七夕相会的情节是西晋时期才见诸记载的。①

其二,即便是从原书摘录的资料,也常常存在随意删节、无端拼合的情况,如若不慎,极易致误。例如《太平御览》卷五二九有两条紧挨着的材料。一条引自晋束皙《高禖坛石议》:

> 元康六年,高禖坛上石破为二段,诏书问:"置此石来几时?出何经典?今应复不?"博士议:"礼无高禖置石之文,未知造设所由。既已毁破,无可改造设(按:设为衍文)。高辛氏有简狄吞卵之祥,今此石有吞卵之象,盖俗说所为,而史籍无记,可但收聚,复于旧处而已。"太常以为吞卵之言盖是逸俗之失义,因今毁破,便宜废除。下四府博士议。贼曹属束皙议:"夫未详其置之故而欲必其可除之理,理不可。然按《郊祀志》,秦汉不祀高禖。《汉武帝五子传》:'武帝晚得太子,始为立禖。'其事未之能审。"

另一条引自许慎《五经异说》:

> 山阳民祭皆以石为主,然则石之为主由来尚矣,其此象矣。而祭礼:龟策祭器,弊则埋之,而改置新。石今破,则宜埋而更造,不宜遂废。收集破石积之故处,于礼无依,于事不肃,思所未安也。时公卿从太常所处,此议不用。其后得高堂隆故事,魏青龙中造立此礼,诏书更镌石,令如旧,置高禖坛上。埋破石入地一丈。

---

① 说详杨琳《七夕节的起源》,《学术集林》第 15 卷,上海远东出版社 1999。

这两条材料问题很多。题为束晳《高禖坛石议》,而引文中束晳的话仅是最后几句。又许慎是东汉时期的人,他的文章中怎么会谈到三国魏明帝青龙年间的事?束晳《高禖坛石议》及许慎《五经异说》(按:应为《五经异义》)今已失传,无从核对。不过我们在《隋书·礼志二》中见到大致相同的记载:

> 晋惠帝元康六年,禖坛石中破为二。诏问:"石毁今应复不?"博士议:"礼无高禖置石之文,未知造设所由。既已毁破,可无改造。"更下西府博议。而贼曹属束晳议:"以石在坛上,盖主道也。祭器弊则埋而置新,今宜埋而更造,不宜遂废。"时此议不用。后得高堂隆故事,魏青龙中造立此石,诏更镌石,令如旧,置高禖坛上。埋破石入地一丈。

杜佑《通典》卷五五对此事也有记载。经过对照,不难看出《御览》《隋书》及《通典》所依据的原始材料是相同的,只是《隋书》和《通典》有所删节。所据原始材料大约是唐代以前修撰的某部晋史。据《隋书·经籍志》及《新唐书·艺文志》的记载,唐以前修撰的晋史有二十多家,像晋王隐《晋书》、齐臧荣绪《晋书》等,唐代官修《晋书》问世后这些史书渐次亡佚了。这就是说,《御览》所引的那两条材料既非出自束晳《高禖坛石议》,也非出自许慎《五经异义》,而是某部晋史中的同一段材料。第二条材料从开始至"思所未安也"都是束晳《高禖坛石议》中的文字,许慎《五经异义》属束晳《高禖坛石议》的引文,且只有"山阳民祭皆以石为主"一句话。《御览》不提史书之名,却从其中拈出束晳《高禖坛石议》作为出处,又将《高禖坛石议》横断为二,再从其中拈出许慎《五经异义》作为出处,歧中生歧,谬上加谬。

其三,类书的有些材料是编者凭记忆写上去的,很容易产生错误。例如《渊鉴类函》卷二〇《中秋三》下说:"《唐太宗记》:'八月十五为中秋节,三公以下献镜及盛露囊。'"《唐太宗记》不知是何书何篇,新旧《唐书》的《太宗本纪》皆无此语。不过我们在《旧唐书·玄宗本纪》中见到类似的话:开元十七年,"八月癸亥,上以降诞日,宴百僚于花萼楼下。百僚表请以每年八月五日为千秋节,王公已下献镜及承露囊,天下诸州咸令宴乐,休假三日,仍编为令。从之"。唐封演《封氏闻见记》卷四《降诞》亦云:"玄宗开元十七年,丞相张说等遂奏以八月五日为千秋节,百寮有献承露囊者。"《唐会要》卷二九《节日》亦记载此事。由此不难看出,《渊鉴类函》的记述是玄宗千秋节的讹传或误忆,"八月十五日"是"八月五日"之误,"中秋节"是"千秋节"之误。若据《渊鉴类函》的材料得出唐代上层社会重视中秋节的结论,岂不失之千里?

其四,即便类书原本没有错误,但由于类书本身在流传过程中被反复地传抄翻刻,同样也会产生大量的错误。例如《艺文类聚》卷四《岁时部·三月三日》引晋代潘尼《三日洛水作》诗云:"羽觞乘波进,素卵随流归。"又引晋代张协《洛禊赋》云:"浮素卵以蔽水,洒玄醪于中河。"这里两处的"素卵"应为"素卵"之误。"素卵"指禽蛋。古人在上巳节之时有将禽蛋浮于河流的习俗。《初学记》卷四引潘尼诗及张协赋都作"素卵"，可以为证。《古今图书集成·岁功典》卷三七《上巳部·艺文一》引张协赋作"浮素妆以蔽水"，"素妆"也是"素卵"之误。"素妆"即淡妆，淡妆怎么能浮于水呢？文义不通。《汉语大词典》"素桩"条引张协《洛禊赋》为书证，引据不当。

由上可见，类书虽然给我们搜集来了资料，但使用这些资料还须谨慎从事，不能不加核实、不加甄别就贸然采信。为了减少失误，使用类书时要选用好的版本，尤其是经学者们校勘过的本子，错误相对较少。例如使用《古今图书集成》时应参考《古今图书集成考证》，现在印行的《集成》一般都把《考证》附在后面。《考证》有87万字，是一部了不起的著作。作者对《集成》引用的大部分资料都进行了核实，并一一指出其差错，工作量之大可想而知。下面从该书中选取三则，以见其书之一斑（标点为我们所加）：

> 《虹霓异部·纪事之四》：《五国故事》："伪汉先主名严，后名龑。"注：龑之字曰严。
>
> 案：《十国春秋》引《五国故事》作"先主名严"。
>
> 《雨灾部·汇考二之七》：《后汉·陈忠传》："尚书纳言，得无赵昌谮崇之计？"
>
> 案：《后汉书》作"得无赵昌谮崇之诈"。
>
> 《疫灾部·艺文一之二》：宋周希曜《告城隍文》："当此畚插如云之际，恐以病而妨农。"
>
> 案：插字补，原作"畚舂"。

可以看出作者是十分严谨的，不放过任何差异。遗憾的是，今天引用《集成》的人很多，但参看《考证》的人很少，真是枉费作者一片苦心。当然如果印行《集成》的时候将《考证》分散排在相关资料之下，给使用者提供一些便利，会使《考证》的价值得到充分的体现，可惜目前还没有哪家出版社这么做。

上海同文书局1893年影印《集成》的时候将《考证》也同时附印，这是《考证》的正式出版，但未署作者姓名，不知什么缘故。据刘永济《龙继栋先生遗著十三经廿四史地名韵编今释稿本述略》一文的介绍[1]，《考证》出自龙继栋（1845—1900，字松琴）之手。1977年，台湾鼎文书局影印《集成》，《考证》作者即署龙继栋。有些论著中说作者为龚松琴[2]，"龚"为"龙"之讹误。

下面我们介绍几部古今重要的类书。

---

[1] 《国风半月刊》第6卷第9、10期合刊，1935。
[2] 张舜徽主编《中国史学名著题解》，中国青年出版社1984，第421页。

4.2 隋唐类书

4.2.1 《玉烛宝典》

现存最早的专科性类书是隋初杜台卿编撰的《玉烛宝典》。该书在《隋书》及《旧唐书》的《经籍志》、《新唐书》及《宋史》的《艺文志》中均有著录,凡十二卷,逐月分类汇编岁时资料。杜台卿在《北史·杜弼传》有附传,《隋书》亦有传。《隋书·杜台卿传》云:"杜台卿字少山,博陵曲阳人也。父弼,齐卫尉卿。台卿少好学,博览书记,解属文。仕齐奉朝请,历司空西阁祭酒、司徒户曹、著作郎、中书黄门侍郎。性儒素,每以雅道自居。及周武帝平齐,归于乡里,以《礼记》《春秋》讲授子弟。开皇初,被征入朝。台卿尝采《月令》,触类而广之,为书名《玉烛宝典》,十二卷。至是奏之,赐绢二百匹。"据此记载,书当纂辑于北齐之时,至隋初才献给皇帝。关于书的取名,作者在序中解释说:"《尔雅》:四气和为玉烛。《周书》:武王说周公推道德以为宝典。玉贵精,自寿长,宝则神灵滋液。将令此作义兼众美,以《玉烛宝典》为名焉。""玉烛"是一个古词,指一年四季风调雨顺,天气和畅晴朗。作者纂辑此书的动机是想供皇帝御览,使皇帝能顺应天时,知道四季行事的宜忌,从而达到四季和顺,天下太平,故取名《玉烛宝典》。

《玉烛宝典》宋代以后中国失传,所幸传到日本,保存了下来。清光绪十年(1884),时任出使日本大臣的黎庶昌在日本刻印《古逸丛书》,将杨守敬从日本森立之借来的一个《玉烛宝典》抄本影刻出版,带回国内,中国这才重新有了《玉烛宝典》。然而不少人至今对这部书仍然缺乏了解。如1981年修订本《辞源》中介绍说:"原十二卷,今存七卷。"2015年全新修订的第3版一字未改。《四库大辞典》(吉林大学出版社 1996)中介绍说:"此书乃黎庶昌于光绪十年由日本旧抄卷子本影刻,实为五卷。每月为一卷,此本止于五月孟秋。卷首有序一篇,不言作者。"黎庶昌的影刻本后又收入《丛书集成初编》(第 1338—1339 册),应该说是很好找。书实存十一卷,仅缺第九卷。书序固然不言作者,但序中云:"昔因典掌余暇,考校艺文。《礼记·月令》最为备悉,遂分诸月,各各[①]冠篇首。先引正注,远及众说,续书月别之下,增广其流。史传百家,时亦兼采。词赋绮靡,动过其意,除非显著,一无所取。"分明是作者自序的口吻。《辞源》称之为"自序"是没有什么疑问的。

[①] 此据日本尊经阁文库藏本,第二个"各"字原作重文号 ╲,疑将旁标乙正号误认作重文号而抄入正文,原文应为"冠各"。《古逸丛书》本作"各以"。

《玉烛宝典》现存最早的版本是收藏于东京尊经阁文库的"旧钞卷子本",这是日本嘉保三年(1096)至贞和五年(1349)之间日本写本的合缀本,卷装六轴。1970年台北艺文印书馆影印出版的《岁时习俗资料汇编》丛书中收有此书。《古逸丛书》本标称"影旧钞卷子本",实则并非此本。下面是尊经阁文库本的书影(图4-1)。

图 4-1 尊经阁文库本书影

《玉烛宝典》对资料的排列井然有序。先将全书分为十二个月,每月之中先列《礼记·月令》相应月份的资料,次列汉末蔡邕《月令章句》中的资料,然后以日期为序,杂引经史诸子中的资料同类相聚,另有"正说""附说"两个类目,"正说"主要收录"事涉疑殆、理容河汉"的资料,"附说"主要收录民间流行的习俗方面的资料。

《玉烛宝典》是我国现存最早的民俗类专科类书。它摘录的资料一般比较完整,尤其是《礼记·月令》和蔡邕的《月令章句》全文收录,十分难得。《月令章句》单行本已经亡佚,清代的黄奭、王谟、蔡云、马国翰、叶德辉等人均有辑本。现在看来,其书所佚者只是季秋九月一章而已。东汉崔寔的《四民月令》据《隋书·经籍志三》记载,只有一卷,五代北宋之际散佚。《玉烛宝典》逐月征引,亦当属于整书收录,可据此复原其书十之八九。

利用《玉烛宝典》可以查找隋代以前一年十二个月(九月除外)每个月的民俗事象及发生在该月的异闻掌故,它是我们考索某种习俗的重要工具书。例如七夕节这一天古代有晒书的习俗。《世说新语·排调》:"郝隆七月七日出日中仰卧。人问其故,答曰:'我晒书。'"那么这一习俗是什么时候出现的呢?查《玉烛宝典》的《七月孟秋》卷,所引东汉崔寔《四民月令》(成书于 166 年)云:"七日,遂作曲及磨。是日也,可合药丸及蜀漆丸,曝经书及衣裳,作干糗,采葸耳也。"可知这一习俗东汉时期已在流行。

4.2.2 《北堂书钞》

这部书是隋末唐初的虞世南(558—638)在隋代任秘书郎时抄辑的。秘书郎是秘书省的属官,主管图书收藏及抄写事务。北堂是秘书省的后堂,虞世南在这里抄辑成书,故名《北堂书钞》。书虽然编成于隋代,但因虞世南后期生活在唐代,故学界通常把《北堂书钞》归于唐代类书。据《旧唐书·经籍志》和《新唐书·艺文志》记载,原书共 173 卷,又南宋晁公武的《郡斋读书志》记载说全书 173 卷,分 80 部,801个子目,但南宋陈骙的《中兴馆阁书目》(见王应麟《玉海》卷五四《类书·唐北堂书钞》)及《宋史·艺文志》均作 160 卷,说明此书在宋代虽有完本,但有的传本已经残缺。无论是完本还是残本,南宋时已不多见。《玉海》中说:"二馆旧阙虞世南《北堂书钞》,惟赵安仁家有本,真宗命内侍取之,嘉其好古,手诏褒美。"[1]连皇帝都见不着,可知此书在宋代存世无多,十分难得。

我们今天见到的《北堂书钞》有四个版本。一个是明代俞安期得到的一个旧写本,收入他编的《唐类函》当中。此本错讹较多,而且俞氏已将原书拆散编排,原貌尽失。第二个版本是明代万历年间陈禹谟校刊的《补注北堂书钞》,共 160 卷,分 19部,852 个子目。陈氏对原书进行了增补删改,对所增各条都标一"补"字以示区别,这是陈氏的明智之处,但对删改之处未作标记或说明,因此学者大都认为这一版本的可靠性较差。其实陈氏对增补各条加以标注,说明其整理《北堂书钞》的态度还是认真的,他所增补的内容对检索者也是不无裨益,所以此本的价值未可轻视。《四库全书》抄录的就是这个版本。第三个版本是清代孙星衍得到的元代影宋抄本,也是 160 卷,此本经清代严可均、王引之、孔广陶等人校订,窜乱之处较俞本、陈本为少,是目前较好的版本,天津古籍出版社(1988)、中国书店(1989)、北京学苑出版社(1998)、清华大学出版社《唐代四大类书》(2003)等都曾影印出版过该书。第四个版本是《大唐类要》。清朱彝尊《曝书亭集》卷五二《大唐类要跋》对此本有简要记述:

---

[1] 事亦载《宋史·赵安仁传》,"二馆"《传》中作"三馆","三馆"是。宋有弘文、集贤、史馆三馆,负责藏书、校书、修史等事务。

康熙己卯(1699)七月，湖州书贾有以《大唐类要》百六十卷求售者，反覆观之，即虞氏《北堂书抄》也。按《新唐书志》作一百七十三卷，晁氏《读书后志》同，而《宋志》止百六十卷。是编地部至泥沙石而毕，度非完书。今世所行者，出常熟陈禹谟锡玄氏删补，至以贞观后事及五代十国之书杂入其中，尽失其旧，阅之令人生恚。储书者多藏之，而原书罕睹矣。《类要》传写虽多讹舛，然大略出于原书，未易得也。

今世学者多以为《大唐类要》已经亡佚，实则国家图书馆仍有其书，只是无人问津而已。据国家图书馆的书目著录，有四种抄本。一为清顾湘舟艺海楼藏本，共线装20册，160卷。另一种也为艺海楼藏本，共12册，有清莫友芝、丁日昌跋语，卷数未著录。第三个为明代抄本，仅存4卷(卷一三九、卷一五八至卷一六〇)，清劳权校并跋。第四个为清姚觐元咫进斋藏本，共13册，存115卷(卷一八至卷三六、卷五〇至卷五六、卷七二至卷一六〇)。这四种抄本应尽早影印出版，以便海内外学者研究利用。

尽管传至今天的《北堂书钞》都是残本，而且原本的分部也多被改窜，但它毕竟是现存隋唐时期篇幅最大的类书，也是现存类书中最早的类书之一(仅比《玉烛宝典》晚出数十年)，自有其无可替代的价值。全书引书除集部文献不计外，有800余种[1]，大部分今已亡佚，吉光片羽，弥足珍贵。例如《北堂书钞》卷一〇四《艺文部·纸》引东汉崔瑗(78—143)《与葛元甫书》云："今遣奉书，钱千为赘。并送《许子》十卷，贫不及素，但以纸耳。"[2]这是说崔瑗派人将《许子》十卷作为礼物赠给葛元甫，崔瑗自谦说他因家贫，用不起丝帛，所以书是用纸抄写的。这一资料是我国历史上也是世界历史上纸张用于抄书的最早记载，对中国纸张应用史的研究具有重要意义，该资料最早就是见于《北堂书钞》。

《北堂书钞》分帝王部、后妃部、政术部、刑法部、封爵部、设官部、礼仪部、艺文部、乐部、武功部、衣冠部、仪饰部、服饰部、舟部、车部、酒食部、天部、岁时部、地部19部，每部之下分若干子目，每一子目中先列出所引文献的"关键词"，用大字排印，然后下面摘引一段资料，用小字双行排列。下图是孔广陶刊印本《北堂书钞》卷九七《艺文部·好学十一》的一页书影(图4-2)，从中可以看出其书的体例：

---

[1] 据中国书店1989年影印本《出版前言》。
[2] 此出孙本。陈本作："今遣送许子书十卷，贫不及书，但以纸耳。"不但删节原文，且讹"素"为"书"，文义不通。

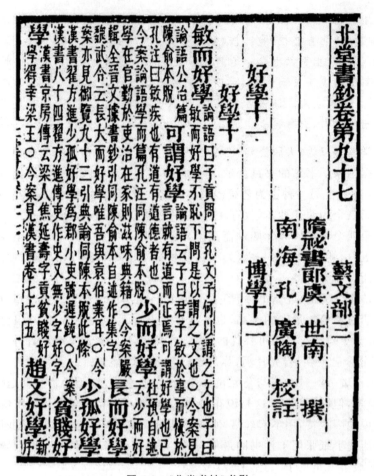

图 4-2 《北堂书钞》书影

下面还有"阚泽好学""少从师学""穿壁引光"等大量古人好学的典故。如果我们想编一部勤勉求学的历史故事书,利用这些资料将是非常方便的。〇后的文字是严可均、王引之、孔广陶等人的校语,从中可以看出孔刊本与陈俞本的差异。

日本山田英雄编有《北堂书钞引书索引》,名古屋采华书林 1973 年版,另有台北文海出版有限公司 1975 年重印版。

4.2.3 《艺文类聚》

《艺文类聚》是欧阳询、裴矩、陈叔达等人奉唐高祖李渊之命编纂的,开始于武德五年(622),终成于武德七年(624)。全书共 100 卷,分 46 部。《四库全书总目》说是 48 部,这是将"药香草部"算成了 3 部,实际上是一部。这 46 部为:天部、岁时部、地部、州部、郡部、山部、水部、符命部、帝王部、后妃部、储宫部、人部、礼部、乐部、职官部、封爵部、治政部、刑法部、杂文部、武部、军器部、居处部、产业部、衣冠部、仪饰部、服饰部、舟车部、食物部、杂器物部、巧艺部、方术部、内典部、灵异部、火部、药香草部、宝玉部、百谷部、布帛部、果部、木部、鸟部、兽部、鳞介部、虫豸部、祥瑞部、灾异部。每部之中又分子目，共727个子目。材料的排列先列叙事性的资料，再列诗、赋、论、赞等文学性的资料。此前的类书（如《北堂书钞》）不征引文学资料，《玉烛宝典》虽然也征引辞赋资料，但限于纪事性的句子，所以大量征引文学资料列入类书应该说是《艺文类聚》的一个特色，这使类书的资料更为丰富，提高了类书的使用价值。

《艺文类聚》现存最早的版本是南宋刻本（藏上海图书馆），1959年中华书局上海编辑所影印出版了这一版本。此本有不少脱漏衍讹之处。1965年中华书局上海编辑所又排印出版了汪绍楹的校订本。汪校本以南宋刻本为底本，参照其他多种版本，订正了南宋刻本的千余处错误，并加断句。1982年上海古籍出版社重版时改正了个别断句失误，增编了《人名索引》（人名指书及文章的作者）和《书名篇名索引》，是目前使用最为方便的本子。右面选取1982年版汪校本卷七二《食物部》的子目《饼》为例（图4-3）：

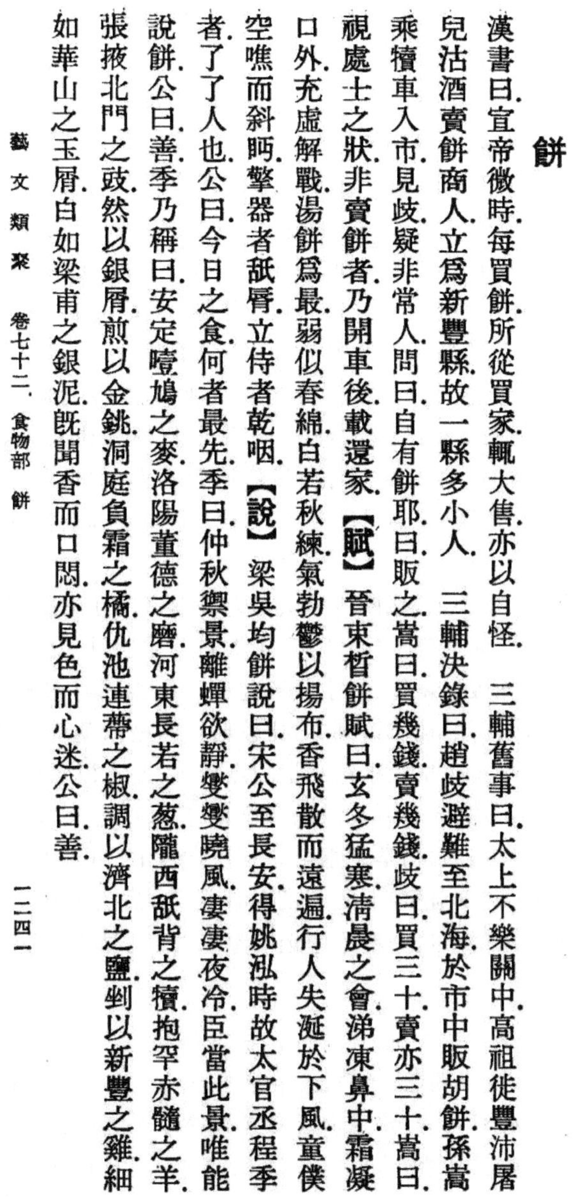

> 餅
>
> 漢書曰宣帝微時．每買餅．所從買家輒大售．亦以自怪．
>
> 三輔舊事曰太上不樂關中．高祖徙豐沛屠兒沽酒賣餅．商人立為新豐縣．故一縣多小人．
>
> 三輔決錄曰趙岐避難至北海於市中販胡餅．孫嵩乘犢車入市．見歧疑非常人．問曰．自有餅耶．曰販之．嵩曰買幾錢賣幾錢．歧曰買三十賣亦三十．嵩曰．視處士之狀．非賣餅者．乃開車後載還家．
>
> 【賦】晉束晳餅賦曰．玄冬猛寒．清晨之會．涕凍鼻中．霜凝口外．充虛解戰湯餅為最．弱似春綿．白若秋練．氣勃鬱以揚布．香飛散而遠遍．行人失涎於下風．童僕空嚼而斜盻．擎器者舐脣．立侍者乾咽．
>
> 【說】梁吳均餅說曰．宋公至長安．得姚泓時故太官丞程季了．公曰．今日之食．何者最先．季曰．仲秋禦菊．離蟬欲靜．雙雙曉風．淒淒夜冷．臣當此景．唯能說餅．公曰．善．季乃稱曰．安定噎鳩之麥．洛陽董德之蔥．隴西舐背之犢．抱罕赤髓之羊．張掖北門之豉．然以銀泥煎以金銚．洞庭負霜之橘．仇池連蔕之椒．調以濟北之鹽．剉以新豐之雞．細如華山之玉屑．白如梁甫之銀泥．既聞香而口悶．亦見色而心迷．公曰．善．

（艺文类聚 卷七十二 食物部 餅 一二四一）

图4-3 《艺文类聚》书影

文中的小字有两类，一类是传本中原有的，一类是汪绍楹的校语。汪氏的校语，前面加〇作为标记。传本原有的小字，有些可能是编者照抄原书的，更多的可能出自后人的增补。早在南宋时期，叶大庆《考古质疑》中就已指出《正月十五日》子目下有苏味道的诗，《洛水》子目下有李峤的诗，《寒食》子目下有沈佺期、宋之问的诗，这四个人都比主编欧阳询晚，显然是后人增补的。小字注出自后补的可能性自然更大。

4.2.4 《初学记》

《初学记》是开元年间唐玄宗李隆基为便于诸皇子写作诗文时查找典故辞藻而命徐坚等人编纂的一部类书[①]，因内容便于初学者，故名为《初学记》。全书共30卷，分为天、岁时、地、州郡、帝王、中宫、储宫、帝戚、职官、礼、乐、人、政理、文、武、道释、居处、器用、服食、宝器（花草附）、果木、兽、鸟（鳞介、虫附）23部，313个子目。每一子目内分"叙事""事对""诗文"三部分。"叙事"部分杂取古籍中的有关论述。"事对"部分将有关典故提炼为对偶的句子，以备写诗作文者采用。在对偶的句子下都交代了句子所概括的典故。"诗文"部分摘引诗赋等具有文学色彩的资料。《初学记》虽然篇幅不大，但选编精审，搜求广博，不少资料为《艺文类聚》所无；即使与《艺文类聚》共有的资料，字句未必完全相同，可用来考校正误。

《初学记》存世最早版本为日本宫内厅书陵部所藏南宋绍兴十七年东阳崇川余四十三郎宅刻本（图4-4），上海古籍出版社2012年影印出版的《日本宫内厅书陵部藏宋元版汉籍选刊》中收有此书。国内现存最早的版本是明世宗嘉靖十年（1531）无锡安国的桂坡馆刻本，比较通行的是清朝乾隆年间的古香斋袖珍本。1962年中华书局排印出版了司义祖的点校本，此本以错误较少的古香斋本为底本，安本及清人严可均、陆心源校录的异文附于每卷之末，1979年中华书局重印此书时又附上许逸民编的《初学记索引》一册，索引由《事对索引》和《引书索引》两部分组成，前者所收为"事对"项下所列的对偶语句，后者所收为《初学记》所引书名、篇名及作者名。下面从这一本子中选取卷二〇《政理部·假》子目为例：

  ［敘事］　急．告．寧．皆休假名也．釋名曰．急．及也．言操切之使相逮及也．李斐漢書曰．告．請也．言請休謁也．寧．安也．告曰寧也．漢律．使二千石有予告．有賜告．予告者．在官有功最．法所當得者也．賜告者．病滿三月當免．天子優賜其告．使得印綬將官屬歸家理疾．至成帝時．郡二千石賜告不得歸家．自馮野王始也．休假亦曰休沐．漢律．吏五日得一下沐．言休息以洗沐也．晉令．急假

[①]　关于《初学记》的主编及编纂时间，参李玲玲《张说与〈初学记〉》，《中国典籍与文化》2009年第4期。

者．一月五急．一年之中．以六十日爲限．千里内者疾病申延二十日．及道路解故九十五日．此其事也．書記所稱曰歸休．亦曰休澣．取急．請急．又有長假．併假．[事對] **賜告　分休** 賜告見叙事．王威別傳曰．威少爲郡吏．刺史劉表題門上．有能陳便宜益於時．不限廝役賤長以聞．威因陳事．得署州吏．大蜡分休．**荷擔　杖策** 謝承後漢書曰．許荆字子張．少喪父．養母孝順．家貧爲吏．無有船車．休假．常單步荷擔上下．清節稱於鄕里．又曰范丹字史雲．陳留人也．爲郡功曹．每休假上下．常單步策杖．同類以車牛與之．不取．**祝問疾　吳拜老** 謝承後漢書曰．祝晧字子春．志節抗烈．篤於仁義．爲吏歸休．先周旋鄕里．弔死問疾畢．乃還家．又曰．吳馮字子高．爲州郡吏．休假．先存恤行喪孝子．次瞻病畢．拜覲鄕里耆老先進．然後到家．名昭遠近．**離兵　解職** 王隱晉書曰．王尼字季孫．洛中貴盛名士王澄．胡母輔之．李垣等皆與尼交．時尼爲兵．在大將軍幕．澄等持羊酒詣軍門．吏疏名内請入見大將軍．澄等既入．語吏過王尼．炙羊飲酒訖而去．竟不見將軍．將軍聞之．因與尼長假．遂得離兵．晉起居注曰．孝武太康元年詔．大臣疾病．假滿三月．解職．**遊集　定省** 劉義慶世説曰．車武子爲侍中．與東亭諸人期共遊集．車早急出．過詣王子敬．車求去．王問何以忩忩．車答曰．與東亭諸人期共行．王曰．卿何乃作此不急行．車遂不敢去．盡急而還．宋書曰．王敬弘子恢之．爲秘書郎．恢之曾請假還家．來定省．敬弘剋日見之．至輒不果．假日將盡．恢之乞求奉辭．敬弘呼前．至閤．復不見．**造渚　還都** 張瑩文士傳曰．顧榮兼侍中．安慰河北．以前後功封嘉興伯．榮覩中國日弊．乃併求急還南．既造江渚．欣然自得．鄧粲晉記曰．郭璞爲王敦參軍．知敦作亂．受假還都．露布以討溫嶠爲名．及至建康南坑．殺參軍郭璞．初．桓彝常令璞筮卦．卦成．彝問其故．璞曰．卦與吾同．[詩] **齊謝朓休沐重還道中詩** 薄遊第從告．思閑願罷歸．還邛歌賦似．休沐車騎非．灞池不可別．伊川難重違．汀葭稍靡靡．江荻復依依．田鶴遠相叫．沙鴇忽爭飛．雲端楚山見．林表吳岫微．試與征徒望．鄕淚盡沾衣．賴此盈樽酌．含景望芳菲．問我勞何事．霑沐仰清徽．志狹輕軒冕．恩甚戀庭闈．歲華仍有酒．初服偃郊扉．**梁沈約休沐寄懷詩** 雖云萬重嶺．所瞰終一丘．堦墀幸自足．安事遠遨遊．臨池清溽暑．開幌望高秋．園禽與時變．蘭根應節抽．憑軒辜木末．垂堂對水周．紫籜開綠篠．白鳥映青疇．艾葉彌南浦．荷花遶北樓．送日隱曾閣．引月入輕幬．曩熱寒蔬剪．賓來春蟻浮．來往既云勌．光景duì誰留．**隋江總休沐山庭詩** 洗沐惟五日．棲遲對一邱．古槎橫近澗．巴石聳前洲．岸綠開河柳．池紅照海榴．野花寧辨晦．山蟲詎識秋．人生復能幾．夜燭非長游．[文] **梁沈約奏彈孔稚珪違制啓假事** 臣聞禁憲有章．士子攸慎．守官有典．觸網斯及．蓋所以崇威闡法．下肅上尊．謹按廷尉會稽品中正臣稚珪．歷奉朝班．頻登要近．九棘之任．理無休謁．冒制干閑．實虧恒典．恩許雖降．所制不關．違犯之條．猶合約黜．且稚珪俯自内轄．作士下闌．通制明文．日陳几案．自瑜規矩．莫斯爲甚．臣等參議．請以見事免稚珪所居官．除中正官名．輒下禁止．**又奏彈奉朝請王希聃違假** 謹按奉朝請臣王希聃．幸齒朝班．私敬蓋闕．休請有期．曾無遄及．違弛之愆．允膺裁糾．臣等參議．請以見事免所居官．輒下禁止．

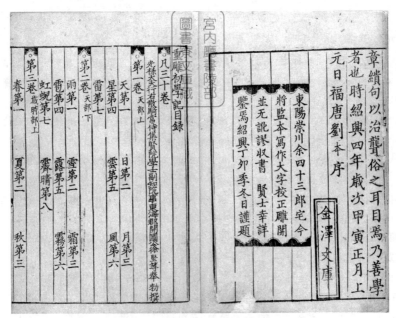

图 4-4　日藏南宋刻本《初学记》

4.3　宋代类书

4.3.1　《太平御览》

《太平御览》是宋太宗太平兴国年间由李昉、扈蒙等十四人奉太宗之命用了六年多的时间编纂的一部大型类书,完成于太平兴国八年(983)。初名《太平总类》,因太宗为了夸示自己的好学,每天阅读三卷,一年读毕,因此改名为《太平御览》。《太平御览》是在前代类书如北齐《修文殿御览》(360 卷)、唐代《艺文类聚》《文思博要》(1200 卷)等书的基础上编纂而成的,《修文殿御览》和《文思博要》今已亡佚,应该说两书的资料大都赖《太平御览》而保存至今。

全书 1000 卷,分 55 部,这是因袭了《修文殿御览》的部数。《周易·系辞》中有"天地之数五十有五"的说法,分为 55 部表示包罗万象。这 55 部是:天部、时序部、地部、皇王部、偏霸部、皇亲部、州郡部、居处部、封建部、职官部、兵部、人事部、逸民部、宗亲部、礼仪部、乐部、文部、学部、治道部、刑法部、释部、道部、仪式部、服章部、服用部、方术部、疾病部、工艺部、器物部、杂物部、舟部、车部、奉使部、四夷部、珍宝部、布帛部、资产部、百谷部、饮食部、火部、休征部、咎征部、神鬼部、妖异部、兽部、羽族部、鳞介部、虫豸部、木部、竹部、果部、菜茹部、香部、药部、百卉部。部下设子目,共计 4558 个子目。

《太平御览》现存最早的版本为南宋庆元年间(1195—1200)蜀刊本,日本宫内厅书陵部及京都东福寺各藏一部,但其中有二百余卷系后人补写。京都大学图书馆也藏有蜀刊本残卷39卷。另有南宋闽刊本,残存366卷,藏日本东京静嘉堂文库。国内流行的是《四部丛刊三编》所收影印本,该本以南宋蜀刊本为主,残缺部分用闽刊本残卷及日本喜多村直宽1855—1861年间木活字印本等不同版本补足。另有夏剑钦等人的点校本,河北教育出版社1994年出版,共32开本8册,简体横排版式。2000年重印,内容略有修补。下面是《四部丛刊》本卷七一二《服用部·熨斗》的书影(图4-5)。

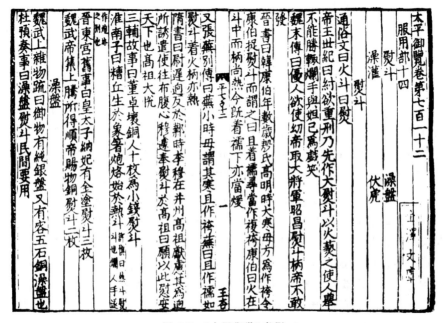

图4-5 《太平御览》书影

《御览》编排资料一般先列训释词义的资料,然后大致以经史子集为序排列资料,经史资料最丰,集部资料(如诗赋之类)最少,这一点和《艺文类聚》有明显的区别。例如《类聚》卷四《岁时中·九月九日》下引诗15首,赋和书各一篇,《御览》卷三二《时序部·九月九日》引诗只有7首,书一篇,没有引赋。这体现了《御览》重"事"轻"文"的特点。

想对《御览》有一个全面的了解,可参看周生杰《〈太平御览〉研究》一书(巴蜀书社2008)。

4.3.2 《册府元龟》

《册府元龟》是北宋王钦若、杨亿等人奉真宗之命编辑的,始于景德二年(1005),完成于大中祥符六年(1013),用了八年时间。"元龟"即大龟。古人认为龟可以鉴往知来，所以常用于借鉴之义。"册府元龟"意为书籍宝库，能给人以借鉴和启示。《册府元龟》专门汇辑上古至五代时期历代的君臣事迹，所以初名《历代君臣事迹》，书成之后真宗改题为《册府元龟》。全书 1000 卷，另有目录 10 卷，约 940 万字，是宋代最大的类书。全书按人物和事物分部编次，共分 31 部，部下设门，总计 1104 门。所分 31 部为：帝王、闰位、僭伪、列国君、储宫、宗室、外戚、宰辅、将帅、台省、邦计、宪官、谏诤、词臣、国史、掌礼、学校、刑法、卿监、环卫、铨选、贡举、奉使、内臣、牧守、令长、宫臣、幕府、陪臣、总录、外臣。取材以正史为主，间采经书子书，但不取小说杂书。

《册府元龟》材料丰富，引文往往整篇大段采录，是研究古代政治史的资料宝库。其所引之书皆北宋以前古本，是校勘古籍的重要参照。例如要寻找宋代以前的滑稽幽默故事，可在卷九四七《总录部·诙谐门》中得到大量资料；要寻找古代有关虚名的记载，可在卷九五四《总录部·虚名门》中得到大量资料。

《册府元龟》初刻于北宋大中祥符年间，但此本今已无存。现有中华书局 1960 年影印出版的明代黄国琦刻本，1982 年重印，共 12 册。书后附有《类目索引》，相当于关键词检索，若不知道所找资料在哪个部，可利用此索引查找。1989 年中华书局又影印出版了《宋本册府元龟》四册，这是南宋眉山刻本，仅存 573 卷，虽为残本，但更接近原貌。目前较为完善的本子是周勋初等校订的排印本《册府元龟》，共 12 册，凤凰出版社 2006 年出版。书后附有"人名索引"，便于查找某一人物的资料。《册府元龟》最大的缺点是引文不注明出处，这显然有损于其使用价值。校订本在校勘记中大都揭示了资料的出处，可以弥补这一缺点。如卷二《帝王部二·诞圣》："是岁昭义节度使王虔休上表曰……"校勘记："虔，原误作'虞'，据两《唐书·王虔休传》改，下同。"这就点明了王虔休所上之表见于旧新《唐书·王虔休传》。

刘乃和著有《〈册府元龟〉新探》一书（中州书画社 1983），可资了解《册府元龟》的详细情况。

4.4　明代类书

明朝永乐年间编纂的《永乐大典》是我国历史上规模最大的一部类书。永乐元年（1403），明成祖朱棣命解缙主持修编，次年即告完成，取名《文献大成》。明成祖认为过于简略，于是又命姚广孝、刘季篪、解缙三人主持重修，参与编纂此书的文人学士有两千多人，用了六年时间，于永乐六年（1408）完成，赐名《永乐大典》。全书 22877 卷，另有凡例、目录 60 卷，约 3.7 亿字，分装成 11095 册。《大典》按《洪武正韵》编排从书名或篇名中摘出的单字，辑入各种典籍七八千种,往往整部、整篇或整段编入,不加删改,保存了大量珍贵典籍。《大典》还有一个特点就是不避世俗作品,如白话小说、戏文杂剧之类亦在采录之列,这跟《四库全书》很不相同。如卷五二四四萧韵"辽"字头下完整录入元代话本小说《薛仁贵征辽事略》,这是该小说唯一的传本。卷一三九九一"戏"字头下收有《小孙屠》《张协状元》《宦门子弟错立身》三种剧本,这是传世最早的南戏剧本。清朝编纂《四库全书》时从《大典》中辑录出失传的书388种,存目128种,两数相加有516种。这并不是从《大典》所辑佚书的全部,很多辑出的佚书《四库全书总目》没有著录。国家图书馆所藏《永乐大典书目》(残本)是当时馆臣奏进的拟辑书目,列目794种,除去重复之本,计有770种。这个书目也不是《大典》所辑佚书的总数,因为有158种《四库》著录的大典本不在这个书目之列。将《永乐大典书目》所收770种与其未收的158种《四库》大典本相加,计928种。由于《永乐大典书目》有残缺,所以估计从《大典》辑出的佚书有1000余种[①]。

  从《大典》辑出的佚书不仅数量众多,而且不少有很高的文献价值。如北宋薛居正所撰《旧五代史》,主要依据五代诸帝各朝实录,史料价值极高,所以司马光《资治通鉴》和胡三省《资治通鉴注》,五代部分都依据薛史而不取欧阳修的《新五代史》。但至清代,《旧五代史》失传,编《四库全书》时馆臣邵晋涵等人就从《大典》中辑出其书,恢复了原书的十之七八,才使二十四史没有残缺。再如《宋会要辑稿》,是研究宋代典章制度不可多得的原始材料,它也是嘉庆年间全唐文馆提调兼总纂官徐松从《大典》中辑出来的。其他如《东观汉记》《农桑辑要》《水经注》《元和姓纂》《永徽法经》《建炎以来系年要录》《续资治通鉴长编》等,都是脍炙人口的名著,这些书不是从《大典》辑出就是据《大典》校补。戴震在四库馆参加《四库全书》编修的时候,发现《大典》卷一一一二七至卷一一一四一"水"字头下几乎保存了一部完整的《水经注》,他用来校勘朱谋㙔的《水经注笺》,凡补其阙漏者2128字,删其妄增者1448字,正其臆改者3715字,另外,经文、注文各本多混,戴氏据《大典》本理出头绪。郦道元《水经注序》各本均佚,也赖《大典》保存。经过这样的校勘之后,《水经注》才"顿复旧观"。北宋王谠的《唐语林》原本至少有八卷,但传至清代,仅残存两卷。《四库》馆臣从《大典》中辑出四百余条,连同残存的两卷编为八卷本,大致恢复了原书的内容。如卷六《补遗》:

    顾况从辟,与府公相失,揖出幕。况曰:"某梦口与鼻争高下,口曰:'我谈今古是非,尔何能居我上?'鼻曰:'饮食非我不能辨。'眼谓鼻曰:'我近鉴

---

① 张升《四库馆签〈永乐大典〉辑佚书考》,《文献》2004年第1期。史广超《〈永乐大典〉辑佚述稿》(中州古籍出版社2009)对清人《永乐大典》的辑佚情况做了较为全面的述评,可以参看。

豪端,远察天际,惟我当先。'又谓眉曰:'尔有何功居我上?'眉曰:'我虽无用,亦如世有宾客,何益主人?无即不成礼仪。若无眉,成何面目?'府公悟其讥,待之如初。

这是传统相声《五官争功》的素材来源。若不是当初从《大典》辑出,我们就无从知道《五官争功》的寓言故事唐代已在流传。《大典》在文献保存方面的价值由此可见一斑。

《大典》是在南京修成的,珍藏于南京文渊阁。1421年朱棣迁都北京,《大典》也带到北京,贮藏于宫内的文楼。嘉靖三十六年(1557),宫内奉天、华盖、谨身三殿发生火灾,殃及文楼,明世宗命人将《大典》从文楼抢运出来。为防不测,嘉靖四十一年(1562)世宗下令摹抄副本一部。副本摹抄历时五年,于穆宗隆庆元年(1567)完成,格式装帧与正本相同。这样《大典》就有正副两部,正本可能放在古今通集库①,副本存放于故宫东南的皇家档案库皇史宬。明亡之后正本下落不明,旧有贮藏于皇史宬夹墙内、毁于清嘉庆二年(1797)乾清宫大火、作为嘉靖皇帝的陪葬品埋入了永陵等说法②,均难成立。较有可能的是下面两种解释:

(1)明末方以智(1611—1671)《通雅》卷三载:"近时《永乐大典》,洪洲(按:明王圻号)云命解缙纂集,……今散失矣。"其子方中履(1638—?)注:"《永乐大典》藏于文楼,嘉靖中火,上亟命救得免,复命儒臣摹抄,隆庆元年始竟。万历中因三殿火,书遂亡。"万历二十五年(1597)六月皇宫里确实发生过大火,《大典》有可能在这场火灾中被焚毁。

(2)1644年4月李自成在清军的追击下撤离北京,撤离前下令烧毁了皇宫,《大典》可能被焚毁。明末钱谦益在《有学集》卷二六《黄氏千顷斋藏书记》中说:"以二祖之圣学,仁、宣之右文,访求遗书,申命史馆,岁积代累,二百有余载。一旦突如焚如,消沉于闯贼之一炬,内阁之书尽矣。"既然"内阁之书尽矣",《大典》也在劫难逃。明末清初的姜绍书在《韵石斋笔谈》卷上中也记载说:"内阁秘府所藏书,……至李自成入都,付之一炬,良可叹也。"

无论哪一种可能,至清王朝建立时,《大典》正本已不在人间了,所以清人没有任何记载。

《大典》副本在明清两代也屡遭厄运,以致最后散佚殆尽。散佚的原因主要是封建官吏的盗窃、英法联军的掠夺和战火的焚毁。

《大典》虽有典守制度,但并不能防止官吏的盗窃。明末张岱《琅嬛文集》卷一《诗韵确序》载:"更有《永乐大典》一书,胡仪部青莲先生尊人曾典禁中书库,携出三

---

① 张升《〈永乐大典〉正本的流传》,《图书馆建设》2003年第1期。
② 见张忱石《〈永乐大典〉正本之谜》一文,《书品》1986年第2期;又参栾贵明《〈永乐大典〉之谜》,《文汇读书周报》1999年7月3日。

十余本,一韵中之一字犹不尽焉。"这是明代官吏盗窃的证据。清朝雍正年间,《大典》副本被移置东交民巷的翰林院敬一亭,修《四库全书》时将《大典》交付四库馆臣作校勘辑佚之用。乾隆三十七年(1772)修纂《四库全书》时曾清查《大典》,发现缺失 2422 卷,1000 余册,其中不少应该是清代官吏窃走的。乾隆三十八年高宗就曾有谕旨查询徐乾学、高士奇、王鸿绪、蒋廷锡等人家中是否私匿《大典》,次年又发生了纂修黄寿龄遗失《大典》六册的事件,这说明那些四库馆臣手脚也不是很干净。其后一直都有《大典》被窃出的记载。嘉庆、道光年间修《全唐文》和《大清统一志》时,《大典》被翰林院官员偷盗出 100 余册。清刘声木《苌楚斋随笔》卷三记载说,那些官员们"早间入院,带一包袱,包一绵马褂,约如《永乐大典》两本大小,晚间出院……将马褂加穿于身,偷去《永乐大典》两本,包于包袱内而出"。清叶德辉《书林清话》卷八记载:"《永乐大典》有百余本在萍乡文芸阁学士廷式家,文故后,其家人出以求售。吾曾见之,皆入声韵,白纸八行朱丝格钞,书面为黄绢裱纸。盖文在翰林院窃出者也。"《大典》就这样被有机会接触它的官员们一天天地偷盗走了。

19 世纪中叶以后,中国沦为半殖民地半封建社会,《大典》开始向国外流散。咸丰十年(1860),英法联军侵占北京,翰林院的藏书遭到抢劫,尤以英军抢掠最多,其中包括不少《大典》。此外,一些利欲熏心的官吏偷盗《大典》后卖给洋人。王颂蔚《送黄公度随使英法诗》的注中说:"《大典》今存翰林院者……闻英人购去储博物馆。"可见当时《大典》亡去不少。经过这样丧心病狂地抢夺和盗卖,《大典》亡佚的速度极快。据缪荃孙的调查,光绪元年(1875)重修翰林院时,《大典》只有 5000 余册,到光绪二十年(1894),只剩下 800 余册了。1900 年 6 月 23 日翰林院发生火灾,残余的 800 余册《大典》大部分被焚毁,同时遭殃的还有《四库全书》的底本。到宣统元年(1909)筹建京师图书馆时,《大典》只存 64 册。

目前存世的《大典》有 400 多册,散落在世界许多国家。中国大陆共有 226 册,其中国家图书馆拥有 224 册(包括 2009 年收藏的"模"韵的"湖"字一册),居世界收藏之首;上海图书馆和四川大学博物馆各藏 1 册。台北故宫博物院藏有 62 册(包括后来发现的卷一三九九一)。此外,英国、美国、日本、德国、法国、韩国等也都有收藏。1960 年,中华书局将国家图书馆所藏原本和复制本,以及向国内外私人借印的部分,共 730 卷影印出版,朱墨套印,线装 32 开本 202 册。1982 年,中华书局将多年来新征集到的 67 卷按照 1960 年版的版式编印为 20 册。1986 年,中华书局又将这 797 卷连同目录 60 卷单用墨色影印出版,精装 16 开本 10 册。2012 年,中华书局把后来新征集到的 16 卷与原出 10 册一起重新影印出版,分装为 16 开本 11 册。虽然目前搜集到的这 873 卷仅占原书的 3%,但与 1908 年京师图书馆所藏相比,已增加不少。当然,这些影印件并非都是依据原件印制的,其中有的是仿抄本,有的是传抄本,有的是显微胶卷本,有的是摄影本。目录 60 卷采用的是山西灵石杨尚文的《连筠簃丛书》刻本。台湾也曾影印过两种《永乐大典》,但搜集不如中华书局本齐全。栾贵明据中华书局线装本编有《永乐大典索引》（作家出版社1997），可资利用。

北京图书馆出版社2001—2003年间陆续出版了中国大陆当时收藏的163册《永乐大典》的仿真影印本，严格按照原书的版式规格（高502mm，宽298mm），选用中国最好的安徽泾县宣纸套色印刷，封面模仿原书的黄色丝绸，力求保存《永乐大典》的全部信息，真实再现这部巨著的原貌。其中包括南京图书馆和上海图书馆收藏的少量《永乐大典》残页。2014年台湾万世国际股份有限公司将台北故宫博物院收藏的62册《永乐大典》也仿真出版。海外收藏的《永乐大典》国家图书馆正在陆续仿真出版，现已出版70多册，如《牛津大学博德利图书馆藏〈永乐大典〉》（19册，2015）、《大英图书馆藏〈永乐大典〉》（24册，2016）、《德国柏林民族学博物馆藏〈永乐大典〉》（4册，2017）、《英国伦敦大学亚非学院藏〈永乐大典〉》（5册，2020）等。

社会上还有没有不为人知的《大典》残卷？从《大典》的失散情况来看，应该还会有一些，但数量恐怕不会很多。1983年，山东掖县农民孙洪林家中发现了一册《大典》（"门"字头），只剩39页（原有56页），而且天头地脚已被剪去，原来孙家老太太拿它们剪鞋样或卷烟抽了。幸好老太太有敬惜字纸的观念，有字的地方都没动剪刀。孙洪林在县文化馆上班，碰巧在一本台历上见到《大典》的样子，才知道家里那本"破书"竟然是国宝。这一册《大典》后被国家图书馆收藏，并由书目文献出版社1983年仿真出版。2003年，上海辞书出版社出版了《海外新发现永乐大典十七卷》一书，朱墨两色套印，大16开本，共674页。这17卷海外新发现的《大典》分别来自美国、日本、英国、爱尔兰，其中有16卷是首次公之于世，另有一卷虽然中华书局影印本已收，但有缺页，这次得到全卷。2009年，国家图书馆从一位加拿大华人手中购得《大典》卷二二七二至卷二二七四"模"韵的"湖"字头一册。2014年，美国洛杉矶市的亨廷顿图书馆（Huntington Library）发现一册《大典》，为卷一〇二七〇至卷一〇二七一"纸"韵的"子"字头。该册《大典》是曾来中国的传教士约瑟夫·外廷（Joseph Whiting）带回美国的，1968年他的女儿捐赠给了亨廷顿图书馆。因馆中工作人员不懂中文，故长期不知其为何书。

2020年7月7日，法国巴黎Beaussant Lefèvre拍卖行拍卖两册《大典》（图4-6），最终由一位中国买家以812.8万欧元的成交价拍得。这两册《大典》一册为卷二二六八至卷二二六九"模"韵"湖"字头，另一册为卷七三九一至卷七三九二"阳"韵"丧"字头，这册"湖"字头的出现使存世《大典》"湖"字头内容完整无缺。这两册《大典》为法国私人藏品，其祖上有一位海军军官19世纪70年代曾被派往中国，《大典》传说是中国官员赠送的。

英国牛津大学博德利图书馆（Bodleian Library）的何大伟说："英国的图书馆中曾经还有两册《永乐大典》：一册在伦敦图书馆，1971年被售予纽约的一个商人，后来不知所踪；另一册在阿伯丁文法中学图书馆，很可能毁于该校1986年的一场大火，那场火烧掉了图书馆及其藏书。""某些卷册有可能在私人收藏家手里，比如不列颠图书馆1989年入藏的那册,或者在与'使馆之围'相关的使节或其他家庭手里;除非这些《永乐大典》被捐给图书馆或者出现在市场上,否则我们无从知晓。还有一种可能,就是一些《永乐大典》躺在那些通常没有中文藏书的图书馆里,因而无人识别,就像最近被鉴定的藏于阿伯丁大学的那册。这样的机构很可能包括大学图书馆、乡村及宗教基金会的图书馆,甚至一些著名的学校。"[①] 所以今后仍有可能在海外发现目前不知的《大典》残卷。

《大典》的编纂体例是"用韵以统字,用字以系事",即按《洪武正韵》分列单字,单字之下先注《洪武正韵》的音切及释义,再引其他字典韵书的注音释义,然后收录该字的篆、隶、楷、草等不同字体,接下来分类收录与该字有关的各种材料。《大典》在版式上有两个显著特色,一是引用的书名及作者名都用红色抄写,非常醒目;二是给所有引文都断了句,用红色句号作标记,便于阅读。下面的书影是美国哈佛大学汉和图书馆藏本十九庚卷七七五六"形"字头(图4-7)及亨廷顿图书馆藏本各一页(图4-8),可见《大典》之一斑。

张升《〈永乐大典〉流传与辑佚新考》(社会科学文献出版社2019)对《大典》的有关历史有较为翔实的考辨,可以参看。

图 4-6 《永乐大典》法国拍品封面(局部)

---

① [英]何大伟(David Helliwell)《欧洲图书馆所藏〈永乐大典〉综述》,许海燕译,《文献》2016年第3期。

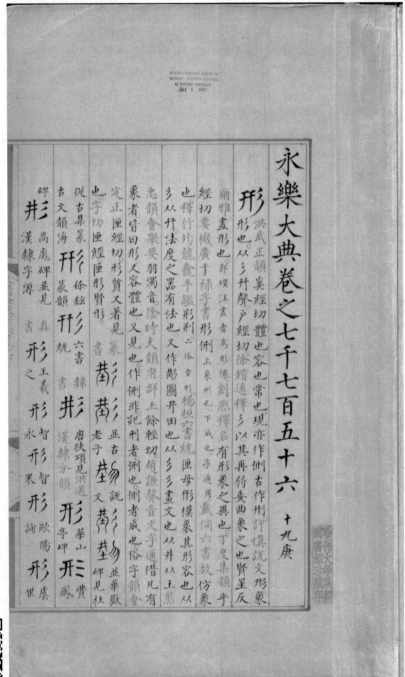

图 4-7 《永乐大典》卷七七五六书影

永樂大典卷之一萬二百七十一　二紙

子

文王世子篇

衛湜集說五廟之孫至晷有正焉　長樂陳氏曰祖遷於上宗易於下雖不爲庶人吉凶不必赴告義也祖廟未毀雖爲庶人吉凶必赴告恩也五世而親屬盡故爲之免六世而親屬竭故弔而已弔不必弔宜免不免有司罰之則緦麻而上宜服不服者可知也賞於口者謂之舍承於身者謂之朱凡王可以爲渠眉脈壁者晉承也。嚴陵方氏曰諸侯二昭二穆與大祖之廟而五故云五廟五廟之孫祖廟未毀雖爲庶人其親屬未絕不以貴賤之間而忘吉凶之問也故復必不忘親言之赴亦告以其事急而疾趨以告故謂之赴則告以必告也以永必告之免已見檀弓免爲解鄭氏曰見前注陳櫟詳解五廟之孫諸侯太祖與昭穆凡廟共廟未毀雖爲庶人則雖微賤爲此五廟下之子孫祖廟未毀雖爲庶人其親屬未絕冠取妻者必告苟有冠娶之事必告於君死

4.5 清代类书

4.5.1 《渊鉴类函》

《渊鉴类函》是清代张英、王士禛等人奉清圣祖之命编纂的，书成于康熙四十九年(1710)。渊鉴是宫中的书斋名。

《渊鉴类函》是在明代俞安期《唐类函》的基础上增补而成的。《唐类函》将唐人类书《北堂书钞》《艺文类聚》《初学记》《白氏六帖》汇聚为一编，以《艺文类聚》为主，其他三部书则删除与《类聚》重复的材料。《岁时部》兼采旧题唐韩鄂所撰《岁华纪丽》[①]，典章制度亦采唐杜佑《通典》。张英等人在《唐类函》的基础上又采《太平御览》《玉海》、二十一史及其他明代以前典籍中材料加以补充，使之成为囊括唐人类书、材料极其丰富的大型类书，不但能查到唐代以前的资料，还能查到宋元明各代的资料。虽然《渊鉴类函》只有450卷，卷数不到《太平御览》的一半，但字小行密，实际内容要比《御览》多一倍。全书分45部，比《唐类函》多两部，这是将《唐类函》的"药菜部"分为"药"和"菜蔬"两部，又新立了一个"花部"。所分45部为：天、岁时、地、帝王、后妃、储宫、帝戚、设官、封爵、政术、礼仪、乐、文学、武功、边塞、人、释教、道、灵异、方术、巧艺、京邑、州郡、居处、产业、火、珍宝、布帛、仪饰、服饰、器物、舟、车、食物、五谷、药、菜蔬、果、花、草、木、鸟、兽、鳞介、虫豸。部下设子目，共2536个子目。材料分类排列，每一类各标序号以示区别。第一类材料是对子目解释说明性的，第二类材料是有关子目的典故，第三类材料是有关子目的对偶词语，词语下用小字注出出典，第四类材料是有关子目的词藻，也用小字注明词藻的出处，第五类是有关子目的诗文。各类当中以时代为序排列材料。凡《唐类函》原有的材料都标一"原"字，凡增补的材料都标一"增"字。与前代类书相比，《渊鉴类函》在材料的排列上可以说是最有条理。容易找到的版本有《四库全书》本、北京中国书店1985年据上海同文书局1887年石印本之影印本（共32开本18册）、上海交通大学出版社2009年据康熙四十九年武英殿刻本之影印本（《中国历史地理文献辑刊》第八编《类书类地理文献集成》）。下面是中国书店影印本卷四三九《鳞介部三·蛇》的书影（图4-9）：

[①] 韩鄂应为五代时人，参余嘉锡《四库提要辨证》，中华书局1980，第999—1002页。

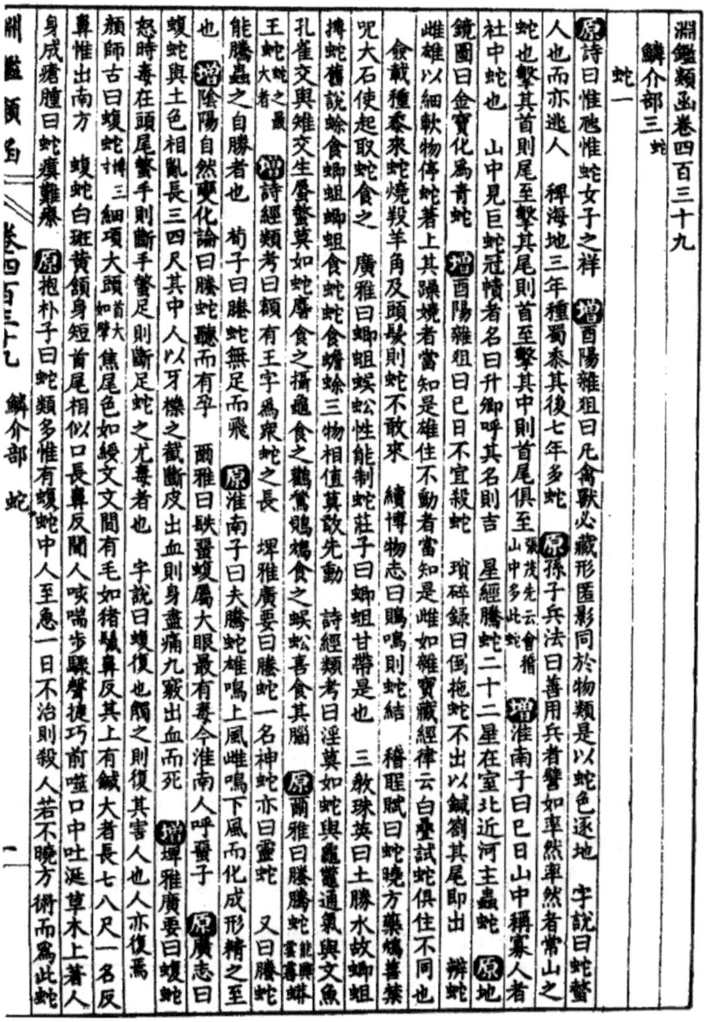

淵鑑類函卷四百三十九
鱗介部三 蛇
蛇一
原詩曰惟虺惟蛇女子之祥 增酉陽雜俎曰凡禽獸必藏形匿影同於物類是以蛇色逐地 字說曰蛇蟄
人也而亦逃人 稗海地三年種蜀黍其後七年多蛇 原孫子兵法曰善用兵者譬如率然率然者常山之
蛇也擊其首則尾至擊其尾則首至擊其中則首尾俱至張茂先云會稽山中多此蛇 增淮南子曰巳日山中稱寡人者
社中蛇也 山中見巨蛇冠幘者名曰升卿呼其名則吉 星經螣蛇二十二星在室北近河主蟲蛇 原地
鏡圖曰金寶化爲青蛇 增酉陽雜俎曰巳日不宜殺蛇 瑣碎錄曰倒拖蛇不出以鍼刺其尾即出 辨蛇
雌雄以細軟物俘蛇著上其躍繞者當知是雄住不動者當知是雌如雜寶藏經律云白疊試蛇俱住不同也
食載種黍來蛇燒羖羊角及頭髮則蛇不敢來 續博物志曰鸛鳴則蛇結 稽聖賦曰蛇曉方藥鴆善禁
呪大石使起取蛇食之 廣雅曰蝍蛆蜈蚣性能制蛇莊子曰蝍蛆甘帶是也 三教珠英曰土勝水故蝍蛆
搏蛇 舊說蜍食蝍蛆蝍蛆食蛇蛇食蟾蜍三物相值莫敢先動 詩經類考曰涅莫如蛇與龜鼈通氣與文魚
孔雀交與雉交生蜃蟄莫如蛇虜食之攝龜食之鸛鶩鴟鵂食之蜈蚣善食其腦 原爾雅曰螣螣蛇龍類能興雲霧而遊其中
王蛇蛇之最大者 增詩經類考曰蝮有王字爲衆蛇之長 埤雅廣要曰螣蛇一名神蛇亦曰靈蛇 又曰螣蛇
能騰蟲之自勝者也 荀子曰螣蛇無足而飛 原淮南子曰夫螣蛇雄鳴上風雌鳴下風而化成形精之至
也 增陰陽自然變化論曰螣蛇聽而有孕 爾雅曰蚖蝁蝮屬大眼最有毒今淮南人呼蝁子 原廣志曰
蝮蛇與土色相亂長三四尺其中人以牙櫟之截斷皮出血則身盡痛九竅出血而死 增埤雅廣要曰蝮蛇
怒時毒在頭尾螫手則斷手螫足則斷足蛇之尤毒者也 字說曰蝮復也觸之則復其害人也人亦復焉
顏師古曰蝮蛇博三細頸大頭首大如擘焦尾色如綬文文間有毛如豬鬣鼻反其上有鍼大者長七八尺一名反
鼻惟出南方 蝮蛇白斑黃頷身短首尾相似口長鼻反聞人咳喘步驟聲捷巧前噬口中吐涎草木上著人
身成瘡腫曰蛇瘼難療 原抱朴子曰蛇類多惟有蝮蛇中人至急一日不治則殺人若不曉方術而爲此蛇
淵鑑類函 卷四百三十九 鱗介部 蛇 一

图 4-9　《渊鉴类函》书影

4.5.2　《古今图书集成》

《古今图书集成》是我国现存的古代类书中规模最宏大、体例最完善、用处最广泛的一部类书。初名《汇编》①，由康熙第三子胤祉的侍读门客陈梦雷(1650—1741)

① 不少文章中说初名《图书汇编》或《古今图书汇编》，都不准确。陈梦雷《松鹤山房文集》卷二有《进〈汇编〉启》一文，文中有“恭进《汇编》目录凡例”等语。又《松鹤山房诗集》卷五《水村十二景》小序云：“水村在城西北，河流环绕，榆柳千株。旧有监司建楼，其地俗呼一间楼。……其下书室三楹，贮所著《汇编》三千余卷。”均表明其书原名《汇编》。

在康熙四十年至四十五年间(1701—1706)在胤祉的支持和资助下独自编成。初稿编成后,陈梦雷将目录和凡例呈送胤祉审阅,为此他写了一篇《进〈汇编〉启》,其中说:"至此四十五年四月内书得告成。分为汇编者六,为志三十有二,为部六千有零。凡在六合之内,巨细毕举,其在'十三经''二十一史'者只字不遗,其在稗史子集者,十亦只删一二。以百篇为一卷,可得三千六百余卷。若以古人卷帙较之,可得万余卷。"可知《古今图书集成》当时已基本完成。后来陈梦雷将《汇编》进呈康熙皇帝,改名《古今图书集成》(下面简称《集成》)①,并于康熙五十五年(1716)设立"古今图书集成馆",由陈梦雷带领80多人对初稿进行修补并准备印刷工作。《集成》中有些材料是康熙五十五年以后才产生的(其中最晚的一条材料是康熙五十七年十二月的一则上谕),显然是开馆后增补进去的。康熙六十一年(1722)十一月,康熙帝驾崩,其第四子雍亲王胤禛嗣位,次年改元雍正。雍正一上台,开始镇压迫害与他争位的各个兄弟,胤祉也在迫害之列,陈梦雷作为胤祉的亲信也遭到打击,于康熙六十一年十二月流放到黑龙江戍边,最终卒于戍所。陈梦雷被流放前,《集成》"已刷印九千六百二十一卷,未刷印者三百七十九卷"(雍正元年《大学士蒋廷锡、陈邦彦奏陈〈古今图书集成〉刷印情形并请旨奖惩有关人员折》),可知印刷即将竣工。陈梦雷被流放后,雍正命蒋廷锡为总裁,重加校补,于雍正六年(1728)将全书印刷完毕。但主编陈梦雷的署名权被剥夺,书中仅署"经筵讲官户部尚书臣蒋廷锡等奉敕恭校",蒋廷锡本人也承认他只是作了一些校勘工作。由于陈梦雷是皇考贬谪之人,所以乾隆皇帝编《四库全书》时就没有收录《集成》这一空前的巨著,甚至连《四库全书存目》中也未留痕迹。

《集成》全书共1万卷,另有目录40卷,1亿6千万字,分为6汇编,32典,各典卷数自为起止。每典之内又分若干部,共6117部(或云6109部,未确)。部是最小的检索单位,也就是一般所说的子目。现将其基本框架列表如下:

表4-1 《古今图书集成》基本框架

6汇编	32典	6117部	10000卷	各部内容
历象汇编	乾象典	21	100	天地、日月、星辰、风、云、雨、火等
	岁功典	43	116	春、夏、秋、冬、寒暑、干支、晨昏昼夜等
	历法典	6	140	历法、仪象、漏刻、测量、算法、数目等
	庶征典	51	188	天变、日异、风异、地异、雨灾、丰歉等
方舆汇编	坤舆典	21	140	土、泥、石、水、泉、井、舆图、建都等
	职方典	223	1544	京畿、清代各府建置沿革等

---

① 有些文章中说是雍正皇帝赐名《古今图书集成》,实则康熙五十五年设"古今图书集成馆",可知康熙时已有其名。至于是否为康熙赐名,未见记载,从雍正不易其名推测,康熙所赐有其可能。

续表

6汇编	32典	6117部	10000卷	各部内容
方舆汇编	山川典	401	320	山、湖、海等
	边裔典	542	140	朝鲜、日本、于阗、天竺、琉球等
明伦汇编	皇极典	31	300	君臣、帝纪、用人、听言等
	宫闱典	15	140	后妃、宫女、公主、驸马等
	官常典	65	800	翰林院、宗人府、将帅、节使等
	家范典	31	116	祖孙、父母、兄弟、姐妹、媵妾、奴婢等
	交谊典	40	120	师友、师弟、朋友、请托、饯别等
	氏族典	2696	640	每姓一部,共2694部
	人事典	97	112	耳、鼻、齿、手、岁数、称号、喜怒等
	闺媛典	17	376	闺节、闺恨等
博物汇编	艺术典	43	824	农医、占卜、星相、画、弈棋、幻术等
	神异典	70	320	神、鬼、释教、道教、异人、妖怪等
	禽虫典	317	192	鸟、兽、家畜、昆虫等
	草木典	700	320	草、木、花、五谷、药材等
理学汇编	经籍典	66	500	经籍、史书、地志、诸子等
	学行典	97	300	理数、义利、廉耻、学问、读书等
	文学典	49	260	文体、诗赋、文学家列传等
	字学典	24	160	音义、书法、文房四宝、杂器等
经济汇编	选举典	29	136	学校、科举、出身、吏员等
	诠衡典	12	120	官制、禄制、升迁、罢免等
	食货典	83	360	户口、田制、赋役、货币、饮食、布帛等
	礼仪典	70	348	礼乐、婚礼、丧葬谥法等
	乐律典	46	136	歌、舞、钟、琴瑟等
	戎政典	30	300	兵制、兵法、兵略及武器等
	祥刑典	26	180	律令、审判、刑法、赦宥等
	考工典	155	252	度量衡、城池、桥梁、宫殿、器物等

每部内的材料分汇考、总论、图、表、列传、艺文、选句、纪事、杂录、外编十项排列。汇考收录记述事物源流的材料;总论收录历代评论事物的材料;图收录图像,如天文图、地图、亭台楼阁图、鸟兽虫鱼图、器物用具图等;表用列表的方式说明事物;列传收录人物传记材料;艺文收录有关的诗、文、词、赋等文学作品;选句是摘出名句佳对,供吟诗作文时使用;纪事罗列琐细小事,是汇编的补充;杂录收录以上各项不宜收录的材料;外编收录有关的荒唐无稽的言论。并不是每一部都有上面所

说的十项，这要根据材料及事物本身而定。全书取材范围从上古至清康熙末年，引书种数据施廷镛《中国古籍版本概要》（天津古籍出版社1987）的说法为3448种，裴芹估计有五六千种①。收录图像6244幅。摘录的材料相对比较完整，引文比较准确，并且大都注明具体出处。例如《岁功典》卷七九引《搜神记》云："吴中有一书生，皓首，称胡博士，教授诸生，忽复不见。九月初九日，士人相与登山游观，闻讲书声，命仆寻之，见空冢中群狐罗列，见人即走，老狐独不去，乃是皓首书生。"经核对，引文出《搜神记》卷一八，一字不差。《太平御览》卷三二也引了这段文字，云出《续搜神记》，《续搜神记》即旧题陶潜撰《搜神后记》，检传本《搜神后记》，并无此条，《御览》当是转抄致误。又《岁功典》卷八八《冬至部》引《淮南子·天文训》云："以日冬至数来岁正月朔日，五十日者，民食足；不满五十日者，日减一斗；有余，日日益一升。"经与传本核对，只多了"不满五十日者"的者字。《渊鉴类函》卷一六《冬至》引《淮南子》曰："以冬至日数至来岁正月朔日，五十日者，民食足；不满五十日者，减一升；有余，则日日益一升。"既不标篇名，准确性也差。可见在引文的准确性方面《集成》是做得比较好的。

全书规模宏大，包罗万象。外国汉学家称它为"康熙百科全书"，对它非常重视。英国著名中国科技史专家李约瑟在其《中国科学技术史》第一卷的参考文献简述中说："我们经常查阅的最大百科全书是《图书集成》。"

《古今图书集成》前后有五个印本，第一个是雍正六年（1728）的铜活字排印本，共印64部，外加样书1部，分装5020册，共522函，目前存世的有20部左右。2006年齐鲁书社将铜活字本按原貌影印出版。第二个是光绪十四年（1888）由英国人安·美查（Ernest Major）、弗·美查（Frederick Major）兄弟在上海设立的"图书集成印书局"印制的铅活字本，共印1500部，每部1620册，另有目录8册。此版排印错误较多，缺页现象也很严重。第三个是光绪二十年（1894）由清政府总理各国事务衙门（后改称外务部）出资、委托上海同文书局据铜活字本石印的本子，共印制100部，分装成5020册。此本对铜活字本不清晰的框线、栏线重新勾画，对不清晰的字或加描润，或涂白后重写，所以此本字迹清晰，版本珍贵。另外这一版还附印了《古今图书集成考证》24册。第四个是1934年上海中华书局将铜活字版缩小影印出版，分装800册，另附《考证》8册。第五个是1985年至1986年中华书局和巴蜀书社联合影印本，其底本为1934年的缩印本，分装成80册，另有《考证》和《索引》各1册。这一版本的优点是增加了一部功能多样、检索方便的索引。早在1911年，英国人翟理斯（L. Giles）就为《古今图书集成》编制了《中国百科全书音序索引》（*An Alphabetical Index to the Chinese Encyclopaedia*），1934年，日本泷泽俊亮也编了一部《古今图书集成分类索引》，这些索引检索功能比较简单，难以全面检索出

---

① 裴芹《古今图书集成研究》，北京图书馆出版社2001，第9—10页。

四 类书及其利用　　97

想查找的资料。联合版的索引由《部名索引》《图表索引》《人物传记索引》《职方典汇考索引》《禽虫草木二典释名索引》《经纬目录》等部分组成,可通过多种途径检索资料,是目前内容最为丰富的索引。

想详细了解《集成》的有关情况,可参看裴芹《古今图书集成研究》一书(北京图书馆出版社 2001)。书中收集了《集成》研究的论著目录,可作为深入考查的线索。

下面是《集成》1934 年版《博物汇编·草木典·松部汇考》的一页书影(图 4-10):

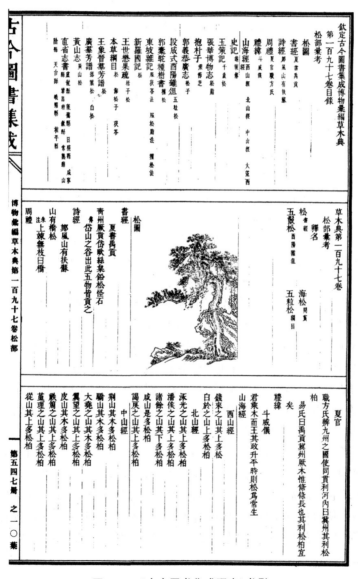

图 4-10　《古今图书集成研究》书影

杨家骆主编有《古今图书集成续编初稿》，共 16 开本 10 册，台湾鼎文书局 1977 年出版。此书体例遵从《集成》，补充了大量《集成》未收的资料。

4.5.3 《佩文韵府》和《骈字类编》

这两部书都是奉康熙皇帝之命编纂的专门收集辞藻典故的类书。

《佩文韵府》由张玉书主编，他从康熙四十三年(1704)开始率领 70 多人编纂此书，到康熙五十年(1711)编成，历时 7 年。此书以元代阴时夫的《韵府群玉》和明代凌稚隆的《五车韵瑞》为基础，增补了大量辞藻典故。全书原分 106 卷，乾隆年间修《四库全书》时因其"篇页繁重"，分成 444 卷，收单字 10258 个(或言 1.9 万多个，未知孰是)，收词语约 56.5 万条[①]，共 2115 万字。佩文是康熙皇帝的书斋名，此书的单字根据平水韵的 106 韵来排列，故称《佩文韵府》。

《佩文韵府》的体例是先列单字，单字下有简单的注音释义，下来分"韵藻""对语""摘句"三项罗列词语，所列词语都是尾字与单字相同的，此即所谓齐尾排列法，这种排列法主要是便于为押韵选择词语。"韵藻"是书的主要内容，所收词语分两部分，先列《韵府群玉》和《五车韵瑞》原有的词语，后列编者新增的词语，新增的部分开头用"增"字作标记。原有部分和新增部分内，词语的排列以长短为序，依次列二字词语、三字词语和四字词语，每条词语下都收录典籍用例。"对语"收录对仗的词语，如"桐"字头下收有"祖竹/孙桐""啼蟋蟀/落梧桐"等对句。"摘句"项收录包含字头单字的五言及七言诗句，如"桐"字头下收有"疏雨滴梧桐""紫鸾黄鹄碧梧桐"等散句。"对语"和"摘句"所列词语都无出处。

康熙五十五年(1716)，康熙皇帝因《佩文韵府》收词有遗漏，又命张廷玉等人拾遗补缺，于康熙五十九年编成《韵府拾遗》120 卷。

《佩文韵府》流行的版本是 1937 年商务印书馆《万有文库》二集影印的武英殿刻本(包括《韵府拾遗》)，共 16 开本 7 册，第 7 册为四角号码索引和单字笔画索引。1983 年上海古籍书店又将商务本影印出版，分装 16 开本 4 册，第 4 册为索引。

《骈字类编》由张廷玉主持编纂，始于康熙五十八年(1719)，编成于雍正四年(1726)，也是历时 7 年。与《佩文韵府》不同的是，《骈字类编》所收的词语是根据首字的字义分类排列的，前者将尾字相同的词语收集在一起，此书将首字相同的词语收集在一起，两书刚好可以互补。全书共 240 卷，分天地、时令、山水、居处、珍宝、数目、方隅、采色、器物、草木、鸟兽、虫鱼、人事 13 门，所收 1604 个首字分属于这 13 门。由于书中所收的都是两字词语(即所谓"骈字")，这些词语又是按首字的义类排列的，故称《骈字类编》。例如卷二三〇《人事门》"娱"字头下收有"娱乐、娱怀、娱

[①] 这是我们根据《索引》统计得出的数据。有些书上说是 48 万，有些书上说是 70 万，都不确切。

心、娱怿、娱情、娱志、娱肠、娱意、娱神"等 31 个词语,每个词语下列出古代典籍中的用例。如"娱目"条下的引文是:

> 枚乘《七发》:"练色娱目,流声悦耳。"曹植《辩道论》:"元黄所以娱目,铿锵所以乐耳。"

《骈字类编》最早的版本是雍正六年(1728)的内府刻本,光绪十三年(1887)上海同文书局将此刻本石印出版。1984 年北京中国书店又将石印本影印出版,装订为 32 开本 12 册。

利用《骈字类编》查找词语,应先确定检索词语首字的门类,然后在卷首的目录中门下找字,确定卷数,最后在卷中找词。不过现在有两种索引可以利用,一种是何冠义等编的《骈字类编索引》(中国书店 1988),另一种是程千帆、陶芸编的《骈字类编音序索引》(武汉出版社 1995),这两种索引都是根据中国书店 1984 年的影印本编制的,前者将《骈字类编》所收的词语按四角号码排列,并附有《首字笔画索引》和《首字音序索引》,后者按汉语拼音音序排列,比较而言,前一种要方便一些。

《佩文韵府》和《骈字类编》都可以用来查找典故及诗文语句的出处。例如陶渊明《五柳先生传》中说:"黔娄之妻有言,'不戚戚于贫贱,不汲汲于富贵'。""黔娄之妻"是什么时候的人?有何事迹?查《佩文韵府》"黔娄妻"条,有如下资料:

> 《高士传》:黔娄先生卒,覆以布被,覆头则足见,覆足则头见。曾西①曰:"斜其被则敛矣。"妻曰:"斜之有余,不若正之不足。"

曾西是曾子的孙子,由此我们知道黔娄妻是春秋时期的人,其事迹见于《高士传》。如果还想作进一步了解,应该阅读《高士传》(西晋皇甫谧撰)原文。

又如有这么两句诗:"弦贞五条音,松直百尺心。"这诗是谁作的?我们知道《骈字类编》设有《草木门》,所以可摘取"松直"作为关键词进行查寻。找到"松直"条,收有这两句诗,出处是孟郊的《遣兴》诗。当然,也可以在《佩文韵府》中通过查寻"五条音"和"百尺心"找到这两句诗,但《佩文韵府》只告诉你出自"孟郊诗",没有篇名。

《佩文韵府》和《骈字类编》互有长短。《佩文韵府》收列的词语丰富,《骈字类编》所收词语只有 10 万多条,只是《佩文韵府》的五分之一,而且基本上都是名词性的词语,范围未免狭窄。不过《骈字类编》在编纂上比《佩文韵府》严谨,不仅注明具体出处,而且引文差错也相对少一些。版式上一律将词条顶格排列,非常醒目。《佩文韵府》的大多数资料只注明书名或作者,如《后汉书》"李白诗"之类,不便于进一步核实。《佩文韵府》收录的词语有不少是胡乱拼凑的。例如"侯东"条下列出处云:"《诗》:乃命鲁公,俾侯于东。"(按:语出《鲁颂·閟宫》)原文中"侯东"并不相

---

① 刘向《古列女传》卷二《鲁黔娄妻》作"曾子"。

连,编者却将它们撮合到一起作为一个词目。又"王中"条下列出处云:"《礼记》:王中心无为也,以守至正。"这里"中心"应该是一个词,编者却将"王中"摘为一个词目,纯属任意拼合。版式上词条与引文连续接排,很不醒目。

4.6 现代类书

4.6.1 《中华大典》

现代编的古籍类书中以《中华大典》最为著名。《中华大典》是1990年经国务院批准由中宣部和新闻出版署组织编纂的古籍整理项目。1992年9月《中华大典》工作委员会和编纂委员会成立,标志着该项目的正式启动,2019年全部出齐,历时30年。这是继《永乐大典》《古今图书集成》之后最大的一部类书,是对我国现存古籍的内容进行的一次全面系统的分类整理,盛况空前。全书共16开本408册,7.45亿字,摘录先秦到清末的各类汉文古籍2万多种,字数超过历代类书的总和,规模与《四库全书》相当。结构上《中华大典》采取经纬交织的框架,经目分为典、分典、总部、部四级,纬目包括题解、论说、综述、传记、纪事、著录、艺文、杂录、图表九项。全书分24典,108分典,具体名目见下表:

表 4-2 《中华大典》名目

24 典	主编	108 分典	册数	出版社及出齐时间
1.哲学典	任继愈	1.儒家分典 2.诸子百家分典 3.佛道诸教分典	16	云南教育出版社 2007
2.宗教典	任继愈	1.儒教分典 2.佛教分典 3.道教分典 4.伊斯兰基督与诸教分典	15	河北人民出版社 2017
3.政治典	杨寄林	1.先秦分典 2.秦汉分典 3.魏晋南北朝分典 4.隋唐五代分典 5.宋辽夏金分典 6.元明清分典	21	人民出版社 2018
4.军事典	刘继贤	军事思想分典 2.军事制度分典 3.军事技术分典 4.军事地理分典 5.军事人物分典 6.战争战例分典	20	辽宁大学出版社 2019
5.经济典	宁可	1.财政分典 2.综合分典 3.货币金融分典 4.商业城市贸易分典 5.土地制度分典 6.户口分典 7.经济思想分典	27	巴蜀书社 2017

续表

24典	主编	108分典	册数	出版社及出齐时间
6.法律典	张晋藩 马建石	1.法律理论分典 2.刑法分典 3.民法分典 4.经济法分典 5.行政法分典 6.诉讼法分典	23	西南师范大学出版社、巴蜀书社2016
7.教育典	孙培青 李国钧	1.教育思想分典 2.教育制度分典	13	上海古籍出版社2012
8.语言文字典	朱祖延 宗福邦	1.音韵分典 2.文字分典 3.训诂分典	18	湖北教育出版社2014
9.文学典	程千帆	1.先秦两汉文学分典 2.魏晋南北朝文学分典 3.隋唐五代文学分典 4.宋辽金元文学分典 5.明清文学分典 6.文学理论分典	23	凤凰出版社2009
10.艺术典	金维诺	1.音乐艺术分典 2.陶瓷艺术分典 3.服饰艺术分典 4.书法艺术分典 5.戏曲文艺分典	12	岳麓书社2018
11.历史典	熊月之	1.史学理论与史学史分典 2.编年分典 3.人物分典	25	上海古籍出版社2017
12.历史地理典	葛剑雄	1.总论分典 2.政区分典 3.山川分典	12	西泠印社出版2017
13.民俗典	白化文	1.风俗民俗分典 2.物质民俗分典 3.地域民俗分典 4.口头民俗分典	11	北京日报出版社2017
14.数学典	郭书春	1.数学概论分典 2.中国传统算法分典 3.会通中西算法分典 4.数学家与数学典籍分典	9	山东教育出版2018
15.理化典	金正耀	1.中西会通分典 2.物理学分典 3.化学分典	9	山东教育出版2018
16.天文典	江晓原	1.天文分典 2.历法分典 3.仪象分典	5	重庆出版社2015
17.地学典	郑国光	1.海洋分典 2.自然地理分典 3.气象分典 4.测绘分典	5	重庆出版社2016
18.生物学典	吴征镒	1.植物分典 2.动物分典	8	云南教育出版社2017
19.医药卫生典	傅世垣 李明富 余瀛鳌	1.药学分典 2.医学分典 3.卫生学分典	35	巴蜀书社2017

续表

24典	主编	108分典	册数	出版社及出齐时间
20.农业典	穆祥桐	1.农田水利分典 2.蚕桑分典 3.畜牧兽医分典 4.农业灾害分典 5.农书分典 6.茶叶分典 7.粮食作物分典 8.园艺作物分典 9.药用与香料作物分典 10.救荒植物分典 11.渔业水产分典 12.农具仓储分典	41	河南大学出版社、西南师范大学出版社2019
21.林业典	尹伟伦	1.森林利用分典 2.森林培育与管理分典 3.林业资源与生态分典 4.园林与风景名胜分典 5.林业思想与文化分典	7	凤凰出版社2014
22.工业典	魏明孔	1.综合分典 2.金属矿藏与冶炼工业分典 3.制造工业分典 4.纺织与服装工业分典 5.造纸与印刷工业分典 6.陶瓷与其他烧制品工业分典 7.建筑工业分典 8.食品工业分典 9.近代工业分典	24	上海古籍出版社2017
23.交通运输典	葛剑雄	1.交通路线与里程分典 2.交通工具与设施分典 3.驿传制度分典	6	上海交通大学出版社2017
24.文献目录典	周少川	1.文献学分典 2.古籍目录分典	23	广西师范大学出版社2017

　　为了避免传统类书层层转抄从而一误俱误、讹舛甚多的缺点,《中华大典》直接从原书中摘录资料,并且强调尽量选用古人的精校精刻本或学术界公认的近现代学者的校点整理本,这就从源头上减少了产生错误的概率。传统类书引文删节从不标明,而且有撮述原文大意的做法,《中华大典》在引文的省略处用〔略〕字标出,给使用者以准确的信息。在资料出处的标注上,《中华大典》非常具体,包括书名或作者名、篇名或卷次,卷帙浩繁的著作兼标卷次及篇名,以利读者核查。为避免混淆,对异书同名者,兼标作者名。对作者、书名皆同而内容不同者,兼标编纂者名。一书之前刻后刻内容不同者,则标明刻本。出处以黑体字标明,非常醒目。

　　由于中国文献浩如烟海,《中华大典》不可能将所有材料一概收入,所以在材料的取舍上强调"精"与"全","大家"取精,"小家"取全。"大家"材料多,例如关于韩愈、杜甫的资料极为丰富,有许多资料内容重复,予以删汰。"小家"材料稀见,搜集不易,则尽量多取。

　　《中华大典》编纂出版为我国和国际学术界提供了极其丰富的古籍资料,为深入研究中华传统文化创造了十分有利的条件。在纸质版的基础上还将发布电子版,使检索利用更加便捷。

由于《中华大典》卷帙浩繁,编者众多,手工摘录的资料差错在所难免,使用时应加注意。

下面是《文学典·魏晋南北朝文学分典·两晋文学部·陶渊明》下关于《饮酒》诗的部分资料(图 4-11),从中可以窥见其书之一斑。

又五 蔡居厚《蔡宽夫詩話》《苕溪漁隱叢話前集》卷三《五柳先生上》引:「采菊東籬下,悠然見南山。」此其閑遠自得之意直若超然遐出宇宙之外。俗本多以「見」字為「望」字,若爾,便有褒賞濫足之態矣。有如是之誤,害理有如是者。《淵明集》世既多本,校之不勝其異。有一字不同者,不可概舉。若雙雞招近局,或以「局」為「屬」,雖於理ази似不通,是當時語,「我土日以廣」或以「土」為「志」,於義亦兩通,未甚相遠。若此類縱誤,不過一字之失,如「見」與「望」,則併其全篇佳意敗之。此校書者不可不謹也。

蘇軾《題淵明飲酒詩後》《蘇軾文集》卷六七:「采菊東籬下,悠然見南山。」此句最有妙處。近歲俗本皆作「望南山」,則此一篇神氣都索然矣。古人用意深微,而俗士率然妄以意改。失真者多矣。沈括《續夢溪筆談》:陶淵明《雜詩》:「采菊東籬下,悠然見南山。」往時校定《文選》,改作「悠然望南山」。則上下句意全不相屬,遂非佳作。

近見新開韓、柳集多所刊定。疾。

《題陶淵明詩後》《雞肋集》卷三三:「采菊東籬下,悠然望南山。」則既采菊又望山,意盡於此,無餘蘊矣,非淵明意也。「采菊東籬下,悠然見南山。」則本自采菊,無意望山,適舉首而見之,故悠然忘情,趣閑而思遠,此未可於文字精粗間求之。東坡云陶淵明意不在詩,詩以寄其意耳。

閣《詩話總龜》卷七《評論門三》:淵明詩:「采菊東籬下,悠然見南山。」今皆作「望南山」。東坡以淵明《采菊東籬下,悠然見南山。》之遺意。文字雕琢,則傷正氣,故可喜也。吳曾《能改齋漫錄》卷三《辨誤》:東坡以淵明「采菊東籬下,悠然見南山」之句為有無識者以見為望之。如「張

九成《橫浦心傳》卷下《橫浦文集》附:「初不用意而景與意會,故可喜也。今皆作「望南山」。晁補之《百斛明珠》《阮陶靖節云:「詩話總龜》卷七:《許論門三》」

陶靖節云:《詩話總龜》:「采菊東籬下,悠然見南山。」此真得《三百篇》之遺意。東坡以淵明「采菊東籬下,悠然見南山」,作詩亦然。

關《詩話總龜》卷七《評論門三》:「時傾一尊酒,坐望東南綠」卷三《辨誤》:東坡以淵明「采菊東籬下,悠然見南山」。不啻碔砆之與美玉。然余觀樂天效淵明詩有云:「時傾一尊酒,坐望東南綠。」惟韋蘇州答長安丞裴說詩有云:「采菊露未晞,舉頭見秋山。」然則流俗之失久矣。乃知真得淵明詩意,而東坡之說為可信。

施德操《北窗炙輠錄》

图 4-11 《中华大典》局部

4.6.2 字词训释类书

我们知道,语言文字总是处在不断地发展变化之中,因此前人留下的文献后人理解起来就会存在障碍,时间越久,障碍越大。汉代人对先秦典籍就已经不能顺畅地阅读,所以有不少学者为这些典籍作了注释,著名的如汉初毛亨的《毛诗故训传》,东汉郑玄的《毛诗笺》《仪礼注》《周礼注》《礼记注》,东汉高诱的《战国策注》《吕氏春秋注》等。另有一些人专门研究字词的训释,为理解典籍提供基础性服务,著名的如汉初的《尔雅》、西汉杨雄的《方言》、东汉许慎的《说文解字》、东汉刘熙的《释

名》等。从汉代直到今天，无论是专书的训释还是字词的单独研究，从来没有停止过，积累了大量的训释资料，这些资料是我们理解古代文献、研究古代语言文字以及编纂字典辞书的基础和依据。但由于这类资料十分零散，查找颇为不易。为了满足这一需要，有些学者将分散的训释资料以字词为单位汇编到一起，给学术研究提供了很大的方便。

训释资料类书可分为两种，一种围绕某一专题汇编资料，如典籍训释、甲骨文训释、金文训释等；另一种围绕某一训诂专书汇编资料，如《尔雅》《说文》《广雅》的训释等。

1. 专题训释资料汇编

专题训释资料类书的创始之作是清代学者阮元组织编纂的《经籍纂诂》，因与下面介绍的类书密切相关，所以放在这里讲述。该书由臧庸（初名镛堂）等四十余人于嘉庆二年(1797)开始编纂，次年完成，嘉庆四年刻印于广东，此为初刻本，然未见传本。随即阮元又组织人员编成《经籍纂诂补遗》，于嘉庆十三年(1808)前后刊行。[①] 今天所见的最早刻本是嘉庆十七年(1812)"扬州阮氏琅嬛仙馆刊本"。全书106卷，收单字14671字（包括异体字），字头按"平水韵"106韵排列，每韵一卷。每字之下罗列宋代以前（含）的训释资料，收集范围为80多种古籍，包括典籍文本中自有的训释、宋以前的学者对典籍的注释及字词典中的释义，注明具体出处。排列资料时将相同的训释排在一起，不同训释之间用圆圈隔开。《补遗》内容附于每卷之后。共计300多万字。利用该书我们可以知道一个词宋代以前有过哪些义训，哪些义训比较常见，哪些义训偶尔出现，哪些意义宋代以前没有人作过训释，这些信息对解读典籍、研究词义的发展演变等都是很有价值的。另外，书中还收列了字的异体及假借用法，所以此书也可用来查找异体字和通假字。

在古代类书中，《经籍纂诂》的编纂还算严谨，但错误也在所难免。如"东"字下引："东郊，农郊也。《吕览·仲春》'命田舍东郊'注。""仲春"为"孟春"之误。"鲲"字下引："鲲，鱼子也。《国语·晋语》'鱼禁鲲鲕'注。""晋语"为"鲁语"之误。阮元在书的《凡例》中已作过声明："此书采辑杂出众手，传写亦已数过，讹舛之处或亦不免，凡取用者宜检查原书，以期确实。"所以使用时应复核原书。

《经籍纂诂》影印本较多，目前有两个版本比较好。(1)中华书局1982年影印本，16开2册，该本字体较大，阅读方便，附有笔画索引。(2)上海古籍出版社1989年影印本，16开1册，字体比中华本略小，索引用四角号码编排，检索便利。此本将原附卷末的《补遗》内容分别插入正编中的相应位置，并对全书做了认真校勘，写成校勘记四千余条，颇便参用。

[①] 参李步嘉、杨仙《〈经籍纂诂〉正编、补遗刊行考》，《武汉大学学报》2002年第6期。

顺便提醒一下，《经籍籑诂》的籑音 zhuàn，原书作籑，籑是省体。籑与纂同义，但不是异体关系，写成纂是错误的①。但目前写成纂的情况相当普遍，几近习非成是，连一些权威的辞书(如《中国大百科全书·语言文字卷》)也写成纂。正因如此，当我们在网上输入关键词"经籍籑诂"进行检索时，结果常常是没有此书，输入"经籍纂诂"反而能找到。此外，还有写成《经籍撰诂》《经籍馔诂》等名称的。这种混乱状况给我们的工作造成不少麻烦，希望引起人们的重视。

《经籍籑诂》的续补之作有吴孟复任总纂的《续经籍籑诂》，安徽教育出版社 2012 年出版，16 开本上下 2 册，收录字头近 4 万，共计 529 万字。该书体例一准《经籍籑诂》，采录了宋至清代 61 种典籍中的训诂资料，采集不是很广。

武汉大学古籍研究所的宗福邦等人广泛搜集先秦至清末的训释资料，编成《故训汇纂》一书，堪称集训诂资料之大成。该书编纂始于 1985 年，2003 年由商务印书馆出版，历经 18 个春秋。全书共收字头近 2 万个，征引典籍 228 种，引用的训诂资料约 50 万条，篇幅达 1300 万字，囊括了《经籍籑诂》的全部内容，并做了认真校订，为语言研究、辞书编纂、古籍整理等提供了丰富的资料。编排检索上，正文按《康熙字典》214 部编排，附有《单字汉语拼音索引》和《难检字笔画索引》，使用比较方便。2003 年版的《故训汇纂》为 16 开本 1 册装，字体太小，2007 年重印时改为 16 开本上下两卷装，字体较大，并重编了音序索引及难检字表，新增了四角号码索引，使用更为方便。由于资料繁多，疏漏在所难免。如"名"下第 77 项训释："名，谓名刺，汉魏人所谓爵里刺也。"出处为钱大昕《廿二史考异·南史三·钟嵘传》，实则出自《文学传·何思澄》。"胶"下："胶者，皆谓煮用其皮或用角。《玉篇·肉部》引《考工记》注云。"郑注见《周礼·冬官·考工记·弓人》"鹿胶青白，马胶赤白，牛胶火赤，鼠胶黑，鱼胶饵，犀胶黄"句下，《汇纂》却未收录。又唐慧琳《一切经音义》卷二九《金光明最胜王经》卷六"木胶"下："顾野王云：'胶，所以连缀物，令相黏著也。'郑注《礼记》云：'胶谓煮皮草令消凝而作之，乃有多种，或黄或黑或白或赤，或煮木皮寮而作。'"这些训释资料也都失收。

《古音汇纂》，宗福邦等主编，商务印书馆 2019 年出版，16 开本 1 册。该书汇辑了先秦至清末的汉字音读资料，收录字目 13000 多个(含异体字)，注项 30 余万条，注条 40 余万个，引用书目 127 种，参校书目 40 种。所收音读资料包括声训、譬况、直音、反切、同音字组等，其关涉音读的异文、辨误以及通用、同用、假借说明亦予收录。字目按《康熙字典》214 个部首编排，字目的音读材料分为上古音、中古音、近代音三个时段排列，以黑三角号标识其起始。上古音资料从先秦至南朝宋齐时期，中古音资料从南朝梁至宋，近代音资料从元至清，检一字而知该字历代音读状况。

---

① 参杨琳《典籍辨误五则》，《古籍整理研究学刊》2003 年第 2 期。

《虚词诂林》,谢纪锋编纂,黑龙江人民出版社1992年出版,16开本1册,汇集了10部书中关于虚词的训释内容。清刘淇《助字辨略》、清王引之《经传释词》、清吴昌莹《经词衍释》、杨树达《词诠》、裴学海《古书虚字集释》5部书的内容全部照录,清阮元主编《经籍籑诂》、清段玉裁《说文解字注》、清王念孙《广雅疏证》、清郝懿行《尔雅义疏》、清马建忠《马氏文通》5部书只录其中的虚词内容。全书以单字为字头,共收单字639个。本书将传统虚词研究的主要成果汇集一处,颇便查检。但作为诂林性质的著作,采择不是很广,尤其是20世纪50年代以来新的虚词研究成果未能收入其中,是其缺憾。2015年商务印书馆出版了修订本,订正了个别文字差错,补充了遗漏的内容,新增了元卢以纬的《语助》(全文收录),然而却删除了《古书虚字集释》的内容,不知是什么缘故。

《甲骨文字诂林》,于省吾主编,共16开本4册,中华书局1996年出版,后来多次重印。在此书之前,学者李孝定编有《甲骨文字集释》一书(共32开本8册,台北"中央研究院"专刊1965),汇集了20世纪60年代以前的甲骨文考释成果。此书对一些有价值的成果有漏收的情况,出版以后又有大量考释成果问世,这些成果都有加以汇编的必要,于是就有了《甲骨文字诂林》的编纂。《甲骨文字诂林》收集的资料范围为甲骨文发现以来至1989年底九十年间有关甲骨文考释的研究成果,对没有根据的臆说一般摒弃不录。全书收录单字3600多个,字头按编者确定的甲骨文部首排列。每字都编有序号,序号下先列隶定字形,再酌录若干甲骨文字形。资料的排列以发表先后为序。每个字条之末为编者的按语,对前人考释的是非提出编者的意见。书后附有《部首检索》《笔画检索》(根据隶定字)和《拼音检索》(根据隶定字),检索功能非常完善。由于所有资料都是手工抄录,增衍、脱漏、讹误之类的情况在所难免,使用时应予注意。

何景成搜集1990—2013年间的甲骨文研究成果,编成《甲骨文字诂林补编》一书(16开本上下2册,中华书局2017),书中还对《诂林》漏收的重要成果作了补充,对其错误作了修正。

《金文诂林》,周法高主编,香港中文大学出版社1974—1975年出版,共32开本16册(含索引1册)。该书以容庚的增订三版《金文编》(科学出版社1959)为据,按《说文》次第编排字头,字头之下罗列众说。引录资料最早为阮元的《积古斋钟鼎彝器款识》(书成于1804年),截止于1973年初。出版采用手抄影印的方式。索引包括单字通检(按《康熙字典》部首编排)、采用彝器索引、引用书籍论文索引等。不识之字另由李孝定、周法高、张日昇编为《金文诂林附录》16开本1册,1977年由香港中文大学出版社出版。1982年,台北"中央研究院"历史语言研究所又出版了周法高编纂的《金文诂林补》,共32开本8册,第8册为补编索引。补编体例与正编相同,但比正编增收了300多个字头,除了采录正编未收的中国学者的成果外,还采录了日本学者的四种研究金文的重要著作(辑录时译为中文),正编不收录国外学者的成果。

今天看来,《金文诂林》已有些落后,这不仅因为其中没有 20 世纪 80 年代以来的成果,而且编印质量也不能令人满意。如今电脑已可以处理古文字字形,所以很有必要重新纂辑一部收录更为全面、印制更为精美的《新编金文诂林》。

《出土战国文献字词集释》,曾宪通、陈伟武主编,共 16 开本 17 册,中华书局 2018 年出版。另有索引 1 册(2019 年出版)。本书收录出土战国文献中所见字词近 8000 个,包括简帛文、金文、玉石文、陶文、玺文、货币文等各类古文字资料。编排以字系词,以词带句,在各字头之下先罗列代表字形,标明字形出处,后略依时代先后集录相关研究成果,标明文献出处,以便读者核查。成果罗列采用直接引语形式,按首发时间先后排序。对资料中的错讹以编者注的形式指出,并适当施加按语。所收成果以正式出版物为限,网络论文、学位论文、会议论文一般不予收录。字词考释成果截至 2007 年底,2008 年以后的考释成果酌情择要于按语中说明。该书为研究利用出土战国文献及战国文字提供了很大方便。

《古文字诂林》,李圃主编,共 16 开本 12 册,上海教育出版社 1999—2005 年出版。该书汇录了上自殷商下迄秦汉的甲骨文、金文、古陶文、货币文、简牍文、帛书、玺印文和石刻文八种古文字的考释成果,收录字头 10000 多个,总字数达 1200 余万字,是一部大规模的古文字训释类专科类书。资料采录范围包括研究专著、单篇论文等,资料截止于 1997 年底,但实际采录的观点并不丰富。字头的排列依照《说文》部首的顺序,《说文》所无之字依照部首笔画另行分册编排。该书在国内首次采用电脑录排古文字资料,不但阅读起来赏心悦目,而且降低了篇幅的繁重,节省了空间。

《古文字考释提要总览》,刘志基等主编,共 16 开本 5 册,前 3 册由上海人民出版社出版(2008—2011),后 2 册由上海书店出版社出版(2019—2020)。该书汇集了历代古文字考释观点 5.5 万余条,所收材料的截止年月因各册的出版先后而有差异。全书以表格形式简明扼要地介绍了学者们对古文字的考释结论,一般论证过程则予省略。每条提要后皆标明资料出处,以方便欲知其详的读者查阅原作。本书除了传统的文本检索方式以外,还附有电子检索的关联号,读者可登录华东师范大学中国文字研究与应用中心的"中国文字数据库"(https://wenzi.ecnu.edu.cn/Word/Intro.aspx?Type=140),在"文字关联书系"中通过关联号进行查询,可以获得更多相关信息及最新的补充和修订。

2. 专书训释资料汇编

最早出现的专书训释资料汇编是丁福保编纂的《说文解字诂林》。该书以《说文》大徐本的次第为序,收集了历代 182 种《说文》研究著作中的资料,采用剪贴的方式，分别缀集于相关字头之下，1928年由上海医学书局影印出版，分装66册。后来丁氏又搜集46种著作中有关《说文》的训释资料编成《说文解字诂林补遗》，体例与正编相同，于1932年出版，分装16册。全书由前编、正文、后编、补编、附编和通检六部分组成。前编汇集了各书序跋、六书总论、《说文》总论等方面的资料，冠于卷首；正文汇集各家对字的解释，是书的主体；后编收集讨论《说文》逸字的资料，附于正文之后；补编收集剪贴完成后又发现的资料；附编收录段玉裁的《六书音均表》，列于书后；通检按《康熙字典》的次序分部排列正文字头，注明页码。该书的优点在于采用了剪贴影印的方法，对资料概不删节，正如丁氏在《纂例》中所说的："既省雕刻排字之烦，又少别风淮雨之讹，且各家原书面目犹得藉存什一，后之引书者谅可信此不疑，以省检查原书之劳，一举而数善备。"该书现有中华书局1988年影印本，分装32开本20册；另有云南人民出版社2006年影印本，共8开本7册。

《说文解字诂林》深受学者欢迎，影响很大，以至后来编纂的训释资料类书多以"诂林"为名，如朱祖延主编的《尔雅诂林》、徐复主编的《广雅诂林》等。

《尔雅诂林》的编纂始于1986年，1996年武汉湖北教育出版社出版了正文部分，历时10年。正文部分共16开本5册，汇集了汉代至今研究《尔雅》的94种重要著作中的资料，也采用剪贴影印的方式编辑出版，做到存真与无误两全其美。《尔雅》条目的划分依照郝懿行的《尔雅义疏》。条目下资料的排列以类相从，首列经文郭注，下面以次列邢疏、古注、补注、札记、校勘、音释，图附于末。所引资料原无句读者，加了句读。

1998年湖北教育出版社出版了《尔雅诂林叙录》，内容包括编者撰写的144篇《尔雅》研究书目提要、《尔雅》研究专著的序跋、《尔雅》研究论文选编及其他《尔雅》研究资料辑录等，内容十分丰富。1999年又出版了杨薇主编的《尔雅诂林经文词语索引》，至此，《尔雅诂林》始成完璧。

《广雅诂林》的编纂始于1985年，1998年由江苏古籍出版社影印出版，共16开本1册。该书收录的资料共28种，截止于1949年。所有资料都另行工楷抄写，并加了句读。《广雅》正文以王念孙家刻本为据，用其他版本作了校勘。正文及注文中明显的刊误之处皆随条径改，诸书中的引文尽量找所引原书加以核正。后附《广雅》研究著作提要及序跋，引用资料目录，还有词目笔画索引。该书不收1949年以来的研究资料，不能不说是个缺憾。

五 政书及其利用

5.1 政书概说

政书一般指记载典章制度的著作。也有人将议论政治及社会问题的著作称为政书,如中州古籍出版社出版的《政书集成》(全10册,1996—2001)即属于此类。我们所说的政书仅指前者。

政书跟类书有相似之处,也有分门别类汇编资料的特点,但类书只是客观地罗列资料,政书则将资料进一步系统化、条理化,资料是为作者的观点服务的,因此,政书除了罗列资料外,还有作者的论述。类书是述而不作,政书是有述有作。类书中的资料都交代出处,政书中的资料不一定交代出处,而且常有作者撮述大意的情况。

政书是在纪传体史书的"书""志"的基础上发展起来的。司马迁在《史记》中撰写了"八书",即《礼书》《乐书》《律书》《历书》《天官书》《封禅书》《河渠书》《平准书》,第一次系统地记述了我国典章制度的原委。班固的《汉书》在八书的基础上加以合并增补而改写成《律历》《礼乐》《刑法》《食货》《郊祀》《天文》《五行》《地理》《沟洫》《艺文》十志,使记载更趋详备。刘宋范晔撰《后汉书》,没来得及写志而遭杀害,梁刘昭把西晋司马彪《续汉书》中的八志补入范书,使范书完整。司马彪的《续汉书》早已失传,八志则因《后汉书》流传至今。西晋陈寿的《三国志》有纪传而无志表。《晋书》《宋书》《齐书》《魏书》《隋书》均有志,但不尽齐全,如《宋书》缺食货、艺文二志,《齐书》缺食货、艺文、刑法等志。《梁书》《陈书》《北齐书》《北周书》和《南史》《北史》则无志。其中《宋志》叙事往往追溯三代及秦汉,而详于魏晋,虽与断代史的体例不合,然而材料丰富,并有完整的体系,可以补《三国志》等前史所未备。《隋书》十志为梁、陈、北齐、北周、隋五代而作,统括了南北朝的典章制度。不过总体来看,志书多叙一代典制之沿革,由于体例及篇幅的限制,难以系统全面地反映典章制度的源流演变,想纵观各种制度的因革损益,很不方便。政书的出现弥补了纪传体史书志书的不足,适应了社会的需求,受到广泛的欢迎。

我国的第一部政书是唐代刘秩撰写的《政典》,但今已亡佚。唐代杜佑受《政典》的启发,博采经史子集中的资料,撰成《通典》一书,成为现存第一部记载历代典章制度的专史,产生了深远的影响。梁启超在《中国历史研究法》中评价说:"纪传体中有书志一门,盖导源于《尚书》,而旨趣在专纪文物制度,此又与吾侪所要求之新史较为接近者也。然兹事所贵在会通古今,观其沿革。各史既断代为书,乃发生两种困难:苟不追叙前代,则原委不明;追叙太多,则繁复取厌。况各史非皆有志,有志之史,其篇目亦互相出入,遇所阙遗,见斯滞矣,于是乎有统括史志之必要。其卓然成一创作以应此要求者,则唐杜佑之《通典》也。"[1]后世各代都有仿续《通典》之作,南宋郑樵撰《通志》,元代马端临撰《文献通考》,与《通典》合称"三通"。清乾隆皇帝命廷臣续修"三通",编成《续通典》《续通志》和《续文献通考》,又编写了《清朝通典》《清朝通志》《清朝文献通考》,合称"九通"。清朝末年,刘锦藻撰《清朝续文献通考》,加"九通"成为"十通"。"十通"先后相继,系统地记述了历代典章制度的源流演变。

政书专门记述典章制度,因而内容比"志"详备,是我们查考典章制度的重要工具。例如西汉贾谊的《论积贮疏》中有这样的话:"汉之为汉,几四十年矣,公私之积犹可哀痛。失时不雨,民且狼顾;岁恶不入,请卖爵子。"王力主编的《古代汉语》(修订本,中华书局 1981)对"请卖爵子"的注释是:"指朝廷卖爵,人民卖子。"这一解释是有问题的。"请卖爵子"是一句话,卖子的既然是人民,卖爵的也应该是人民。大概注者以为百姓没有爵位,所以将卖爵之事归于朝廷。事实上,汉代富裕一点的百姓也买有爵位。据《通典》卷一一《食货十一·鬻爵》记述,西汉孝文帝采纳晁错的建议,"令人入粟边,六百石爵上造(第二等爵),稍增至四千石为五大夫(第九等爵),万二千石为大庶长(第十八等爵),各以多少级数为差。……孝景时,上郡以西旱,复修卖爵令,而裁其价以招人(裁谓减省)"。可知汉代的爵位除了因功获得外,还可以拿钱粮买,所以有钱粮的百姓也可以获得爵位,以抬高自己的社会地位。《史记·孝文本纪》中记载:"天下旱,蝗。帝加惠:令诸侯毋入贡,弛山泽,减诸服御狗马,损郎吏员,发仓庾以振贫民,民得卖爵。"索隐引北魏崔浩云:"富人欲爵,贫人欲钱,故听买卖也。"由此可知,百姓是有爵可卖。因此,"请卖爵子"是说百姓卖爵卖子,而非朝廷卖爵,人民卖子。

政书可根据其记述的时代,分为通史体和断代体两种。"三通"及"续三通"都是通史体政书,《清朝通典》《清朝通志》《清朝文献通考》和《清朝续文献通考》都是断代体政书。唐代苏冕将唐高祖至德宗期间的典章制度材料汇编为《会要》40 卷,开创了会要体的断代政书。唐宣宗大中七年(853),崔铉等人编《续会要》。北宋王溥在《会要》《续会要》二书的基础上编成《唐会要》。以后各代都有会要之作,学者们还为唐代以前的朝代补撰了会要。会要体专记一个朝代或一个朝代一定历史时

---

[1] 上海古籍出版社 1987,第 21 页。

期的典章制度,因而比通史体详细。另有一种断代体政书叫会典,其特点是以政府机构为纲记述国家政令、汇编政府文件。

我们应根据查找的目的利用不同的政书。一般来说,如果注重历代制度的沿革,可查阅"十通";如果注重某一朝代的制度,可利用会要、会典;如果进行深入的研究,就应注重第一手材料,应在政书的基础上进一步查阅史志、奏疏、实录等原始材料。下面对不同的政书具体作一介绍。

5.2 十通

十通中的创始之作《通典》是唐代著名政治家和史学家杜佑(735—812)撰著的,作者从代宗大历年间任淮南节度使时开始动笔,到德宗贞元十七年(801)才告完成,历时三十多年。全书共 200 卷,内容分为九典:(1)《食货典》12 卷,叙述土地、财政制度及其状况;(2)《选举典》6 卷,叙述选举士宦、爵位制度及官吏考核的规章;(3)《职官典》22 卷,叙述官制的历史沿革;(4)《礼典》100 卷,叙述各种礼仪制度;(5)《乐典》7 卷,叙述乐制概况;(6)《兵典》15 卷,叙述兵制、兵略、兵法的沿革;(7)《刑典》8 卷,叙述法律制度的沿革;(8)《州郡典》14 卷,叙述历代地理沿革;(9)《边防典》16 卷,叙述周边邻国和少数民族的情况。年代上起传说时代的黄帝,下迄唐代天宝末年,肃、代以后的重要沿革也附载于注中。每一典下又分若干子目。

《通典》的特点一是资料丰富,取材范围除正史外,汉魏六朝人的文集、注疏,官员的奏议,政府档案等,皆有涉猎;二是取舍谨严,记叙"详而不烦,简而有要"(《四库全书总目》评语),很有条理。

《通典》北宋时始有刊本,日本宫内厅书陵部藏有宋徽宗建中靖国元年(1101)刻本,是现知最早的刻本。后世各代皆有刊刻。目前较好的是王文锦等人的点校本,中华书局 1988 年出版,共 32 开本 5 册。该本铅字排印,标目清晰,点校者对书中的引文凡原书现存者都进行了核对,使用方便。

《通典》叙事止于天宝末年,清乾隆时三通馆臣奉敕编修《续通典》150 卷,与《通典》相衔接。《续通典》的体例与《通典》相同,也分九典。叙事起于唐肃宗至德元年(756),止于明思宗崇祯十七年(1644),记叙了唐代后期至明代将近九百年间的政治、经济等方面的典章制度,其中对明代的制度记叙比较详备。

三通馆臣也编修了本朝的典章制度史,这就是《清朝通典》(又名《皇朝通典》)。该书共 100 卷,体例与《通典》完全相同,但细目略有差异。全书主要根据《清律例》《清一统志》《大清通礼》《大清会典》等记载编撰而成,起于清太祖天命元年(1616),止于清高宗乾隆五十年(1785),记叙了清朝 170 年间的典章制度。

南宋郑樵的《通志》是一部纪传体的通史,与《通典》专记典制不同。全书 200

卷,分为本纪、世家、列传、载记、年谱、略六部分,其中记叙典制的只是"略"。但因"略"是《通志》中最有价值的部分,再加上书名中也有一个通字,所以一般也把它归为政书。

"略"是概略、概要的意思。书中共分二十略:(1)氏族略、(2)六书略、(3)七音略、(4)天文略、(5)地理略、(6)都邑略、(7)礼略、(8)谥略、(9)器服略、(10)乐略、(11)职官略、(12)选举略、(13)刑法略、(14)食货略、(15)艺文略、(16)校雠略、(17)图谱略、(18)金石略、(19)灾祥略、(20)昆虫草木略。二十略把历代典章制度、学术文化分门别类,探求其发展过程,不仅收集整理了大量文献资料,而且在旧史的志书基础上有所创新和发展,其中氏族、都邑、六书、七音、昆虫草木等略,为旧史所无,扩大了历史研究的领域,尤其值得重视。氏族略记述姓氏的来源和谱系,都邑略记述上古至隋代历代建都的地点、选择该处建都的原因、得失等情况,六书略阐述和发挥了六书理论,七音略是现存最早的等韵著述之一,昆虫草木略汇释草木虫鱼的各种异名。《四库提要》评价《通志》说:"其采摭既已浩博,议论亦多警辟,虽纯驳互见,而瑕不掩瑜,究非游谈无根者可及,至今资为考镜,与杜佑、马端临书并称'三通',亦有以焉。"中华书局1995年出版了王树民点校的《通志二十略》上下两册。

清乾隆时三通馆臣奉敕编撰了《续通志》640卷,和《通志》所叙的时代相衔接。本纪、后妃传、列传从唐初到元末,略从五代至明末。清代部分另撰有《清朝通志》126卷,但《清朝通志》没有本纪、世家、列传和年谱,只有二十略。二十略记叙起于清太祖天命元年(1616),止于清高宗乾隆五十年(1785)。

通史体政书的另一巨著是宋末元初的马端临撰写的《文献通考》。这里的"文献"跟通常所说的文献的含义不同,"文"指历代诸子经史中的记载,"献"指历代群臣奏议及学士名流的议论,反映了本书所依据的两类材料。全书348卷,分为24考:(1)田赋考、(2)钱币考、(3)户口考、(4)职役考、(5)征榷考、(6)市籴考、(7)土贡考、(8)国用考、(9)选举考、(10)学校考、(11)职官考、(12)郊社考、(13)宗庙考、(14)王礼考、(15)乐考、(16)兵考、(17)刑考、(18)经籍考、(19)帝系考、(20)封建考、(21)象纬考、(22)物异考、(23)舆地考、(24)四裔考。记述时间自上古至南宋宁宗嘉定末年。唐代天宝以前的典制在《通典》的基础上加以增补,离析其门类之所未详;天宝至嘉定末年,则广搜材料加以赓续。

《文献通考》的编排体例是:引诸史事实顶格,补充材料低一格,诸儒议论又低一格,马端临自己的议论则加一"按"字以示区别,间加小注。条理清晰,体例谨严。

《文献通考》材料比《通典》详备,分类比《通典》细致,评议往往比较精当,其成就在《通典》和《通志》二十略之上。《四库提要》对《文献通考》的结论是:"大抵门类既多,卷繁帙重,未免取彼失此。然其条分缕析,使稽古者可以案类而考。又其所载宋制最详,多《宋史》各志所未备,案语亦多能贯穿古今,折中至当。虽稍逊《通典》之简严,而详赡实为过之,非樵《通志》所能及也。"这一评价是比较恰当的。该书有中华书局 2011 年出版的点校本。

明代王圻撰《续文献通考》254 卷,上接马端临之书,下至明神宗万历年间,保存了大量明代的史料,但错误较多。清四库馆臣批评说:"体例糅杂,颠舛丛生,遂使数典之书,变为兔园之策。"此书明神宗万历年间曾在松江府刊行。1986 年,北京现代出版社将明刊本影印出版,分装 16 开本 6 册。康熙时朱奇龄又撰《续文献通考补》48 卷,补充王书,但为抄本,未尝刊行。乾隆时三通馆臣奉敕另撰《续文献通考》250 卷,起于宋理宗宝庆元年(1225),止于明思宗崇祯十七年(1644)。此书共 26 考,比马书多两考,这是将马书的郊社考分为郊社、群祀二考,将马书的宗庙考分为宗庙、群庙二考,实际上门类与马书是一样的。此书记叙了宋、辽、金、元、明四百多年的典章制度史,材料相当丰富,在清朝编的续三通中价值是最高的。

至于清代的典制,三通馆臣另撰《清朝文献通考》300 卷,体例与《续文献通考》完全一致,也是分为 26 考,记述始于清开国的 1616 年,止于乾隆五十年(1785),与《续文献通考》相衔接。民国时期刘锦藻将乾隆五十一年至清代灭亡期间的材料搜集整理,编成《清朝续文献通考》400 卷,遂使清朝的典制首尾完整。刘氏之书共分 30 考,其中 26 考与《清朝文献通考》相同,新增加了外交、邮传、实业、宪政四考。

《通典》《通志》《文献通考》及其续作虽然各成系统,但不少内容实际上是相同的,只是互有详略而已。如《通典》的州郡、边防,《通志》的地理、都邑,《文献通考》的舆地、四裔,内容多有交合;《通志》的礼、乐、职官、选举、刑法,《通典》《通考》也有其目;《通典》《通志》皆有食货,《通考》则析为田赋、钱币、户口、征榷、市籴、国用诸门而已。所以同一内容不妨"十通"并观,以收到详略互补之效。

"十通"目前比较好的版本是 1935—1937 年上海商务印书馆万有文库二集的"十通"合刊影印本,共 16 开本 20 册,另配有《十通索引》1 册。索引分"篇目主题索引"和"分类索引"两部分,前者将十通的所有篇目以及书中的制度名物设为条目,注明出处;后者又分三编,第一编是混合三通典详细目录,第二编是混合三通志详细目录,第三编是混合四通考详细目录。浙江古籍出版社 1990 年将万有文库版"十通"影印出版,2000 年又缩印成 32 开本,字体太小,不便阅读。

贾贵荣编有《九通拾补》,北京图书馆出版社 2004 年出版,共 16 开本 8 册。该书搜集清代及民国学者编撰的有关"九通"(不包括刘锦藻《清朝续文献通考》)的续补、订误、考异、校补、校勘、拾遗等文献 14 种,利用"九通"时应该参考。

为便于了解,现将"十通"的基本情况列表如下:

表 5-1 "十通"简表

	书　名	卷　数	著　者	时代起讫	内　容
三通典	通典	200	唐·杜佑	上古至唐天宝末	分九门：食货、选举、职官、礼、乐、兵、刑、州郡、边防
	续通典	150	清乾隆年间官修	唐肃宗至明末	同上
	清朝通典	100	同上	清初至乾隆	同上
三通志	通志	200	南宋·郑樵	二十略自上古至唐，纪传及谱自三皇到隋	有本纪、世家、列传、载记、年谱、二十略
	续通志	640	清乾隆年间官修	二十略自五代至明季，纪传自唐初到元末	缺世家、年谱，其余同上
	清朝通志	126	同上	清初至乾隆	仅二十略
四通考	文献通考	348	元·马端临	上古至宋宁宗	分二十四考
	续文献通考	250	清乾隆年间官修	宋理宗宝庆元年至明思宗崇祯十七年	分二十六考，基本同上，只是分郊社考为郊社、群祀两考，分宗庙考为宗庙、群庙两考
	清朝文献通考	300	同上	清初至乾隆五十年	同上
	清朝续文献通考	400	民国·刘锦藻	乾隆五十一年至宣统三年	分三十考，其中二十六考同上，另增外交、邮传、实业、宪政四考

5.3　会要和会典

唐德宗时，苏冕以《唐六典》和《大唐开元礼》为蓝本，编次唐高祖至德宗九朝政事为《会要》40卷，开创了编撰会要体政书的先河。唐宣宗时又命崔铉主持续编唐德宗以后七朝政事，成《续会要》40卷。苏、崔之书今已亡佚，但北宋王溥以苏、崔二书为基础并赓续宣宗至唐末之事而成《新编唐会要》(后人简称《唐会要》)100卷，苏、崔二书的内容大都收罗其中。此书不分门，共设540余目，目下分条记载史实,于唐代沿革损益之制颇为详备,很多资料是新旧《唐书》所没有的。这也是现存会要中最早的一部。

《唐会要》在宋仁宗庆历年间刊刻印行,但后世流传极少,且内容略有残缺。清乾隆年间,四库馆臣据几种抄本校勘整理,收入"武英殿聚珍版丛书"。同治年间,江苏书局据武英殿聚珍版重新刻印,校正了殿本的一些错误。现在通行的是中华书局1955年影印的殿本。1991年上海古籍出版社以江苏书局本为底本,用殿本及上海图书馆收藏的四个抄本进行了校勘,加了标点,并收集《唐会要》佚文36条,是目前最好的版本。1991年中华书局出版了张忱石编的《唐会要人名索引》,可据人名进行检索。

王溥在编完《唐会要》之后,又将五代五十年间的典章制度编次为《五代会要》30卷,共立279目。编者从五代历朝实录中引录了不少奏章、诏令,所记颇有史料价值,可与《旧五代史》《新五代史》相互补充。该书目前最好的版本是1978年上海古籍出版社出版的校点本,此本以清江苏书局本为底本,同时参校武英殿本、沈镇本和上海图书馆、复旦大学藏传抄本,以及《旧五代史》《新五代史》《册府元龟》等,附有校记。

自《唐会要》《五代会要》于北宋开国之初编成之后,会要体史书遂与编年体、纪传体鼎足而立,后世各代都很重视会要的编纂。赵宋王朝设有专门的会要所,曾前后十六次纂修会要①,总计近3000卷,但只是抄本,从未刊印。元代官修《宋史》时,诸志即以宋人所编会要作为主要史料来源。明初修编《永乐大典》时将《宋会要》史事分编于各韵之下,但当时《宋会要》已亡佚十之二三。明宣德年间,藏有《宋会要》的文渊阁发生火灾,文渊阁藏书大半被焚,《宋会要》盖难幸免。孙能传、张萱于万历三十三年(1605)编成的《内阁藏书目录》中不见《宋会要》,可知此时已亡。清嘉庆时徐松任《全唐文》馆提调兼总纂官,他利用职务之便从《永乐大典》中辑出《宋会要》500卷,分装为500册,取名《宋会要辑稿》,仅是原书的四分之一,且因抄录辑缀而成,难免错乱脱漏。尽管如此,它是研究宋代制度的第一手资料,也是现存会要中篇幅最大的,具有重要的价值。该书目前较好的版本有中华书局1957年影印本(后有重印),16开本8册;刘琳等重排校点本,上海古籍出版社2014年版,16开本16册。陈智超编有《宋会要辑稿补编》(全国图书馆文献缩微复制中心1988年影印出版),收录了《辑稿》所无的《宋会要》遗稿。王云海著有《宋会要辑稿考校》(上海古籍出版社1986),可以参看。王著附有《宋会要辑稿篇目索引》。王德毅编有《宋会要辑稿人名索引》(台北:新文丰出版公司1978)。

《明会要》80卷,清龙文彬编撰。编者征引的书有200多种,资料比较丰富,间

---

① 赵俊《千秋宝典:中国典志体史书述要》,沈阳:辽海出版社2007,第117页。

有考辨。全书分为帝系、礼、乐、舆服、学校、运历、职官、选举、民政、食货、兵、刑、祥异、方域、外蕃15门，共498子目。现有中华书局1956年出版的校点本。

唐代以前的朝代后人也为之补编了会要，现以朝代为序列举如下，以便查阅。

《春秋会要》4卷，清姚彦渠编撰。全书取材于《春秋》《左传》《公羊传》《穀梁传》四书，分为列国世系、吉礼、凶礼、军礼、宾礼、嘉礼6门，共记98件事。有中华书局1955年校点本，该本对所引资料进行了核对，并加新式标点，是目前较好的版本。

《七国考》14卷，明董说编撰。该书主要取材于《战国策》和《史记》，记战国秦、齐、楚、赵、韩、魏、燕七国的典章制度，分为职官、食货、都邑、宫室、国名、群礼、音乐、器服、杂记、丧制、兵制、刑法、灾异、琐征14门。有中华书局1956年校点本，该本以守山阁丛书本为主，以吴兴刘氏嘉业堂刊本参校。

《秦会要》26卷，清末孙楷编撰，成书于1904年。全书分世系、礼、乐、舆服、学校、历数、职官、选举、民政、食货、兵、刑法、方域、四裔14门，门下又设336个子目。后来徐复对此书进行了订补，补正了原书的不少疏漏及错误，并收集近人撰写的论述秦朝典章制度、文物史迹的论文11篇作为附录，以《秦会要订补》之名由上海群联出版社1955年出版。后将补遗归于各类之下，由中华书局1959年再版。

《西汉会要》70卷，南宋徐天麟编撰。该书取材于《汉书》，分帝系、礼、乐、舆服、学校、运历、祥异、职官、选举、民政、食货、兵、刑法、方域、蕃夷15门，门下又分若干事，共367事。该书较好的版本是1976年上海人民出版社出版的校点本。校点本以清江苏书局翻刻的武英殿本为底本，参校了中华书局1975年第三次印刷的《汉书》校点本，校正了原书若干错误。

《东汉会要》40卷，南宋徐天麟编撰。此书取材比《西汉会要》广，除了范晔的《后汉书》外，还引用了东汉刘珍等人撰写的《东观汉纪》、西晋司马彪的《续汉书》、东晋袁宏的《后汉纪》等，资料比较丰富。体例跟《西汉会要》相同，也分15门，共384事。此书目前比较好的版本是上海古籍出版社1978年出版的校点本。校点本以清江苏书局翻刻的武英殿本为底本，参校了中华书局1973年第二次印刷的《后汉书》标点本，校正了原书的某些错误。

《三国会要》22卷，清杨晨编撰。此书材料主要来自《三国志》及裴松之注，此外还参考了155种古籍，搜罗非常广博。由于《三国志》无"志"，此书就更显得重要。全书分帝系、历法、天文、五行、方域、职官、礼、乐、学校、选举、兵、刑、食货、庶政、四夷15门，共96个子目。目前较好的版本是中华书局1956年出版的校点本。杨晨之前清钱仪吉也编撰了《三国会要》，凡40卷，但没有写完，该书有上海古籍出版社1991年校点本。两书可以互参。

《稿本晋会要》56卷，近人汪兆镛编撰。本书取材以《晋书》为主，并广泛吸收了清代学者顾炎武、钱大昕、王鸣盛等人的研究成果。全书分帝系、礼、乐、兵、刑法、食货、选举、职官、封建、民事、文学、经籍、金石、术数、舆地、四裔、大事17门,共329个子目。现有书目文献出版社1988年影印本、国家图书馆2009年影印本等。

《宋齐梁陈会要》,清朱铭盘编撰。本书取材于《宋书》《南齐书》《梁书》《陈书》《南史》《隋书》等正史,分帝系、吉礼、凶礼、宾礼、嘉礼、乐、舆服、文学、历数、封建、职官、选举、民政、食货、兵、刑、方域、蕃夷等门类。1984年上海古籍出版社校点出版时分成《南朝宋会要》《南朝齐会要》《南朝梁会要》《南朝陈会要》4册。

会典比较重要的有：

《唐六典》36卷,旧题唐玄宗御撰,李林甫等奉敕注。此书的编撰经历十七载,总纂官四易其人(张说、萧嵩、张九龄、李林甫),先后参加编撰的有十五六人。书中比较详尽地记述了唐代玄宗以前的职官设置及其职守,并用注释的方式说明了设官分职的沿革,具有行政法规的性质,但未必完全实行。目前较好的版本有中华书局1992年出版的陈仲夫的点校本。

《元典章》,原名《大元圣政国朝典章》,全书分正集、新集两部分,正集60卷,新集不分卷。该书是地方胥吏抄录的元代圣旨、律令及事例的分类汇编。正集所辑为中统元年(1260)至延祐七年(1320)间的资料,新集所辑为英宗至治元年(1321)至二年间的资料。正集分为诏令、圣政、朝纲、台纲、吏部、户部、礼部、兵部、刑部、工部10门,门下设子目若干。新集分国典、朝纲、吏部、户部、礼部、兵部、刑部、工部8门。《元典章》在清代不受重视,四库馆臣认为它是"胥吏抄记之条格,不可以资考证",仅将其列入《四库全书存目》。事实上由于《元典章》由原始文牍资料辑成,比经过删节润色的历史著作更为真实,其中许多资料是《元史》所没有的,因而具有更高的史料价值,是研究元代制度不可或缺的要籍。该书旧有清光绪三十四年(1908)的沈家本刻本,错误较多。1931年,陈垣参照故宫发现的元刻本及其他几种版本校勘沈刻本,写成《沈刻元典章校补》10卷和《元典章校补释例》6卷两书(均收入作者《励耘书屋丛刻》,北京师范大学出版社1982),订正沈刻本的错误1.2万余条。1990年北京中国书店影印《海王村古籍丛刊》,其中就有《元典章》。1998年北京中央广播电视出版社将元刻本影印出版,题名《大元圣政国朝典章》,共16开本3册。另有陈高华等《元典章》点校本,天津古籍出版社、中华书局2011年出版,共32开本4册,繁体横排版式,最便使用。日本京大人文科学研究所元典章研究班编有《元典章索引》,有台北文海出版社1973年翻印本。日本植松正编有《元典章年代索引》,有台北宗青图书出版公司1986年翻印本。

《明会典》,原名《大明会典》。明洪武二十六年(1393),太祖朱元璋下令仿《唐六典》修成《诸司职掌》一书,共十卷,记载了明王朝开国到洪武二十六年前所创建与设置的各种主要官职制度。孝宗嗣位后,因洪武以来历朝典制散见迭出,未及汇编，不足以供臣民遵循，遂于弘治十年(1497)命大学士徐溥、刘健等纂修，赐名《大明会典》，十五年修成，共180卷，但未刊行。正德四年(1509)，武宗命大学士李东阳对《大明会典》重加参校，正德六年，由司礼监刻印颁行，一般称《正德会典》。嘉靖八年(1529)世宗命霍韬等人对《正德会典》进行过增补。万历四年(1576)又对嘉靖本重加修订，于万历十三年修成，万历十五年，大学士申时行奏进，由内府刊行。全书共228卷，合凡例目录共240卷，通称《万历重修会典》。今天一般所说的《明会典》指万历本。

该书辑录明代开国至万历十三年二百多年间的法令和章程，对研究明代中央及地方政府的机构与职掌、官吏的任免、文书制度、少数民族地区的管理、行政管理和监督、农业、手工业、商业和土地制度、赋税、户役、财政等经济政策，以及天文、历法、习俗、文教等，提供了系统的第一手资料。目前较好的版本有南京江苏广陵古籍刻印社1989影印出版的《大明会典》，题(明)李东阳等撰，申时行等奉敕重修，共5册；另有中华书局1989年据1936年商务印书馆万有文库排印万历本缩印的《明会典》，16开本1册。

《清会典》，原名《大清会典》。开始编纂于康熙二十九年(1690)。由于政府法令不断地修正出台，所以会典也必须不断地改写重编，后世纂修过四次，最后一次修成于光绪二十五年(1899)，共100卷。康熙、雍正会典把具体实行的事例附载于法典条下，乾隆皇帝命令将法典与事例分开，故又另修乾隆《大清会典事例》180卷，嘉庆时另修嘉庆《大清会典事例》920卷，并别立"图说"132卷。光绪《大清会典事例》1220卷、《会典图》270卷。会典图绘制了礼制器物、乐器、冠服、舆卫、武备、天文、舆地等方面的图，附有说明，为研究清代帝王官员服装、典礼器物、武器装备、天文仪器、地理形胜等，提供了大量形象资料。1991年中华书局影印出版了《清会典》(1册)、《清会典事例》(12册)和《清会典图》(上下两册)，查阅比较方便。

六 丛书及其利用

6.1 丛书概说

前面我们讲类书的时候说过，使用类书的资料，如果原书现存，一定要找到原书加以核对，那么我们怎样才能找到那些古书呢？由于许多古书没有单行本，有单行本也因数量稀少而不易找到，所以找古书最方便的去处就是丛书。

丛书的概念有广义和狭义之分。广义的概念指凡是收有两种以上且冠以总名的一套书都叫丛书，狭义的概念仅指收有两种以上不同门类的书且冠以总名的一套书，不同门类指的内容分类，如经史子集之类。从现实需要来看，强调丛书所收之书必须属于不同门类似乎没有什么实际意义。从具体操作来看，一种书属于哪个门类，由于判断的角度不同，会有不同的结论，以门类判别丛书，势必言人人殊。例如《诸子集成》按编者的意图，所收都是子书，不符合狭义的丛书概念，但书中收有《论语》，《论语》传统归于经部，这样《诸子集成》又可以看成是丛书了。《高邮王氏四种》收了清代王念孙和他儿子王引之的四种学术著作，即《广雅疏证》《读书杂志》《经义述闻》和《经传释词》，这四种书都是考释词语、校勘典籍的著作，同属于经部"小学类"，不符合狭义的丛书标准，但从另一个角度来看，《读书杂志》是考释史书和子书的，可归于史部或子部，这样《高邮王氏四种》至少包含两个门类，似乎又符合狭义的丛书标准了。可见采用狭义的丛书概念，不但理论上缺乏根据，实际上也常常行不通，所以现在大都采用广义的丛书概念。丛书所收的书被称为子目。

"丛书"连用最早见于唐代韩愈的《剥啄行》一诗："门以两版，丛书其间。"这是说关上两扇门，家中聚集了很多书。这里的"丛书"跟我们所说的丛书没有什么关系。首次将"丛书"用于书名的是唐代末年陆龟蒙的《笠泽丛书》，陆龟蒙在序中解释说："丛书者，丛脞之书也，丛脞犹细碎也。……歌诗颂赋，铭记传序，往往杂发，不类不次，混而载之，得称为丛书。"陆氏的"丛书"指杂收各种文章之书，是一部书，也不是我们今天所说的丛书。第一次将"丛书"用于我们今天的概念的是明代万历年间程荣编辑的《汉魏丛书》，该书收录了两汉至南北朝时期经史子集四部之书 38 种，是名副其实的丛书。

但丛书之名的首次出现并不意味着丛书之实的最早问世,事实上早在丛书之名出现之前就已有丛书之实了。关于丛书的出现年代,学者们有多种说法。有人主张先秦就有。如姚名达《中国目录学史》中说:"《诗》《书》者,上古之丛书也。"①有人认为出现于西汉。戚志芬《中国的类书、政书和丛书》云:"司马迁《史记·孔子世家》所说的《六经》,是用一个书名统括群书,包含有丛书的意思。所以丛书当起源于汉代。"②有人认为东汉灵帝熹平四年(175)用隶书刻《鲁诗》《尚书》《周易》《春秋》《公羊传》《仪礼》《论语》七经于四十六块石碑,立于太学讲堂前的东侧,此为丛书之始。流行的说法是丛书出现于南宋。《辞海》(2009 年第 6 版):"中国的丛书始于南宋俞鼎孙、俞经所辑《儒学警悟》。"这些观点都是有问题的。《诗经》《尚书》收集的都是单篇文章,显然不能称为丛书。"六经"之名最早见于《庄子·天运篇》:"孔子谓老聃曰:'丘治《诗》《书》《礼》《乐》《易》《春秋》六经。'"这里的"六经"只是六种书的总称,并没有人把这六种书汇编在一起,光一个名称当然不是丛书。熹平石经虽然把七种典籍汇刻在一起,但没有冠以总名,而且石碑也非书的正常形式,所以也不宜视为丛书。创始于南宋的说法从狭义的丛书概念来看是对的,若就广义的丛书而言,则未免太晚。不少学者指出,南齐陆澄的《地理书》和梁代任昉的《地记》是真正意义上的丛书,这一看法最为可取。据《隋书·经籍志·史部·地理类》记载,《地理书》有 149 卷,"合《山海经》已来一百六十家以为此书。澄本之外,其旧事(疑为'书'字之误,下《地记》之说明即作'书')并多零失。见存别部自行者,唯四十二家"。后来任昉在陆书的基础上另增八十四家,编成《地记》252 卷。"其所增旧书,亦多零失。见存别部行者,唯十二家。"《四库全书总目》子部杂家类杂编之属的按语将这两部书视为"丛书之祖",是符合历史事实的。但这两部丛书都没有流传下来。

现存最早的丛书应该是五代时由后唐、后晋、后汉、后周四朝的国子监相继刊刻的《九经》(只有正文),收录《周易》《尚书》《毛诗》《周礼》《礼记》《孝经》《左传》《论语》《孟子》九种儒家经典,但传本《九经》缺《左传》。北宋佚名(或谓何去非)辑《武经七书》,收入《孙子》《吴子》《司马法》《唐太宗李卫公问对》《尉缭子》《黄石公》《六韬》七种兵书,是现存最早的完整的丛书。南宋初年井度编辑的《七史》收入《宋书》《南齐书》《梁书》《陈书》《魏书》《北齐书》《周书》七种史书,也是现存较早的丛书之一。

从所收书籍的性质来分,丛书可以分为综合性丛书和专科性丛书两种。综合性丛书收录多种门类的书,下面可再分为杂纂类、地方类、氏族类、个人类四种。杂纂类不拘地域,不限作者,兼容并包,如《百川学海》《说郛》《四库全书》等。地方类

---

① 商务印书馆 1957,第 378 页。
② 商务印书馆 1996,第 152 页。

专收某一地区人的著作,如《金陵丛书》《关中丛书》等。氏族类专收同族人的著作,如南宋朱熹编的《河南程氏全书》将北宋理学家程颢、程颐兄弟的著作汇为一编,清代颜崇榘编的《颜氏遗书》收录唐代颜真卿著作2种、清代颜光敏著作4种、颜光敏之兄颜光猷著作1种、清代赵士吉编《颜氏家乘》1种。个人类只收一人独撰的著作,如《欧阳文忠公全集》《嘉定钱大昕全集》等。专科性丛书只收某一门类的书,前面提到的《地理书》《地记》《九经》《武经七书》等都是专科性丛书,其他如《十三经注疏》《二十四史》《诸子集成》等。早期的丛书都是专科性的。

学术界一般认为第一部综合性丛书是南宋俞鼎孙与其兄俞经编辑的《儒学警悟》。该书辑成于宁宗嘉泰元年(1201),共41卷,收有宋代著作6种,包括汪应辰的《石林燕语辨》、程大昌的《演繁露》及《考古编》、马永卿的《嬾真子录》、陈善的《扪虱新话》、俞成的《萤雪丛说》。《儒学警悟》卷一下有刊刻题识,末署:"壬戌(1202)三月初有七日,承议郎前南剑州通判俞闻中梦达刊之于家塾。"这是该书最早的刻本①,但这一刻本没有流传下来。后世不见翻刻《儒学警悟》的记载,流传于世的只有少数抄本,不容易见到,所以世人对此书所知甚少。清光绪十八年(1892),有书商从山西得到《儒学警悟》的明嘉靖抄本,被清宗室盛昱购得,后又归缪荃孙,缪荃孙和傅增湘先后校勘,交付武进人陶湘刊刻行世,这才广为人知。现有中华书局2000年影印本、中国书店2012年影印本等。

其实《儒学警悟》所收的6种书《四库全书总目》都归入子部,最早著录其书的《宋史·艺文志》也是放在子部类事类,所以它仍然是专科性丛书,奉为综合性丛书之祖,与事实不符。

另外,《宋史·艺文志》中说"俞鼎、俞经《儒学警悟》四十卷",然今通行陶刻本为41卷,编者题"俞鼎孙、俞经",书的总目后有俞成于嘉泰辛酉(1201)正月十五日撰写的跋,称全书"七集四十有一卷"。今国家图书馆藏有明抄本12册,共40卷,与陶刻本的区别在于《萤雪丛说》为一卷,陶刻本则析为上下两卷。盖俞鼎孙原编为40卷,俞闻中刊刻时把《萤雪丛说》析为上下两卷,遂成41卷。明杨士奇《文渊阁书目》卷二著录"俞鼎孙《儒学警悟》一部(三册)",与传本相符,则《宋史》"俞鼎"当脱漏"孙"字。

真正的综合性丛书之祖应该是南宋左圭编的《百川学海》,编成于宋度宗咸淳九年(1273),比《儒学警悟》晚72年。该丛书有多种版本,收书不尽相同,最少的收书100种,最多的收书108种,收书多的当有后人增补的情况。所收书大多数为唐宋人的杂著,间有两晋南北朝时期的著作。《百川学海》收书丰富,所收之书未经删

---

① 戚志芬《中国的类书、政书和丛书》(商务印书馆 1996:170)云:"《儒学警悟》辑成以后只有抄本流传,……所以一般认为《儒学警悟》是我国第一部辑成的丛书,《百川学海》是我国第一部刊刻的丛书,二者都可以算作丛书之祖。"此说未确。

削,颇受后世推重,明代吴永有《续百川学海》之编,冯可宾有《广百川学海》之编,可见其书影响之大。近人陶湘在《百川学海序》中说:"名实相副,巨细无遗,开从来汇刻之风,为后世丛书之祖者,惟左氏《百川学海》庶几足以当之。"这都说明了《百川学海》在丛书发展史上的重要地位。今有中国书店 1990 年影印本。

丛书的作用主要有两点。一是保存典籍,免于失传。印刷术发明以前,书籍的传播主要靠抄写,传本稀少,很容易失传。印刷术发明后虽然书籍的传本增多了,但刻版印刷成本太高,许多书还是只能通过手抄传播。丛书将单行的书汇集到一起,产生规模效应,引起人们的重视,减少了失传的可能,从而使典籍得以流传下来。例如南宋汪应辰的《石林燕语辨》没有单行传本,幸赖《儒学警悟》保存至今。清代修编《四库全书》,为防止意外灾难,共缮写了 7 部,分藏于南北七个不同的地方。我们今天还能见到《四库全书》,跟清代官方及世人对此书的重视是不可分割的。就拿文溯阁《四库全书》来说,1950 年抗美援朝战争爆发,国家为了《四库全书》的安全,将《四库》运送到黑龙江省讷河县,放在城外的一所小学里。第二年,为防备水灾,又将《四库》转移到黑龙江省北安县。抗美援朝结束后,1954 年又重新运回沈阳。1966 年,考虑到当时的政治形势,又将文溯阁《四库》运到甘肃,先是存放在永登县连城鲁土司衙门内,1971 年又在榆中县甘草店建成战备书库,文溯阁本《四库全书》及铜活字版《古今图书集成》等随即运往该处存藏。这一切对外界一直是保密的。单行本书是很难得到这种防患措施的。可以说没有丛书这种编辑形式,我们今天见到的古籍恐怕要少许多。

丛书的第二个作用是集中存放,便于查找。我国的古籍总数估计有 19 万种,而丛书所收的古籍有 10 余万种,这就是说有一多半的古籍是可以在丛书中找到。单行本书如同流浪的孤儿,没有固定的住所,想要找到它不大容易。丛书使单本书有了一个固定的家,人们来到它的家就能找到它。不少书只有稿本或孤本,又有许多书传本很少,丛书往往搜求这些书加以刊印,使这些难得一见的典籍广其流布,易于得到。例如清末黎庶昌、杨守敬从日本搜集到的中国古籍中精选 26 种汇编为《古逸丛书》,照原样摹印,大都是国内失传或罕见的版本,如日本旧抄本《玉烛宝典》、宋蜀刻本《尔雅》、宋高似孙《史略》等,经黎氏刊印,这些书也就易见易得了。北宋乐史撰写的地理名著《太平寰宇记》(200 卷)传至清代已残缺不全,《四库全书》据浙江汪氏所进抄本抄录,中缺七卷(卷一一三至卷一一九)。黎庶昌发现日本有宋椠残本,其中有卷一一三至卷一一八(卷一一四末缺数页),便影抄收入《古逸丛书》,使《太平寰宇记》基本完整。受黎氏影响,民国年间张元济等人编成《续古逸丛书》,1983—1988 年中华书局又出版了《古逸丛书三编》,前后相继,使我们看到许多珍本、孤本的原貌。又如清代学者胡世琦的《小尔雅义证》从未刊刻,许多人认为已经亡佚。如胡朴安在《中国训诂学史》(上海:商务印书馆 1939)中介绍说:

"《小尔雅义证》未刻,稿已佚。宋琬有序一篇,言之极详。"由于人们见不到书,所以后来介绍胡氏此书的论著大都因袭胡朴安的说法。事实上《小尔雅义证》的手稿至今仍在,只是收藏者秘不示人,不为外人所知。1974 年,台湾文海出版社影印出版《清代稿本百种汇刊》,《小尔雅义证》也收入其中(见《汇刊》第 12 册),这样我们也就很容易看到作者的稿本,从而使有关胡书的一些错误说法得以澄清[1]。

此外,专科性丛书将同类书籍收集到一起,这给学习和研究的人提供的方便也不是单行本所能比的。例如上海古籍出版社将郝懿行的《尔雅义疏》、王念孙的《广雅疏证》、钱绎的《方言笺疏》和王先谦的《释名疏证补》四种小学名著汇编为《尔雅·广雅·方言·释名清疏四种合刊》(1989),配上总的四角号码词语索引,可以一次检索到一个词在四部书中的具体页码,使用起来非常方便。又如上海古籍出版社推出的《古本小说集成》收集中国古典小说 428 种,共 693 册,囊括了历史、言情、侠义、神魔等各类小说,堪称是中国古典小说的渊薮。这是对我国现存古典小说的一次大规模的发掘清理,其中不少作品国内已经失传,是从日本、韩国、英国、美国、法国、荷兰等国搜集来的。它的出版不但为古代小说的保存和流传作出了巨大贡献,同时也为学习和研究古典小说提供了便利,守此宝山,再也用不着东奔西走为寻找原始材料而苦恼了。

下面我们分类介绍一些重要的丛书。

6.2 四库全书类

这类丛书都是围绕《四库全书》而形成的大型综合性丛书,主要有《四库全书》《四库全书荟要》《四库提要著录丛书》《四库全书存目丛书》《续修四库全书》《四库未收书辑刊》等。上列丛书不计重复之本,共收古籍 13000 多种,中国清代以前的重要典籍大都搜罗于此,为学术研究提供了极大的便利。

6.2.1 《四库全书》

清王朝建立之初,皇宫内藏书不多。乾隆三十七年(1772),乾隆皇帝下令在全国范围内征求图书,想把天下图书汇集皇宫,旨在稽古右文,标榜文治,同时也备乙览,当时还没有编纂《四库全书》的打算。次年,乾隆皇帝有了一个宏伟的想法,他谕令"各省所采及武英殿所有官刻诸书,统按经史子集编定目录,命为《四库全书》,俾古今图籍荟萃无遗"[2]。于是一项编纂《四库全书》的浩大工程就此启动,参加纂修的朝廷官员多达 362 人,由纪昀(字晓岚)、陆锡熊、孙士毅三人任总纂官,陆费墀

---

[1] 参杨琳《胡世琦及其〈小尔雅义证〉考述》,《文献》2003 年第 2 期。
[2] 王重民辑《办理四库全书档案》,国立北平图书馆排印本,1934。

任总校官。

《四库全书》的编纂过程共分四步。

第一步是征集图书。从乾隆三十七年(1772)开始,至乾隆四十三年结束,历时七年。为了鼓励各地献书,乾隆皇帝下谕,凡献书五百种以上者赐《古今图书集成》一部,献书一百种以上者赐《佩文韵府》一部,这大大调动了藏书家们献书的积极性。七年间共征集到 13501 种图书(其中有 272 种重本),其中从全国各地征集或采购来的图书称为"采进本",私人进献的书称为"进献本",这两类书是《四库全书》的主要来源。此外还有清宫原来收藏的"内府本"、清代官修的"敕撰本"以及从《永乐大典》中辑出的"《永乐大典》本"。以上这五类书总共约有 15400 种,为编纂《四库全书》奠定了资源基础。这些书最初都交送到翰林院敬一亭,每部书的首页都盖上"翰林院印"满汉朱文大方印,外封皮上另盖木印,填写进书人、日期、部数、册数(图6-1),以便发还。例如台湾"国家图书馆"藏北宋孙甫《唐史论断》封面有木印:"乾隆三十八年十一月浙江巡/抚三宝送到鲍士恭家藏/唐史论断壹部/计书壹本"共四行(图6-2)。各地交送时造有书目清单,这些清单后来汇集成了《四库采进书目》。

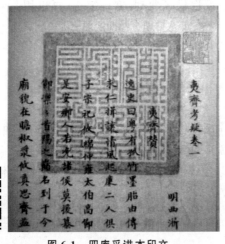

图 6-1　四库采进本印文　　　　　　　图 6-2　四库采进本签记

第二步是整理图书。四库馆臣首先要对以上各书进行甄别,提出应抄、应刻、应存及应剔的具体意见。应抄之书是认为可以抄入《四库全书》的书。应刻之书被认为是"有益于世道人心者",这些著作不仅要抄入《四库全书》,而且还应另行刻印,以广流传(图 6-3)。应存之书被认为是价值不大的著作,不收入《四库全书》,只在《四库全书总目》中存其目录(即所谓"存目")。应剔之书是连进入存目的资格都没有的书,其中不少"违碍""悖逆"的书被销毁或封禁。对应抄、应刻的著作,选择好的版本,并详加考校,订其讹误,以保证文本的可靠性。这些考证成果被汇集成《四库全书考证》一书(100 卷,清王太岳等纂辑,涉及《四库》中 1100 种左右的书),

由武英殿用聚珍版印行①。

第三步是抄写底本（图6-4）。抄写《四库全书》需要大量人员。抄写人员最初是由四库馆的提调、纂修们保举来的，后来发现有些抄手是通过各种关系进来的，书写水平低劣，便改为从乡试落榜生中择其试卷字迹匀净者予以录用。每天在四库馆抄写的人员有700多人，后来为求进度，增加到1000多人。据乾隆三十八年的规定，每个抄手每天抄1000字，一年除去30天假期，共抄33万字。这应该指最低限额，实际上在求快的奖励机制下，抄写速度肯定翻倍。清全祖望《鲒埼亭集外编》卷一七《钞永乐大典记》中说，明嘉靖四十一年重抄《永乐大典》，"当时书手一百八十，每人日钞三纸（一纸三十行，一行二十八字）"。每人每天抄写2520字，《四库》的抄手不可能每天只抄1000字。抄写人员五年一换。前后参与内廷四阁《四库全书》及两部《四库全书荟要》的抄写人员总计2841人，这些人抄写期满后大多数都得到了不同级别的官职。

第四步是校订。这是《四库全书》编纂过程中极其重要但也是最艰难的工序，《四库全书》质量的高低很大程度上取决于校订的优劣。为了保证校订工作的顺利进行，四库全书馆制定了《功过处分条例》，其中规定：所错之字如系原本讹误者，免其记过；如系誊录致误，每错一字记过一次；如能查出原本错误，签请改正者，每一处记功一次。各册之后开列校订人员衔名，以明其责。一书经分校、复校两关之后，再经总裁抽阅，最后装潢进呈。层层校订确实改正了不少讹误，但因《四库全书》卷帙浩繁，校订人员不足，加之校订本身是一件细查慢磨的工作，而工程进度又不允许校订人员字勘句校，所以其中的错误仍然比比皆是。《四库全书》全部完工后，乾隆发现其中讹舛甚多。乾隆《御制诗五集》卷四〇《题文津阁》（作于1788年）自注："缮写《四库全书》，每分三万六千册，鲁鱼亥豕原所不免。去秋驻跸山庄，偶阅文津阁之书，初不意其讹舛至于累牍联编。"卷五二《文源阁题句》（作于1790年）自注："缮写《四库全书》，卷帙浩繁，不能保无讹错，初不意连编累牍，竟至不可枚举。"他曾于乾隆五十二年（1787）及五十六年两次下令重校。重校中发现，有十多种书整部漏抄；有些书漏抄数卷，如宋耿南仲的《周易新讲义》共10卷，抄写人员只抄了前6卷；有些书誊录时采用的不是纂修官确定的业经校勘的善本，而是伪劣版本，有的残缺不全；更有甚者，有些抄手抄得不耐烦了，竟注上"阙文""阙卷"了事；至于错字漏句的现象那就难计其数了。经过这两次校订，《四库全书》的差错虽然有所减少，但问题仍很严重，乾隆后来又发现不少，他慨叹"保无鱼鲁潜犹伏，譬若尘埃扫又生"（《御制诗五集》卷九八《题文津阁》，作于1795年）。当时他已是风烛残年，再也没有精力过问《四库全书》的事了。

---

① 台湾鼎文书局1978年将《四库全书考证》排印出版，共32开本5册，末附《四库全书考证书名索引》。

图 6-3 《四库全书》

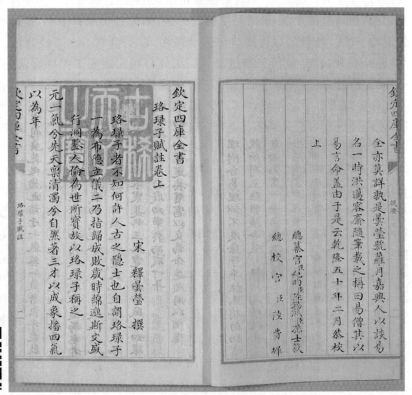

图 6-4 《四库全书》书影

第一部《四库全书》是乾隆四十六年（1781）十二月抄完并装潢进呈的，这部《四库全书》贮藏在紫禁城内的文渊阁里。从开始征书至第一部《四库全书》完工，历时十年。

接着又用了六年的时间另抄了六部。其中于乾隆四十九年率先完工的三部，分别贮藏在圆明园内的文源阁、承德避暑山庄的文津阁和沈阳故宫的文溯阁，连同文渊阁，世人称为"内廷四阁"或"北四阁"。其他三部《四库全书》是乾隆五十二年完成的，分别放在扬州大观堂的文汇阁、镇江金山寺的文宗阁和杭州圣因寺的文澜阁，世称"江浙三阁"或"南三阁"。由于在编纂过程中乾隆经常下令临时纂修各种书籍，或要求改纂、增补、抽换某些书籍，这些工作一直拖到嘉庆十一年（1806）才算结束。北四阁的书只供皇帝御览，不对外开放，南三阁则对外开放，人们可以到阁阅读或抄录。

《四库全书》的封面分为四种颜色，即经绿、史红、子蓝、集灰四色，象征春夏秋冬四季，《总目》和《考证》则用黄色。装订采用的是纸捻压钉包背装。

《四库全书》共收录多少种书，有各种各样的说法。流行的说法是 3461 种，这是从《四库全书总目》统计来的数据。有些人认为七部《四库全书》收书多少不一，文溯阁本收书 3474 种，文津阁本收书 3470 种，文渊阁本收书 3460 种，文澜阁本收书 3450 种①。易雪梅、吴明亮根据以下四种目录进行了统计和核对：(1)《景印文渊阁四库全书目录》，这是台湾商务印书馆 1986 年影印文渊阁《四库全书》时根据现存文渊阁本《四库全书》编辑的。(2)《甘肃省图书馆文溯阁〈四库全书〉清点册》，这是甘肃省图书馆工作人员 2001 年清点文溯阁本《四库全书》时编的目录。(3)《金毓黻手定本文溯阁〈四库全书〉提要》（辽沈书社 1935 年），该书为 20 世纪 30 年代金毓黻主持伪满洲奉天图书馆时，组织人力将馆藏文溯阁《四库全书》之提要辑出汇编而成。(4)《文津阁收存书籍数目清单》，光绪二十五年（1899），光绪帝令时任热河正副总管的世纲和英麟清查文津阁藏书，这是世纲和英麟清查完毕后在当年五月二十六日提交的文津阁藏书的书目清单。核对的结果是："仅就书名（不考虑卷数、册数和叶数）而言，三部书收书种数是完全一致的，并无此有彼无的情况。"②

造成各种统计数据差异的原因主要是怎样才算一种书，没有统一的标准。就拿文渊阁本来说，大家都根据台湾商务印书馆的影印本作统计，有 3459 种、3460 种、3590 种、3761 种等结果③。再拿文溯阁本来说，1966 年辽宁省图书馆在向甘肃

---

① 王清原《文溯阁与〈四库全书〉》，《文献》2002 年第 3 期。
② 易雪梅、吴明亮《〈四库全书〉的种数问题》，《文献》2004 年第 1 期。
③ 分别见清秋《书目的利用漫谈》，《图书馆杂志》1982 年第 3 期；王清原《文溯阁与〈四库全书〉》，《文献》2002 年第 3 期；冀淑英《保存文献功在千秋》，《北京大学学报》1997 年第 5 期；季羡林、任继愈、刘俊文《四库存目与〈四库全书存目丛书〉》，《北京大学学报》1997 年第 5 期。

省图书馆移交前进行了清点,清点纪录为3474种;而上海古籍出版社1989年出版的《中国古籍善本书目》著录的总数是3590种。《四库全书》中的有些书是小丛书,如经部易类的《楚蒙山房易经经解》,收有《学易初津》《易翼宗》和《易翼说》三种书,有些书另有附刻书籍,如经部易类《禹贡论》附刻《禹贡山川地理图》,经部春秋类《春秋经解》附刻《春秋例要》等。对这类书籍有人只计总名,有人分别统计,这就造成了数据的差别。如《楚蒙山房易经经解》,《景印文渊阁四库全书目录》和《文津阁收存书籍数目清单》作3种,《金毓黻手定本文溯阁〈四库全书〉提要》和《甘肃省图书馆文溯阁〈四库全书〉清点册》作1种。

由于判定种数还没有统一的标准,因此,关于《四库全书》共收了多少种书的问题,目前无法给出一个准确的数据。大致说来,共收书3460种左右,约7亿字。

收书虽无差异,但不同阁本之间每一种书的具体内容有可能存在很大差异。国家图书馆的杨讷、李晓明把文渊、文津两个阁本的集部进行了核对,发现在1273种集部书中,两个阁本有篇、卷之差的达788种,约占总数的62%。就篇数来讲,渊本有而津本无与津本有而渊本无的,其量几乎相当。他们从津本集部中辑出渊本所无的诗文4000多篇,约204.8万字,编成《文渊阁四库全书补遗》,由北京图书馆出版社1997年影印出版,分装16开本15册。这仅仅是辑自津本集部的部分,如果将经史子三部也作一核对,差异恐怕也不会太小。造成这种现象的原因是:

一、除第一部书是单独据底本抄成之外,其他六部书的抄写基本上是同时进行的,这势必造成底本不够用而据其他版本抄录的结果。这种情况在抄写第一部书的时候就已出现,当时用人们捐献的书代替底本。据记载,这种捐书有579种之多[①]。在六部书同时抄录的局面下,胡乱顶替的情况肯定更加严重。乱用未经考证过的版本,则或为足本,或为残本,或为真本,或为伪劣本,自然会形成此有彼无、此多彼少的结果。

二、由于《四库全书》工程浩大,抄手众多,难免有抄错抄漏的情况。如文渊阁《四库全书》所收《郡斋读书志·后志》的《左氏要类》条下云:"其事类,投铣内,倒取之,抄录成书,故所记时代多无次序云。""其事类"前漏抄240余字,大概漏抄了底本的一页[②]。

《四库全书》是我国古代最大的一部丛书,重要的常用古籍大都收录其中,它的编纂对保存和流通典籍起到了极其重要的作用,其功绩应予充分肯定。没有《四库全书》,不少古籍今天可能已经见不到了。最明显的例证是《四库全书》原本决定收入的《卫生十全文》3卷及附刻《奇疾方》1卷,由于漏收,今天已不见踪影,很可能已经失传。另外,《四库》所依据的底本很多今已失传,如明俞汝楫《礼部志稿》100卷

---

① 黄爱平《四库全书纂修研究》,中国人民大学出版社1989,第144页。
② 姜勇《〈四库全书〉脱简一则》,《中国典籍与文化》2008年第3期。

是记载明代官方礼制最为详备的专志,存世的只有《四库》本,《四库》所据底本今已消亡。所以《四库》在校勘学上的价值未可轻视。如传本《史记·楚世家》:"今王逐婴子,婴子逐,盼子必用矣。复搏其士卒以与王遇,必不便于王矣。"王念孙在《读书杂志》中指出"搏"为"搏"之形误,《四库》本正是作"搏"。传本《汉书·王吉传》:"以意穿凿,各取一切,权谲自在,故一变之后不可复修也。"王念孙在《读书杂志》中认为"在"为"任"之形误,《四库》本正是作"任"。元熊忠《古今韵会举要·序》明刻本:"一部礼韵遂如金科玉条,不敢一字轻易出入。"文渊阁《四库》本作"一礼部韵"。上文说"迨李唐,声律设科,《韵略》下之礼部",故称"礼部韵","礼韵"不通。可见那种认为《四库》在版本上没多大价值的观点有失偏颇。

不过也应看到,《四库全书》是根据清王朝的政治意图编纂的,在编纂过程中,凡对其统治不利的书被大量禁毁,有些还是因人废言。例如明末李清的《南北史合注》是一部很有价值的注本,《四库》本已收录,但因乾隆五十二年发现李清所撰《诸史同异录》中有违碍言论,便将李清著作统统禁毁。据统计,编纂《四库》的过程中禁毁的书籍多达3100多种,几乎跟《四库》收书相当。1999年,北京出版社影印出版了《四库禁毁书丛刊》,共16开本311册(包括目录1册),共收禁毁书634种。2005年,北京出版社又影印出版了《四库禁毁书丛刊补编》,共16开本90册,收禁毁书290种。正编、补编合计收书924种,不到禁毁书的三分之一。收在《四库》的书有不少也经过删改。例如岳飞《满江红》词中"壮志饥餐胡虏肉,笑谈渴饮匈奴血"两句在《四库》中共出现3次,每次都不一样。《岳武穆遗文》中作"壮志肯忘飞食肉,笑谈欲洒盈腔血",明田汝成《西湖游览志》卷九作"壮志饥飱狼虎肉,笑谈渴饮匈奴血",清潘永因《宋稗类钞》卷一二作"壮志饥餐雠恨肉,笑谈渴饮匈奴血"。之所以形成这种差异,是因为它们出自不同的抄手,每个抄手为了回避"胡虏"这样的字眼,各自随意改写。明末清初学者顾炎武的《日知录》是一部学术名著,其中的有些条目如卷六的"素夷狄行乎夷狄"、卷二八的"胡服""左衽"、卷二九的"徙戎"等,都被整条删除,其他有"夷""狄""虏"等字样的句子也都遭到篡改。所以引用《四库》中的书,不妨跟其他版本对照一下,以免造成论述的失误。另外,《四库》不收通俗文学作品,如戏剧、白话小说等,反映了编纂者的偏见。

《四库全书》编成不久,中国社会进入了一个多灾多难的历史时期,《四库全书》也命途多舛,或存或亡。

文渊阁本深处宫禁,一直没受到什么干扰,但遗失的情况还是有的。民国六年(1917),清王室的内务府派人对文渊阁本进行了清查,发现缺少23卷,便照文津阁本补抄齐全。1925年,故宫博物院成立,文渊阁《四库全书》划归博物院管理。1931年"九·一八"事变爆发,华北局势岌岌可危,故宫博物院为防不测,1933年把《四库全书》运往上海。后来又运到重庆,再运到南京。1949年国民党政府把《四库全书》带到台湾,现藏台北故宫博物院。

文溯阁本是第二部《四库全书》。1900年八国联军进犯京津地区,沙俄趁机侵占了沈阳,沈阳的故宫成了沙俄的军营,动乱中《四库全书》有39卷被窃。1914年,袁世凯为了炫耀他的文治,下令调运沈阳故宫文物进京陈列,《四库全书》便在次年运到北京,存放在故宫保和殿。1922年,废帝溥仪以皇室经济困难为由,想以120万银元将文溯阁本秘密卖给日本人,事件曝光后,遭到社会各界的强烈反对,迫于压力,溥仪取消了这项交易。1925年,东北筹办奉天图书馆,经省教育会会长冯广民等人多方奔走,书又运回沈阳,因文溯阁被占用,暂存省公署一楼后厅,后又转移到文庙大成殿,1927年才重新回到文溯阁。经过多年的磨难,文溯阁本缺失16种书,共72卷,当地政府雇人于1927年据文渊阁本抄写补齐。"九一八"事变后,日军侵占了东北,文溯阁《四库全书》由伪满国立图书馆接管。经检查,《礼书纲目》《翻译四书五经》《挥麈录》三书有缺卷现象,图书馆于1934年派人据文津阁本抄写补全。1946年,文溯阁《四库》由沈阳图书馆(后改称沈阳故宫博物院图书馆)接管,1949年又由东北图书馆(后改称辽宁省图书馆)接管。1966年,出于战备考虑,文化部办公厅指示将文溯阁本移交甘肃省图书馆收藏,同时移交的还有5020册清雍正年间所印铜活字本《古今图书集成》。移交前辽宁省图书馆组织技术人员对霉烂、虫蛀及破损的页面进行了修补。2005年,甘肃省政府在兰州市北山九洲台建成"文溯阁《四库全书》藏书馆",将《四库全书》收藏其中。此前,辽宁省先于2002年建成一座现代化的地下书库,准备把文溯阁《四库全书》索要回来贮藏,但最终未能如愿。

文津阁本是第四部《四库全书》。清王朝灭亡后,1913年运抵北京,放在故宫文华殿古物陈列所。1915年移交京师图书馆(北京图书馆的前身,1999年1月5日起更名为国家图书馆),至今保存完好。全套共36304册,分装6144个书函。

文宗[①]、文汇二阁的《四库全书》分别在咸丰三年(1853)和咸丰四年太平天国的军队攻打镇江、扬州的战火中焚毁。文源阁本是第三部《四库全书》,1860年英法联军侵入北京,火烧圆明园,藏在阁中的《四库全书》也化为灰烬。这三阁的书目前存世的只是一些零册残卷。

文澜阁本也遭到太平天国起义的摧残。咸丰十一年(1861),太平军第二次攻克杭州,文澜阁在战乱中坍塌,《四库全书》随地散弃,被人捡拾而去。后经当地藏书家丁申、丁丙兄弟大力搜集,仅得8000余册。光绪六年(1880),杭州地方政府重建文澜阁,次年建成,将残存的8389册书放在阁中[②](图6-5)。《四库全书》原有36300多册,文澜阁残存部分还不足原书的四分之一。为了恢复《四库全书》原貌,丁氏兄弟在地方政府的支持下组织了大规模的补抄活动。从光绪八年(1882)开始

---

① 2011年,镇江市又在原址上重建了文宗阁。
② 1974年8月13日因电器短路引起火灾,文澜阁被烧毁,今天的文澜阁是1981—1983年间重建的。

到十四年(1888)结束,补抄用了六年多的时间,共补 2174 种书。补抄的底本并不是现存的《四库全书》,而是重新搜集的,其中主要是江浙藏书家的收藏,所以文澜阁本在版本上有其独特的价值,不一定比现存的其他三阁本逊色。1911 年,浙江公立图书馆(浙江省图书馆的前身)成立,文澜阁本移置该馆保存。首任馆长钱恂再次发起补抄活动。这次抄写是 1915 年在北京进行的,主要以文津阁本为底本,共补抄缺书缺卷 33 种。另从坊肆购回原抄残本 182 种。1923 年,浙江省教育厅长张宗祥又一次组织人员在杭州、北京两地进行补抄,杭州则利用浙江省图书馆所藏善本,北京则借用文津阁本。这次补抄历时两年,共补抄缺书缺卷 210 种,同时还对丁氏补抄本进行了校订,使文澜阁本更趋完善。后来又陆续收回一些原抄本,并作过少量补抄。到 1932 年进行清点,共有 3459 种书,36309 册,缺书 1 种,缺卷 22 种。

但此后文澜阁本的命运仍然波澜起伏,历经坎坷。1937 年抗日战争爆发,阁书先后转藏于浙江之富阳、建德、龙泉等县,后又取道福建、江西、湖南诸省,1938 年 4 月运抵贵阳市,密藏北郊地母洞。1944 年,日军进犯贵州,阁书又转运至重庆市青木关。抗战胜利后,文澜阁本这才于 1946 年 7 月 5 日重归西湖孤山藏书楼。颠沛流离八年之久,致使很多册页破损,所以返杭后进行了大规模的整修,仅封面就换装了 5000 余册。1969 年中苏发生边境冲突后,出于备战的考虑,阁书又被迁运至浙江龙泉县战备书库,在山洞里密藏近七年,至 1976 年 12 月才运回浙江图书馆,至今安藏该馆。该书现共计 36319 册。

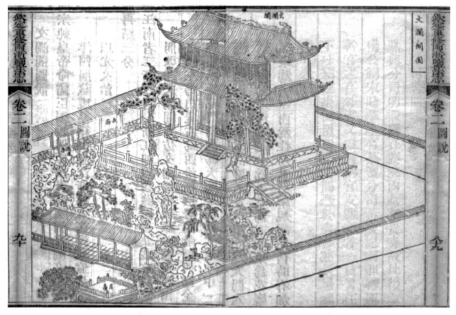

图 6-5　清延丰《重修两浙盐法志》(嘉庆七年[1802]刻本)卷二中的文澜阁图

此外,清宫翰林院内收藏着《四库全书》的底本,供核对手抄的七部书之用,同时也供宫廷官员及翰林士子阅读抄录,这可以说是第八部《四库全书》。乾隆皇帝在征书的时候曾保证,民间征集来的书用完后一定原本归还,但事实上只发还了数十种珍本及 300 多种存目及未存目的书籍。乾隆五十一年(1786),吏部尚书刘墉等人奉命清查各地征集来的图书,还有 9416 种,这些书都堆放在翰林院里,一直没有发还。《四库全书》编成后,《四库》底本也跟七部抄本一样按照目录排列,贮藏在翰林院里,其余 6000 多种存目书及未存目的书被移置武英殿存放。嘉庆以后,由于管理松散,这些底本失窃严重。光绪十九年(1893),翰林院奉命清查藏书时,《四库》底本仅存一千余种。1900 年 6 月 23 日,清军和义和团围攻火烧东交民巷的外国使馆,为了烧坚固难攻的英国使馆,便先点燃了隔在英国使馆前面的翰林院,一千余种《四库》底本和《永乐大典》一起被焚烧殆尽,只有一小部分被人抢拾而去,流散民间及海外。存放在武英殿里的其他从各地征集来的图书,除少部分被有机可乘的人偷盗外,大部分也在同治八年(1869)六月二十日晚上的一场大火中焚毁。

1983—1986 年,台湾商务印书馆将文渊阁《四库全书》影印出版,精装 16 开本 1500 册。其中 1—5 册为《四库全书总目》,第 6 册为《四库全书简明目录》,这两种目录都附有《书名及著者姓名索引》。最后四册(1497—1500)为《四库全书考证》。另有一册《目录索引》,包括影印本《文渊阁四库全书目录》《文渊阁四库全书分架图》和《书名及著者姓名索引》三部分。通过《书名索引》可以迅速检索到所查的书在哪一册的哪一页,通过《著者姓名索引》可以检索到一个作者有哪些书收在《四库全书》中。

1987—1989 年,上海古籍出版社又将台湾影印本缩印成 32 开本出版。台湾编的《目录索引》有一些疏漏,上海古籍出版社进行了订正,将原索引漏编的条目作为"补遗"附在后面。

2004 年,鹭江出版社将文渊阁《四库全书》以线装本的形式出版,共 8 开本 1184 册,分装 148 函。该版在保留原书总目的基础上,又增编了分册目录。全书限量发行 300 套,其中 7 套特藏拍卖本加盖了文渊阁专用玺印"文渊阁宝"和乾隆皇帝专用御玺"乾隆御赏"。

2013 年,线装书局与北京苏音文化传播有限公司、中传国际文化产业有限公司联合影印出版文渊阁《四库全书》。全书共 36375 册,79309 卷,分装 6144 函。这次印制声称依照文渊阁本原件。纸张采用安徽手工宣纸,传统手工包背装。封面采用天然蚕丝织成的耿绢,按原书绿红蓝灰四色配染,分别对应经史子集四部,还配有依照原样制作的 6144 个楠木书函。此版仅印制了 20 套。

2005 年,商务印书馆将文津阁本《四库全书》影印出版,这是中国出版史上的又一盛事。此次编印文津阁本,补入《四库撤毁书》十种。这十种书当年本已编入

《四库全书》，后被乾隆下令撤出。影印根据订户需要，出版原大版、四合一缩印版和十二合一缩印版等多种版本。其中四合一缩印版共 16 开本 1500 册，十二合一缩印版共 16 开本 500 册。

2013 年，由商务印书馆出版、扬州国书文化传播公司印制的仿真本文津阁《四库全书》全部制作完成。从 2002 年开始，10 多名专业人员历时两年，将国家图书馆所藏文津阁本《四库全书》用数码相机全部拍摄成高清图片，国书公司就是购买这套数码图片据以整理制版的，印制以"原大原色原样"为原则，力求再现文津阁本的原貌。扬州天宁寺是文汇阁旧址所在地，该寺的万佛楼陈列着这套复制的《四库全书》，免费供人参观。

2006 年，杭州出版社开始影印文澜阁本《四库全书》，但因经费不足，只印制了经部就中止了，直到 2015 年才全部印制完成，共 16 开本 1559 册。

黄爱平著有《四库全书纂修研究》一书（中国人民大学出版社 1989），对《四库全书》的编纂过程有较为全面的论述，欲知其详者不妨参看。张书才主编的《纂修四库全书档案》（共 32 开本 2 册，上海古籍出版社 1997）将编纂《四库全书》的原始档案汇编到一起，方便查阅。

6.2.2 《四库全书荟要》

《四库全书》是为清王朝编纂的，旷日持久，开纂之时乾隆皇帝已是 63 岁的高龄，他担心时不我待，所以希望先尽快汇纂一些重要的典籍供他自己阅读。于是在乾隆三十八年(1773)谕命王际华、于敏中等人负责编纂一部《四库全书荟要》，撷其菁华，以便他随时阅览。五年后(1778)第一部《四库全书荟要》完成，藏于紫禁城御花园的摛藻堂；次年又誊缮一部，藏于圆明园东墙外长春园内的味腴书屋。

《荟要》收书共 464 种[①]，其中经部 173 种，史部 70 种，子部 81 种，集部 140 种，分装 11251 册（包括总目）。

虽然《荟要》收书与《四库全书》相同，体例也一样，但《荟要》有四个优点。一是缮写精美，校对精细，错谬较少。二是因专供皇帝一人御览，内容上尽量保持原貌，删改较少。三是选用底本与《四库》不尽相同。据统计，《荟要》底本不同于《四库》的多达 234 种，占《荟要》收书的 50.4%，其中有不少比《四库》底本价值更高。时至今日，《荟要》所据底本有些已经亡佚，其所录之本就弥足珍贵了。四是《荟要》的书前提要与《四库全书》的提要出自不同纂修官之手，评介内容颇有差异，可资比较研究。

1860 年，英法联军攻陷北京，焚烧圆明园，味腴书屋所藏《荟要》被焚毁。摛藻

---

① 《荟要》收书种数还有其他说法，均与实际不符。此据江庆柏的统计，见江庆柏等整理《四库全书荟要总目提要》，人民文学出版社 2009，第 32 页。

堂所藏《荟要》1949年被国民党政府带到台湾,现藏于台北故宫博物院。

1985—1988年,台北世界书局将《荟要》影印出版,精装16开本500册。2012年重印。2005年,吉林出版社翻印世界书局影印本,仍为16开本500册。

6.2.3 《四库提要著录丛书》和《四库全书底本丛书》

《四库全书》作为一部按清王朝统治者的思想意识编纂的抄录丛书,存在种种缺陷,其中不仅有大量无意造成的抄写错误,更有不少有意的删改,给今天的研究利用造成障碍。鲁迅在《且介亭杂文·病后杂谈之余》中批评说:"清朝的考据家有人说过,'明人好刻古书而古书亡',因为他们妄行校改。我以为这之后,则清人纂修《四库全书》而古书亡,因为他们变乱旧式,删改原文;今人标点古书而古书亡,因为他们乱点一通,佛头着粪:这是古书的水火兵虫以外的三大厄。"话虽尖刻,但不无道理。为了让世人看到《四库全书》著录本的原貌,北京出版社从2008年开始编纂《四库提要著录丛书》(罗琳主编)。该丛书以《四库提要》著录的版本为依据,在海内外广泛搜求其现存版本,共征访到3071种,2010—2018年间陆续影印出版,分装16开本1478册,其中经部210册,史部437册,子部365册,集部465册,另有首卷1册,内容有前言、凡例、书名索引、著者索引等。该丛书经史子集四部各部独立编号。书的排列因典籍征访有先后而未完全依照《四库提要》的顺序,各书前冠有《四库提要》之相应提要。

真正的《四库》底本存世无多,该丛书中采用的四库底本只有168种,大部分是四库进呈本(包括采进本、进献本等),而且版本选择也不拘泥于《四库提要》。如《四库提要》卷一六七《集部二十》云:"《黄文献集》十卷,元黄溍撰。……(宋)濂序称所著《日损斋稿》二十五卷,溍殁后县尹胡惟信锓梓以传。又有危素所编本,为二十三卷。今皆未见。此本乃止十卷。"《四库提要著录丛书》不仅征访到十卷本之明嘉靖十年虞守愚刻本、明万历刻本及明万历刻清康熙三十年王廷曾重修本,还征访到《四库提要》"今皆未见"的二十三卷本之元刻本、元刻明修本及清抄本,还征访到《四库提要》没有提到的四十三卷本之元刻本及清抄本。可以说,《四库提要著录丛书》所收典籍之版本不少都早于《四库全书》,其价值应在《四库全书》之上。

《四库全书底本丛书》(罗琳主编)可以说是《四库提要著录丛书》的续编。按理说《四库提要著录丛书》应该包含四库底本,但因当时未能搜集到更多的四库底本,留下缺憾,《底本丛书》的出版算是弥补了这一缺憾。该套丛书共16开本490册(包括目录索引1册),文物出版社2019年影印出版,共收书380种,其中四库底本314种(包括《四库提要著录丛书》所收的168种),另外酌情收录了66种四库进呈本,这66种进呈本版本价值高,且不与《四库提要著录丛书》重复。四库底本的来源是四库进呈本,四库进呈本一般在书衣钤朱文长方形木记,在首页钤满汉两种文字的"翰林院印"朱文大方印,有的钤"翰林院典籍厅关防"朱文长方印,在封底钤"备选书籍"朱文长方形木记,这是判定四库进呈本的主要依据。四库底本则在此特征之外还多有四库馆臣的朱墨删改、圈识和夹签、浮签以及移送单、誊缮格式等,末页有纂修官的签条。由于抄写七套《四库全书》时并没有始终采用同一底本,所以同一种书的四库底本也不止一种。四库底本具有很高的文献及文物价值,其中包含了四库馆臣的整理成果及编纂信息,四库底本中的《永乐大典》辑佚抄本在《大典》消亡殆尽的今天本身就成了孤本,因此,该丛书的出版不仅对保存这批典籍具有重要意义,而且为研究《四库全书》提供了源头资料,可与《四库全书》比较异同,辨正是非,这无疑会推动"四库学"的深入发展。

估计流散在世界各地的存世四库底本约有 500 种,《四库全书底本丛书》编纂委员会打算继续搜寻四库底本,一俟时机成熟,还要编纂出版《四库全书底本丛书续编》。

6.2.4 《四库全书存目丛书》和《四库未收书辑刊》

编纂《四库全书》时从各种渠道搜集来的图书多达 15400 种左右,如此多的典籍要想全部抄写若干部无疑是不现实的,最终选入《四库全书》的只是其中的四分之一,大部分书仅仅在《四库全书总目》中保存其书名并作简要介绍而已,这些书就是所谓"存目"书,共计 6793 种。列入存目的书有些被认为是有"悖谬之言",如批评清王朝或批评辽、金、元三个少数民族政权之类;有些被认为是"离经叛道",如反对礼教、宣传异端思想之类;有些被认为价值不大,不值得抄录。这主要是根据清王朝的统治思想制定的选择标准。事实上任何一部古籍,作为古代社会及古人思想的反映,都有其存在的价值。何况列入存目的不少书即便按清王朝的标准,也不比收进《四库全书》的一些书差。例如《元典章》是元代法令文书的汇编,所收资料都是未经润饰的原始文献,是了解元代社会政治、经济、风俗等方面的第一手资料,其价值远在一般的综述性史书之上。明代郎瑛的《七修类稿》杂记天文地理和元明时期的国事逸闻,可补史书之缺略,也有助于学术考辨。明代田艺蘅的《留青日札》杂记明代社会风俗,艺林掌故,有较高的史料价值。明代刘侗的《帝京景物略》详细描述明末北京地区的山川、人物、园林、风俗、语言,是不可多得的地方民俗实录。清初顾炎武的《天下郡国利病书》是一部经世致用的地理名著。所以存目书的价值不可低估。

存目书散存于世,其中有不少属于孤本,在天灾人祸的摧残下不断亡佚,抢救这批图书,保存珍贵文献,是一项十分紧迫的文化建设工程。1992 年,中国东方文化研究会历史文化分会正式提出编纂出版《四库全书存目丛书》的计划,获得国务院古籍整理出版规划小组批准,列为国家级重点项目。1993 年组成了由刘俊文任主任的《四库全书存目丛书》编纂出版工作委员会,开始调查存佚、规划体例、募集资金等筹备工作。1994年又成立了由季羡林任总编纂、国内外近百位专家学者参加的《四库全书存目丛书》编纂委员会,开始编纂工作。通过对全世界200多家图书馆、博物馆及一些私人收藏的大规模查访,弄清了存目现存四千多种,近两千种书没有下落,估计大都已经失传。查明下落的这四千多种书经选择善本、剔除重复等工序,共得4508种,按传统四部分类法分类,计经部书734种,史部书1086种,子部书1253种,集部书1435种,由齐鲁书社1995—1997年间影印出版,共16开本1200册,每册都编了序码,四部序码自成起止。所收书中宋刻本15种、宋写本1种、元刻本21种、明刻本2152种、明抄本127种、清刻本1634种、清抄本330种、稿本22种,其中三成为孤本。如杭州图书馆藏明万历四十一年刻明朱睦㮮《圣典》二十四卷、国家图书馆藏明万历六年刻《金华府志》三十卷、南京图书馆藏明嘉靖十四年刻《定远县志》十卷、日本国会图书馆藏明万历二十一年刻《衡州府志》十五卷、美国国会图书馆藏明嘉靖刻蓝印本明龚辉《西槎汇草》一卷、故宫博物院图书馆藏清康熙抄本清郑端《孙子汇徵》八卷、国家图书馆藏明初刻元艾元英《如宜方》二卷、上海图书馆藏清抄本清曹溶《倦圃莳植记》二卷、辽宁省图书馆藏元余卓刻宋杨万里《诚斋四六发遣膏馥》七卷等,均系人间孤本,弥足珍贵。

《存目丛书》区别于《四库全书》的地方在于,后者是有改动的抄录本,而前者是原版的影印,将古书原貌展现于众,因而更具文献价值。

后来又陆续发现存目书219种,编委会又编了《四库全书存目丛书补编》,由齐鲁书社于2001年出版,分装99册。这样存目书共出版了4727种。随《补编》配有一册《四库全书存目丛书补编目录索引》,包括《补编总目录》《补编分类目录》《正编补编综合书名索引》《正编补编综合著者索引》,用四角号码编排,注明正编补编的册号和页码。

《四库未收书辑刊》的编纂启动于1995年,2000年由北京出版社影印出版。该丛书由罗琳主编,分为10辑,每辑16开本30册,共300册。另有索引1册,包括分类目录、书名索引、作者索引三部分。每辑首册附本辑收书总目录,每种书书前均加书名页,著录书名、卷数、作者及版本。丛书共收书1328种,其中经部288种,史部278种,子部249种,集部513种。就著作时代而言,唐代1种,宋代1种,元代4种,明代225种,清代1092种。选书主要依据20世纪20年代柯劭忞、罗振玉等30余人为续修《四库全书》而编辑的《四库未收书分类目录》,凡已被《四库全书》《四库全书存目丛书》《四库禁毁书丛刊》《续修四库全书》收录之书概不重收。

6.2.5 《续修四库全书》

无论是《四库全书》还是《四库全书存目丛书》,所收之书都是清代乾隆以前的,清代学者的书收入极少。清代近三百年间,学者辈出,著述林立,新撰之作,数倍前代。据杜泽逊主编《清人著述总目》的著录,多达22.8万种,这虽然包括亡佚之书,也难免有重复著录、有名无实之类的情况,但无论如何,现存清人著述的数量是相当惊人的。就学术水平而言,清人的著述达到了封建时代的巅峰。将这批典籍编为丛书,保存起来,扩大流通,便于查找,这是无数有识之士的迫切心愿。另外,清代以前也有不少书为《四库全书总目》所不载,这部分书更是无从寻觅,也需要搜集印行。

早在嘉庆初年,浙江巡抚阮元在江南搜求《四库全书总目》未收之书170多种,进呈朝廷,并撰写《四库未收书提要》,这是补修《四库全书》的最早尝试。光绪年间,不少学者如翰林院编修王懿荣、翰林院检讨章梫等都曾上疏皇帝,请求"重新开馆,续纂前书"。1924年,上海商务印书馆为纪念建馆三十周年,计划影印文渊阁《四库全书》,并以销售赢余"选择四库存目及未收书,刊为续编"。1928年张学良联合杨宇霆、瞿文选向全国发出电文,倡议续修《四库全书》。这些倡议和计划都因时局动荡,财力不足,最终未能付诸实施。

1925年,日本政府与当时的段祺瑞执政府协商,成立了东方文化事业总委员会,打算利用日本退还我国的庚子赔款续修《四库全书》,该工作由总委员会下设的北平人文科学研究所主持进行。1931年,他们完成了书目拟定工作,计划收书2.7万余种。接着便聘请学者撰写提要,这一工作一直持续到1942年。1942年日本因发动太平洋战争,无力继续提供资金,撰写提要的工作也就停止了。在将近十年的时间里,他们组织专家共撰写了3.1万多篇提要。1945年抗日战争胜利后,这批书稿由中国科学院图书馆收藏。这是自嘉庆以来最有实绩的一次续修活动,但最终还是归于流产。

据杨家骆在《四库全书学典》(上海:世界书局1946)中的总结,续修《四库》的活动前后进行过十次,然而均告失败。在一个动荡不安的年代里,想要完成续修《四库全书》这样巨大的工程是不可能的。

进入20世纪90年代,随着我国经济的繁荣,国力的增强,文化事业的建设也如火如荼地开展起来。1994年,以中国出版工作者协会主席宋木文为主任的"续修四库全书工作委员会"和以顾廷龙、傅璇琮为主编的"续修四库全书编纂委员会"宣告成立。工作委员会包括主要投资方深圳市南山区政府、出版方上海古籍出版社与主要参与单位的负责人,统筹协调全书的编纂、出版、发行、财务等工作。编纂委员会负责全书的体制、选目、分类、征求意见、定稿工作。上海古籍出版社承担了全书的出版任务。

为了保证《续修四库全书》的质量,编纂委员会做了大量艰苦细致的工作。编纂《续修四库全书》的第一步就是普查书目,调查学术信息。通过学术信息调查,了解了有关专家的研究情况和研究水平。通过普查书目,提出初选书目,然后延聘国内外有扎实研究成果的专家逐类定目,并选定版本,形成正式选题,交由出版社负责编辑。编辑对每一种入选的书从书名、类别、朝代、作者、版本、书品各个环节进行甄别和遴选，先后发现选目中有与四库重收、跨类重收、不合凡例而误收、书名作者有误等疏漏，及时报请编委会审核，得到纠正。

影印图书质量的好坏取决于底本的优劣，尽可能找到内容完整、字迹清晰的版本作底本是保证《续修》质量的前提。在长达6年多的时间里，负责资料收集和底本查寻的人员奔波于国内115家图书馆、博物馆和私人藏家，还联系部分海外图书馆及私人藏书，查阅图书1.5万余种，最后选用了5213种(不包括附录)。为保证图书质量，同一种书往往要查看数家藏馆进行对比，才能确定下来。如经部的《吕晚村先生四书讲义》、史部的《钦定兵部处分则例》、集部的《唐伯虎先生集》《文章辨体》等书，都先后看了五家以上藏馆的本子，才选定其中品相最好的本子作为底本。有些书几家图书馆所藏均属残本，经互相补配才成为完整的本子。如史部的《舆地纪胜》和集部的《新刊国朝二百家名贤文粹》是国家图书馆与上海图书馆互补的，子部的《三才广志》是宁波天一阁博物馆与上海图书馆互补的，集部的《芳洲文集》是吉林大学图书馆与山东省图书馆互补的，《萤窗异草》是上海图书馆、上海辞书出版社图书馆和北京大学图书馆三家互补的。在借书过程中，一旦发现所借底本与原选目所记载内容有欠缺，就尽量设法补齐。如清别集《存素堂文集四卷续集二卷》，嘉庆刻本，但所有藏馆均为续集一卷，经多方查找，发现国家图书馆有该书续集稿本二卷，其中有一卷系嘉庆刻本所无，于是补入使之成为完帙。又如明别集《朱文肃公集》，为北京大学图书馆所藏清抄本，但仅收文集，后在国家图书馆找到清抄本《朱文肃公诗集》，诗文合并，成为朱国桢的全集。资料人员始终把选择最好、最完整的底本作为追求的目标。如史部《历代地理指掌图》原拟用国内所藏最早的明刻本，经查阅有关资料后，发现日本现存此书的南宋初刻本，此刻本图中的有些重要标记为明刻本所无，所绘水系、行政区界以及海水波纹均比明刻本为佳，且错别字较明刻本少，故采用南宋刻本为底本。又如集部《东海渔歌》一书，中国科学院图书馆所藏四卷稿本(缺卷二)收词167首，西泠印社活字本(亦缺卷二)收词164首，竹西馆排印本四卷收词214首，后来发现日本内藤炳卿所藏的六卷抄本收词317首，是《东海渔歌》最完整的本子，即以此作底本。有些书稿由于著录有误，或书名不完整，或藏馆不详，往往要多方寻找，如《鉴止水斋集》查找了十几家藏馆才落实底本。古籍经常会出现缺卷残页情况，必须进行配补，往往要查访多家图书馆才能配到。如清别集朱筠《笥河诗集二十卷古文钞三卷》，其中"古文钞三卷"找了7家图书馆才配齐。据统计，《续修四库全书》因配补而用的图书达1800种，补配约1.2万页。①

---

① 李国章等《〈续修四库全书〉是怎样"修"成的》，《编辑学刊》2002年第5期。

1995年8月开始出书，2002年3月全部出齐，共1800册，收书5213种，是《四库全书》的1.5倍，成为我国历史上迄今为止最大的一部丛书。《续修四库全书》的收录范围包括《四库全书》成书前传世图书的补选和《四库全书》成书后著述的续选两部分，其下限为1911年。补选之书主要是被《四库全书》遗漏、摒弃、禁毁或列入"存目"而确有学术价值的图书及《四库全书》已收而版本残劣、有善本足可替代的图书。例如元佚名编《群书通要》(73卷)是一部很有用的类书，只见于《宛委别藏》丛书，《四库全书》未收，而《宛委别藏》又不易得，查找不便，《续修》将其收入。南宋魏了翁《九经要义》263卷，《四库全书》所收不全，《续修》据今世所存，补入其《礼记要义》33卷、《毛诗要义》20卷。又如《四库全书》在所收南宋黄度《尚书说》的提要中说黄氏另有《诗说》《周礼说》，已佚，今发现南京图书馆藏有《周礼说》5卷，收入《续修》。《四库全书总目》的存目中选书1000种。《四库全书》未收戏曲及白话小说类作品，《续修》则择优收录，予以弥补。对乾隆中期以后至中华民国以前的图书，尽可能选收各学术门类和流派的代表性著作。据统计，乾隆以后的著作共收入2770种，占全书的52%。此外，新从海外访回而合于本书选录条件的古籍，以及新出土的整理成编的竹简帛书，也酌予选收。这是继18世纪清朝编修《四库全书》后，又一次对中国古典文献进行的大规模清理与汇集，它的出版实现了几代中国人一直想完成的夙愿，对保存和传播中国文化起到了巨大的作用，将永彪史册。

2003年，上海古籍出版社出版了配套的《续修四库全书总目录、索引》，利用该索引我们可以方便地找到《续修》中所收的书。

6.3 丛书集成类

这类丛书把以前的一些规模较小的丛书汇集为一部大型丛书，可以说是丛书的丛书。主要有《丛书集成初编》《丛书集成续编》《丛书集成三编》等。这些丛书收书共计12800多种，书虽有重复，但大都版本有别，为我们选择书籍的不同版本提供了便利。

6.3.1 《丛书集成初编》

《丛书集成初编》(下简称《初编》)是王云五主编、商务印书馆印行的一部大型丛书，汇集了宋代至清代的100部比较重要的丛书(其中只有《佚存丛书》为日本天瀑山辑刊)，共计子目6000余种，删除重复之书，计划收书4102种(或谓4107种，未确)，比《四库全书》收书还多。全书按现代学科分类分为总类、哲学、宗教、社会科学、语文学、自然科学、应用科学、艺术、文学、史地10大类，下面又分541小类，按统一版式排印(少数为影印)，每部书都加了标点。计划分装4000册，每册都有连续序号。从1935年开始出书到1937年因抗日战争爆发而中止，共印了3467册，计3087种书。1985年中华书局重印已出部分，1991年中华书局又将未出的533册（共1015种）补齐，至此《初编》才成完璧。

2010年，中华书局又出版了《丛书集成初编》合订本，共32开本800册，版面比旧版放大10%，重新编制了书名总目录及音序、四角号码索引，使用更为便捷。

《初编》以"实用"和"罕见"为选择丛书的原则，所以我们既可从中找到大量的常用典籍，满足普通需要，又可找到一般难以见到的典籍，满足特殊需要。例如黎庶昌编辑的《古逸丛书》所收的大都是中国失传或罕见的典籍，其他地方难以找到，《古逸丛书》本身也不容易见到，《初编》将《古逸丛书》收入其中，查找这些书就很方便了。不少《四库全书》中没有的书，我们可以在这里找到。另外，《初编》给所收之书都加了标点（个别影印本除外），这对广大普通读者比较方便。

商务印书馆在1935年推出《初编》的同时也编印了《丛书集成初编目录》，为所收的100部丛书写了提要，并分类列出所收的子目。1960年，上海古籍书店将《丛书集成初编目录》修订重印，一一列出各书的编号，对未出的书也一一注明"未出"字样，同时还编了书名索引。1983年，中华书局又将上海古籍书店修订的目录作了若干订正后重印。利用这一目录既可以了解《初编》所收丛书的大致情况，也可以通过书名索引查到每一种书的编号，包括后补的500多册未出书，从而迅速将书找到。

需要注意的是这一目录与《初编》的实际收书有细小的差别。全书包括原出与补出两部分，共计4002册，3999个号次。据冯春生考查[①]，在补出的书中有37种"未出"书目无书，另增4种为书目未列的书。无书的37种书有的为已收之书的异名，有的已附收在其他已收书当中，无须重收；有的原丛书有目无书，《初编》编者失察，也就无从收录；真正该补出而未出的有21种。新增4种书是因为原拟定的目录中有将两种书混同为一种书的情况，补出时便将两种都出了。所以现在很有必要根据实际收书将《初编目录》修订一下。

另外，《初编》由于是重新排印，难免有一些差错，如别字、脱漏、断句不当等，因此，凡阅读中有可疑之处时，应找好的版本核对一下。

陈有方编有用英文写的《丛书集成初编指南》（上下两册，台北：商务印书馆1985）。全书由四部分组成，即《作者、书名及卷数目录》《作者索引》《书名索引》《主题索引》。此指南是为西方学者编写的，中国学者也可以利用。

台北新文丰出版公司于1983—1986年出版了《丛书集成新编》，共16开本120册。该丛书不仅包括《丛书集成初编》已出部分，还将未出部分尽量配补齐全，实收

---

① 冯春生《〈丛书集成初编目录〉之未出书与补出书较比考录》，《北京图书馆馆刊》1997年第2期。

4056 种。配补之书未按已出部分版式排印,而是原本影印。为了适应 16 开本,编者将原书版面做了调整,并依中外图书统一分类法重新排比了顺序。由于已出部分原书字小行密,而《新编》是照相制版,所以清晰度较差。

新文丰出版公司还于 1965—1970 年间编印了一套《百部丛书集成》,线装 32 开本 7950 册,830 函,另有目录索引 6 册 1 函。此书选收丛书 101 种,除《经典集林》一种外,其余跟《初编》相同,共收书 4144 种。尽管《集成》所收丛书与《初编》相同,但实际内容还是有不少差别,主要表现在不少书《集成》用更好的版本抽换了《初编》采用的底本,或是增补另一重要版本,两本并收。如宋叶隆礼的《辽志》和宋宇文懋昭的《金志》,《初编》以《汗筠斋丛书》本为底本,皆为一卷,都是删节本,《集成》改换为《契丹国志》二十七卷及《大金国志》四十卷,皆为足本。南宋程大昌的《演繁露》有足本十六卷和残本六卷两种版本,《初编》拟据《学津讨原》收录十六卷本,但《儒学警悟》的六卷本时代最早,接近作者原貌,故《集成》兼收两本。另外,《初编》是排印本,《集成》是影印本,后者无疑更为可靠。《集成》在每部丛书前编有总目,每种书下面附有"说明",叙述所采版本以及整理情况,为读者了解及使用此书提供了便利。总的来看,《集成》比《初编》更有价值。

6.3.2 《丛书集成续编》和《三编》

我国的古籍丛书不下 4000 种,《初编》所收的只是其中的 100 种,这 100 种丛书之外的书想要查阅,不大容易。例如清代学者王煦的《小尔雅疏》是《小尔雅》的一种重要注本,无论是《初编》还是《四部丛刊》《四部备要》都无此书(《四库全书》及《四库全书存目丛书》更不用说了)。此书只见于《邵武徐氏丛书初刻》,而《邵武徐氏丛书初刻》存世无多,很难见到。鉴于这种情况,上海书店出版社 1994 年编印了《丛书集成续编》。《续编》选取明清及民国时期的丛书 100 部,删除各丛书中重复及《初编》已收的书,共收古籍 3200 余种。所收各书均按原书影印,精装 16 开本 180 册,其中 1—20 册为经部,21—75 册为史部,76—97 册为子部,98—180 册为集部。所选丛书以流传稀少、学术价值较高以及研究工作实用为标准。编排上放弃了《初编》所用的现代学科分类法,改用传统的四部分类法。在四部分类之后另立"别录类",以安排子目中由多种著作组成的小丛书。

《续编》出版时没有配套的索引,查书不便。直到 2014 年,上海书店出版社才编辑出版了《丛书集成续编总目》(32 开本 1 册),内容包括书名索引、作者索引及所收百部丛书的介绍等。

新文丰出版公司也于 1989—1991 年间编印了一套《丛书集成续编》,选收丛书 151 种,剔除重复之本,共收书 4360 种,分装 16 开本 280 册。所收丛书除《甘雨亭丛书》和《崇文丛书》为日本刊本外,其余均为清代及民国时期的丛书。1999 年又推出《丛书集成三编》,收丛书 96 种,共 1161 种书,分装 16 开本 100 册。一书分见两种或两种以上丛书者,一则取卷数多内容完备者,二则取附有校勘记、补遗、附录者,三则取版本稀珍者。其子目若初辑、续编已收,则加删除;同一作者而内容不同者,则予并存。每编都配有丛书提要、书名索引和作者索引,查找方便。《续编》和《三编》采用了原书影印的方式,与《初编》的重新排印有别。

6.4 经藏类

中国学术史上有所谓"三教九流"之称,"三教"指儒释道,"九流"指诸子百家。在数千年的发展演变中"三教九流"各自形成了数量庞大的文献典籍,其中释道两家很早已将自己的典籍汇集成藏,这就是佛教的大藏经和道教的道藏,儒教和"九流"的典籍则一直没有汇集成藏。进入 21 世纪,随着国力的强盛,儒教的儒藏和诸子百家的子藏先后由政府和机构投入力量进行编纂,目前正在陆续出版。另外,我国古代的医学典籍数量也很可观,它们是中华传统文化的重要组成部分,全部搜罗汇编为"医藏"也是很有必要的,事实上目前也已立项上马。不过从正在编纂的儒藏、子藏和医藏来看,各藏之间互有交集。子藏的内涵相当庞杂,如果范围尽量从宽的话,连儒释道医也不过是百家中的四家而已,如此一来"子藏"几乎等同于"古籍",如子藏的儒家类与儒藏重叠,子藏的道家类、医药类与道藏、医藏重叠。其结果是不少典籍反复出版,浪费了大量的人力财力。所以,各藏要力求减少交集,不应盲目扩大自己的势力范围。有些典籍查找不便,若能汇集成藏,利国利民,却无人问津。比如清代的著述,数量比历代传世的总和还要多,收藏分散,若能搜罗编纂为《清藏》,既可避免因天灾人祸而灭失,又可方便学术研究之利用,功莫大焉,希望有识之士能垂青于此。

6.4.1 大藏经

"大藏经"一词最早见于梁代宗懔《荆楚岁时记》的隋杜公瞻注及隋代灌顶《隋天台智者大师别传》末的铣法师补记,是佛教典籍的总称,又叫一切经、众经、藏经、三藏等,内容包括经、律、论三部分。经为释迦牟尼在世时的说教以及后来增入的少数佛教徒如阿罗汉或菩萨的说教,律是释迦牟尼为信徒制定的必须遵守的仪轨规则,论则是后人对佛教教理的阐述或解释。大藏经的编纂始于释迦牟尼涅槃不久。当时经文只是保存在各位高僧的大脑里,并没有形成书面文字。弟子们为保存他的说教,维护佛法的正统,统一信徒的认识,通过召开大会的方式,由精通经律的弟子念诵出各自从佛陀那里听到的说教,然后由大众审定,形成公认的经律内容,这就是所谓"会诵"的结集方式。在孔雀王朝的阿育王时代(Asoka,约 273

B.C.—232B.C.)举行的一次结集大会上,才有了书面记录。最初记录藏经所用的语言据说是摩揭陀语(Māgadhī)。由于佛经是弟子们听闻的追忆,所以经的篇名常以"佛说"开头,如《佛说阿弥陀经》《佛说观无量寿佛经》等,每篇经文的第一句也多为"闻如是"或"如是我闻"。后来大藏经又增加了对经、律、论进行注疏的"藏外典籍",形成佛典的四大部类。

公元前1世纪末,在斯里兰卡的阿卢寺(Alu Vihara)举行过一次大藏经的结集,是用僧伽罗语(Sinhala)记录的。公元5世纪上半叶,印度僧人觉音来到斯里兰卡,组织译场,把僧伽罗语大藏经翻译为巴利语(Pāli),刻写在贝叶上,这就是流传至今的南传巴利文大藏经。贝叶是贝多罗树(Pattra)的叶子,上面用铁笔刻写,不易磨灭(图6-6)。玄奘从印度取来的佛经就是贝叶经。玄奘《谢敕赉经序启》:"遂使给园精舍并入提封,贝叶灵文咸归册府。"

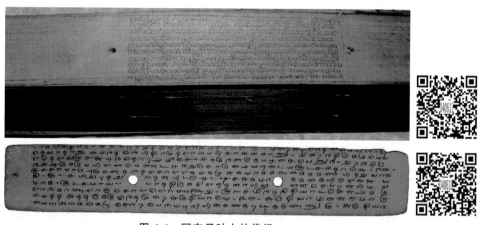

图6-6 写在贝叶上的佛经

真正用梵文记录的佛典传世很少。近代以来,先后在尼泊尔、克什米尔、于阗(今新疆和田)、龟兹(今新疆库车)、高昌(今新疆吐鲁番)、敦煌、西藏等地发现一些梵文佛典,共500多种,其中以尼泊尔发现的最多,有300多种。这些梵文佛典大都是公元10世纪以后的抄本,收藏在尼泊尔、英国、法国等国。

20世纪90年代及21世纪初,在巴基斯坦和阿富汗先后发现几批用佉卢文书写的犍陀罗语(Gāndhārī)佛教典籍,书写材料多为桦树皮,抄写年代在公元1—2世纪,是迄今所知最早的佛典写本,内容涉及经、律、论、偈颂、论注、大乘经籍、史传、譬喻故事、本生故事、佛赞等类型,现由英国、美国、日本、挪威、巴基斯坦等国的图书馆及私人收藏。①

两汉之际,佛教传入我国,佛经随之输入,也就开始了佛经的汉译工作。汉哀

---

① 庞亚辉《20世纪90年代以来新发现犍陀罗语佛教写本综述》,《普陀学刊》2017年第1期。

帝元寿元年(前2),大月氏使臣伊存来到汉王朝向博士弟子景卢口授《浮屠经》(《三国志·魏书·乌丸鲜卑东夷传》裴松之注引鱼豢《魏略·西戎传》),景卢笔录下来,这部《浮屠经》可能是目前所知最早的汉译佛经。东汉桓帝时期来自安息国(伊朗—古国名)的安世高是第一个大规模汉译佛经的僧人,据东晋道安的《众经目录》记载,安世高翻译的佛经有35种之多。由于安世高名气大,后来的一些人翻译的佛经便假托安世高之名。隋代费长房的《历代三宝记》记载的安译佛经有176种,其中不少就是假托的。从安世高到北宋,大规模的译经活动在中国延续了近900年,产生了大量的汉文佛经。

大量佛经散存于世,不但不便于学习研读,而且很容易佚失,所以佛教信徒们便将佛经整理汇集成丛书。据《隋书·经籍志》等典籍记载,梁武帝在天监十四年(515),"于华林园中,总集释氏经典,凡五千四百卷。沙门宝唱撰《经目录》"。这是大藏经编纂的最早记录。在雕版印刷术出现以前,佛经主要以抄本的形式流传,这些抄本大都失传了,保存至今的只是一些零散的残卷。雕版印刷术出现以后,历代官方和民间刻印过不少大藏经,据统计,前后有20多次,形成了众多的大藏经版本。如宋代有《开宝藏》《崇宁藏》《毗卢藏》《圆觉藏》《资福藏》,宋元之际有《碛砂藏》,辽代有《契丹藏》(又称《辽藏》),金代有《赵城藏》(又称《赵城金藏》),元代有《普宁藏》《元官版藏经》,明代有《洪武南藏》《永乐南藏》《永乐北藏》《武林藏》《万历藏》《嘉兴藏》(又称《径山藏》),清代有《龙藏》(又称《清藏》《乾隆大藏经》),民国时期又有铅印的《频伽藏》《普慧藏》。

《开宝藏》是最早的刻本大藏经。宋太祖在开宝四年(971)命宫内高官张从信前往益州(今成都)负责雕刻大藏经印版,宋太宗太平兴国八年(983)雕成,历时13年。《开宝藏》的收书以唐代智昇编撰的《开元释教录》所载经目为依据,共收佛经1076部,5048卷。由于卷轴太多,为便于查找,每10件包在由竹或帛制成的经帙当中,采用梁代周兴嗣编的《千字文》作为编次顺序①,起"天"字,终"英"字,共480帙。这种排序方式为后来刻印各版大藏经所沿袭。宋王朝为发展睦邻关系,曾将《开宝藏》分别赐赠契丹、西夏、高丽、日本、交趾等邻国。《开宝藏》刻成后曾有过三次重要的校勘修订,形成咸平修订本、天禧修订本和熙宁修订本三个版本。《开宝藏》较多地保存了早期译经的原貌,可惜原版散失殆尽。1934年上海的范成法师在山西晋城青莲寺发现《开宝藏》38卷(见《影印宋碛砂藏经》首卷《影印宋碛砂藏经始末记》),但这一珍贵遗产至今下落不明,恐已毁灭。近代以来各地陆续发现的《开宝藏》残卷共13卷。方广锠、李际宁主编的《开宝遗珍》将散存于中国、日本、美国的12卷开宝藏拍摄汇编,2010年由北京文物出版社影印出版,装帧为12卷

---

① 大藏经采用《千字文》作为帙号始见于晚唐,见方广锠《中国写本大藏经研究》,上海古籍出版社2006,第512页。

轴。下图(图 6-7)为日本京都南禅寺收藏的《开宝藏》熙宁印本《佛本行集经》,卷尾有牌记:"熙宁辛亥岁(1071)仲秋初十日中书札子:奉圣旨赐大藏经板于显圣寺圣寿禅院印造。提辖管勾印经院事智悟大师赐紫怀谨。"

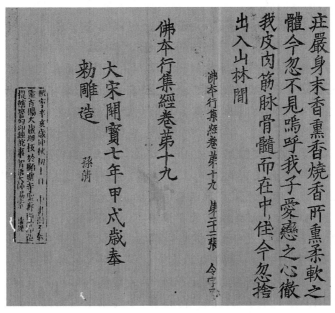

图 6-7 日本京都南禅寺《开宝藏》熙宁印本

《崇宁藏》由福州东禅寺等觉禅院住持冲真发起刊刻,故又称《东禅寺藏》。始刻于北宋元丰三年(1080),至徽宗崇宁二年(1103)完成,共 480 函,敕赐《崇宁万寿大藏》,世人简称《崇宁藏》或《万寿藏》。后陆续增刻开元以后入藏诸经,至徽宗政和二年(1112)完工,共 564 函。南宋高宗绍兴二十六年(1156)慧明曾加修补。孝宗乾道八年(1172)及淳熙三年(1176)均有增刻,共增刻 31 函。总计 595 函,6434卷。装帧为经折装,版式每版 36 行,每行 17 字,每函附音释一帖。此后各藏版式及编次大多仿此。这是我国第一部民间刊刻的大藏经。今国内各地所藏皆为零星残卷,日本宫内厅书陵部、横滨金泽文库、京都东寺等处有基本完整的印本。

《圆觉藏》因雕版于南宋两浙道湖州(今浙江省湖州市)归安县松亭乡思溪的圆觉禅院而得名,大约开雕于南宋建炎元年(1127)八月以后,刻成于绍兴八年(1138)前后。全藏 548 函,千字文编次从"天"字至"合"字,共收录佛典 1435 部,5480 卷。国内少数图书馆收藏有《圆觉藏》的零本,日本有多家单位收藏。

圆觉禅院后来改名为法宝资福禅寺,寺院对《圆觉藏》的经版略有修补,世称此修补后印制的《圆觉藏》为《资福藏》。因此《圆觉藏》又称《前思溪藏》,《资福藏》又称《后思溪藏》。《圆觉藏》和《资福藏》实属同一副刻版,并没有太大的差别。以前由于日本京都大学图书馆所藏《安吉州思溪法宝资福禅寺大藏经目录》将《资福藏》的函数著录为599函，学者们认为《资福藏》比《圆觉藏》(548函)多51函，实际上599函的著录属于误抄，《资福藏》的总函数还是548函，收录经籍1437部，5916卷。①《资福藏》南宋时传入日本，今日本寺院多有收藏。清末杨守敬从日本天安寺购回一部，共428函，4000余卷，并非完帙，现藏国家图书馆。北京大学图书馆藏有日本"南都(今奈良)善光院"红印的十余册《资福藏》经本。

《契丹藏》有大字本和小字本两种。大字本由辽代官方组织编纂，在《开宝藏》天禧修订本的基础上增订而成，雕印年代约始于辽兴宗重熙年间(1032)，终成约在辽道宗清宁九年(1063)，历时30余年。收录经籍1373部，共6006卷，579帙，千字文帙号自"天"至"灭"。1974年在山西应县木塔(佛宫寺释迦塔)的佛像内发现大字本《契丹藏》7卷，收入文物出版社1991年影印出版的《应县木塔辽代秘藏》之中。小字本纸薄字密，应为民间刻本，1987年在河北丰润县天宫寺塔中发现3卷。

《碛砂藏》开雕于南宋理宗绍定四年(1231)，到元英宗至治二年(1322)才全部竣工，历时长达91年。全藏编次从天字至烦字，共591函，6362卷，收经1532部。现存最早的版本是西安开元寺和卧龙寺所藏的明洪武二十三年(1390)至二十四年的印本(现藏陕西省图书馆)，缺失100多卷。保存下来的经典也夹杂了《碛砂藏》以外的一些刻本，如《大般若经》《大宝积经》为元代吴兴妙严寺于泰定三年(1326)至至正九年(1349)刻的本子。1933—1935年，上海佛学书局以开元寺和卧龙寺本《碛砂藏》为底本影印过500部，取名《影印宋碛砂藏经》，缺失部分用他本补足。目前《碛砂藏》的影印本较多，如蔡念生主编《中华大藏经》第一辑(1962—1966)、台北新文丰出版公司《宋版碛砂大藏经》(1987)、上海古籍出版社《影印宋碛砂版大藏经》(1991)、北京线装书局《碛砂大藏经》(2005)等。

除木刻本及铅印本大藏经外，还有一部石刻的大藏经，这就是《房山石经》。历史上有些皇帝曾下令废止佛教，著名的有所谓"三武一宗"，即北魏太武帝、北周武帝、唐武宗和后周世宗，他们禁毁经像，勒令僧徒还俗，没收寺院财产。为保存典籍，佛教徒把佛经刻写在石头上，封存于岩穴或埋藏在地下。石刻佛经创始于公元6世纪中叶的北齐高氏王朝时期，现存的山东泰山经石峪的《金刚经》、山西太原风峪的《华严经》等，都是高齐时代有名的摩崖石刻。隋代大业年间(605—617)，幽州沙门静琬继承其师慧思遗愿，在房山雕造石刻大藏经，以免失传之虞。静琬共刻了《涅槃经》《华严经》《维摩经》《胜鬘经》等经，计146块石板。后世僧徒继承静琬的遗业，不断续刻。经隋、唐、辽、金、明五个朝代众多僧徒的努力，雕成佛经1101部(其中重出224部)，3564卷。各版本的大藏经所收经种一般都在1400部以上，卷

---

① 何梅《南宋〈圆觉藏〉、〈资福藏〉探究》，《世界宗教研究》1997年第4期。

数在 5000 卷以上,《房山石经》只完成了五分之三的工作。其中有些经是重复雕刻,如《金刚经》和《般若波罗蜜多心经》被多次重刻;有些经只刻了其中的一部分。在雕刻上也存在刻工为贪图省工,胡乱刻上不少原文所无的"一"字以占满版面之类的问题。但无论如何,《房山石经》仍然是我国一部重要的大藏经版本,其中保存的近 70 种佛籍是其他各种大藏经所没有的,上面镌刻的 7000 多条题记也具有重要的历史价值。

《房山石经》贮藏于今北京市房山区石经山(大房山的一座支峰)上人工开凿的九个石洞及山下云居寺南塔前的一个地穴中,大房山也因此被誉为"北京敦煌"。我国佛教协会曾于 1956—1958 年对石经进行了清查整理,得知大小经板共有 14278 块,当时还拓了七套拓片。2000 年,华夏出版社将《房山石经》拓片影印出版(共 8 开本 30 册),人们可以方便地看到石经原文。关于其中题记,可查阅陈燕珠《新编补正房山石经题记汇编》(台北:觉苑出版社 1995)。

我国的大藏经东传至高丽和日本,他们据以复刻或再纂,这样这两个国家也有了汉文大藏经。据文献记载,《开宝藏》曾在北宋端拱年间(988—989)传到高丽,其后的天禧修订本和熙宁修订本也传入高丽,辽清宁九年(1063)契丹王朝还把新刻的《契丹藏》赠送给高丽王朝。高丽根据这些版本进行复刻,是为《高丽藏》。日本先后有《弘安藏》《天海藏》《弘教藏》《黄檗藏》《卍正藏》《卍续藏》《大正藏》等版本。

《高丽藏》开雕于高丽国显宗二年(1011),至宣宗四年(1087)雕印完成,世称《高丽大藏经初雕本》,这是《开宝藏》的复刻本。其后,高丽国文宗第四子义天(1055—1101)出家皈佛,先后广求佛典于宋、辽及日本,于宣宗三年(1086)刊刻大藏经未收佛典共四千余卷,通称《高丽续藏本》。高宗十九年(1232),蒙古军入侵高丽,所有大藏经刻版毁于战火。高宗二十三年(1236)重新开雕,至高宗三十八年(1251)完工。全藏共 628 函,收经 1524 部,6558 卷。该版以高丽《初雕本》《续藏本》及文宗年间所得之《契丹本》互校,世称《再雕大藏经》,也叫《新雕大藏经》,可以说是《开宝藏》的修订本。其中除收《开元释教录》所列入藏经典外,还收了《贞元续开元录》所录和部分宋译经典。《初雕本》现存 2040 卷,分藏于韩国多家博物馆、寺院及民间。2013 年,西南师范大学出版社和人民出版社联合出版了由中国社会科学院历史研究所编纂的《高丽大藏经初刻本辑刊》,将现存 2040 卷悉数收入,共 16 开本 81 册。《再雕本》的经版现在完整保存在韩国庆尚南道陕川郡伽那山海印寺,共 81340 块,故又有《八万大藏经》之称。目前通行的《高丽藏》即为《再雕本》。线装书局 2004 年将《再雕本》以《高丽大藏经》之名影印出版,共 16 开本 80 册。

目前国际上流行的《大正藏》,全称《大正新修大藏经》(又名《大正原版大藏经》),由日本高楠顺次郎和渡边海旭主持编纂,日本大正一切经刊行会出版。始纂于大正十一年(1922),完成于昭和九年(1934),耗时 13 年。全藏以再雕本《高丽藏》为底本，参校日本名山古刹所藏宋元明版及日本版大藏经，并将校勘表列于每页之下。全书共131册，其中正编55册，续编30册，《大藏经图像部》12册，《昭和法宝总目录》3册，《大藏经索引》31册，收录经籍3493种（其中正编入经2236种），13520卷。续编除最后一册收录敦煌逸藏和疑伪经外，其他29册都是日本的佛学著作。《大正藏》最大的特点是铅字排印，且加断句，阅读和检索比较方便，收录佛经比此前各种大藏经都丰富，但排印错误很多，有些经论没有标点，图像排列杂乱无序。

尽管历史上有过20余种版本的大藏经，但每个版本都存在收录不全、缺乏校勘、检索不便等问题，而且时至今日，有的已经亡佚，有的残缺不全，大多数版本存世不多，这对学术研究是极其不利的。据统计，现存汉文佛教古代经籍总数有4200余种，而现存大藏经收录最多的《嘉兴藏》（包括正藏、续藏、又续藏）也只有2350种[①]，一般版本在1500种左右，远非佛籍全貌。为此北京图书馆馆长任继愈1982年建议编纂汉文《中华大藏经》，被列入国务院古籍整理出版规划小组的资助项目。于是当年成立了《中华大藏经》编辑局，计划收录历代藏经中的经籍4200余种，共2.3万余卷，分为正续两编。正编部分中华书局于1984—1997年影印出齐，共16开本106册，收书1939种，约1.1亿字。2004年中华书局出版了《中华大藏经总目》，包括《中华大藏经详目》《中华大藏经简目索引》《附检字表》三部分。

正编收录各版藏经中有千字文编号的所有佛籍，底本为《赵城藏》。《赵城藏》是范成法师1933年在山西赵城县（现已并入洪洞县）霍山广胜寺发现并披露后才广为世人所知，原系金代民间刻本，共6980卷，始刻于金熙宗天眷二年（1139），完成于大定十三年（1173），历时30余年。传世《赵城藏》为蒙古太宗十三年（1241）前后的补雕印本，国图收藏的广胜寺本存4813卷，全国其他图书馆、博物馆等单位收藏的散卷有42卷，1959年在西藏萨迦寺北寺图书馆发现555卷（现藏北京民族文化宫图书馆），总计有5480卷，缺失1000余卷。由于《高丽藏》和《赵城藏》同属《开宝藏》的覆刻本，版式完全一致，所以《赵城藏》的缺失部分用《高丽藏》补足。除《赵城藏》外，还收录了其他各藏特有的经籍。校勘上选用了《房山石经》《资福藏》《影宋碛砂藏》《普宁藏》《永乐南藏》《径山藏》《清藏》及《高丽藏》八个版本与《赵城藏》逐句校对，一一录出各版本的字句异同，但不加案断。这样，《中华大藏经》实际上是集九种大藏经于一编，为研究佛籍提供了很大的便利。

另外，《赵城金藏》也由北京图书馆出版社于2008年影印出版，共16开本122册。

《中华大藏经》续编将收入正编之外所有能搜集到的汉文佛教典籍，下限截止

[①] 韩锡铎《〈嘉兴藏〉各本异同略述》，《文献》2008年第2期。

到当代。续编分甲乙两部,甲部收编已收入各种大藏经但正编未收的部分,乙部收编藏外部分。甲部分 10 个分部:印度典籍部、南传典籍部、藏传典籍部、汉传注疏部、汉传撰著部、礼忏部、史传地志部、疑似部、音义目录部、外教部,计划收书 2272 种(含存目 48 种),总字数约 2 亿。所有文献都用电脑录入,并加标点,便于阅览。在推出纸质本的同时也推出电子本,实现大藏经的全文检索,以更好地满足读者的多种需求。续编工作正式启动于 2007 年,2019 年开始出书,全部出齐估计尚需十年。

佛教是世界性的宗教。大藏经除汉文文本外,还有巴利文、藏文、蒙文、满文、西夏文、日文等文本,其中汉文大藏经保存佛教典籍最多,也最系统。不但保存着现在印度久已失传的许多佛典和文化信息,而且保存了中国、日本、朝鲜等国学者对佛教原典所作的创造性阐释,从一个侧面反映了这些国家的历史传统和文化特征。《中华大藏经》的编纂不但给研究中国古代社会诸多方面提供了丰厚的宝藏,而且也为世界上研究和信奉佛教的人士提供了最完备的资料。

蔡念生(运辰)也主编了一部《中华大藏经》,原计划分四辑影印,第一辑为《碛砂藏》与《宋藏遗珍》,第二辑为《嘉兴藏》正续藏中第一辑未收的诸种典籍,第三辑为《卍字藏》《卍字续藏》中未为前两辑所收的典籍,第四辑为前三辑的补遗。该藏经从 1962 年起陆续刊行,到 1982 年第三辑出版,就宣告结束了,第四辑落空。三辑共收书 3576 种,精装 16 开本 280 册。

台湾还编了一部《佛光大藏经》,由《佛光大藏经》编修委员会主编,星云法师监修。全藏分为阿含藏(17 册)、般若藏(42 册)、禅藏(51 册)、净土藏(33 册)、法华藏(55 册)、华严藏、唯识藏(40 册)、秘密藏、声闻藏、律藏、本缘藏(19 册)、史传藏、图像藏(20 册)、仪志藏、艺文藏、杂藏 16 藏(后标册数者为已出之书),其中图像藏和艺文藏是历代各版藏经中所未曾收纳的。近代高僧大德的佛学作品也予收编。编辑以善本为底本,用各版藏经作文字校勘,考订全经;对经文标点、分段;解说经题,解释名相;经后附有诸家专文及索引。可以说,该藏是目前最便于阅读的大藏经。不过该藏在电脑录入的过程中,将底本中的异体字在不害文义的原则下改为现代通行字,不加校勘说明,这对学术研究是不利的。该藏由台湾佛光文化出版社从 1983 年起陆续出版发行,至今尚未完成。

北京星星出版公司和台北前景出版社 1990 年联合影印出版了《敦煌大藏经》,共 16 开本 63 册,另有《敦煌大藏经总目录》1 册。该藏由徐自强、李富华等人组成的编委会编纂,开始于 1988 年,以国家图书馆所藏敦煌佛典写本为基础进行整理,同时增补以英法日俄等国及国内各地所藏经卷的照片,编排以《开元释教录·入藏录》为序。前 60 册为汉文部分,最后 3 册为古代民族文字部分,其中有梵文、于阗文、古藏文、回鹘文等,这是这部大藏经的独特之处。该藏所收佛经与大陆《中华大藏经》及日本《大正新修大藏经》进行了校勘，每卷经之后附有校勘记，注出了相对应的页码，便于学人使用研究。但该藏并没有把全部敦煌佛教文献收编进去。

中国佛教宗派禅宗的著作虽然各种大藏经都有收录，但存在此有彼无的问题，还有些禅籍不见于各种大藏经，查阅颇为不便。蓝吉富主编的《禅宗全书》（台北：文殊出版社1988—1990）将已知禅籍汇于一编，是收录禅籍最多的丛书，可补各版大藏经之不足。丛书共16开本101册（包括总目索引1册），收集6世纪至20世纪的禅宗典籍近570种，内容分为史传、宗义、语录、清规、杂集五类。所收之书主要取自各种大藏经，少数部分则是散布于中国、日本、韩国等国未入藏的禅籍。丛书还收录了一些今人的点校本和标点本。2004年北京图书馆出版社再版《禅宗全书》，修订了原版中的一些错误，并补收了周绍良编著的《敦煌写本〈坛经〉原本》，使丛书更趋完善。

李富华、何梅所著《汉文佛教大藏经研究》一书（宗教文化出版社2003）对各种版本的汉文大藏经有比较全面深入的介绍和评议，方广锠《中国写本大藏经研究》（上海古籍出版社2006）对唐五代时期的写本大藏经有较为深入的探讨，想对汉文大藏经作进一步了解的人士不妨参看。

大藏经虽然为宗教文献，但其内容包罗万象，涉及哲学、宗教、历史、文学、语言、民俗、艺术、建筑、医学等许多方面。就拿文学来说，佛教对中国文学的影响是十分深远的，无论是诗歌散文还是小说戏剧，都不难找到佛经故事的演绎及佛教思想观念的印记。例如《百喻经》中有一则《乘船失釪喻》（第19则）的比喻，原文是这样的：

> 昔有人乘船渡海，失一银釪，坠于水中。即便思念："我今画水作记，舍之而去，后当取之。"行经二月，到师子诸国，见一河水，便入其中，觅本失釪。诸人问言："欲何所作？"答言："我先失釪，今欲觅取。"问言："于何处失？"答言："初入海失。"又复问言："失经几时？"言："失来二月。"问言："失来二月，云何此觅？"答言："我失釪时，画水作记。本所画水，与此无异，是故觅之。"又复问言："水虽不别，汝昔失时，乃在于彼，今在此觅，何由可得？"尔时众人无不大笑。亦如外道，不修正行，相似善中，横计苦因，以求解脱，犹如愚人，失釪于彼，而于此觅。

这则故事跟《吕氏春秋·察今》中所讲的"刻舟求剑"的故事如出一辙，二者之间应该有传播关系，但是从印度传到中国还是从中国传到印度，目前还不清楚。《百喻经》虽然是南朝萧齐时期才由求那毗地翻译成汉文的，但其中的故事在印度很早就有了。这表明中印两国早在先秦时期就有文化交流。

"曹冲称象"的故事可以说是家喻户晓，这一故事最早见于正史《三国志·魏书·邓哀王冲传》，似乎是无可置疑的历史事实，然而陈寅恪认为这一故事来自佛

经,被附会到曹冲头上。北魏吉迦夜和昙曜共译的《杂宝藏经》卷一《弃老国缘》(据《大正藏》)中有这样一则故事:

> 天神又复问言:"此大白象有几斤两?"群臣共议,无能知者。亦募国内,复不能知。大臣问父。父言:"置象船上,着大池中,画水齐船深浅几许。即以此船量石着中,水没齐画,则知斤两。"即以此智以答。

这确实是"曹冲称象"故事的另一个版本。问题是《三国志》的撰成时代要比《杂宝藏经》的译出时代早,陈寅恪何以主张"曹冲称象"故事源于后出之佛经呢?他解释说:"《杂宝藏经》虽为北魏时所译,然其书乃杂采诸经而成,故其所载诸国缘,多见于支那先后译出之佛典中。……《弃老国缘》亦当别有同一内容之经典,译出在先。或虽经译出,而书籍亡逸,无可征考。或虽未译出,而此故事仅凭口述,亦得辗转流传至于中土,遂附会为仓舒(琳按:曹冲字)之事,以见其智。但象为南方之兽,非曹氏境内所能有,不得不取其事与孙权贡献事混成一谈,以文饰之,此比较民俗文学之通例也。"①这样解释固然不无道理,但毕竟属于猜测。其实宋代学者吴曾在《能改斋漫录》卷二《以舟量物》条中早就指出:

> 《符子》曰:"朔人献燕昭王以大豕,曰养奚若。使曰:'豕也,非大圊不居,非人便不珍。今年百二十矣,人谓之豕仙。'王乃命豕宰养之。十五年,大如沙坟,足如不胜其体。王异之,令衡官桥而量之,折十桥,豕不量。命水官浮舟而量之,其重千钧,其巨无用"云云。乃知以舟量物,自燕昭时已有此法矣,不始于邓哀王也。

这无疑也是曹冲称象故事的又一版本。燕昭王(? —前279)是战国时期的人,比曹冲要早五百来年,那么曹冲称象的故事更有可能是以舟量物故事的演绎。陈寅恪也知道有此记载,他说:"邵二云晋涵据吴曾《能改斋漫录》引《符子》所载燕昭王命水官浮大豕而量之,谓其事已在前,然皆未得其出处也。"陈先生没说这不能视为更早出处的理由,大概以为《符子》(前秦苻朗撰,苻或误作符)是东晋时期的著作②,所记战国事不可信。《符子》中多载春秋战国遗事,恐非苻朗闭门造车,当有所本。其事固然未必属实,但秦汉以来有此传说则未可轻否,说它是曹冲称象故事的直接来源似乎要比来自佛经说更有可能。当然,我们可以进一步追问:燕昭王以舟量物的故事跟佛经中的称象故事有无源流关系?若有关系,谁是源谁是流?这

---

① 陈寅恪《三国志曹冲华佗传与佛教故事》,原载《清华学报》第6卷第1期,1930年6月出版。收入作者《寒柳堂集》,北京:三联书店2001。
② 据胡道静研究,成书于384—389年之间。见胡道静《晋代道家书〈符子〉的成书年代及其他》,原载《顾颉刚先生九十诞辰纪念文集》(1985),收入胡道静《中国古代典籍十讲》,复旦大学出版社2004。

需要比较文学研究者作深入的探讨①。

再来看一个佛经与语言研究的关系的例子。我们常把不正当的门路或手段称为"邪门歪道",这一成语出现很晚,大约是近代才有的。佛经中有"邪魔外道"的说法。西晋竺法护译《盂兰盆经》:"佛言:'汝母罪根深结,非汝一人力所奈何。汝虽孝顺,声动天地,天神、地祇、邪魔、外道、道士、四天王神,亦不能奈何。当须十方众僧威神之力,乃得解脱。'"唐玄奘译《药师经》:"信世间邪魔外道,妖孽之师,妄说祸福。""邪魔"指邪恶的魔鬼。佛教将不信奉佛法的宗教派别称为"外道",认为他们"不受佛化,别行邪法"。"邪魔"和"外道"都非正派,所以人们就用"邪魔外道"指不正当的途径或行为。《红楼梦》第八十一回:"说起宝玉的干妈,竟是个混账东西,邪魔外道的。"由于人们不理解"外道"的含义,于是先把"外"换成了"歪",以跟"邪"对应。如杨朔《三千里江山》(人民文学出版社 1953)第一段:"姚大婶生怕闺女看些邪魔歪道的小唱本。"接下来又把跟"途径"义无关的"魔"换成了语音近似的"门",便成了"邪门歪道"。汉语中在不影响表意的情况下,字词的排列倾向于以平、上、去、入四声为序,如"山清水秀",不说"水秀山清"或"山秀水清","张三李四"不说"李三张四",其他如"粗茶淡饭""安身立命""班马"(班固、司马迁)"元白"(元稹、白居易)等,都遵循四声的顺序。在这一习惯的影响下,"邪门歪道"又被说成了"歪门邪道"。另外,人们遇到不正常的情况爱说"邪门",这也来自佛经的"邪魔",原义相当于"见鬼",音转成"邪门"就不容易看出其理据了。

由此可见,佛经是学术研究的重要资源,我们要善于利用。

6.4.2 道藏

道藏是道教典籍的总集。道教是一个派别众多的松散宗教,没有公认的创始人,也没有所有教徒奉诵的圣经。与此相应的是道教的经典也由各个派别自己造作,各行其是,因而其经典显得十分芜杂,除直接跟道教有关的道经外,还将很多诸子百家、有关《易经》、医药和天文历法等方面的著作也纳入其经典之中。

道教大约形成于东汉中期,早期经典主要有《太平经》《老子想尔注》、东汉魏伯阳的《周易参同契》等。据文献记载,被称为《太平经》的有两部著作。《汉书·李寻传》中说汉成帝时期的齐人甘忠可造《天官历包元太平经》12 卷,此书没有流传下来。《后汉书·襄楷传》称于吉于曲阳泉水上得神书 170 卷,名为《太平清领书》,一般认为今传《太平经》就是《太平清领书》,但仅残存 57 卷,其余部分亡佚。《太平经》不是一人一时之作,而是由道教早期秘密流传的经典逐渐增广汇集而成,大约编定于东汉顺帝时期。《老子想尔注》2 卷,学者多认为是五斗米道创始人张陵所

---

① 钱钟书《管锥编》中对此也有论述,中华书局 1979,第 4 册第 1260—1261 页。

撰。此书久已失传,后在敦煌遗书中发现其残卷(S.6825V),仅为第 3 章至第 37 章,不足原书一半。

魏晋南北朝时期,随着道教的发展,各派道士撰写的经典日渐增多,一些道士开始搜集整理道书。东晋葛洪在《抱朴子内篇·遐览篇》中著录了其师郑隐所藏的道经 670 卷,诸符 500 多卷,合计 1200 余卷。南朝刘宋时的道士陆修静广集道书,编写《三洞经书目录》,著录各类道经、符图及医药方技著作,共 1228 卷。北周玄都观道士编《玄都经目》,著录道经 6363 卷。以上这些都只是道经的分类目录,并没有将书抄写汇编到一起,不能称为道藏。

到了唐代,道书开始汇集成藏。第一部道藏大约纂成于唐高宗时期。敦煌道经 S.1513《老子十方像名经》前有唐高宗写的《一切道经序》,其中说为了哀悼上元二年(675)病逝的太子李弘,敕令"为写一切道经卅六部"。此序应该是为奉敕纂成的道藏而写的。开元年间,唐玄宗令史崇玄等四十余人撰《一切道经音义》,又发使四处搜访道经,加上原来京中所藏,编纂成《三洞琼纲》,总计 3744 卷(一说 5700 卷,一说 7300 卷),后世称为《开元道藏》。天宝七年(748)诏令将《三洞琼纲》逐级转抄,以广流布。又据《太上黄箓斋仪》卷五二记载:"上元年中所收经箓六千余卷,至大历年申甫先生海内搜扬,京师缮写,又及七千余卷。"这可以称为《大历道藏》。然而唐末五代战乱频仍,唐代编的道藏均因战乱而亡佚,没有流传下来。

宋朝一建立,便开始了搜访校正道藏的工作。据《混元圣纪》卷九记载:"初,太宗尝访道经,得七千余卷,命散骑常侍徐铉、知制诰王禹偁校正,删去重复,写演送入宫观,止三千三百三十七卷。"北宋真宗时,王钦若奉命编纂《宝文统录》,汇集道经 4359 卷。因分类混乱,又于大中祥符六年(1013)让道士张君房重新编修,天禧三年(1019)完成,名为《大宋天宫宝藏》,共 4565 卷,分装成 466 函,每函依《千字文》顺序编号。《天宫宝藏》共抄录了七部。张君房在编完《天宫宝藏》后,又摘其精要万余条编成类书《云笈七签》,共 120 卷,书传于今。宋徽宗政和年间(1111—1117),又将《天宫宝藏》增补成 5481 卷,并在福州闽县九仙山天宁万寿观刻版印刷,称作《万寿道藏》。此为道藏刊印之始。

金章宗明昌元年(1190),诏令十方天长观提点孙明道重修《道藏》。孙明道分遣道士到处搜访遗经,共得 1074 卷,以补《万寿道藏》残存经版,并依三洞四辅,商校异同,编成一藏,计 602 帙,6455 卷,名为《大金玄都宝藏》。

元太宗九年(1237),道士宋德方、秦志安搜求遗经,重刊《道藏》。历时八年,至乃马真皇后称制的第三年(1244),全藏刊成,共 7800 余卷,仍名《玄都宝藏》,经版存于平阳玄都观。元世祖至元八年(1281),诏令焚毁除《道德经》以外的《道藏》经版,《玄都宝藏》刊版遂遭焚毁。

明成祖即位之初,敕令第四十三代天师张宇初重编道藏,永乐八年(1410),张宇初去世，又令第四十四代天师张宇清继续主持编藏修。明成祖去世后，仁宗、宣宗对编修道藏没有兴趣，修藏工作中断。明英宗即位后继续奉行永乐遗志，于正统九年(1444)令道士邵以正督校道藏，增所未备，当年十月刊版竣工，次年十一月刷印完成，后世称为《正统道藏》，共5305卷，480函，按三洞、四辅、十二类分类，采用《千字文》为函目，自"天"至"英"，颁赐天下名山道观。到明神宗万历三十五年(1607)，命第五十代天师张国祥续补《道藏》，收录经书54种，共180卷，仍以《千字文》为函次，自"杜"至"缨"，凡32函，名为《续道藏经》，后世一般称为《万历续道藏》。正续道藏合计共5485卷，512函，共收入经书1476种。我们今天所说的明道藏包括正续道藏。

历史上编修过的道藏主要就是上面这些，今天存世的只有明代编修刊印的道藏，而且数量稀少，现知仅国家图书馆(原北京白云观藏本)、上海图书馆(原上海白云观藏本)、四川省图书馆(原四川三台县云台观藏本)、泰安市博物馆(原岱庙藏本，存1576卷)、太原市崇善寺、河南南阳图书馆(原南阳玄妙观藏本)、青岛市博物馆(原崂山太清宫藏本)等处藏有明刊道藏。

《正统道藏》明代曾重印过两次，一次是嘉靖三年(1524)，另一次是万历二十六年(1598)，这两次重印对《正统道藏》都有所修补。清道光二十五年(1845)，王延弼对正统十二年赐予北京白云观的《正统道藏》的残缺部分进行过修补。1936年，星桥、董康、傅增湘等人又对白云观藏本进行过修补。

青岛市博物馆收藏的《道藏》是明代万历二十七年皇帝颁赐给崂山太清宫的，全书共480函，4946卷，4516册。据介绍，该藏是《正统道藏》万历二十六年的重印本，但其中的《太平经》有90卷之多，而其他《正统道藏》只有67卷(其中卷一至卷一○为唐间丘方远《太平经钞》，实存57卷)，可见重印时有修补。日本宫内厅书陵部也收藏着一部万历二十六年重印的《正统道藏》，现存4115卷(其中有个别万历版抄本补卷)，不知与青岛市博物馆藏本有何异同。

1923—1926年，上海商务印书馆以"涵芬楼"的名义将北京白云观藏本石印出版，缩为6开小本，装订为1120册，共印350部。后来台湾艺文印书馆(1977)、台北新文丰出版公司(1977)、日本株式会社中文出版社(1986)也都影印过涵芬楼本道藏。中国大陆最通行的是1988年文物出版社、上海书店、天津古籍出版社联合影印出版的《道藏》，共16开本36册。第1册前有目录，第36册末附白云霁《道藏目录详注》4卷。此本底本仍为涵芬楼本，原本有残缺，影印时用上海图书馆所藏上海白云观本补足，共补缺1700余行。另外还纠正错简17处，描补缺损字500余字(有误描的情况)。

清代没有重修过道藏，只是选编了《道藏辑要》《道藏精华录》等道经丛书。《道藏辑要》为嘉庆间蒋元庭所编(或称清初彭定求编，不可信)，初版从明代道藏中选辑 173 种道经,后再次刊刻时增加了 96 种藏外道经。光绪三十二年(1906),贺龙骧、彭翰然于成都二仙庵第四次刊刻《道藏辑要》时又增加了 18 种藏外道经,使道经总数达到 287 种。《道藏精华录》为民国年间守一子(丁福保)所编,选自《道藏》《云笈七签》和其他古书,共 100 种,分为 10 集。

20 世纪 50 年代以来出版的重要道书丛书有《道藏精华》《藏外道书》《道书集成》《敦煌道藏》《中华道藏》等。《道藏精华》为萧天石编纂,从 1956 年开始由台北自由出版社出版,至 2002 年共出版 17 集,精装 16 开本 75 册,平装 32 开本 104 册,收编道书 800 余种,所收以藏外道书为主,注重善本珍本,可以看作是续道藏。《藏外道书》也是一部续道藏,由胡道静、陈耀庭等人编辑,1992—1994 年巴蜀书社分两批出版,共 16 开本 36 册,收录道书 1016 种。全书分为古佚道书、老庄注释、经典、教义教理、摄养、戒律善书、仪范、传记神仙、宫观地志和文艺十类,所收皆为《正统道藏》所无的明清以来新出的道经秘籍、考古发现的古佚道书以及民间秘本、抄本、近代学者的道教研究著作等。该丛书选用的底本未能精校,印刷也不是很清晰。《道书集成》是一部新编道藏,北京九洲图书出版社 1999 年出版,共 32 开本 500 册。该书在《正统道藏》的基础上又增收了以下三类道教著作:(1)各种丛书、类书所载而《正统道藏》失收的,(2)明代以后新出的,(3)新发现的,如敦煌文献、出土简帛以及流传海外的。

敦煌文献中有 800 多件道经写本,属于 170 多种道经,抄写年代在南北朝后期至唐朝中期,以唐高宗至唐玄宗时代的抄本居多,其中近一半的内容不见于《正统道藏》。敦煌道经可使我们看到早期道经的面貌,补正明代《道藏》的缺失。日本学者大渊忍尔率先编辑《敦煌道经:图录编》(16 开本 1 册,东京:福武书店 1979),刊布了 300 多件敦煌道经写本的图版。随后中国学者李德范编辑《敦煌道藏》(16 开本 5 册,中华全国图书馆文献缩微复制中心 1999),收录敦煌道经写本图版 500 余件。今天看来,该书有三点不足:一是收录不全;二是图版源自敦煌文献的缩微胶卷和《敦煌宝藏》,清晰度不够理想;三是没有释录和校勘。

王卡主编的《敦煌道教文献合集》正由社会科学文献出版社陆续出版,共 16 开本 6 册,现已出版两册(2020)。该书将 800 多件敦煌道教文献图版悉数收入,并有相应释录。释录包括题记、释文、校记三部分。题记介绍经文时代、作者、卷册存留情况,凡见于《正统道藏》者,揭示道藏本起止页数行数或章节数。释文依据标准件录写、点校。校记载明底本、校本采录情况,依据校本所补底本残缺漏抄文字、所改错讹增衍文字,指出校本异文。

王卡著有《敦煌道教文献研究:综述·目录·索引》(中国社会科学出版社 2004),对敦煌道教文献有较为全面的介绍,兼有目录索引之用,可与《合集》题记互参。

《中华道藏》是中国道教协会1997年发起并组织全国研究机构和高等院校的一百多位专家学者整理的一部新编道藏,张继禹主编,华夏出版社2004年出版,共16开本49册,约5000万字。该书以涵芬楼本及文物出版社等三家影印本为底本,另从近代发现的古道经中选取了50种增补其中,如简帛黄老书、敦煌写本道经、金元刻本藏经孑遗等,总计收录道籍1526种。《中华道藏》采用繁体竖排版式,加了标点,并对文字做了校勘,原书中数以万计的符图都用电脑做了加工处理,更加清晰。经籍的编排在保持原《道藏》三洞四辅的基本框架不变的前提下,根据其内容性质、时代先后、所属门派,重新归类编次,分为三洞真经、四辅真经、道教论集、道法众术、道门科仪、道史仙传、目录索引七大类。每种经书均由整理者作一简要说明,注明作者、卷数、所用底本及参校版本等事项。全藏既有分册目录,又有总目录,最后一册附有目录索引、神名人名索引、引用书名索引、经名同异对照表、缺经目录及存目。这是继明代《正统道藏》之后对道教经书首次进行的系统规范的整理重修,为使用道藏的人提供了一个收录较全、阅读方便的版本。但该版本存在不少文字错讹及句读失误,很有必要出一个修订本。

2018年12月20日,中国道教协会举行了《中华续道藏》编纂出版工程启动仪式,标志着《中华续道藏》编纂项目的正式开始。《中华续道藏》由中国道教协会会长李光富任主编,四川大学詹石窗教授任首席专家和执行主编,负责联络全国学术界具体开展工作。项目主要搜集自明代万历至1949年以前的道教文献,编纂点校本《中华续道藏》及影印本《珍本道书集成》,并建立《中华续道藏》电子文献数据库。项目全部完成预计需要十年时间。

何建明主编的《道藏集成》正在陆续出版,这是道教历史文献的又一次汇总。该编所收除了《正统道藏》《万历续道藏》《道藏辑要》等历史上的丛书外,还搜集了明清以来新产生和新发现的道教文献,如敦煌文献、《扬善半月刊》《仙道月报》,以及道教文艺作品、道教文物资料等。印制采用原版影印的方式,对不清晰的版面加以技术处理;对敦煌文献则原件影像之外另附释录文字,以便对照。国家图书馆出版社现已出版两辑,第1辑(2017)收录《正统道藏》和《万历续道藏》,共16开本108册;第2辑(2019)《道藏辑要》,共16开本90册。与以往影印本相比,该版《道藏》字体较大,页面清晰。

正在编纂的还有孔令宏主编的《东方道藏》和李光富主编的《中华道经精要(点校本)》。《东方道藏》项目启动于2012年,由浙江大学道教文化研究中心搜集整理。全套分为《民间道书合集》与《珍稀道教刊本文献汇编》两大系列,前者主要收录采自道坛、宫观、乩坛、档案馆的成套未刊文献,后者收录采自图书馆、博物馆、个人等处的珍本孤本文献。现已收集到各类道书1万余册,内容包括科仪、宗谱、神谱、箓谱、曲谱、碑刻、职牒、神像画、堪舆书、地方道教志等,还有道教图片约5万张。社会科学文献出版社2019年影印出版了《民间道书合集》第1辑,共16开本20册。《中华道经精要(点校本)》由东方出版社2021年出版,收录道经1557种,其中《中华道藏》以外的道经占40%。

道藏将经书按渊源和传授系统的不同分为三洞、四辅、十二类。

三洞即洞真、洞玄、洞神,是道教派系的三大分类。洞真派的教主为天宝君,洞玄派的教主为灵宝君,洞神派的教主为神宝君。凡托名元始天尊造作的经典均收于洞真部,上清经属之;托名太上道君造作的经典均收于洞玄部,灵宝经属之;托名太上老君造作的经典均收于洞神部,三皇经属之。四辅指太玄部、太平部、太清部、正一部,是解说和补充三洞经典的著作。太玄为洞真部之辅,太平为洞玄部之辅,太清为洞神部之辅,正一为通贯三洞部之辅。三洞四辅合称七大部类。从《正统道藏》的实际归类来看,经籍的归类有混乱之处。如上清经当入洞真部,却大多误入正一部;道家诸子注疏当入太玄部,却误入洞真部。

三洞各部又细分为12小类,总为36部。因此,道教的典籍常常有"三洞真经""七部经书"或"三十六部经"等名称。

12小类的名目是:(1)本文类:三洞经文均归此类;(2)神符类:三洞符箓均归此类;(3)玉诀类:玉诀指对道经的解释,凡注解道经的典籍均归此类;(4)灵图类:凡以图为中心内容或以图为名者,均归此类;(5)谱录类:谱是谱系,录是记录,凡上圣的功德名位和应化事迹,均归此类;(6)戒律类:凡与戒律有关的文本均归此类;(7)威仪类:凡记述斋醮仪式的经籍归此类;(8)方法类:设坛祭炼和身内修持的各种方法的经籍归此类;(9)众术类:本指外丹炉火、五行变化和一切术数,后来与方法类相混;(10)记传类:收录各种传记山志;(11)赞颂类:收录步虚词、赞颂灵章、诸真宝诰等赞颂文章;(12)表奏类:收录祈祷时所用的表白愿望及上奏天庭的表文奏章。

道藏的七部分类法是以经书派别为原则来分类的,由于派别不断发展变化,新生派别的道经则无法归于七部,如北帝派、全真派的经典。七部分类法本身也有混乱之处,如"方法"与"众术"含混不清,"赞颂"与"表奏"是从文体的角度分出的类,与其他小类不同。所以道藏查阅起来很不方便。

道教是中国本土化的宗教,对中华民族的心理特征和社会生活产生过深远的影响。要全面了解中国文化,道教文化是一个不可或缺的重要环节。而要了解道教文化,离不开对道教经典的解读。

例如七月十五的中元节是一个重要的中国传统节日,关于该节日的起源,目前有源于道教说和源于佛教说两种。要弄清这个问题就得考查两家的文献记载。道教说的主要根据就是《艺文类聚》卷四《七月十五》所引的下面这段材料:

> 道经曰:七月十五中元之日,地官校勾,搜选人间,分别善恶。诸天圣众普

> 诣官中简定劫数，人鬼传录，饿鬼囚徒，一时皆集，以其日作玄都大献于玉京山，采诸花果，珍奇异物，幢幡宝盖，清膳饮食，献诸圣众。道士于其日夜讲诵是经，十方大圣齐咏灵篇，囚徒饿鬼俱饱满，免于众苦，得还人中。

这段经文明言七月十五中元之日使饿鬼免于众苦，的确与后世中元节有密切关系。佛教说依据的是旧题西晋竺法护翻译的《佛说盂兰盆经》①。经中说：

> 大目乾连始得六通，欲度父母，报乳哺之恩。即以道眼观视世间，见其亡母生饿鬼中，不见饮食，皮骨连立。目连悲哀，即钵盛饭，往饷其母。母得钵饭，便以左手障饭，右手抟饭。食未入口，化成火炭，遂不得食。目连大叫，悲号啼泣，驰还白佛，具陈如此。佛言："汝母罪根深结，非汝一人之力所奈何。汝虽孝顺，声动天地，天神、地祇、邪魔、外道、道士、四天王神亦不能奈何，当须十方众僧威神之力乃得解脱。吾今当为汝说救济之法，令一切难皆离忧苦，罪障消除。"佛告目连："十方众僧于七月十五日僧自恣时，当为七世父母及现在父母厄难中者，具饭、百味五果、汲灌盆器、香油锭烛、床敷（铺）卧具，尽世甘美以著盆中，供养十方大德众僧。……其有供养此等自恣僧者，现在父母、七世父母、六种亲属，得出三途之苦，应时解脱，衣食自然。若复有人父母现在者，福乐百年。若已亡七世父母生天，自在化生，入天华光，受无量快乐。"时佛敕十方众僧皆先为施主家咒愿七世父母，行禅定意，然后受食。初受食时，先安在佛塔前，众僧咒愿竟，便自受食。尔时目连比丘及此大会大菩萨众皆大欢喜，而目连悲啼泣声释然除灭。是时目连其母即于是日得脱一劫饿鬼之苦。

按照这一经文，僧徒要在每年七月十五日为自己及世俗之人的宗亲举行盂兰盆会，这与后世中元节的联系似乎也是无可否认的。

其实略加玩味，不难发现两段经文的内容大同小异，时间都是七月十五，手段都是供食念经，目的都是解脱饿鬼之苦，无疑是一家抄袭了另一家的经文。我们只要弄清了谁抄谁的问题，中元节的"发源权"自然就水落石出了。

上引道经出自《太上洞玄灵宝三元玉京玄都大献经》（下简称《大献经》）②，该经现知最早的版本为敦煌发现的抄本残卷（S.3061）。该残卷与《道藏》本在一些字句上有所出入，跟中元节关系较大的是"地官校勾"的时间。残卷作："当依玄都旧法，正月十五日、七月十五日、十月十五日，三元之晨，地官校勾，搜选众民，分别善恶。"说地官在"三元之晨"校勾，表明在该版本撰写的时代天、地、水"三官"还没有跟"三元"相配，而《艺文类聚》所引的《大献经》已经是地官与中元七月十五日相配

---

① 有些人认为《佛说盂兰盆经》是中土造作的疑伪经，产生时间在5世纪上半叶。此观点不影响这里的结论。参杨琳《"盂兰盆"考源》，《文化学刊》2016年第6期。
② 《道藏》，文物出版社、上海书店、天津古籍出版社1988年联合出版，第6册第271页。

的格局,所以敦煌本《大献经》早于《艺文类聚》本。在道教的斋醮日期中最初并没有七月十五日。《赤松子章历》卷二《三会日》载:"正月五日上会,七月七日中会,十月五日下会。右此日宜上章言功,不避疾风暴雨,日月昏晦,天地禁闭。其日天帝一切大圣俱下,同会治堂,分形布影,万里之外,响应齐同。此日上章受度法箓,男女行德施功,消灾散祸,悉不禁制。"①这里的"三会日"尚未形成整齐的"三元"模式。南朝宋陆修静(406—477)《陆先生道门科略》云:"奉道者皆编户著籍,各有所属。令以正月七日、七月七日、十月五日,一年三会,民各投集本治,师当改治录籍,落死上生,隐实口数,正定名簿。"②这里的"中会"依然是七月七日。由此可知,南北朝时期道教还没有七月十五日的中元斋会。

清赵翼《陔馀丛考》卷三五《天地水三官》条云:"其以正月、七月、十月之望为三元日,则自元魏始。《魏书》:孝文帝以太皇太后丧,诏令长至三元,绝告庆之礼。是三元之名魏已有之。盖其时方尊信道士寇谦之,三元之说盖即谦之等袭取张衡三官之说,而配以三首月为之节候耳。"不少人信从赵翼的这一说法,如《辞海》(1979)、《汉语大词典》"三元"条即引赵翼此说。按《魏书·高祖孝文帝纪下》载:太和十四年十月癸未孝文帝因太皇太后之丧而下诏云:"普下州镇,长至三元,绝告庆之礼。"并没有说这"三元"是正月、七月、十月之望。《魏书》中所说的"三元"指正月初一,正月初一是岁之元、月之元、日之元,故称"三元"。将《魏书》中的"三元"说成道家的三元日是没有根据的。

然而刘宋之时佛教的盂兰盆会已很热闹,成为百姓普遍参与的民间节日。南朝宋王元谟《寿阳记》载:"赵伯符为豫州刺史,立义楼,每至七月半,乃于楼上作乐,楼下男女盛饰游观行乐。"③这里的七月半无疑指佛教的盂兰盆节,因为如上所述,当时的道教在七月十五日没有任何活动。北朝学者颜之推(531—约590)《颜氏家训·终制》中的下面几句话更为明证:"若报罔极之德,霜露之悲,有时斋供,及七月半盂兰盆,望于汝也。"这是颜之推留给子女的遗嘱,意思是说,若想报答养育之恩,按时献上供品,尤其是七月十五的盂兰盆供日,我等待着你们的食物。比颜之推略早的梁代宗懔(约500—约564)在《荆楚岁时记》中记述道:"七月十五日,僧尼道俗悉营盆供诸佛。"虽然是简单的一句话,但它告诉我们七月半是来自佛教的节日,而且在梁代已是"道俗"同乐("道"这里指佛教)。学术界通常将大同四年(538)梁武帝到同泰寺设立盂兰盆斋(见《佛祖统纪》卷三七)视为佛教徒依据《盂兰盆经》举行盂兰盆会的开始④,从刘宋时七月半已成节日的情况来看,佛教徒的盂兰盆斋会无

---

① 《道藏》第11册第138页。
② 《道藏》第24册第780页。
③ 《古今图书集成·历象汇编·岁功典》卷六八。
④ 参周叔迦《盂兰盆会》,《中国佛教》第2辑,知识出版社1989,第394页。

疑在南北朝之前就有了。

综合以上材料,可以说南北朝时期无论是南朝还是北朝,佛教的盂兰盆会已成为百姓普遍参与的节日,道教的中元节则无迹可求。

大约正是看到佛教盂兰盆会的兴盛,道教便想把原本依附于七夕节的斋会改为七月十五,以利用佛教营造的节日氛围张扬其教,敦煌本《大献经》的出现就是这一愿望的理论先导。由于本来就没有什么依据,只好将佛教的《盂兰盆经》改头换面,作为自己的经文。唐玄嶷《甄正论》卷下载:"道士刘无待又造《大献经》,以拟《盂兰盆》。"由此可知,《大献经》是唐初道士刘无待(生活在600—700年之间)仿照《盂兰盆经》造作的,敦煌本《大献经》应是刘无待的原作。然而敦煌本《大献经》的改编尚不完善。佛家的救度宗亲活动只是一天,《大献经》却说成"三元"皆然,而且"三元"之日都是"地官校勾",这既使同为"三官"的天官和水官没有用武之地,成了闲官,又使"三元"的活动内容重复单调,缺乏吸引力。因此,后来的信徒们又将经文作了修改,让"三官"与"三元"相配,使理论更为系统化,更有说服力,以便跟盂兰盆节抗争,这就是《艺文类聚》本《大献经》的出现。至于将理论付诸实践,自然还要晚一些,而且要信徒们普遍接受也需要一个过程,所以道教徒在中元之日举行斋醮活动不可能早于唐初。

李唐王朝为了显示自己血统的尊贵,奉李耳为族祖,这样道教就成了皇族宗教,道教的社会地位得到空前提高。在唐王朝的支持下,道教扩大了三元斋会的社会影响,从佛教那里争得了七月半节的半壁市场,七月半节又称中元节就是道教施加影响的结果。

通过查考佛道两教的原始文献,我们弄清了中元节的真正来源。

道藏中还有大量的医药学的著作,如《黄帝内经》,东晋葛洪的《肘后备急方》《金匮要略》,南朝梁代陶弘景的《本草经集注》《养性延命录》,唐代孙思邈的《千金方》《摄生论》等,这些治病养生的著作是值得我们认真汲取的文化遗产。

道藏中还保存了许多冶炼及化学方面的知识。道士们在烧炼金丹的过程中发现硫磺、硝石和木炭混合在一起会发生燃爆现象,由此发明了火药。火药之所以称为"药"就是因为它最早是炼丹家配制的药剂。《诸家神品丹法》卷五记载了孙思邈的火药(又称"伏火")配制法:

> 硫黄、硝石各二两,令研右(后之误)用销银锅或砂罐子入上件药在内。掘一地坑,放锅子在坑内,与地平,四面却以土填实。将皂角子不蛀者三个,烧令存性,以钤逐个入之。候出尽焰,即就口上着生熟炭三斤,簇煅之。候炭消三分之一,即去余火不用。冷,取之,即伏火矣。①

---

① 《道藏》,文物出版社、上海书店、天津古籍出版社1988年联合影印本,第19册第238页。

关于道教的自然科学成就,《中国道教科学技术史》一书有详细的论述,该书现有姜生、汤伟侠主编的《两汉魏晋卷》(科学出版社 2002)和《南北朝隋唐五代卷》(科学出版社 2010),可以参看。

道藏中还记录了不少名山大川及神仙道士居住修炼的洞天福地,可以作为旅游资源来开发利用。

欲了解道教各方面的知识,可查阅胡孚琛主编的《中华道教大辞典》(中国社会科学出版社 1995)。

6.4.3 儒藏

历史上虽然儒释道三家并称,但自汉代以来,儒家思想文化在中华文化中一直占有正统地位,是中华文化的主体,所以儒学典籍的数量远迈释道两家。然而释道两家很早就编成了各自的经藏,儒家典籍则一直未能成藏。明代的时候就有人想编纂儒藏。如汤显祖在《孙鹏初遂初堂集序》(《玉茗堂全集》卷四)中说,孙鹏初想"黧栝《十三经》疏义,订核收采,号曰《儒藏》"。孙鹏初想编的《儒藏》仅限于《十三经》,名不副实。明张岱《石匮书》卷二〇七下记载:"(曹学佺)尝谓二氏有藏,吾儒无藏,故修儒藏与之鼎立,采撷四库之书,十有余年,而未能卒业也。"曹学佺想编的儒藏似乎规模不小,但靠一己之力是很难实现的。清王朝编纂的《四库全书》虽然儒家典籍占大多数,毕竟还是诸家并收,对儒家典籍也只是择要收录而已,不能称为《儒藏》。

时至 21 世纪,儒藏的编纂才真正付诸实施。2003 年,教育部将"《儒藏》编纂与研究"定为 2003 年度教育部哲学社会科学研究重大课题攻关项目,向全国高校公开招标,北京大学主持的申报方案中标,标志着《儒藏》编纂工程的正式启动。《儒藏》所收为儒家经典及反映儒家思想、体现儒家经世为人原则的典籍,包括传世文献和出土文献,收书时限自先秦至 1911 年清朝灭亡。传世文献包括传统分类中经部的全部、史部的部分、子部的儒家类、集部中的部分别集和总集,具体类目依据《四库全书总目》,个别地方略作调整。出土文献单列一类,原件以古文字书写者收录其释文文本。该藏还收录历史上深受儒家文化影响的韩国、日本、越南学者用汉文写作的儒学著作,编为海外文献部类。编纂工作分"精华编"和"大全本"两步进行。"精华编"将中国历史上最具影响力和代表性的儒学文献,包括传世文献和出土文献 500 余种和韩、日、越三国历史上用汉文著述的 100 余种儒学文献萃为一编,编成 339 册(其中中国部分 282 册,韩国 37 册,日本 18 册,越南 2 册)。目前已由北京大学出版社出版 200 多册。大全本收录 3000 余种(含"精华编"),基本囊括了中、韩、日、越四国历史上比较有价值的儒学著作。整理方式采用繁体竖排版式,加上标点,附上校勘记,同时制作成便于检索的电子文本。各书卷首由整理者撰写校点说明,简要介绍作者生平、成书背景、主要内容及影响,以及整理时所用的底本、校本(举全称后括注简称)及其他有关情况。重复出现的作者,其生平事迹按出现顺序前详后略。国内外30多家单位参与该项目的编纂。

大全本《儒藏》将是一部最为完备的儒家思想文化著述的总汇,它的问世不仅使儒释道三大思想体系有了各自的思想武库,也为我们研究利用儒家文化资源提供了更加系统全面、更加方便的文本。

四川大学古籍整理研究所也在主持编纂一部《儒藏》,该工程启动于1997年,计划收书5000种,分装为16开本644册,其中经部256册,论部114册,史部274册,预计由四川大学出版社2022年全部出齐。川大《儒藏》有三个特点:

一、分类比传统的经史子集四部分类法更为合理。丛书在编排上分为"三部二十四目"。"三部"即经、论、史三部,经部收录以儒家经典原文及注解为核心的经学类著作,论部收录以儒学理论为内容的思想性著作,史部收录以儒学史为主题的历史类著作。每部之下,根据需要设立若干类目,共计二十四目。具体类目如下:

经部:元典、周易、尚书、诗经、三礼(含三礼及总论)、春秋(含三传及总论)、孝经、四书(含大学、中庸、论语、孟子及总论)、尔雅(附小学)、群经(附谶纬)、出土文献(含简帛、石刻、敦煌遗书)。

论部:儒家、性理、礼教、政治、杂论。

史部:孔孟、学案、碑传、史传、年谱、学校、礼乐、别传(附杂史)。

用此"三部二十四目"分类体系可以合理地统摄所有儒学著作。

二、整理方式更符合学术需求。川大《儒藏》的整理采用在影印件上句读的方式,在文字行右侧添加顿号表示句中停顿,添加句号表示一句结束。凡需校勘的地方,皆于该字右旁添加序码,于卷末《校记》中出校说明。这种方式不但保存了古籍原貌,还订正了原刻本的错误,比重新录入的文本更为可靠。

三、收书规模比北大《儒藏》更大。

两套《儒藏》虽然内容上大同小异,但因整理方式、整理者及所据版本的不同,还是各有自己的价值。

川大还编辑了一套《儒藏精华》,2017年由齐鲁书社出版,选收儒家论著90种(1150余万字),线装260册,分装35函。所选之书各附提要一篇,正文在影印基础上进行圈点,天头出红色校记,印制精美。

中国人民大学孔子研究院原本也计划编纂《儒藏》,因北京大学中标了教育部的项目,四川大学也自立项目进行编纂,中国人民大学便另辟蹊径,编纂《国际儒藏》。儒学在公元前3世纪便传播海外,成为世界性的学问。儒学传入朝鲜、日本、越南后,与其传统文化相融合,形成了这些国家特有的儒学,涌现了大批儒学大师,形成了众多学派,大大丰富了儒学的内涵。这些学人都有大量著作存世,因分散各地,查阅困难。《国际儒藏》分为韩国编、日本编、越南编和欧美编四部分,将海外儒学典籍进行发掘整理,汇为一编,为儒学研究提供了丰富的国外资料,有利于推动儒学在世界的发展与弘扬。2010年,华夏出版社和中国人民大学出版社联合出版了《国际儒藏》"韩国编四书部",收录文献464种,共16开本16册。《国际儒藏》按经史子集四部分类,但有所调整。整理采用重新录入的方式,繁体竖排,并加标点校勘,原稿中的古今字、俗体字、常用字之异体及生僻异体字、缺笔避讳字均改为规范正体字,保留通假字、避讳正字。每种文献附有简明提要,对作者思想生平、著作内容、版本源流、后世评价及影响作简要介绍。

6.4.4 子藏

华东师范大学2010年启动了《子藏》编纂项目,这是一个规模空前的子书纂辑工程。工程搜辑海内外所存诸子白文和历代诸子注释、研究专著,分成《论语卷》《孟子卷》《老子卷》《庄子卷》等系列,收书总量约5000种,分装为16开本1300余册。工程以"全""精"为选书原则,"全"即凡符合收录原则之书务必悉数收入,"精"即力求善本加以影印。编者为每种著述撰有提要,考述著者生平,揭示著作内容,探究版本流变。提要先以单行本的形式出版,待全藏出版后再汇成《子藏总目提要》。据称,完成整个工程大约需要10年时间。

国家图书馆出版社从2011年开始出版《子藏》,目前《道家部》《法家部》《兵家部》已经出齐,《杂家部》和《名家部》也在分批推出。截至2019年底,共计出版16开本668册,收书2487种。

《庄子卷》(2011)共162册,收辑历代庄子学著作302种,资料截止于1949年,是目前搜辑庄学著作最全的丛书。全书按原书大小影印,个别善本还彩色影印(如金大定十二年[1172]刊本《壬辰重改证吕太尉经进庄子全解》),最大限度地做到了文献的存真。

山东大学也于2010年启动了《子海》编纂项目。该项目由山东大学与台湾商务印书馆联合编纂,分为《珍本编》《精华编》《研究编》《翻译编》四部分,《珍本编》计划收录子部古籍5000种,《精华编》计划收录子部要籍500种,《研究编》收录子学研究专著100种,《翻译编》是子学要籍的对外介绍,共计收书5600余种。内容编排上,分为儒家类、兵家类、农家类、医家类、历算类、艺术类(谱录类)、杂家类、类书类、小说家类、道家类等10类。2013年推出了《子海珍本编》第1辑,影印子部古籍553种,共16开本174册。其中大陆卷124册,由凤凰出版社出版;台湾卷50册,由台湾商务印书馆出版。另有《子海珍本编图录》1册,收录大陆卷的300帧书影。2016年,凤凰出版社出版了《子海珍本编·海外卷(日本)》,收录日藏子部汉籍150种,按馆藏地分为内阁文库、蓬左文库、宫内厅书陵部、国立国会图书馆、静嘉堂文库、东京大学图书馆及早稻田大学图书馆6辑,共16开本32册。《子海精华编》现已出版 5 辑,分别由凤凰出版社及山东人民出版社出版,共计 16 开本 54 册,收书 77 种。

6.4.5 医藏

2018 年,国家中医药管理局主管的《中华医藏》正式启动,该项目由全国中医药行业古籍保护中心(中国中医科学院中医药信息研究所)和国家古籍保护中心(国家图书馆)具体组织实施。项目拟选择 2289 种重要中医古籍影印出版(其中包括民族医籍 224 种),并撰写相应的书目提要,建成数字资源库,这对促进中医药的保护传承与研究利用无疑具有重要意义。预计完成整个项目需要 8 年时间。

医籍丛书已有不少,规模有大有小。曹炳章编辑的《中国医学大成》,上海大东书局 1936—1937 年铅印出版,线装 32 开本 280 册,收书 136 种。该丛书原计划收书 365 种,分为医经、药物、诊断、方剂、通治、外感病、内科、外科、妇科、儿科、针灸、医案、杂著(医话、医史之类)13 类。每类之中按年代先后排列,每书均有提要,这些提要汇编为《中国医学大成总目提要》一书先行出版(上海:大东书局 1935)。遗憾的是,印行 136 种后,因日本发动侵华战争而中止。后来有多家出版社影印过此丛书,如岳麓书社(1990)、香港牛顿出版股份有限公司(1990)、中国中医药出版社(1997)等。上海科学技术出版社也于 1990 年出版了此书的重刊订正本,分装 32 开本 50 册。1992 年,岳麓书社影印出版了《中国医学大成续集》,将《中国医学大成》未出部分略加增删,收书 167 种,分为医经、药物、诊断、方剂、通治、外感病、内科、外科、妇科、小儿科 10 类,每类合订为 16 开本 1 册,共 10 册。另有索引 1 册。2000 年,上海科学技术出版社也影印出版了《中国医学大成续集》,收录《中国医学大成》未出之书 118 种,分装 32 开本 49 册。每书末尾附有校勘。1994 年,岳麓书社又影印出版了裘沛然主编的《中国医学大成三编》,共 16 开本 12 册,收书 126 种。这四套丛书共计收书 430 余种,中医要籍基本囊括。但该书初编为铅排本,难免出错,续出部分缺乏统一规划,不成系统,版本选择上也存在缺憾。

为了弥补上述不足,南京中医药大学组织编纂了《中医古籍珍本集成》。该丛书由周仲瑛和于文明任总主编,共影印、校注、整理中医古籍 314 种,分装为 32 开本 304 册,2012—2014 年由湖南科学技术出版社、岳麓书社联合出版。全书分为医经卷、伤寒金匮卷、温病卷、诊断卷、本草卷、方书卷、内科卷、外伤科卷、妇科卷、儿科卷、五官科卷、针灸卷、气功养生卷、医案医话医论卷、综合卷共 15 卷。该丛书旨在给学术界提供一套文本可靠、使用方便的中医古籍,为此选择最佳版本原样影印,在影印的基础上进行校勘、注释、解读,其中校勘、注释采用眉批、旁注的形式;内容较多的辑轶、勘误采用附录的形式;解读采用导读或校注说明,或在书末附加按语,对全书的作者情况、学术背景、临床价值、史料价值等内容作详细介绍。

人民卫生出版社曾出版过一套《中医古籍整理丛书》(1984—2005),共整理中医古籍 140 种,繁体竖排版式。整理方式多种多样,或为校注(如《黄帝内经素问校注》),或为语译(如《黄帝内经素问语译》),或为校译(如《千金翼方校译》),或为辑校(如《神农本草经辑校》),阅读比影印本方便。

《中国古医籍整理丛书》是 2010 年国家中医药管理局资助的项目,选择 1950 年以来未曾出版过的 408 种重要古医籍加以校注,由中国中医药出版社出版(2015—2017),时限上起唐代,下至清末,其中有不少孤本、稿本、抄本是首次整理面世。

李光富、高文柱主编的《道医集成》,学苑出版社、中医古籍出版社 2019 年联合出版,共 16 开本 81 册,收书 686 种,插图 8000 余幅,繁体竖排版式。全书分编为道论类、医典类、本草类、医方类、临证类、摄养类、金丹类七类。

流传到海外的中医古籍也不断影印出版。郑金生主编的《海外中医珍善本古籍丛刊》(中华书局 2016)收录散佚海外的珍善中医古籍 427 种,共 16 开本 403 册(含提要 1 册),规模不小,其中国内失传的书有 160 余种,版本珍稀。由中日两国专家历时数十年编纂而成的《域外中医古籍丛书》,搜集日本中医古籍 2376 种,线装书局 2017 年出版,共 16 开本 656 册。其中有不少国内罕见的宋元刻本及和刻本,包括日本著述的医籍。该丛书的图版数据库叫"千年医典"(https://www.kanguji.com/index),可以在线阅览。

中国中医科学院从海内外各大图书馆及私人藏书中遴选宋元明清各代急需抢救的孤本医籍 351 种,编为《中医古籍孤本大全》丛书,薛清录主编。中医古籍出版社从 1993 年开始影印出版,至今尚未出齐。

6.5 专门类

6.5.1 善本丛书

什么是善本呢?字面上很好理解,就是好的版本,但什么样的版本算好的版本,并没有统一的标准。清末张之洞在《輶轩语·语学第二·读书宜求善本》中说:"善本之义有三:一、足本,无阙卷,无删削;二、精本,一精校,一精注;三、旧本,一旧刻,一旧钞。"这里提出了判定善本的"足、精、旧"三条标准,但没说清须三者同时具备还是具备其一即可,而且"精本""旧本"也是模糊概念,理解上难免因人而异。《中国大百科全书(简明版)》(中国大百科全书出版社 1999)对"善本"的解释是:"内容精善或在形式上有特色的珍贵难得的古书版本。其最初涵义,是指经过严格校勘、文字讹误较少的书本。也有人将珍贵罕见的书本视为善本。清代人认为足本(无缺卷、未删削)、精本(精校、精注)、旧本(旧刻、旧抄)均为善本。20 世纪 80 年代以后,中国学术界趋于一致的确定善本的标准是:历史文物性,指古籍的年代久远或可成为重要人物、事件的文献见证而具有文物价值;学术资料性,指古籍的内容精善或在学术上具有重要参考价值;艺术代表性,指古籍在印刷、装帧、用纸、用墨等方面具有反映当时技术发明、发展与成熟水平的代表性。简称三性原则。一部古籍,只要具备上述三种属性之一、二,即为善本。善本的时间界限,《中国古籍善本书目》确定为明末(1644)以前。《中华人民共和国文物法》则将清乾隆六十年(1795)以前刊印的图书定为文物。"编纂《中国古籍善本书目》的时候,编委会在三性说的基础上提出了九条具体标准,这九条标准是:

(1) 元代及元代以前刻印或抄写的图书。

(2) 明代刻印、抄写的图书(版本模糊,流传较多者不在内)。

(3) 清代乾隆及乾隆年以前流传较少的印本、抄本。

(4) 太平天国及历代农民革命政权所印行的图书。

(5) 辛亥革命前在学术研究上有独到见解或有学派特点,或集众说较有系统的稿本,以及流传很少的刻本、抄本。

(6) 辛亥革命前反映某一时期,某一领域或某一事件资料方面的稿本及较少见的刻本、抄本。

(7) 辛亥革命前的有名人学者批校、题跋或抄录前人批校而有参考价值的印本、抄本。

(8) 在印刷上能反映我国印刷技术发展,代表一定时期印刷水平的各种活字本、套印本,或有较精版画的刻本。

(9) 明代印谱,清代集古印谱,名家篆刻的钤印本(有特色或有亲笔题记的)。

这就是目前学界很有影响的判定古籍善本的"三性九条"说。九条标准不免带有当时的政治色彩。

2006年7月28日,文化部发布作为行业标准的《古籍定级标准》(WH/T20—2006)。该标准将古籍分为善本和普本两类。善本分为三级,三级内又各分甲乙丙三等。如一级甲等指北宋及北宋以前(包括辽、西夏时期)刻印、抄写的古籍,一级乙等指元代及其以前(包括南宋、金、蒙古时期)刻印、抄写的古籍,一级丙等包括明清时期各学科名家名著的代表性稿本,明清时期著名学者的代表性批校题跋本等。普本为第四级,内部不分等次。该标准只是适用于汉文古籍。

2018年9月17日,国家市场监督管理总局、中国国家标准化管理委员会联合发布《中国少数民族文字古籍定级》(GB/T 36748—2018)的国家标准,为少数民族文字古籍的分级定等提供了依据。

我们认为善本是一个发展的概念,不同时代有不同的善本标准。元代人视为普通版本的古籍到明代就有可能被视为善本,明代的普通古籍到今天就有可能定为善本。善本又是一个工作概念,工作目的不同,就有可能制定不同的善本标准。

"三性九条"是为编纂全国善本总目而制定的,标准倾向于宽松;但如果要影印善本丛书,不得不制定更为严格的善本选取标准,除非你有能力把大部分古籍都影印出来。可见"善本"本来就是一个模糊概念,它的确切内涵有赖于人们根据不同的目的制定具体的细则来界定。就学术研究而言,我们认为确定善本的终极目的是为了弄清作品的原貌,为了准确理解作者的原意,而不是为了把玩观赏,因此,善本的判定应该主要根据书籍的内容,而不应主要根据书籍的形式,如果把形式精美而内容脱离原作的本子定为善本,将使"善本"的概念与非善本没有区别。根据这一原则,善本的基本内涵应定义为:内容最符合作者原作的本子。按照这一定义,稿本无疑属于善本,因为它本身就是作者原作;现存最早的版本一般也在善本之列,因为书籍流传的一般规律是抄写刻印的次数越多产生的讹误也就越多,版本早,讹误少,更能反映作品原貌;其他如孤本、罕见旧本、精校本等,一般也都可以定为善本。

由于善本是内容最符合作者原作的本子,因而在学术研究中具有十分重要的价值。拿王羲之的《兰亭集序》来说,目前最早的写本是作者手迹的唐代摹本(图 6-8)。将唐代摹本与后世流传的文本作一比勘,就会发现存在不少差异。如"修禊"唐冯承素摹本作"脩稧","峻岭"摹本作"峻领","映带"摹本作"暎带","晤言"摹本作"悟言","快然"摹本作"怏然","已为陈迹"摹本作"以为陈迹","犹今之视昔"摹本作"由今之视昔",不难看出,后世传本将原本中的通假字、异体字和俗字都改换成了后世的规范字,这虽然不影响对文章内容的理解,但使文献的历史用字信息灭失了。

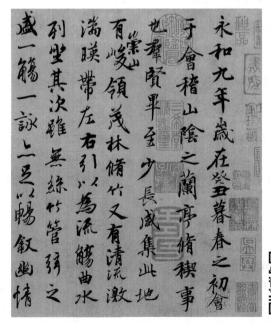

图 6-8 唐冯承素《兰亭序》摹本(局部),现藏北京故宫博物院

有些修改则对正确理解造成障碍。三国东吴景帝之名,《三国志·吴书·孙休传》《世说新语·规箴篇》等传世文献均作"孙休",古来无异议。日本所藏唐抄本《世说新书》残卷《规箴篇》:"孙烋好射雉。"刘孝标注:"环济《吴纪》曰:'烋,字子烈。'"应以作烋为是。烋字从火,义为烧灼。宋毛居正《增修互注礼部韵略》卷二《十八尤》:"烋,熏也。"《诗经·大雅·云汉》:"我心惮暑,忧心如熏。"毛传:"熏,灼也。"犹言忧心如焚。烈也有烧灼义。《广雅·释诂二》:"烈,爇也。"《说文》:"爇,烧也。"名烋字烈,义正相应,作休则名与字之间的联系就不好理解了。

有些后世的修改则改变了作者的原意。如李白的《静夜思》,今天大家熟悉的文本是:

(1) 床前明月光,疑是地上霜。举头望明月,低头思故乡。

这是不是《静夜思》的原貌呢?查检古籍,这首诗历史上有多种文本,现搜集胪列如下:

(2) 床前明月光,疑是地上霜。举头望山月,低头思故乡。

记载这一文本的典籍有明曹学佺《石仓历代诗选》(文渊阁《四库全书》本)卷四四、清王士祯《唐人万首绝句选》卷一五等。宋叶廷珪《海录碎事》(明万历二十六年刻本)卷一只录两句:"床前明月光,疑是地上霜。"

(3) 床前看月光,疑是地上霜。举头望明月,低头思故乡。

记载这一文本的典籍有明高棅《唐诗品汇》(明张恂重订刻本)卷三九。

(4) 床前看月光,疑是地上霜。举头看山月,低头思故乡。

记载这一文本的典籍有明钟惺、谭元春《唐诗归》(明刻本)卷一六。

(5) 床前看月光,疑是地上霜。举头望山月,低头思故乡。

记载这一文本的典籍有宋郭茂倩《乐府诗集》(宋刻本)卷九〇、《李太白文集》(宋刻本)卷六、《分类补注李太白诗》(元建安余氏勤有堂刻本)卷六、宋洪迈《万首唐人绝句诗》卷一五、明朱谏《李诗选注》(明隆庆刻本)卷四、明陆时雍《唐诗镜》卷二〇、清王琦《李太白诗集注》卷六、清曹寅《全唐诗》卷一六五等。

那么哪一种文本是李白的原作呢?这得主要根据版本的时代来判断。记载文本(1)的典籍有元范德机《木天禁语》(明胡氏文会堂刻格致丛书本)、明李攀龙《唐诗选》(明闵氏刻朱墨套印本)卷六、清蘅塘退士《唐诗三百首》等。这一文本之所以流行,跟《唐诗三百首》的广为流传是不可分割的。但这种文本最早见于明版典籍,文本(2)至(4)也是最早见于明代刻本,所以这些文本应该都是明人的修改本。文本(5)见于宋刻本,是目前最早的版本,而且在宋版书中没有异文,因此可视为李白的原作,至少是最接近李白原作的文本。善本的价值由此可见一斑。

学术研究应优先选用善本,否则会造成无谓的失误。《汉语大字典》(第1版、第2版):"梧,木名。《集韵·侯韵》:'梧,木名。依树生枝,文如罔。'"又:"枑,梧。《集韵·薛韵》:'枑,梧也。'"《集韵》有很多版本,两条引文出自清康熙四十五年(1706)扬州使院曹楝亭刻本(此本颇为流行,文渊阁《四库全书》本、《四部备要》本都据此本),但现存的三种南宋刻本,即南宋初年明州刻本、淳熙十四年(1187)金州军刻本、孝宗年间潭州刻本,"文"均作"交","梧"均作"梧"。"交如罔"是说树枝相交如网。《类篇·木部》:"梧,一曰木名,依树生枝如網。"可为佐证。《说文》:"枑,梧也。"此宋本所据。可见曹本讹误。如果依据讹误的文本去解读古籍、分析词义,必然出错。唐元结《讼木魅》诗"拔丰茸兮已实"聂文郁注:"拔,疑因形似,枑误作拔。枑,梧桐树的别名。"①这里就是根据《集韵》讹误的文本解读古诗,自然是站不住的。《汉语大字典》"俓"字下:"伎。《集韵·径韵》:'俓,伎也。'"这是依据《四部备要》本或是文渊阁《四库》本,宋本《集韵》"伎"均作"仗"。

善本古籍存世稀少,多为孤本,一旦发生灾难,可能永绝人间。就利用而言,善本分藏各地,收藏者奉为珍宝,往往秘不示人,很难利用。为确保珍贵典籍的传承安全,同时也为学术界提供利用善本的便利,将善本影印出版是一件功在当代、泽被万世的文化善举。目前影印出版的善本丛书不少,规模较大的如《四部丛刊》《北京图书馆古籍珍本丛刊》《宋集珍本丛刊》《中华再造善本》《中国古籍珍本丛刊》《原国立北平图书馆甲库善本丛书》等。

《四部丛刊》是著名出版家张元济主编的一部古籍善本丛书,由商务印书馆石印出版。全书分《初编》《续编》《三编》三部分。《初编》出版于1920—1922年,收书323种(《百衲本二十四史》原列入,后单行,不在其中)。1926—1929年再版,抽换了其中21种书的版本。如《孝经》原用影宋抄本,这次改用宋本;《说文系传通释》原用述古堂影宋抄本,这次将其中的后11卷改配宋本;《吴越春秋》原用明万历本,这次改用弘治本。另外,对部分原有残缺的图书进行了增补。如《管子·重令篇》原缺一页,这次补全了;《李贺歌诗编》原无外集,这次补以宋本。《初编》问世后深受学界欢迎,于是又有《续编》《三编》之举,《续编》出版于1934年,收书81种,《三编》出版于1935年,收书73种。合计共收书477种,3134册,9000余万字。

《四部丛刊例言》中说:"板本之学为考据之先河,一字千金,于经史尤关紧要。兹编所采录者,皆再三考证,择善而从。"编者从商务印书馆的涵芬楼和其他藏书家的收藏中选择了宋元旧刻100余种,其余为明清的精刻本、精抄本及手稿本,旁及日本、高丽古本,按经史子集分类编排,装订成一式的本子,并把底本来源及尺寸记

---

① 聂文郁《元结诗解》,陕西人民出版社1984,第108页。

在书的内封背面。

《四部丛刊》在20世纪初就将大量难得一见的珍本以原貌公之于世,这在图书出版史上是空前的。它的出版使善本得到广泛传播,大大提高了善本的利用价值,对文化建设作出了不可磨灭的贡献。直到今天,《四部丛刊》仍然是学者们常用的典籍,仍在发挥着其难以取代的作用。

商务印书馆在1922年印行《四部丛刊初编》的时候,配有孙毓修编的《四部丛刊书录》,介绍了《初编》所收各书的书名、卷数、著者和版本。《续编》和《三编》则没编目录。1986年上海书店出版了《四部丛刊初、续、三编总目》。由于该丛书未编统一序号,所以找书很不方便。

上海书店后来将《四部丛刊》据商务印书馆1934年版重印,三编的出版时间分别为《初编》1989年,《续编》1984年,《三编》1985年。

2017年,高等教育出版社与浙江越生文化传媒有限公司合作,将《四部丛刊》重新影印出版,分装16开本656册。此番出版编制了索引卷,并对原来存在的印制问题进行了技术加工,原版中的两色套印本如《鲍氏集》《切韵指掌图》等也原样再现。

张元济原有编纂出版《四部丛刊四编》的计划,并已编好了四编拟收目录,然而1937年日军大举进攻上海,商务印书馆损毁严重,编辑人员转移香港,四编出版之事因此搁浅。2016年,中国书店出版了《四部丛刊四编》,完成了张元济的遗愿。《四编》由李致忠主编,共16开本186册,收书123种,其中宋刻本29种,元刻本10种,明刻本43种,明代精抄本11种,清代精抄本28种,清刻本2种。

2020年中国书店出版社又推出了李致忠主编的《四部丛刊五编》,共16开本190册,收书160种,包括宋刊本1种,元刊本5种,元刊明修本2种,元稿本1种,明刻本47种,明铜活字本32种,明抄本10种,明代影元抄本1种,后金刻本1种,清代刻本30种,清代抄本16种,清代影宋抄本6种,清代影元抄本1种,清代稿本7种,其中有4种是《四库全书》的底本。另有总目录1册。

说到《丛刊》,不妨附带介绍一下《四部备要》。虽然《备要》非善本丛书,但学者们常将《丛刊》与《备要》相提并论,所以我们也应了解两书各自的优劣。

在1949年以前,中华书局和商务印书馆是一对旗鼓相当的竞争对手,而商务常得先机。比如商务创办《东方杂志》,中华随即办《大中华杂志》;商务出《辞源》,中华跟着出《辞海》;商务出《百衲本二十四史》,中华就出《聚珍仿宋二十四史》。商务出了《丛刊》,影响很大,中华也赶紧出了一部规模相当的丛书,这就是《四部备要》。中华在版本方面没有优势,因此主要在典籍的实用性上下功夫。《备要》收书以常用和校注本为主。例如经部的《十三经》选了三套,一套为十三经古注,一套为唐宋注疏,另一套为清代注疏,有了这三套,有关十三经的重要资料基本齐备。史部收二十四史各通行注疏本,研究历史的主要资料大体具备。集部收了许多清代有名的注本,如《王右丞集》赵殿成注、《李太白诗集》王琦注等,《丛刊》中这种名注本很少。《备要》所收的词曲著作比《丛刊》多,而且有系统。《备要》用聚珍仿宋铅字排印(个别典籍采用影印),字体精美,赏心悦目。

从 1924 年到 1931 年,《备要》共出五集,收书 356 种,线装 2500 册。《备要》出版后也受到广大学者的欢迎,于是 1935 年重印,改为洋装 16 开点句本,1936 年又出了缩印精装本。1989 年中华书局重印《备要》。与《备要》相配的工具书有《四部备要书目提要》(中华书局 1936)、诸家骏编《四部备要索引》(台北:中华书局 1971)。

《丛刊》和《备要》各有优劣,可以互相补充。《备要》在选书的实用性及系统性方面要比《丛刊》强,但版本价值不能跟《丛刊》相比。例如《丛刊》中的《说文解字》为北宋本,是校勘难得的版本,《备要》所收则为段玉裁的《说文解字注》,内容更为丰富。不过今天来看,应该说《丛刊》的价值更大,因为《备要》所收的书今天大都有了新的整理本,如《二十四史》有中华书局出的标点本及修订本,诸子有中华书局出的《新编诸子集成》,这些新出的本子使用起来自然比《备要》本方便很多,《丛刊》由于是影印的善本,所以校勘典籍、考辨正误还是少不了它。有人曾在《中国人民大学报刊复印资料(光盘版)》上做过联机检索,在 30 个专题中,从 1998 年到 2001 年,引用《丛刊》本古籍的达 127 篇,而引用《备要》本的只有 37 篇。在"中国期刊全文数据库"理工、文史哲等 9 个专辑中作引文检索,从 1994 年到 2002 年,引用《丛刊》本的有 953 篇,引用《备要》本的有 223 篇①。利用率大约是 4:1。从中也可以看出两部书在今天使用价值的差别。

还应注意的是,《备要》大约是出于竞争的需要,在版本标注上有偷梁换柱、以次充好的现象。据有人查证,《备要》所题版本与实际所用底本不符的有 160 余种,占《备要》收书总数的 47%,此外还有不少书含糊其辞地题作"明刻本""原刻本"之类,问题很多②。有人批评说:"《四部备要》乃随意胡乱杂凑成书,又多妄自题作本来并不是它所采用的版本,用以欺世牟利。"③"胡乱杂凑"则未必,乱标版本则是事实。如《备要》所收《孔丛子》在版权页上注明"上海中华书局据汉魏丛书本校刊",事实上它所据的版本不是《汉魏丛书》本,而是《丛刊》所收的明翻宋本,这个版本直接来源于宋本,时代要比《汉魏丛书》本早。按照书籍流传的一般规律,版本越早,可信度越高。大约是出于内容可靠性的考虑,《备要》选用了《丛刊》本。但人家商务刚刚出版的书被中华拿来又出,这自然是不能明说的,只好"王顾左右而言他"了④。鉴于这种情况,对《备要》声称的版本使用者不要轻信,最好找原版本核实一

---

① 张敏慧《近代三大古籍丛书的比较研究》,《安徽师范大学学报》2003 年第 1 期。
② 李向群《〈四部备要〉版本纠谬》,《陕西师范大学学报》1987 年第 3 期。
③ 辛德勇《亭林文集》,《中国典籍与文化》2000 年第 3 期。
④ 参杨琳《典籍辨误五则》,《古籍整理研究学刊》2003 年第 2 期。

下。另外，由于《备要》是重新排印的，差错在所难免，使用时应予注意。

书目文献出版社(后改名为北京图书馆出版社、再改为国家图书馆出版社)选择国家图书馆古籍善本编成一大型古籍丛书《北京图书馆古籍珍本丛刊》，从1987年开始影印出版，到1998年才全部出齐(未注明出版日期)。全套分装16开本120册，共收古籍462种，按经史子集分类编排。每书都注明了所据版本。所用底本多为国图珍藏的宋金元刻本和元明清抄本稿本，版本价值较高。编者声称此书旨在赓续《四部丛刊》，故凡《四部丛刊》已收之书概不选取。然编者云"选书原则重在实用"，似乎难副其实。所谓实用，应以常用为前提，但该丛书中常用典籍并不很多。如明孙奇逢《孙夏峰先生日谱残稿》《康熙章邱县志》《天津卫屯垦条款》《四川各地勘案及其它事宜档册》之类，常用性恐怕是比较差的。而一些实用价值很高的书如《大唐类要》(国家图书馆有四种抄本)，却又未能入选。

2000年，出版社出版了《北京图书馆古籍珍本丛刊目录》，附有书名笔画及拼音索引。

《中华再造善本》是2002年启动的国家重点文化建设工程，由财政部和文化部共同主持，国家图书馆和北京图书馆出版社承担编辑出版工作。丛书以"继绝存真，传本扬学"为宗旨，以"宋元从宽，明清从严"为遴选原则，选录范围以我国内地收藏为主，兼收香港、澳门、台湾地区的藏品及流散海外的珍稀版本。具体选录标准为：(1)在中国书籍史和版印史上具有代表性的珍贵典籍；(2)海内外仅存的孤本，或流传稀少，具有重要版本价值的典籍；(3)流传有绪，递藏分明，有众多学者、藏书家题跋批校的珍贵典籍；(4)著名著述的稿本，或有代表性的抄本；(5)反映中华民族优秀传统文化的经典性著述的珍贵版本；(6)具有独特历史文献价值的特藏古籍。

丛书共分五编，即《唐宋编》《金元编》《明代编》《清代编》《少数民族文字古籍编》，每编内分经史子集丛五类编次，各类内书的编次以《中国古籍善本书目》的排序为准。从2002年12月至2007年底，作为一期工程的《唐宋编》和《金元编》全部出版，共计758种，8990册，分装1394函。2008年二期工程(后改称"续编")启动，至2014年全部出齐，收录善本古籍554种，其中《明代编》312种，《清代编》234种，《少数民族文字古籍编》34种。《少数民族文字古籍编》有14种民族文字，如9世纪前的焉耆文写本《弥勒会见记》、五代回鹘文写本《大唐慈恩寺三藏法师传》、西夏时期西夏文木活字印本《吉祥遍至口和本续》、明代藏文写本《四部医典》、明代彝文刻本《劝善经》、清代傣文写本《羯磨说》、大理国白文写本《仁王护国般若波罗密经抄》等。两期工程共选印古籍1312种，是目前收录善本较多的丛书。

所谓"再造"是指运用拍摄、影印等现代印制技术，最大限度地保留原书的面貌。根据所选底本的文物价值、学术价值和版本特点，采取不同的印制方式。95%的古籍采用质地优良的宣纸黑白印刷，小部分采用进口蒙肯纸四色彩印。装订形式统一为线装大 16 开本(33cm×22.5cm)。

《中华再造善本》在编制过程中,凡同书同版而分藏不同地点的,将它们配补到一起。如唐李善注《文选》六十卷,国家图书馆藏北宋刻递修本残存二十一卷,而台北"中央图书馆"则藏有同书的另十一卷,便将它们组合到一起。元刻本《学易记》共九卷,国家图书馆存卷四至卷九,辽宁省图书馆存卷一至卷三,恰好合为全帙。这种做法使善本更善,提高了善本的利用价值。

2015 年国家图书馆出版社出版了《中华再造善本总目》(16 开本 1 册),按五编分编列目。汉文部分每编之内依经史子集丛五部分类,类下各书依撰著者时代先后排列,同一书的不同版本依版本早晚排列。少数民族文字古籍按文种列目。各款目最后著录《中华再造善本》底本来源单位。

为了让使用者对所收善本有一个全面的了解,编委会组织专家撰写了《中华再造善本总目提要》和《中华再造善本续编总目提要》两部书,由国家图书馆出版社分别于 2013 年及 2017 年出版,共 16 开本 4 册。前者是《唐宋编》《金元编》所收之书的介绍,后者是《明代编》《清代编》《少数民族文字古籍编》所收之书的介绍,内容包括著者生平述要、各书编撰梗概、版本源流考辨、底本价值评价等。有了书目提要,使《中华再造善本》成龙配套,体例完善。

国家图书馆出版社还开发了"中华再造善本数据库",采用原版扫描的 600dpi 高清彩色图片,供查阅者浏览。

《中华再造善本》虽然厥功甚伟,但也存在一些问题。黑白印刷肯定与原貌有差距,制版时人为去除原书底色,难免造成文字的模糊和笔画的缺损,因此,所谓"再造"其实也跟普通的影印没有多大区别。真正的"再造"应该是原样彩印,这当然成本很高。

《中国古籍珍本丛刊》是国家"中华古籍保护计划"的重点项目,由国家图书馆出版社于 2011 年启动实施,计划与国内外各重要藏书机构合作,遴选各馆珍贵古籍,以馆为单位陆续出版。整套丛书计划收录海内外七十多家藏书机构的五千余种古籍善本。选录标准是:(1)据《中国古籍善本书目》著录,收录现存传本数量在三部以内(含三部)且具重要历史文献价值的古籍善本。(2)1912 年以后产生的有关传统学术内容的名家稿本酌情收入。(3)不收文献:《中华再造善本》已收录者;近年各类大型古籍影印丛书已收录且版本相同者(有名家批注者酌收);卷帙较大、宜单独印行者。该丛书现已出版《天津图书馆卷》《广东省立中山图书馆卷》《安庆市图书馆卷》《澳门大学图书馆卷》《西南大学图书馆卷》《武汉大学图书馆卷》《河南大学图书馆卷》《保定市图书馆卷》《东北师范大学图书馆卷》《复旦大学图书馆卷》《暨南大学图书馆卷》《孔子博物馆卷》《浙江图书馆卷》《吉林省图书馆卷》等分卷。

民国时期,国立北平图书馆(国家图书馆前身)设甲库专门收藏宋元明善本,其中颇多宋椠元刊、秘抄精校、珍贵稿本以及名家批校题跋之本。"九一八"事变后，东北沦陷，华北危机，为了善本的安全，北平图书馆将甲库善本于1935年11月至次年4月转移至上海，存放在法国租界内。1937年11月，日军攻占上海，甲库善本存在不虞之患。1941年，时任北平图书馆副馆长的袁同礼、驻美大使胡适及在美国国会图书馆工作的王重民等人，在日军封锁法租界又经费奇缺的情况下，克服重重困难，从甲库善本中精选2954种共计20970册图书分装102箱，利用美国轮船的空余舱位分批运抵美国国会图书馆寄存。寄存期间，美国国会图书馆用了四年时间(1942—1946)将所有寄存善本拍摄了一套缩微胶卷，胶卷复制品曾赠送中国3套(今国家图书馆及台北"国家图书馆"各藏有1套，另1套当在北京大学图书馆)，并大量售卖于世界其他图书馆，如英国剑桥大学图书馆、新加坡中央图书馆等均有购藏。1965年这批善本返还台湾，现藏台北故宫博物院。国家图书馆出版社经过三年的编纂，于2013年出版了《原国立北平图书馆甲库善本丛书》，共16开本1000册，上下双栏影印。该丛书从甲库善本缩微胶卷中选收2600种，另选现藏国家图书馆的原甲库善本20种、存台存国图合璧书1种，共2621种，分为经史子集丛五部。其中宋刻本75种，金刻本4种，元刻本131种，明刻本2000余种。凡《中华再造善本》收录者不再选入。这套丛书数量庞大，版本珍贵，未见《中国古籍善本书目》著录者达700余种，是善本古籍出版的又一重大成果。

中国科学院文献情报中心(即中国科学院图书馆)收藏古籍丰富，颇多珍善之本，其中有5000余种收入《中国古籍善本书目》。中国科学院文献情报中心精选馆藏稿本、抄本约500种，汇编为《中国科学院文献情报中心藏古籍珍本丛书》(抄稿本部分)，由学苑出版社出版。其中稿本占70%，抄本占30%。所选抄本或为孤本，或与刻本存在差异。全书按原大影印，异形和浮签等均进行特殊处理。全书分为6辑，每辑50册，共300册。现已出版3辑(2017—2020)。

我国的许多珍稀古籍历史上曾流散到国外，分藏于世界各地的图书馆、博物馆及私人手中，有些还是国内失传的古本秘籍。国内学者很少有机会能看到这些珍稀文献，对学术研究造成障碍。有鉴于此，全国古籍整理出版规划领导小组提出"对流散国外的珍本古籍进行普查，尽量争取回归和出版"的设想。商务印书馆和广西师范大学出版社遵循这一设想，与世界各地的图书馆进行联系，得到一些著名图书馆的支持，哈佛燕京图书馆即为其中之一。哈佛大学的哈佛燕京学社早在1928年就成立了汉和图书馆，1965年改称哈佛燕京图书馆。该馆长期致力于中文古籍的搜集，目前收藏的中文古籍多达15万册，其中有宋椠元刻30余种，明刻本1400余种，清初刻本2000余种，稿本、抄本1000余种，还有拓片法帖、唐人写经，等等，其收藏可与美国国会图书馆相匹敌，中国的大学图书馆鲜有可与比肩者。哈佛燕京图书馆本着"学术乃天下公器"的科学原则，决定将其收藏公之于世，以发挥文化资源的价值。他们与商务印书馆、广西师范大学出版社合作,于2003年编辑出版了《美国哈佛大学哈佛燕京图书馆藏中文善本汇刊》(宋元明部分),影印了经中美专家遴选的中国内地未见收藏之宋元明珍稀版本67种,编辑为16开本37册。其中宋本3种,元本2种,明本62种,具有重要学术价值。每种书由沈津撰写了提要,对作者、内容、源流、版本等作了介绍。

2011年,国家图书馆出版社出版了《哈佛燕京图书馆藏齐如山小说戏曲文献汇刊》,共16开本51册。著名学者齐如山一生收藏有众多戏曲曲本和古代小说,其精华70余种被哈佛燕京图书馆收藏,这批戏曲和小说大多刊刻于明代,流传稀少,有些甚至是孤本,非常珍贵,如明冯梦龙编撰《墨憨斋新编绣像醒名花》、烟霞逸士编次《新镌批评绣像巧联珠》、丁耀亢撰《西湖扇传奇》、朱鼎臣编《新锲三国志传》等,文献及版本价值都很高。这批文献的影印出版为学术研究提供了极大的便利。

目前哈佛燕京图书馆已将其收藏的中文善本古籍制作成清晰的电子图片发布在网站上(http://guides.library.harvard.edu/Chinese),读者可以自由浏览下载。

据粗略统计,日本收藏的中国古籍约占海外中国古籍总数的70%。目前存世的宋元版古籍约有6000种,其中中国收藏近4000种,国外收藏以日本最多,约有1000种。日本著名收藏机构如静嘉堂文库、宫内厅书陵部、尊经阁文库、金泽文库、东洋文库、内阁文库、京都大学人文科学研究所、东京大学东洋文化研究所、杏雨书屋等,藏有大量中国古籍,其中静嘉堂文库和宫内厅书陵部收藏的宋元版古籍较多。据日本"静嘉堂文库所藏宋元版"在线数据库(http://j-dac.jp/infolib/meta_pub/G0000018SGDB)发布的资料,静嘉堂文库藏有宋元版善本258种,其中宋本125种,元本133种,相当可观。

宫内厅书陵部是日本皇家藏书机构,历史悠久,其前身是创建于公元701年的"图书寮",1949年改为现名。根据目前公开的书目,该机构收藏的唐代至元代的善本有唐写本6种、宋刊本75种、元刊本69种、元抄本5种,其中有的书中国没有;有的中国虽有,但书陵部所藏版本刻印更早;有的中国所藏为残本,而书陵部所藏为全本。全国高校古籍整理研究委员会经与日方协商,决定从书陵部的宋元版本中选择部分古籍,编印为《日本宫内厅书陵部藏宋元版汉籍影印丛书》。选印的标准是:1.海内外孤本,2.国内各馆无存藏的珍稀本,3.国内所藏同名书中的不同版本(初刻本、早期本、精刊本),4.诸残本中之全本或较全本。按原大原样影印,不修饰,不移补,保存原貌。所收各书都由专家撰有说明,对各书的作者、内容、刊刻、流传及版本价值等作了详细的介绍。北京线装书局分别于2001年和2003年出版两辑,第一辑收书14种,共156册;第二辑收书7种,共75册。2013年上海古籍出版社又出版了《日本宫内厅书陵部藏宋元版汉籍选刊》,影印66种,共16开本170册,线装书局已出的21种也收录其中。

令人欣喜的是,宫内厅书陵部将所藏汉籍制作成高清图像发布到"宫内厅書陵部收藏漢籍集覽"网站(http://db.sido.keio.ac.jp/kanseki/T_bib_search.php),外界可以免费阅览。

2013年凤凰出版社出了两套源自日本的善本丛书,一套为《日本国会图书馆藏宋元本汉籍选刊》,收书6种,共16开本8册;另一套为《日本国立公文书馆藏宋元本汉籍选刊》,收书13种,共16开本15册。

流传到日本的古籍日本也加以翻刻,是为和刻本。金程宇编《和刻本中国古逸书丛刊》(凤凰出版社2012)收录中国失传或罕见的和刻本中国古籍(有个别域外人士著作)110种,分经史子集四部编排,计经部12种、史部5种、子部34种、集部59种,另附录相关研究资料20余种,分装16开本70册。这是继黎庶昌《古逸丛书》以来国内外规模最大的同类丛书,具有重要的学术价值。如《春秋经传集解》(覆宋兴国军学刊本)、《欧苏手简》四卷、南宋诗僧大观的别集《物初賸语》二十卷、元裴庾《增注唐贤绝句三体诗法》三卷、南宋魏仲举辑《新刊五百家注音辩唐柳先生文集》等,都为国内所无,弥足珍贵。编者为每种典籍撰写了提要,还附有题跋、校勘记等资料。

中国社科院历史研究所主持编纂了一套大型丛书《域外汉籍珍本文库》,收书以国内所无和罕见为原则,主要包括三类:历史上流散到海外的中国汉文著述,海外抄录、翻刻、整理、注释的中国汉文著作,海外学人用汉文撰写的与汉文化有关的著述。全套书由西南师范大学出版社和人民出版社联合出版(2008—2017),共16开本800册,影印古籍2000余种。

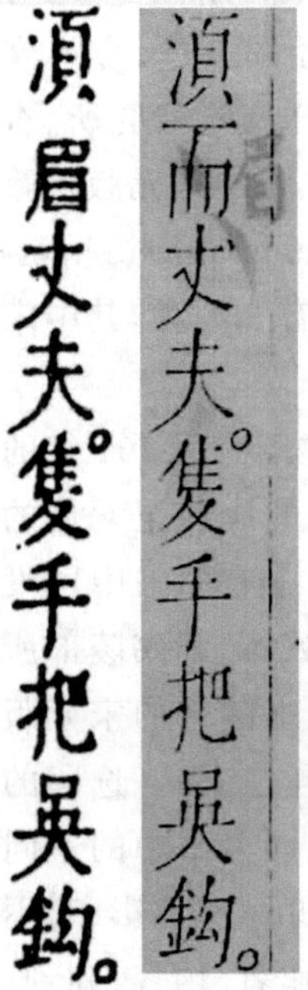

山东大学正在实施"全球汉籍合璧与传播工程",计划甄选古籍珍善之本,利用现代技术加以复制,编成数字化大型汉籍丛书《全球汉籍合璧》。

对影印的善本,我们应注意的是,有些书出版社为了使原版清晰完美或正确,在影印时做了描润修版的加工,这有可能使原书走样,从而误导读者。如北京文学古籍刊行社(1956)及中华书局(1962)在影印日本尊经阁丛刊社影印的宋绍兴八年董弅刻本《世说新语》时,有多处修版,与原貌不符。《四部丛刊》也存在改字情况[①]。文学古籍刊行社1957年影印的《金瓶梅词话》及其后出重印本也多有修改。如左图6-9是《金瓶梅词话》第一回第一页中的一行,右行为原样,左行为文学古籍刊行社影印本的样子。原书的"眉"字是阅读者用朱笔做的校改,刻本原本作"而",影印本直接将"而"挖改成了"眉",这不符合影

图6-9
《金瓶梅词话》

---

① 参林振岳《四部丛刊本〈大云山房文稿〉底本小考》,《藏书家》第17辑,齐鲁书社2013。

印本"存真"的原则。何况"须而"未必就是"须眉",学者们有"须知"之误、"词儿"之误等不同说法。我们认为是"词曰"的形误①。"须"刻本作"湏",手写体中作𣱵(明韩道亨)𣱵(清陶南望《草韵汇编》)等形,与"词"形近,故"词"误作"湏"。"而"手写体中作𠃊(明祝允明)𠃊(明文徵明)等形,与"曰"形近,故"曰"误作"而"。对影印本的修改,无论对错,都是不可取的。

6.5.2 地方丛书
1. 收录已知地方文献的丛书

正史的记载以封建王朝为中心,对地方历史的记载只是个别的,而且非常简略,大多数地方的历史在正史中没有记载。要了解地方的风土人情、历史掌故、人物事迹等,地方志是首先应查阅的文献。但地方志刊行数量少,收藏分散,查阅不便。台北成文出版社编辑影印了一套规模很大的方志丛书《中国方志丛书》。该丛书将全国分为七大片区,分区编排,即:华中(01 江苏、02 浙江、03 安徽、04 江西、05 湖南、06 湖北、07 四川)、华北(08 山东、09 山西、10 河南、11 河北、12 陕西、13 甘肃)、华南(14 广东、15 广西、16 福建、17 云南、18 贵州)、西部(19 新疆、20 西康、21 青海、22 西藏)、塞北(23 宁夏、24 绥远、25 热河、26 察哈尔、27 蒙古)、东北(28 辽宁、29 安东、30 辽北、31 黑龙江、32 兴安、33 吉林、34 合江、35 松江、36 嫩江)、台湾(37 台湾)。方志原件除了台湾各机构的收藏外,还搜集了日本国会图书馆、东洋文库、静嘉堂文库、东京大学、京都大学及美国哥伦比亚大学、加州大学、哈佛大学、国会图书馆等单位的珍藏。收书以学术、收藏为宗旨,注重版本的丰富多样,一个地方不同年代版本的方志尽可能予以收录,年代截止于 1949 年。全套丛书从 1967 年至 2017 年共出版 16 开本 7382 册,收录方志 2773 种,至今尚未完成。2008 年出版社曾编印了《中国方志丛书目录》。

上海书店、巴蜀书社和江苏古籍出版社(后改名为凤凰出版社)三家联手,推出了一套大型地方志丛书《中国地方志集成》(1991—2019),为查找方志提供了很大方便。该丛书从现存的近万种旧志中精选了 3000 余种影印出版。选书以资料丰富、使用价值较大为原则,兼顾地区分布和版本价值。为求资料丰富,在一地有多种志书时,一般选取最后一次修的志书。旧志刊行时间截止于 1949 年。其中有通志、府志、州志、厅志、县志、乡镇志、山水志、寺庙志、园林志等,每种方志都交代了所据版本。编排根据我国现行行政区划,按省、直辖市、自治区分别纂辑,乡镇志、山水志、寺庙志则编为专辑。所收志书凡有续修或有校记、勘误、考证、补编等文字,都加以搜集,附印于原志之后。每辑第一册编有总目,每册页码自成起讫。

---

① 见杨琳《"金学"基础有待夯实——以〈金瓶梅词话〉第一回校释为例》,《文学与文化》2012 年第 4 期。

2018年上海书店出版社又启动编纂《中国地方志集成补编》，2020年开始出书，现已出版《山东府县志辑》《福建府县志辑》《浙江府县志辑》等辑。

中国文献丛书工作指导委员会和甘肃省古籍文献整理编译中心组织专家编纂了一套大型区域文献丛书，包括《中国西北文献丛书》《中国西南文献丛书》《中国华东文献丛书》《中国华北文献丛书》《中国东北文献丛书》五部丛书，为研究区域文化提供了丰富的地方资料。

《中国西北文献丛书》由《中国西北文献丛书》编辑委员会和甘肃五凉古籍整理研究中心（2006年更名为甘肃省古籍文献整理编译中心）共同组织编纂，分"正编""二编""三编"三部分，汇集了先秦至民国期间西北地区的主要典籍。

正编收录典籍559种，兰州古籍书店1990年影印出版，共16开本201册（含《目录索引》1册）。正编收录的西北地区包括今陕西、甘肃、宁夏、青海、新疆五省区的全部和内蒙古自治区的西部。所收典籍分为8辑。第1辑为《西北稀见方志文献》，收录1949年以前西北各地编修的方志共计109种。第2辑为《西北稀见丛书文献》，收入清张澍辑《二酉堂丛书》、清王锡祺辑《小方壶斋舆地丛书》、民国钟广生撰《湖滨补读庐丛刻》、民国宋联奎辑《关中丛书》四部丛书，这四部丛书汇集了先秦至民国西北地区的著作184种。第3辑为《西北史地文献》，共计108种。第4辑为《西北民俗文献》，收录风土记、见闻录、礼俗志、采访记、游记随笔等文献，共计52种。第5辑为《西北少数民族文字文献》，收录察合台文、畏吾体蒙文、藏文等少数民族文字的历史文献18种。第6辑为《西北文学文献》，收录明清时期西北地区的名家诗文集59种。第7辑为《西北考古文献》，收录敦煌、武威、居延、甘谷等地出土的汉简及金石铭文、陶文、石刻、写本文书、石窟题记等考古文献17种。第8辑为《敦煌学文献》，收录敦煌目录学、敦煌语言文字学、敦煌地志等方面的著作12种。

二编收录典籍240余种，线装书局2006年影印出版，共16开本51册。二编的"西北地区"范围比正编大，包括陕西省、甘肃省、宁夏回族自治区、青海省和新疆维吾尔自治区等五省区以及内蒙古自治区、山西省、河南省、四川省、重庆市和西藏自治区等周边省区（市）的部分地区，收录文献的年代下限为20世纪中叶。

二编中首次公开问世的发掘型文献80余种，收录明清珍善刻本100余种，民国罕见重要文献数十种。每种文献均附有原本尺寸和版本注录。部分文献同时附有原文整理件，对漫漶不清的重要文献均进行了全文整理，附有重要内容注释。为方便读者掌握和了解全书，每单元附有"单元概述"、专辑附有"专辑阐述"、全书附有"全书综述"；为方便查阅和检索，全书每册附有"本册目录"、专辑附有"本辑目录"、全书另有目录索引。

三编收录典籍185种，朝华出版社2020年影印出版，共16开本51册。

除汉文文献外,丛书还选录了维吾尔文、蒙文、藏文、阿拉伯文、回鹘文等少数民族文字文献,对部分少数民族稀有语种文字文献进行了古译今和汉译工作,以满足各类型研究者的研究需要。

《中国西南文献丛书》收录西南地区文献 800 余种,兰州大学出版社 2004 年影印出版,共 16 开本 201 册(含《前言目录索引》1 册)。丛书共 8 辑,第 1 辑为《西南稀见方志文献》,第 2 辑为《西南稀见丛书文献》,第 3 辑为《西南史地文献》,第 4 辑为《西南民俗文献》,第 5 辑为《西南少数民族文字文献》,第 6 辑为《西南文学文献》,第 7 辑为《西南考古文献》,第 8 辑为《西南石窟文献》。

该丛书的"西南"包括现在的四川、重庆、云南、贵州、西藏五省(市)区,时间下限为 20 世纪中叶。全书由文字资料、拓片资料和图片资料组成。选录文献以稿本、木刻本、铜泥活字本、石印本、铅印本、传抄本为版本顺序,有些书兼收不同版本。整理中对原稿明显的错误进行了简明的校注;对部分严重漫漶不清和较为重要的稿件进行了重新整理和编排,并将原稿本和新排本同时选录;所收文献对版本源流、编著者、收藏者、刻版者(或书写者、印刷者)、出版者(仅限石印或铅印本)等作了版本注录及发掘时间、地点、发掘者、简要发掘过程等发掘注录;为保存原作者的原创思想,对稿本中出现的"飞笺""眉帘"等现象统一以校注格式进行了处理;部分少数民族文字文献还附有汉译。全书不仅对西南文献进行了全面的概述,各专辑还从专业角度对所收文献进行了详细的阐述。

《中国西南文献丛书·二编》共 16 开本 51 册(含《目录索引》1 册),学苑出版社 2009 年出版。该编收录正编遗漏及新发现的西南文献千余种,其中明清文献约占 70%。《二编》分《西南稀见方志文献》《西南稀见丛书文献》《西南史地文献》《西南民俗文献》《西南少数民族文字文献》《西南文学文献》《西南考古文献》7 个专辑,各辑内文献以省(市)为单元,附有出版说明、前言、综述、提要及注录等。

《中国华东文献丛书》共 16 开本 201 册(含《前言目录索引》1 册),学苑出版社 2010 年出版。"华东"包括上海、江苏、浙江、安徽、江西、福建、山东、台湾八省市,个别情况下涉及周边河北、河南、湖北、湖南、广东等省的部分地区。所收文献下限为 20 世纪中叶。全书分 8 个专辑,即《华东稀见方志文献》《华东稀见丛书文献》《华东史地文献》《华东民俗文献》《华东少数民族文献》《华东文学文献》《华东考古文献》《妈祖文献》,共收录历代文献 700 余种。其中首次公布的稿本近百种,明清珍善刻本 500 余种。除汉文文献外,该丛书还选录了一些畲族、高山族、苗族、回族等少数民族的文献,其中有些是首次面世。

《中国华北文献丛书》共 16 开本 201 册(含《目录索引》1 册),学苑出版社 2011 年出版。"华北"包括北京、天津、河北、山西、内蒙古及周边甘肃、宁夏、陕西、河南、山东等省区的部分地区。全书分《华北稀见方志文献》《华北稀见丛书文献》《华北史地文献》《华北民俗文献》《华北少数民族文字文献》《华北文学文献》《华北考古文献》《晋商文献》8个专辑,共收录历代文献450余种,其中包括满族、蒙古族等少数民族文字文献。

《中国东北文献丛书》共16开本201册(含《目录索引》1册),学苑出版社2013年出版。"东北"包括黑龙江、吉林、辽宁三省及周边内蒙古等省的部分地区。全书收录20世纪中叶前的文献,分为《东北稀见方志文献》《东北稀见丛书文献》《东北史地文献》《东北民俗文献》《东北少数民族文字文献》《东北文学文献》《东北考古文献》《满学文献》8个专辑。全书以影印为主,保证了文献的真实性和可靠性。

改革开放以来,各省市对本区域的文化建设都很重视,大都有规划地系统整理本区域的古籍,其中不少以丛书的形式出版发行,如北京市有《北京古籍丛书》、山东省有《山东文献集成》《齐鲁文化经典文库》、湖南省有《湖湘文库》、湖北省有《荆楚文库》、浙江省有《浙江文丛》、福建省有《福建丛书》、安徽省有《安徽古籍丛书》、四川省有《巴蜀全书》等,规模有大有小,整理方式也多种多样。

《山东文献集成》由山东大学文史哲研究院编纂,山东大学出版社2006—2011年影印出版。丛书收录山东籍或长期在山东生活过的古代学人著作1375种,共16开本200册,其中稿本352种,抄本295种,刻本545种,排印本52种,石印本92种,磁版印本1种,拓本4种,钤印本4种,影印本26种,名家批校题跋本104种。选书以价值较高而又流传不广为原则,同时也兼顾山东文化名人如孔子、孟子、郑玄、辛弃疾、李清照、蒲松龄、桂馥、马国瀚等人的著作。该丛书的出版将不少难得一见的孤本秘籍公之于世,既抢救了一批珍稀文献,也为学术研究提供了方便。

《湖湘文库》由湖南省委、省政府组织实施,分甲乙两编。甲编所收为湖湘地区的古代文献,按年代分为上古至唐代、宋元明、清代和民国四个时段,主要为湘籍人士著作,也包括部分湖南出土文献、历代寓湘人物的代表作以及晚清和民国时期的部分旧报刊。乙编为今人的湖湘研究著作,按内容分为湖湘人物、湖湘历史、湖湘风物、湖湘文化综合研究、湖湘文化工具书和研究资料五类。该丛书分别由岳麓书社、湖南人民出版社等多家出版社在2006—2012年间出版,共收书1105种,分装16开本700册,其中甲编445册,乙编255册,总字数约3亿字。出版以点校排印为主,少数采用影印方式(如古代方志、古琴谱等)。每种书均由整理者撰写前言,简述作者生平、该书内容、主要学术文化价值及版本源流、点校所用底本、校本等。该文库目前网上有电子版免费供大家查阅(www.huxiangwenku.com/index.do)。

《荆楚文库》的编纂启动于2014年,计划收录与湖北有关的历代典籍1372种,凡鄂籍、寓鄂人士著述及非鄂籍人士述鄂著述,均在收录之列,其中"文献编"收录民国(含)以前典籍736种,"方志编"收录396种,"研究编"收录240种,共计16开本1600册。湖北省有12家出版社参与文库的编纂出版工作,目前已出版约

300册。

《浙江文丛》由浙江古籍出版社从2010—2017年陆续出版,全套共计16开本500册。所收著作主要为浙江籍人士写作及关于浙江历史文化的作品,酌收历代寓浙人物在浙作品,年代下限截止于1919年。出版采用点校排印方式,繁体竖排版式。对底本文字的讹夺衍倒等现象予以正补删乙,有必要说明的则出校记。少数珍本则影印存真。目前文丛的二期工程也已启动,计划出书300册,并逐步建成浙江经典文献资源数据库,以便检索利用。

《安徽古籍丛书》分别由黄山书社、安徽大学出版社等出版,拟收古籍350种。自1989年开始出书,至今尚未完成。所收皆为历代皖人著作,时间下限截止于1911年。整理方式包括辑、校、标点、注释、今译等,采用新式标点,繁体竖排版式。每种书力求采用善本为底本,校以他书,或加补辑,注意吸收国内外新的研究成果。

《巴蜀全书》是2010年立项的四川省重大文化工程,是收录四川和重庆两省市古文献的大型丛书,计划将先秦至清末民初历代学人用汉语写录的巴蜀文献进行系统调查、收集、整理,最后编辑出版。整个工程将对历史上巴蜀文献的存佚状况进行调查研究,对2000余种巴蜀文献编制联合目录,对550余部文献进行校勘注释。工程先后启动了"巴蜀文献联合目录""巴蜀文献精品集粹""巴蜀文献珍本善本"三个课题。

与《巴蜀全书》性质类似的还有《蜀藏》。该书由四川大学历史地理研究所与成都市地方志编纂委员会联合编纂,李勇先、高志刚任主编,全书分为经学、史学、子学、文学、文集、方志、舆地、舆图、山水、名胜古迹、旅游、经济、科技、水利、交通、传记、教育、民族、宗教、经籍、金石、艺术、医学、丛书24类,总计16开本800册,分别由成都时代出版社、巴蜀书社等出版社影印出版。2014年开始出书,至今已出版300多册。

徐丽华主编的《中国少数民族古籍集成》(汉文版)是我国第一套系统整理出版的少数民族古籍丛书,四川民族出版社2002年影印出版,共16开本100册。该丛书共收书2000余种,收书下限截止于1949年,以收录单册少数民族古籍为主,凡已收入其他丛书及近期出版过的少数民族古籍一般不再收录。其中有不少是明清以来的写本、稿本、抄本和民间刻本,有些是难得一见的孤本。全书分为总类、晋至元民族王朝、汉以后北方各民族、汉以后东北各民族、汉以后西北各民族、汉以后中东南各民族、汉以后西南各民族等七大类,各大类下又分综述、分述等,既照顾到中国少数民族的历史分布状况,又充分重视了古籍文献的特点,方便读者使用。

2. 新发现的民间文书丛书

民间文书指民间形成的各种私用文书,如契约、账簿、票据、家规、行规、诉状等。全国各地民间保存至今的这类文献数量相当庞大,已发现的总量在一千万件以上，总字数超过 10 亿，时代上起宋元，下至民国，是研究各地历史、民俗及语言文字的宝贵资料，完全可与殷墟甲骨、战国秦汉简帛、敦煌遗书、明清大内档案这四大发现相媲美，堪称中国古典文献的第五大发现。目前搜集整理民间文书已形成一个热潮，整理出版的文书层出不穷。如陈支平主编的《福建民间文书》，16 开本 6 册，广西师范大学出版社 2007 年出版，收录文书近 3000 件。刘秋根、张冰水主编的《保定房契档案汇编·清代民国编》，16 开本 10 册，河北人民出版社 2012 年出版，收录文书近 6000 件。吴晓亮、徐政芸主编的《云南省博物馆馆藏契约文书整理与汇编》，32 开本 8 册，人民出版社 2013 年出版，收录文书 3000 余件。曹树基主编的《鄱阳湖区文书》，共 16 开本 10 册，上海交通大学出版社 2018 年出版，收录文书 1500 余件。张建民主编的《湖北民间文书》，共 16 开本 10 册，武汉大学出版社 2018 年出版，收录文书 4000 余件。熊昌锟、徐雁宇主编的《赣南文书》，共 16 开本 7 册，广西师范大学出版社 2019 年出版，收录文书 3000 余件。郝平主编的《清代山西民间契约文书选编》，共 16 开本 13 册，商务印书馆 2019 年出版，收录文书 5067 件。其中存世数量较大的有石仓文书、徽州文书、清水江文书等。

2007 年，上海交通大学的曹树基教授在浙江松阳县石仓村偶然发现了村民保存的清代至民国时期的契约文书。后经过多年的搜集，得知石仓及其周边村庄现存契约文书有 8000 余件，包括卖契、找契、退契、当契、租契、借契等多种类型，内容涉及村民生活的诸多方面。曹树基等人将搜集到的文书扫描成图片，编为《石仓契约》一书，分为 5 辑，共 16 开本 40 册，浙江大学出版社 2011—2018 年出版。

徽州是北宋时期设置的行政区划，辖境包括今天安徽的歙县、休宁、祁门、黟县、绩溪、黄山市大部分及江西婺源县。徽州地区自宋代以来土地买卖活动十分活跃，加之租佃关系的发达、徽商的兴盛以及当地百姓在民事活动中对字据凭证的重视，因此产生了大量的各类契约文书，如土地买卖文书、官方税契、置产簿、分家文书、典当字据、鱼鳞图册、户帖、账簿、案卷、传票、任命状等，这些文书被统称为徽州文书。徽州僻处皖浙赣三省交界处，境内峰峦叠嶂，封闭的地理环境使得徽州在历史上很少遭受战乱的侵扰，这使徽州文书得以平稳地代代传承。

到了 20 世纪 50 年代初，徽州地区实行土地改革，当地百姓保存的这些文书被视为封建糟粕而大量烧毁，或是卖给收废品的，最终化为纸浆。事实上，徽州文书涉及土地买卖、典当租赁、赋税徭役、宗法乡俗、司法诉讼、盐政茶法、过继入赘、奴仆制度、商业经营等各个方面，是研究中国经济史、社会史、人口史、民俗史等不可多得的原始资料，在许多方面可填补文献记载的空白。1956 年，文化部副部长郑振铎得知徽州文书的消息后，要求安徽省抢救这些文书，于是屯溪市古籍书店在余庭光的带领下开始大量收购徽州文书。1957—1958 年，余庭光在《人民日报》《文物参考资料》等报刊上将徽州发现文书的消息做了披露，引起社会的广泛关注，各类机构及私人也开始收集徽州文书。

存世的徽州文书有 60 余万件,绝大多数写在纸上,也有极少数写在绢帛上、刻在砖石上,时间跨度为从宋代至民国。目前已整理出版的徽州文书主要有:

《徽州千年契约文书》,王钰欣、周绍泉主编,石家庄花山文艺出版社 1991 年影印出版,共 16 开本 40 册,其中上编 20 册,收宋元明散件文书 1810 件,下编 20 册,收清代民国散件文书 1010 件,簿册 33 册,总计收 2853 件。

《徽州文书》,刘伯山主编,广西师范大学出版社影印出版,计划出 10 辑,已出 6 辑,每辑 8 开本 10 册。编者将文书分为归户文书和散件文书两大部分,前者将来源清楚的文书以户为单位进行编排,保持了文书原有的存在状态,这对研究利用是很有益的。第 1 辑(2005)收录 15 户 4945 件,第 2 辑(2006)收录 28 户 5095 件,第 3 辑(2009)收录 7151 件(其中归户文书 80 件,簿册文书 40 件,其余为散件),第 4 辑(2011)收入 42 户 6100 余件。书中附有《地名图》和记述文书来源及发现过程的《寻获记》,弥补了以往整理中文书来源及传承不明的缺陷。第 5 辑(2015)收入 74 户 6282 件。第 6 辑(2017)收入 50 户 6000 多件。

《中国徽州文书》,黄山学院编纂,清华大学出版社 2010 年影印出版,采用全彩印刷,横向开本。全书共 8 开本 100 册,包括民国编 20 册、清代编 60 册、专题编 20 册,共收录徽州文书 18.5 万件。《中国徽州文书》第 2 辑,合肥工业大学出版社 2016 年出版,共 10 册,收录民国时期的徽州文书,5000 多幅图片。

《徽州民间珍稀文献集成》,王振忠主编,复旦大学出版社 2018 年影印出版,共 16 开本 30 册。收录文献包括日记、商书(商业书和商人书)、书信尺牍、诉讼案卷、宗教科仪、日用类书、启蒙读物、杂录等,文献形态包括稿本、抄本、刊本等,其中绝大部分系私人藏品。每件文献撰有解题,说明原件的尺寸、页数(封面、封底不计)、撰著或抄录者、版本来源、大体结构、主要内容及文献价值等。

王钰欣等人编有《徽州文书类目》(合肥:黄山书社 2000),将中国社科院历史研究所收藏的 14137 件徽州文书分为散契、簿册、鱼鳞 3 类做了著录。

徽州文书的整理首先是要将现存的资料全部影印出版,其次是出版转录文本,并加校释,最后编辑出完整的分类目录。目前离这一目标还有很大差距。

贵州清水江中下游的苗族侗族农户家中保存着大量明代至 1950 年的社会文书,以山林和土地买卖契约为大宗,此外尚有账簿、税单、家产清单、纳粮执照、诉状、判辞、官府告示、算命书、风水书、清白书、分关书、婚书、休书、过继契约、陪嫁资契、保结书、碑铭等,统称清水江文书。据估计,清水江文书现存有 40 余万件,主要分布在黔东南苗族侗族自治州的锦屏、黎平、天柱、三穗、剑河、台江、岑巩等县。农户们将这些世代相传的文书视为传家宝,一般秘不示人,所以长期不为外界所知。直到 20 世纪 60 年代,才逐渐为学界所了解。

目前已整理出版的清水江文书主要有张应强、王宗勋主编的《清水江文书》、贵州省档案局组织编纂的《贵州清水江文书》等。《清水江文书》由广西师范大学出版社分3辑影印出版（2007—2011），共8开本33册，收录文书1.4万件。《贵州清水江文书》计划编纂出版192册。其中贵州大学等编纂的《天柱文书》（张新民主编）第1辑，2014年由江苏人民出版社出版，共8开本22册，收录天柱县文书约7000件。贵州人民出版社于2016—2017年出版了《黎平卷》《三穗卷》《剑河卷》的部分专辑。中山大学历史人类学研究中心等合编的《锦屏文书》第1辑（共8开本10册）由广西师范大学出版社2020年出版。

刘建民主编的《晋商史料集成》由商务印书馆2018年影印出版，共16开本88册，另有索引2册。该书将明代万历至1949年以前400多年间反映晋商活动的原始史料汇于一编，所收史料包括契约、账册、票据、运单、规程、广告、诉状、呈文、信函、族谱、墓志、行状等，应有尽有，总计7.6万余件，全方位展示了晋商的历史。

6.5.3　外国汉文丛书

历史上中国周边国家深受汉文化的影响，他们的知识分子很多都熟悉汉语，并用汉文从事写作，产生了众多汉文作品。明清时期西方传教士来中国传教，他们也用汉语著书立说。这些汉文作品不仅是研究中外交流历史的珍贵史料，也是研究汉语言文字演变的重要语料。

元明清时期朝鲜半岛的官员奉国王之命出使中国，他们用日记、诗歌、奏折、状启（发回本国的报告）、书信等形式记录出使过程中的所见所感，这类文献当时称为"朝天录"或"燕行录"，"燕"指中国首都燕京（即今北京），今天则统称为"燕行录"或"燕行文献"。据统计，朝鲜半岛的燕行文献现存约有1000种。韩国首尔东国大学的林基中教授将现存的朝鲜半岛燕行文献搜集整理，编为《燕行录全集》及《燕行录续集》两套丛书，由韩国东国大学校出版部出版。《燕行录全集》（2001）共32开本100册，收录文献380种。《燕行录续集》（2008）共32开本50册，收录文献107种。林基中还与日本京都大学夫马进教授合编了《燕行录全集日本所藏编》（东国大学校文学研究所2001），共32开本3册，收录日本收藏的燕行文献33种。这些丛书最大的缺憾是全都没有标明资料的出处来源。

2011年，复旦大学出版社出版了《韩国汉文燕行文献选编》。该书由复旦大学文史研究院与韩国成均馆大学东亚学术院合作完成，共16开本30册，选录文献33种，体裁主要为日记，个别为诗歌，还有少量珍贵的图像资料。

广西师范大学出版社正在出版由弘华文主编的《燕行录全编》，计划收录朝鲜半岛燕行文献700余种，包括作者500多位，涵盖了公元13世纪至20世纪初近700年的中韩交流史。现已出版4辑（2010—2016），共16开本46册。

2010年，复旦大学出版社影印出版了由复旦大学文史研究院与越南汉喃研究院合编的《越南汉文燕行文献集成·越南所藏编》，共16开本25册，汇集了1314—1884年五百多年间53名越南使者的79种燕行文献。越南汉喃研究院提供了大部分文献的清晰扫描件，并搜辑了部分作者的传记资料。复旦大学方面负责文献的真伪考订、编年排次、提要撰写和影印出版。该丛书系统展示了中越两国近代交往的历史，呈现了外国人眼中元明清时期的中国面貌。

传世的汉文琉球文献包括历代宝案、史籍、档案、诗文集、官话课本、医书、辞令书、家谱、地图等，以其特殊的价值而受到学者的重视。鹭江出版社2012年出版《传世汉文琉球文献辑稿》第1辑，共16开本30册，收集了1949年以前东亚各国用汉语文言文撰写的有关琉球的档案、史书、家谱、诗文集、专著、童蒙读物等文献计47种。2015年出版第2辑，共16开本20册。

2013年，复旦大学出版社出版了《琉球王国汉文文献集成》。该丛书由日本高津孝和中国陈捷主编，共16开本36册，影印了现存于日本、美国和中国的琉球王国汉文文献中独立成书的著作76种，分为"琉球版汉籍""琉球人著述"上下两编，末附"琉球官话"一编，另附琉中历史纪年表、书名及作者索引。"琉球版汉籍"指琉球本地刊行或委托中国福建等地刊刻的中国古籍。"琉球人著述"为《集成》的主体，按四部分类，基本囊括了史子集三部中现已发现的琉球人著作。"琉球官话"部分收录《条款官话》《广应官话》等12部琉球官话著作，展现了琉球王国学习汉语的史实。

日本江户、明治时期为了学习汉语，编纂了种类繁多的汉语教科书和工具书，据统计，有400余种。李无未主编的《日本汉语教科书汇刊（江户明治编）》精选从享保元年（1716）到明治四十五年（1912）之间日本汉语教育具有代表性的汉语教科书和工具书134种，据文献内容分编为8卷，由中华书局2015年影印出版，共16开本60册。第60册为附录，收入英国外交官威妥玛编写的《寻津录》和《语言自迩集》两种对日本汉语教科书有很大影响的文献。该套文献对研究汉语史及世界汉语教学史具有重要价值。与此配套的有李无未等编著的《日本汉语教科书汇刊（江户明治编）总目提要》（中华书局2015）一书，对丛书所收每种书的版本、流传、内容、价值等作了介绍。

日本创作的汉文小说（广义）现存有百种左右，年代上起奈良（710—784），下至明治（1868—1912）。陈庆浩等主编的《日本汉文小说丛刊》第1辑（共32开本5册，台湾学生书局2003）辑录日本创作的汉文作品小说共36种，分为笔记丛谈、神怪传说、讲史、世情、艳情、笑话六类，其中以文言文居多。

上海古籍出版社正在编辑出版《域外汉文小说大系》丛书，将越南、朝鲜、日本（包括琉球）及西方传教士用汉文撰写的小说汇集到一起。孙逊等主编的《越南汉文小说集成》2010年出版，共32开本20册，600余万字。每篇作品前都由整理者撰写了叙录，介绍作品的时代、撰人、著录、版本、性质、特色等，文后附有相关资料。计划出版的有《朝鲜汉文小说集成》《日本汉文小说集成》《琉球汉文小说集成》《传教士汉文小说集成》等。

梵蒂冈图书馆收藏有众多明清时期中西文化交流史方面的文献。据统计，该馆现藏汉籍1300余部(件)，其中天主教类文献刻本约500部，传教士以中西文撰写或抄录的稿抄本约130部，有关传教士之书信、诏令、奏疏等中西文单页文献约150件，西方科技类文献刻本约80部，稿抄本双语辞书约20部，手绘与刻印之舆图、星图约20件。2008年，国家清史编纂委员会批准了"罗马梵蒂冈图书馆所藏明清中西文化交流史文献收集与整理"项目，计划从梵蒂冈图书馆所藏明清汉籍中精选有价值的论著分4辑影印出版。目前大象出版社已出版张西平等主编的《梵蒂冈图书馆藏明清中西文化交流史文献丛刊》两辑，第1辑(2014)共16开本44册，收录宗教类汉文论著170种，第2辑(2019)共16开本22册，收录西方科技类文献53种。其中除少数中国本土的著作外(如明韩霖《铎书》、清世祖福临《恩纶》)，都是西方传教士的著述。

要了解域外汉籍的基本信息，可利用以下几种书目。

韩国延世大学的全寅初教授主编《韩国所藏中国汉籍总目》，共16开本6册，首尔学古房2005年出版。该书目是韩国目前收录中国古籍最多的一部书目，大致上反映了韩国所藏中国古籍的现状。书目主要依据韩国28种古籍目录编纂而成，共计12500余条，收录范围包括中国刊刻的典籍、韩国刊刻的中国典籍以及中国典籍的韩国注本，年代以1911年为下限，也收录少量20世纪50年代之前的石印本。编排上按照中国传统的四部分类法，同类书中依书名的韩语音序排列。每书分别著录撰者(或编者、注释者)、版本、刊行地、刊行年代、册数、卷数、书式、版式等，并附有刊记、序跋及印章之名，最后提供书的收藏处。书末附书名及人名索引，分别以韩语音序及汉语拼音编排，方便中韩两国学人使用。

刘春银、王小盾、[越]陈义主编《越南汉喃文献目录提要》，台北中研院中国文哲研究所2002年出版，共16开本2册，著录越南古籍5023种，其中汉文古籍4229种。2004年，台北中研院亚太区域研究专题中心又出版了刘春银、林庆彰、[越]陈义主编的《越南汉喃文献目录提要补遗》，共16开本2册，著录越南古籍2280种，其中汉文古籍2035种。这两种书目是在越南汉喃研究院与法国远东学院合编《越南汉喃遗产目录》(法越文版，1993)及《补遗》(越文版，2002)基础上编译而成的。每篇提要包括书名、作者或编者、年代、版本、书的主要内容、原目编号等内容。

张西平主编《欧洲藏汉籍目录丛编》，共16开本6册，广东人民出版社2020年出版。本书目影印了17世纪后期至20世纪初期主要由西方学者编纂的汉籍目录

30种,共著录欧洲各国公私机构收藏的汉籍约2万条,涉及英国、法国、德国、奥地利、意大利、俄罗斯、瑞典等国家,文种涵盖英、法、德、意及拉丁文。其中大部分为专门著录汉籍的目录,少数综合性目录仅抽印其中汉籍部分。

6.6 专科类

除了上面讲的规模较大的丛书外,还有一些中型的专科性丛书也值得我们掌握。从实用的角度来看,中型的专科性丛书针对性强,使用频率高,适于个人及普通单位购置,查找比较容易。而且由于这类丛书比较常用,往往有后人的整理本,使用也很方便。下面以经、史、子、集、小学及综合为序介绍一些这类丛书。

6.6.1 经部丛书

经部最常用的就是《十三经注疏》。早在战国时期,学者们已将《诗》《书》《礼》①《乐》《易》《春秋》称为"六经"。西汉时《乐经》已经亡佚,官学传授只有"五经"。东汉增加《论语》《孝经》扩展为"七经"。唐代以《易》《书》《诗》《周礼》《仪礼》《礼记》《左传》《公羊传》《穀梁传》为"九经",并以"九经"为科举考试的内容。唐文宗太和年间又增加《论语》《孝经》《尔雅》,成为"十二经"。北宋时期又把《孟子》列入儒家经典,便有了"十三经"的概念。大约在南宋淳熙年间,始将十三经及其注疏合刻印行,便有了《十三经注疏》丛书②。《十三经注疏》所收各家注疏是:

1. 《周易》,三国魏·王弼、东晋·韩康伯注(《系辞》以下为韩注),唐·孔颖达等正义。
2. 《尚书》,西汉·孔安国传,唐·孔颖达等正义。
3. 《毛诗》,西汉·毛亨传,东汉·郑玄笺,唐·孔颖达等正义。
4. 《周礼》,东汉·郑玄注,唐·贾公彦疏。
5. 《仪礼》,东汉·郑玄注,唐·贾公彦疏。
6. 《礼记》,东汉·郑玄注,唐·孔颖达等正义。
7. 《春秋左传》,西晋·杜预注,唐·孔颖达等正义。
8. 《春秋公羊传》,东汉·何休注,唐·徐彦疏。
9. 《春秋穀梁传》,东晋·范宁注,唐·杨士勋疏。
10. 《论语》,三国魏·何晏集解,北宋·邢昺疏。
11. 《孝经》,唐玄宗注,北宋·邢昺疏。

---

① 先秦两汉时期《礼》指《仪礼》,东晋时期才改称《仪礼》。
② 参李致忠《十三经注疏版刻略考》,《文献》2008年第4期。

12. 《尔雅》，西晋·郭璞注，北宋·邢昺疏。
13. 《孟子》，东汉·赵岐章句，北宋·孙奭疏。

需要注意的是，这里的《尚书》由《今文尚书》33篇与《古文尚书》25篇合编而成，《今文尚书》是先秦传下来的真正的《尚书》，《古文尚书》一般认为是东晋时期伪造的，孔安国传也是晋人假托的；《孟子》孙奭疏是南宋人的假托①。

《十三经注疏》版本较多，最通行的是清代阮元据宋刻本（其中也有元明刻本）刊印的本子，每卷之后附有详细的校勘记。1935年，世界书局将阮刻本缩小影印，精装为两册，比较经济。1980年，中华书局以世界书局缩印本为底本重加校勘整理，精装两册印行，成为目前最流行的版本。阮刻本的优点是底本好，并有众多版本对校的校勘记，对判定传本字句正误具有重要价值，缺点是有不少刊刻错误，没有句读标点，不便阅读。

为了克服阮刻本的缺点，北京大学出版社推出了录排标点本《十三经注疏》。该本以阮刻本为基础，全面吸收了阮元《十三经注疏校勘记》和孙诒让《十三经注疏校记》的成果，同时还摘要采用了近现代学者有关十三经及其注疏的校订成果，并对全书进行了统一规范的标点。校勘记及有关说明采用脚注方式，对照非常方便。考虑到读者的不同需要，分为简繁两种版本。简体本（1999）共32开本21册，采用简体横排版式。繁体本（2000）共32开本26册，采用繁体竖排版式。简体本售价便宜，适合普通读者购置阅读。繁体本保留了阮刻本的全部信息，适合研究之用。无论简体本还是繁体本，断句标点及文字方面都有一些错误，使用时应予注意。

上海古籍出版社也推出了一套《十三经注疏》点校本，繁体竖排版式。这次整理底本没有采用阮刻本，而是各经择善而从，或采用宋八行本，或以宋早期单注单疏本重新拼接，或取晚出佳本，试图恢复宋本原貌，整理出一套比阮刻本更为完善的本子。整理工作包括标点、校勘和吸收相关研究成果。2007年开始出书，目前已出版8种。

另外，岳麓书社1994年出版了《十三经今注今译》（上下），注译是由对各经研究有素的专家做的，质量较高。

山东大学儒学高等研究院正在从事《十三经注疏》整理与研究工程，工程主要包括《十三经注疏》汇校和《十三经注疏》标点通行本两部分。汇校以北监本与单疏本、八行本、十行本、李元阳本、汲古阁本、武英殿本、《四库》本、阮元本对校，写出详细的校勘记。在汇校基础上，各经注疏选择内容较全、错误较少的版本为底本，其他版本为校本，最终形成一部错误最少、附有简明校勘记的通行本。其中杜泽逊主编的《尚书注疏汇校》2018年由中华书局出版。

---

① 参李峻岫《〈孟子〉疏作伪问题考论》，《中国典籍与文化》2014年第2期。

为《十三经》编写的工具书很多。叶绍钧在 20 世纪 30 年代编有《十三经索引》,可检索到十三经原文的单句,不能检索字词。李波、李晓光、富金壁主编的《十三经新索引》(中国广播电视出版社 1997)据中华版《十三经注疏》编制而成,可以检索十三经中任一单字的所有用例,而且还列出了该字出现的总次数以及每部经中分别出现的次数。此外,该索引还有人名、地名、职官、引书、其他专有名词(包括神名、天文名词、乐曲名、舞蹈名、诗文名)五种专项索引。2003 年该书又出了修订本,订正了其中的一些差错。

陕西人民出版社 2002—2012 年间陆续出版了一套由刘学林、迟铎主编的《十三经辞典》,共计 16 开本 15 册,3000 多万字,包括《周易卷》《尚书卷》《毛诗卷》《周礼卷》《仪礼卷》《礼记卷》《左传卷》《春秋公羊传卷》《春秋穀梁传卷》《论语卷·孝经卷》《尔雅卷》《孟子卷》。该辞典由原文、正文、字词索引、历代研究论著索引、唐开成石经拓片几部分组成。原文据中华版《十三经注疏》影印本点校而成。正文部分以经书中的词、短语、固定格式及含有经义的句子或特殊词义的句子作为条目,所立条目标注读音词性,分列义项。对专科词语,不仅解释其内涵,还简述该事物的演变、作用和影响。字词索引采用穷举式,一一标明出处及页码。历代研究论著索引收录汉代以来各朝代有关经书的著名论著,意在为研究者提供一份便于检索的书目。唐开成石经拓片根据陕西师范大学图书馆所藏明清西安原石拓片编辑而成,具有较高的版本价值,可供校勘之用。

另有吴枫主编的《十三经大辞典》,中国社会出版社和吉林人民出版社 2000 年联合出版,解释了《十三经》中的 1.5 万多个词条。

6.6.2 史部丛书

史部最常用的就是"二十四史"。"二十四史"是自汉代至清代的二十四部官方修撰的纪传体正史的总称,全书 2300 万余字,记载了自黄帝至明代四千多年的历史,内容涵盖政治、军事、经济、文化、外交、科技、法律、宗教、艺术、民俗等各个领域,是了解和研究中国历史最主要的资料。"二十四史"的名称是逐步形成的。唐代将《史记》《汉书》《后汉书》《三国志》称为"四史";北宋加入《晋书》《宋书》《南齐书》《梁书》《陈书》《魏书》《北齐书》《周书》《隋书》《南史》《北史》《新唐书》《新五代史》十三部史书,合称"十七史";到了明代,又加入《宋史》《辽史》《金史》《元史》,合称"二十一史";清乾隆时再加入《明史》《旧唐书》和《旧五代史》,经乾隆皇帝钦定,最终形成了"二十四史"的概念。民国时期,《清史稿》撰成,于是又有了"二十五史"的说法。现将二十五史及其作者以及通行的古注列表如下:

1.《史记》,西汉·司马迁撰,南朝宋·裴骃集解,唐·司马贞索隐,唐·张守节正义。

2.《汉书》,东汉·班固撰,唐·颜师古注。
3.《后汉书》,本纪、列传由南朝宋·范晔撰,唐·李贤注;志由西晋·司马彪撰,梁·刘昭注。
4.《三国志》,西晋·陈寿撰,南朝宋·裴松之注。
5.《晋书》,唐·房玄龄等撰。
6.《宋书》,南朝梁·沈约撰。
7.《南齐书》,南朝梁·萧子显撰。
8.《梁书》,唐·姚思廉撰。
9.《陈书》,唐·姚思廉撰。
10.《魏书》,北齐·魏收撰。
11.《北齐书》,唐·李百药撰。
12.《周书》,唐·令狐德棻等撰。
13.《隋书》,唐·魏徵等撰。
14.《南史》,唐·李延寿撰。
15.《北史》,唐·李延寿撰。
16.《旧唐书》,后晋·刘昫等撰。
17.《新唐书》,北宋·欧阳修、宋祁等撰。
18.《旧五代史》,北宋·薛居正等撰。
19.《新五代史》,北宋·欧阳修撰。
20.《宋史》,元·脱脱等撰。
21.《辽史》,元·脱脱等撰。
22.《金史》,元·脱脱等撰。
23.《元史》,明·宋濂等撰。
24.《明史》,清·张廷玉等撰。
25.《清史稿》,民国·赵尔巽主编。

还有人将民国时期柯劭忞编撰的《新元史》也加进去,因此又有"二十六史"的说法。

需要注意的是,我们今天见到的"二十四史"有不少内容是经过后人增删的,并非原貌。如《史记》在汉代就已发生佚失数篇及后人删节、续补的情况。班固在《汉书·司马迁传》中说《史记》缺十篇,三国魏张晏在注中说遗失的十篇是《景帝本纪》《武帝本纪》《礼书》《乐书》《兵书》(即《律书》)《汉兴以来将相年表》《日者列传》《三王世家》《龟策列传》《傅靳列传》,但传本《史记》各篇俱在,其中有些是西汉末的褚少孙补的,大部分则不清楚是谁人何时所补。其他篇目也难免有后人的改动,如《公孙弘列传》中有平帝元始中诏赐弘子孙爵语,《贾谊传》中有贾嘉最好学、至孝昭时列为九卿语,都是司马迁身后之事,明显是后人增补。《史记》原本526500字,但传本《史记》据我们统计约有60万字(不计标点),多出近8万字,可见后人增补的内容不少。《史记》三家注原本单行,北宋人分散列于原文之下,分列时多有删节。《魏书》《北齐书》和《周书》北宋时已经残缺,《魏书》缺二十六卷,残三卷;五十卷的《北齐书》仅存十七卷,只是原书的三分之一;《周书》缺五卷,残二卷。这三史的传本是宋人杂抄其他史料(如《北史》)补足的。至于《旧五代史》,明末亡佚,今本是清代邵晋涵从《永乐大典》《册府元龟》等书中辑佚而成,存在误辑、漏辑及因政治忌避而臆改原文等问题。① 我们在使用"二十四史"的资料时应考虑到这些因素。

清代通行的"二十四史"是乾隆年间由武英殿刊行的版本,殿本虽然刻印精良,但存在不少脱衍讹误。民国初期,商务印书馆在张元济的主持下耗费巨资搜访宋元善本,采用当时先进的摄影制版技术出版了影印本"二十四史"(1930—1936),因各书底本经过多种版本的补缀,犹如僧侣的百衲衣,故称为"百衲本二十四史",这部二十四史版本珍贵,影响很大。

20世纪50年代,中华书局根据毛泽东主席的指示,聘请数十位专家学者对"二十五史"展开全面系统的整理,1978年整理出版工作全部完成,历时近20年。全书采用铅字繁体竖排版式,加了新式标点,并附有校勘记。这套《二十五史》广为学界采用,中华书局及其他出版社后来出版的许多与《二十五史》有关的工具书大都与这一版本相配,如《二十四史纪传人名索引》(张忱石、吴树平编,中华书局1980)、《史记人名索引》(钟华编,中华书局1977)、《汉书人名索引》(魏连科编,中华书局1979)等,更是巩固了这套《二十五史》的权威地位。

不过这套点校本在标点、校勘等方面也还存在不少问题,因此,中华书局从2007年开始组织力量对点校本进行全面修订。2013年开始出书,现已出版《史记》《宋书》《南齐书》《梁书》《陈书》《魏书》《隋书》《旧五代史》《新五代史》《辽史》《金史》等修订本。

此外,中华书局还推出了简体横排本《二十四史》(63册)、缩印本《二十四史》(20册),以满足不同的需求。许嘉璐主编的《二十四史全译》(汉语大词典出版社2004)将《二十四史》译为现代汉语,译文质量较高,版式上采用原文与译文当页分栏对照的形式,采用繁体字,便于普通读者阅读使用。

1994年,巴蜀书社启动了《今注本二十四史》的编纂项目,这是文化部批准立项的大型文献整理项目,然而仅出了2种就没有下文了。目前该项目出版工作由中国社会科学出版社接手,现已出版7种,即:《三国志》,杨耀坤、揭克伦校注,全12

---

① 今有陈尚君《旧五代史新辑会证》,复旦大学出版社2005年出版,共32开本12册,约320万字。该书删去原辑误收列传9篇,新增列传60篇,增补逸文数万字,校正原辑诸多文字差错,对原辑编次也有所调整,还附有五代实录遗文百万余字。

册;《宋书》,朱绍侯主持校注,全15册;《南齐书》,王鑫义、张欣主持校注,全8册;《梁书》,熊清元校注,全7册;《隋书》,马俊民、张玉兴主持校注,全16册;《北史》,李凭、靳宝主持校注,全22册;《金史》,张博泉、程妮娜主持校注,全18册。

山东教育出版社出版《二十五史专书辞典丛书》,计划出14种。现已出版12种,即《史记辞典》(仓修良主编,1991)、《汉书辞典》(仓修良主编,1996)、《后汉书辞典》(张舜徽主编,1994)、《三国志辞典》(张舜徽主编,1992)、《晋书辞典》(刘乃和主编,2001)、《南朝五史辞典》(袁英光主编,2005)、《北朝五史辞典》(简修炜主编,2000)、《两唐书辞典》(赵文润、赵吉惠主编,2005)、《两五代史辞典》(宋衍申主编,1998)、《辽金史辞典》(邱树森主编,2011)、《元史辞典》(邱树森主编,2002)、《清史稿辞典》(孙文良、董守义主编,2008),其余两种《宋史辞典》和《明史辞典》至今没有出版。该套辞典的收词范围为人名、地名、名物制度名及难懂词语,不收易懂的普通词语。每一词条后标注中华书局繁体本的一个页码。

另有戴逸主编《二十六史大辞典》,全套分为《人物卷》《事件卷》《典章制度卷》,共16开本3册,吉林人民出版社1993年出版。

二十四史体例并不完备,内容也不无差错,所以后人多有订补之作,这些订补之作是二十四史的重要补充。开明书店1936—1937年编辑出版的《二十五史补编》是专收二十五史补表、补志的丛书(此"二十五史"中有《新元史》,无《清史稿》),收集了宋代至清代的订补之作240种。中华书局后来多次重印此书。岳麓书社1994年影印出版了张舜徽主编的《二十五史三编》,旨在赓续《二十五史补编》,收集订补二十五史的著作150余种,装订为16开本9册。北京书目文献出版社在《二十五史补编》之外,也汇集了160余种有关二十四史考证、订误、补编、辑佚等方面的著作,编成《二十四史订补》一书,于1996年影印出版,共16开本15册。所据底本既有稿本抄本,也有元明清刻本,均为国家图书馆所藏善本。这三套丛书可与二十四史配合使用。

清代朝廷有一个管理皇家事务的机构叫内务府,负责皇家日膳、服饰、库贮、礼仪、工程、农庄、畜牧、警卫扈从、山泽采捕、贡品收受等事务。内务府办理这些事务时大都要写奏本向皇帝请示汇报,皇帝对奏本也有批示,这些文件事后由内务府汇编成册,以备查存,被称为"奏销档"。中国第一历史档案馆所藏内务府奏销档有700多册,3.3万多号,年代从顺治十一年至宣统三年。从顺治元年至雍正二年都是满文,雍正三年至咸丰有满文、满汉合璧和汉文三种文字记载,同治以后多为汉文。中国第一历史档案馆将全部奏销档按照时间顺序整理汇编为《清宫内务府奏销档》,共16开本300册,2014年由故宫出版社出版,为清史研究提供了珍贵的第一手史料。

沈云龙主编了一套大型断代史料丛书《近代中国史料丛刊》,由台北文海出版社1966—2006年间陆续影印出版。全套书分为三编,每编100辑,共300辑。每10个编号为一辑,每辑的第一册有本辑所有书的目录。其中正编1281册,收书1007种;续编1087册,收书608种;三编1048册,收书421种;共3416册,收书2036种。[①] 所收文献年代为清末至20世纪60年代末(也有个别清末以前的资料,如清初钱谦益的《钱牧斋先生尺牍》、清中期翁方纲的《复初斋文集》等),内容为近代名人奏疏、政书、年谱、笔记、日记、诗文集及经世文编、碑传集等,涉及政治、军事、外交、法律、教育、经济、历史、地理、文学等诸多学科,其中多为国民党携至台湾的清宫档案资料及民国政府资料,不少文献属于稿本抄本等海内外孤本,是研究中国近代史的重要资料。如《钦定科场条例》是清代科举制度的官方文献,《皇朝经世文编》《皇朝政典类纂》是清代政治经济制度资料的汇编,还有一些近代出版的报刊,如《戊午杂志》《大中华杂志》《民权素》《北京大学研究所国学门月刊》《大学院公报》《越风半月刊》《清议报全编》《格致新报》《交通官报》《外交公报》《震旦月报》《神州女报》《民彝杂志》等。该丛书的缺点是缺乏系统筹划,编排比较杂乱,有些书没有注明版本出处。

6.6.3 子部丛书

子部常见的有《诸子集成》《新编诸子集成》《百子全书》《续百子全书》等。

《诸子集成》由国学整理社编辑,世界书局1935年铅印出版,汇集了先秦至六朝时期常用的26家诸子著作的注本或校本28种。后来有数家出版社多次重印,发行量很大。中华书局重印(1954、1986)时删除了原书所附的梁启超的《管子评传》、麦梦华的《商君评传》、陈千钧的《韩非新传》和《韩非子书考》,并校正了若干排印错误。

《新编诸子集成》由中华书局出版,收入先秦至宋代子书的精注精校本,以清人及现代学者注本为主,注重反映学术研究的最新成果。采用繁体竖排版式,加了新式标点,质量超越《诸子集成》。全书分为两辑,第一辑共40种(1958—2009);第二辑改称《新编诸子集成续编》,目前已出版30余种。

《百子全书》由湖北崇文书局于清光绪元年(1875)编辑出版,原名《子书百家》,1919年扫叶山房重印时更名为《百子全书》。该丛书选收先秦至明代的子书八类100种,所收只是原文,且未加标点。后来有数家出版社重印过此书。

《续百子全书》由钟肇鹏选编,书目文献出版社1998年影印出版,共32开本25册,选编了《百子全书》以外子书100余种,其中有一些稀见善本。

四川大学古籍整理研究所编纂的《中华诸子宝藏》规模较大,共32开本40册,

---

① 参王云、崔建利《简析〈近代中国史料丛刊〉的学术价值》,《民国档案》2007年第4期。

四川人民出版社1999年影印出版。全书由三部分组成,即《诸子集成补编》(共10册)、《诸子集成续编》(共20册)、《诸子集成新编》(共10册),收入先秦至清末的子书近600种,分为儒学、道家、法名、农家、艺术、兵家、医家、历算、数术、释道、杂家、小说家等类,每种书均有提要。该丛书的缺点是有些书因缩印而字体太小,个别书印刷不太清晰,缺少一个总的书目索引。

杂家类丛书有《笔记小说大观》《历代史料笔记丛刊》《四库笔记小说丛书》《历代笔记小说集成》《中国野史集成》及其续编等。这里的"小说"指记述杂事遗闻的著作,与叙事性的文学体裁的"小说"不是一个概念。所谓野史,指私人杂记的历史,率多道听途说之事,实际上与"笔记小说"的概念大同小异,所收之书与笔记小说多有重合,故归为一类。

《笔记小说大观》是1918年前后由上海进步书局编印的一套丛书,汇辑唐代至清代的杂史、笔记220种,唐代以前仅收晋代葛洪的《西京杂记》一种。由于是请人缮写后石印出版,校对粗疏,舛误甚多。江苏广陵古籍刻印社重新用铅字排版,对所收各书进行了认真校订,补漏订误达万余处,并按成书年代先后重新编排,于1983—1984年印行,分装为平装16开本35册,精装16开本17册。该本对所收各书加了句读,便于阅读。1995年再版,改为精装16开本16册,第1册前增加了书名总目,各分册另有分册目录,使用比以前的版本更为方便。

台北新兴书局也出版了一部《笔记小说大观》丛书,规模相当庞大。该书从20世纪70年代开始印行,至1984年,共出版45编,分装32开本450册,收书2070种。收书范围从先秦到民国,所有书都据古本影印,有不少罕见秘籍。缺点是收书过于庞杂,像《管子》《韩非子》《晏子春秋》之类的子书、《六韬》之类的兵书也收录在内,甚至连《北江诗话》《历代娼妓史》、蔡东藩的多种通俗演义、《大藏治病药》之类都纳入其中,叫人搞不懂究竟什么是"笔记小说"。编纂上也缺乏统一的规划,全套45编既不按朝代编排,也不按主题编排,每编的收书带有很大的随意性。

《历代史料笔记丛刊》由中华书局于1957—2014年间排印点校出版,收入唐代至清代的史料笔记145种,分装为32开本111册,阅读方便。

《四库笔记小说丛书》由上海古籍出版社1991—1993年影印出版,收入笔记小说304种。上海古籍出版社还编了一套《历代笔记小说大观》丛书(1999—2007),分为《汉魏六朝笔记小说大观》《唐五代笔记小说大观》《宋元笔记小说大观》《明代笔记小说大观》《清代笔记小说大观》五部分,收书200余种,简体铅印,加了标点。

《历代笔记小说集成》,周光培编,河北教育出版社1994年出版,共收汉魏至明清的笔记小说751种,共16开本110册。所收各书按朝代先后编排,均按原书影印,但加了句读。

《中国野史集成》,缪钺主编,巴蜀书社1993年影印出版,共16开本50册。该书辑录先秦至清末的野史著作950种,按所记史事之朝代先后、体裁分类编排,先事实、后琐记。书末附有总目及笔画索引、四角号码索引,查阅方便。2000年巴蜀书社又影印出版了《中国野史集成续编》,编例与前编相同,收录野史著作308种,共16开本30册。

此外,还有断代的笔记总集。

陶敏主编的《全唐五代笔记》(16开本4册,三秦出版社2012)收罗唐五代笔记近150种,繁体竖排,每条记载后有编者按语和校记。

朱易安等主编的《全宋笔记》(大象出版社2003—2018)收录宋代笔记476种,分为10编,共32开本102册,繁体竖排,新式标点,书眉有校记。这套丛书对现存宋人笔记进行了系统的整理,是目前收录宋代笔记最多的丛书。丛书将"笔记"的含义确定为"随笔记事而非刻意著作之文",收录限于宋人著述的笔记专集(不收辽、金、西夏作者之书),而不包括未成专集的、散见的单条笔记,也不包括题材专一的专集,如专门的诗话、语录、谱牒、名臣言行录、官箴、叙述故事的小说和传记等。这一含义的"笔记"比较符合目前大多数人对"笔记"一词的理解。每种笔记均有一篇较为详细的前言,对作者、版本、校勘、笔记内容等情况予以阐述评介,对了解书的有关情况很有帮助。

2020年,大象出版社又出版了《全宋笔记》增订本。此次增订充分吸收学术界相关成果,纠正了旧版中存在的校勘、标点、排版等方面的错误;删改增补了一些校勘记;删除了误收的题名吴宏撰《独醒杂志》以及《嘉莲燕语》《内观日疏》《三馀帖》《玄池说林》等伪书,增补了林之奇《道山记闻》、郑熊《番禺杂记》、贾似道《悦生随抄》及佚名《谈选》四种笔记;对全套笔记重新作了排序;全书采用通排形式,不再分编。

顾宏义《宋代笔记录考》(中华书局2020)搜罗了1100余种宋代笔记,详细考述了每种笔记的作者、著录、存佚、版本、内容特点和相关问题,对全面了解宋代笔记的文献信息颇有价值。

兵家类丛书有《中国兵书集成》,解放军出版社和辽沈书社1987—1992年联合出版,共32开本50册。该书选收兵学论著200种左右,包括独立的兵书和其他典籍中论述兵学的篇章(如《墨子》中的《非攻篇》《备城门》等),上起先秦,下至清末,选底本较佳者影印,说明所据版本,大都没有注释。

农家类丛书有许嘉璐主编的《中国茶文献集成》,文物出版社2016年影印出版,共16开本50册。本书收录自西汉至民国时期的茶类专著及单篇文章、期刊共计438种,分为古代茶书(189种)、古代茶法(100种)、域外茶书(21种)、民国茶书(108种)、民国茶期刊(20种)五部分,是迄今为止收录茶文献最为丰富的一部专科丛书。

6.6.4 集部丛书

集部类的丛书很多,下面分类择要介绍几种。

1. 诗歌类

《先秦汉魏晋南北朝诗》,逯钦立辑校,32开本3册,中华书局1983年出版,收录除《诗经》《楚辞》之外的先秦汉魏晋南北朝各代的诗歌谣谚,详注出处及版本异文,按年代先后编次,并给每位作者撰写了小传,比近人丁福保的《全汉三国晋南北朝诗》更为全面而精审。但漏收情况还是存在的,如《艺文类聚》卷五六《杂文部二·诗》引古乐府诗《五杂组》云:"五杂组,冈头草。往复还,车马道。不获已,人将老。"此诗逯书漏收。宋代曾慥《类说》卷五一引南朝齐王融《代五杂组诗》3首,其中两首也被漏收。1988年中华书局出版了常振国、绛云编《先秦汉魏晋南北朝诗作者篇目索引》,使查检此书十分方便。1998年中华书局重印此书,内容略有修补,但未作任何说明。如卷八《汉诗·杂歌谣辞》下补入下面一诗:"举秀才,不知书。察孝廉,父别居。寒清素白浊如泥,高第良将怯如鸡。"

《全唐诗》,900卷,是唐五代诗歌的总汇,约300万字。该书是清江宁织造曹寅奉康熙皇帝之命组织彭定求、杨中讷等十位翰林编纂的,基本上由明代胡震亨的《唐音统签》和清初季振宜的《全唐诗》汇编而成,所增补者仅为卷八八二至卷八八八7卷。康熙皇帝在为《全唐诗》所作的序中称全书共"得诗四万八千九百余首,凡二千二百余人",后人多从其说,实则并不准确。20世纪50年代,日本京都大学人文科学研究所的平冈武夫教授主编《唐代的诗人》和《唐代的诗篇》二书,将《全唐诗》所收作家、作品逐一编号作了统计,结论是:《全唐诗》共收诗49403首,残句1555条,作者2873人。

《全唐诗》版本很多,比较流行的是中华书局1979年铅印校点本,平装32开本25册。该本以康熙四十四至四十六年(1705—1707)扬州诗局刻本为底本,订正了原刻本中的某些明显的错误。1983年中华书局出版了与该本相配的《全唐诗作者索引》(张忱石编),此索引只能查得一作者的诗在《全唐诗》中的起始卷数,不能检索具体诗篇。1991—1997年,中华书局、天津古籍出版社等陆续出版了栾贵明等人编制的《全唐诗索引》,共出了40多卷,它以作者为单元,可对同一作者的诗进行逐字检索。不过在目前电子检索十分便捷的情况下,这类纸质本索引的使用价值就不是太大了。

《全唐诗》存在的问题是漏收唐诗很多,误收别代诗篇及重收互见诗篇也不少,还有作者小传错误等,为此陈尚君在王重民、孙望、童养年所辑《全唐诗外编》(中华书局1982)的基础上进行了修订、增辑,编成《全唐诗补编》(中华书局1992)3册,共收佚诗6327首,另有残句1505条,新增作者900多人。与《全唐诗》合计,唐诗达

55730首,残句3000多条,诗人3770多位。1999年中华书局又出版了增订简体横排本《全唐诗》,共32开本15册。该本把断句改为新式标点,改正了1979年版的某些排印错误,同时把陈尚君的《全唐诗补编》全部收入。此版本配有《全唐诗作者索引(增订简体横排本)》,杨玉芬、柳过云编,中华书局2000年出版。

另外,文化艺术出版社2001年出版了陈贻焮主编的《增订注释全唐诗》,共16开本5册,给每首诗都加了简明的注释,便于读者理解。

20世纪90年代初,南京大学、苏州大学和河南大学启动了联合编纂《全唐五代诗》的计划,并于1992年在全国高校古籍整理与研究工作委员会立项,编纂基地先后设于苏州大学和河南大学。从2011年起,编纂基地转至南京大学,编纂工作主要由南京大学文学院古典文献研究所负责。全书运用善本校勘全部诗作,重新撰写诗人小传,甄辨重出、误收问题,为所有诗注明来源出处,按诗人生卒年重新编次诗作,生卒年无考者以登第年等为序。新增作者约1000人,增补诗歌约5000首,纠正张冠李戴诗篇近千首,向学界提供了一部最为完备的全唐五代诗的总集。《全唐五代诗》由周勋初等五人主编,共32开本30册,陕西人民出版社出版,目前已出初盛唐部(2014)。

据悉,陈尚君以一己之力编纂的《唐五代诗全编》现已基本完成,不久可望出版。该编虽与《全唐五代诗》性质相同,但因采录范围有异,所据版本不同,真伪判断有别,所以在诗篇的归属、过录的文本、校记等方面会有不少差异,读者自可参看酌取。

《全宋诗》,北京大学古典文献研究所编纂,傅璇琮等主编,北京大学出版社1991—1998年出版,共32开本72册,繁体竖排版式,收入诗人8900余家,诗作约25万首,3734万字。本书作为有宋一代(不含辽金)诗歌的首次汇集,收诗较为完备,长篇短制、断章残句都在收录之列。所收诗歌详注出处,便于读者核查。凡一诗互见数人集中或互见数人名下,而难以确定归属者,一律重收,并于题下注明又见。凡可确证误收或误题者,或移入存目,或归入附录,并说明理由。《全宋诗》所附作家小传据第一手资料撰成,其中有编纂者自己的考订,很见功力。凡正史有传者略言之;正史无传者,则据有关史料撮述其要,并注明出处。与此配套的有许红霞主编的《全宋诗1—72册作者索引》(北京大学出版社1999)。

当然,《全宋诗》中漏收误收的情况在所难免,陈新等编有《全宋诗订补》一书(大象出版社2005),32开本1册,对《全宋诗》做了校订和辑补,增补《全宋诗》漏收的诗作2千余首,涉及作者1436人。规模更大的则是汤华泉以一人之力搜集的《全宋诗辑补》(黄山书社2016),共32开本12册,辑得宋诗2.2万余首,残句3600余则,涉及作者3200多人。编者对搜集到的宋诗做了认真的查重、辨伪、校勘工作,剔除了《全宋诗订补》及报刊上发表的宋诗辑佚文章中相同的作品;新见作者均撰写小传,并对《全宋诗》的作者小传及作品的重出、误植进行了补正。现存宋诗的数量已基本查清,大约有30万首。

《全金诗》,薛瑞兆、郭明志编纂,南开大学出版社1995年出版,共32开本4册。清康熙年间郭元釪编有《全金诗》(又名《御订全金诗增补中州集》)74卷,收集金代358位诗人的诗作5544首。薛、郭二人在清编《全金诗》的基础上广事采辑,从宋元诸家别集、总集、史书、方志、道藏、类书、笔记、诗话、金石碑刻、书画题跋等资料中,共辑出534位作者12066首诗歌,数量是清编《全金诗》的两倍多。编排以时间为序,校语随文夹注。每位作者都附有小传。

《全辽金诗》,阎凤梧、康金声主编,山西古籍出版社1999年出版,共32开本3册。此书由《全辽诗》和《全金诗》两部分组成,共收作者715人,完整诗作11662首,另有残诗398条。此书所收金诗数量少于薛、郭所编《全金诗》,作为后出之书,未能踵事增华,令人遗憾。

《全元诗》,杨镰主编,中华书局2013年出版,共32开本68册,收录元代诗人5000多家,诗篇13.2万余首,共2208万字。第一册有总目,每册有细目(包括诗题),最后一册有诗人笔画及拼音索引。

《全明诗》,章培恒主编,计划约200册,上海古籍出版社仅在1993年出了3册。

《全唐五代词》,曾昭岷等编,中华书局1999年出版,收词2809首。本书对疑似问题设有"考辨"一项,全书"考辨"多达311则,涉及词作586首,作者417人,这对了解作品的真伪及作者的是非很有价值。

《全宋词》,唐圭璋编纂,商务印书馆1940年出版。1965年中华书局出版修订增补本,分装32开本5册。书前有引用书目,书后有作者索引。此本后来多次重印。本书收录宋代词人1330余家,词作19900余首,残篇530余首。编纂以历代刊行的宋词单行本、汇刻本、选本等为依据;所用底本以善本、足本为主,参以多种版本进行校勘、考订、辑佚、标点,并为每位词人撰有小传。与之配套的有高喜田、寇琪编的《全宋词作者词调索引》(中华书局1992)。其漏收词篇由孔凡礼补辑成《全宋词补辑》一书(中华书局1981),补词400余首。1999年中华书局又推出了增订简体横排本《全宋词》,也是5册,将《全宋词补辑》的内容也汇编到相关作者之下,对《全宋词》原附《订补》《续订补》的相关补正以及已经发现的原书中的疏漏均作了修订,是目前搜罗最为完备、校订精确的宋词总集。

《全金元词》,唐圭璋编纂,中华书局1979年出版,共32开本2册。收录金元词人282家,词作7293首。其中金词人70家,词3572首;元词人212家,词3721首。体例与《全宋词》相同,以时代先后为序,依次编录诸家词作,词人名下大多有小传。所录诸家词作皆以善本、足本为据,并详加校勘考订。辑录之词大多注明出处,引用书目达 200 余种。

《全元词》,杨镰主编,中华书局 2019 年出版,共 32 开本 3 册。收录元代词人 340 家,词作 4639 首,收录比《全金元词》中的"元词"全面,不收小说戏曲等作品中虚拟人物"撰写"的词作。

《全明词》,饶宗颐初纂,张璋总纂,中华书局 2004 年出版,共 32 开本 6 册。收录词人 1390 余家,词作 1.8 万余首。该书仅以《汇刻明词》等少数几部词集为基础,未能广泛搜集,失收颇多。周明初、叶晔编《全明词补编》,浙江大学出版社 2007 年出版,共 32 开本上下 2 册,编纂体例一准《全明词》,在《全明词》之外共辑录 629 位词人的 5021 首词作(含存疑词 50 首,残词或残句 7 则)。

《全清词》,南京大学中国语言文学系《全清词》编纂委员会编纂,张宏生主编。全书分顺康、雍乾、嘉道、咸同、光宣 5 卷,收词 30 万首以上,凡 4000 余万字,集有清词作之大成。现已出版《顺康卷》(包括《顺康卷补编》)及《雍乾卷》。《顺康卷》由中华书局 1994—2002 年出版,共 32 开本 20 册,850 万字,收录词人 2105 家,词作 53400 余篇。《顺康卷补编》由南京大学出版社 2008 年出版,共 32 开本 4 册,200 万字。《雍乾卷》由南京大学出版社 2012 年出版,共 32 开本 16 册。

《全宋金曲》,刘崇德编,中华书局 2020 年出版,共 32 开本 2 册。本书汇录宋金时期的法曲、大曲、鼓子词、转踏、散曲、诸宫调、戏文、乐语八大类曲体文学作品,附录明清曲谱和元明曲集所收宋金词、剧曲目录。《全宋词》作为词体收入者,本书从音乐体制入手重加整理,以体现各类曲体的发展源流及相互关系。

《全元散曲》,隋树森编,中华书局 1964 年出版,共 32 开本 2 册。书中收录元人小令 3853 首,套数 457 套,另有若干残曲。每位作者都附有小传。每首曲的末尾注明最早见于何书,同时把其他选有此曲的书名也一一列出。书末附有《作家姓名别号索引》和《作品曲牌索引》。

《唐诗宋词元曲全集》,周振甫主编,黄山书社 1999 年出版,共 32 开本 26 册,简体横排标点本。收录唐诗 57900 首,诗人 2830 位;唐宋五代词 2.2 万首,词人 1530 位,其中包括《全唐五代词》《敦煌词》《全宋词》;元代散曲 1064 首,作者 209 位。所有可考作者均附有传记资料,所有补遗作品均归于同一作者正编之下。

《全明散曲》,谢伯阳编,齐鲁书社 1994 年出版,共 32 开本 5 册。收录明代小令 10606 支,套曲 2064 套,曲家 406 人。2016 年齐鲁书社又出版了谢伯阳编《全明散曲》增补版,共 32 开本 8 册,在旧版基础上增补曲家 67 家,小令 1700 首,套数 138 篇。总计收录曲家达 473 家,小令 12306 首,套数 2202 篇。编排以曲家时代先后为序,系以小传,曲后注明出处,缀以序跋。一曲见诸各集而无法考订作者的,或互见,或按复出处理。校勘间出校语,避免烦琐。有助于曲家、曲文考订者,悉附按语。后附"作者姓名字号籍贯索引""曲牌及使用此曲牌之作品首句索引""明人散曲有关作品作者异名表"，以便检索。

《全清散曲》，凌景埏、谢伯阳编，齐鲁书社1985年出版，共32开本3册。本书收录了清代及由明入清与由清入民国的跨代作家散曲，间录序跋及作品评语。编排以作者的时代先后为序，作者均有小传。2006年齐鲁书社又出了增补版，题谢伯阳、凌景埏编，新增作者近百人，散曲约400篇。此版并非重排本，只是在初版之后附录增补部分及对初版的勘误。增补版共收作者342家，小令3214首，套数1166篇。

竹枝词原本是古代巴蜀地区流行的一种民歌，后经一些文人的仿作倡导，流布全国。自中唐迄民国，创作竹枝词的诗人层出不穷，产生了众多的竹枝词体作品。其作品大体可分为三种类型：一类是由文人搜集整理保存下来的民间歌谣；二类是由文人模仿借鉴竹枝词民歌而创作的具有浓郁民歌色彩的诗歌；三类是借竹枝词格调而创作的七言绝句，冠以"竹枝词"之名，但文人气息较浓。1997年，北京古籍出版社出版了雷梦水、潘超、孙忠铨、钟山四人纂辑的《中华竹枝词》一书（共32开本6册），收集历代1260多位作者创作的竹枝词21600余首，分省编排，但多有遗漏。2003年，陕西人民出版社出版了王利器、王慎之、王子今纂辑的《历代竹枝词》一书（共32开本5册），辑录了从唐代到清末的竹枝词2.5万余首，以年代为序编排，分为唐宋元明、清顺治康熙雍正朝、清乾隆朝、清嘉庆朝、清道光朝、清咸丰同治朝、清光绪宣统朝七个时段，未能判别年代者归入清代外编。潘超、丘良任、孙忠铨等人又在此基础上广泛搜集，编成《中华竹枝词全编》一书（16开本7册，北京出版社2007），堪称集历代竹枝词之大成。所收作品始于唐代，止于民国，共收集了4402位作者创作的6054篇、总计69515首竹枝词，按诗词内容所描述的地域分省编排，给研究竹枝词提供了最为丰富的资料。

2. 散文类

《全上古三代秦汉三国六朝文》，清代严可均编辑，光绪十三年至光绪十九年间（1887—1893）由广州广雅书局刻印。此书汇集了从上古到隋代属于集部的单篇文章，计作者3497人。无论是鸿篇巨制，还是孤句残文，都加辑录，搜罗相当广泛，按朝代分编为15集，共746卷。所有文章都注明具体出处，便于核查。文章作者都有小传。书中存在错收、漏收、重出等问题。此书有中华书局1958年据光绪刻本影印的本子，精装16开本4册。该本给全书加了句读，并在书端注有校记。1965年，中华书局重印时增编了一册《全上古三代秦汉三国六朝文篇名目录及作者索引》，为检索该书提供了便利。

西北师范大学的赵逵夫教授正在主持编纂《全先秦汉魏晋南北朝文》，该项目将隋代以前属于集部的所有文字文献加以辑录、考订、校勘，分为《全先秦文》《全西汉文》《全东汉文》《全三国文》《全两晋文》《全北朝文》《全南朝文》七部分。全部文献按作者的生活年代系年,选取时代最早、最完善的版本为底本,并广泛收集较早文献进行校勘,写出校记,解题中对各篇文献的真伪、年代、作者均有考述。项目完成后可取代严可均《全上古三代秦汉三国六朝文》。

《历代辞赋总汇》,马积高主编,湖南文艺出版社2014年出版,共16开本26册,其中详目1册,索引2册(可检索作者及篇名)。全书收录先秦至清末7391位作者的辞赋30789篇,2800多万字。清代康熙年间陈元龙奉敕编纂《历代赋汇》,收录先秦至明代的赋作4161篇;光绪年间鸿宝斋主人又编印《赋海大观》,收录历代辞赋12265篇;《历代辞赋总汇》收集之富则远超前编。书中每位作者均有小传,每篇作品均有校记,对有争议的作品归属及作者时代编者做了考辨判别。

《历代赋学文献辑刊》,踪凡、郭英德主编,国家图书馆出版社2017年影印出版,共16开本200册。赋学文献指对赋体文学作品进行编集、评论、注释的文献,存世的历代赋学文献专著约500种,该丛书从中精选了245种,每种书都撰有翔实的提要。

《全唐文》,清董诰等纂修,清代官修的唐五代文章总集。全书1000卷,共收文章18488篇,作者3042人,嘉庆十三年至嘉庆十九年(1808—1814)由董诰领衔,阮元、徐松等百余人参加编纂。编次以唐及五代诸帝居首,其次是后妃、诸王、公主,再次为各代作者、释道、闺秀、宦官、四裔附编书末。每位作者都附有小传。清宫原藏有《唐文》稿本160册(据陈其元《庸闲斋笔记》卷一,其编者为陈邦彦),清仁宗认为它"体例未协,选择不精",于是下令重编。该书即在这一稿本基础上,用《文苑英华》《唐文粹》等总集补其缺略,又从《永乐大典》辑录了唐文的单篇残段,并旁采他书和金石资料编校而成,为学者查阅使用这些资料提供了方便。

《全唐文》搜采广博,编修官们从《四库全书》的别集、《古文苑》《文苑英华》《唐文粹》等总集、《永乐大典》、释道两藏中广泛搜集唐五代文献,而"天下府厅州县"方志以及"散见于史子杂家记载、志乘金石碑版者",亦在求访之列。如李商隐文集久已失传,清代前期传本注本《樊南文集》都是从《文苑英华》中抄出的本子,而《全唐文》则从《永乐大典》辑出多篇,钱振伦兄弟即据此作《樊南文集补编》的笺注。今《永乐大典》已残存无几,所以《全唐文》的这部分就特别珍贵。编者在作者小传上也下了很多工夫,和《全唐诗》相比,《全唐文》作者小传不但更为翔实,而且纠正了前者不少错误。在文章辨伪方面,凡作者有异说的,编者大都能通过考辨以定去取,而非不负责任地有见必录。如《邕州马退山茅亭记》既见于柳宗元《河东集》,又见于独孤及《毗陵集》;《故东州节度使卢公传》《杨烈妇传》,李翱《李文公集》、李华《李遐叔文集》两见;悉予订正,前者归河东,后者归李翱。在文字校录方面,全书《凡例》规定:"碑碣以石本为据,余则择其文义优者从之,若文义两可,则注明一作某字存证";"金石文字,类多剥蚀而版本完善足信者,即据以登载;其无可据,则注明阙几字存证;惟残阙过甚仅留数字,无文义可寻者,不录";原书所用《文苑英华》为明刊闽本,"讹脱极多,今以影宋抄逐篇订正,补出脱字",为例甚善。①

但因本书工程浩大,疏失在所难免,该类丛书常见的文章漏收、误收、重出,作者张冠李戴,文本讹脱,小传不确等问题,《全唐文》也都存在,但其突出缺点是所收文章不注出处。同治年间古文献学家陆心源掇拾遗文编成《唐文拾遗》72卷、《唐文续拾》16卷,逐一写明出处,收文2500余篇,作者近310人,收入光绪十年(1884)刻印的《潜园总集》第39—58册。

《全唐文》有清嘉庆十九年(1814)扬州全唐文局刻本。1983年中华书局影印嘉庆本,并附陆心源《唐文拾遗》和《唐文续拾》,全部断句,分装16开本11册。1985年中华书局出版了马绪传编《全唐文篇名目录及作者索引》,与该本相配。1990年上海古籍出版社据原刊本剪贴缩印,后附陆心源《唐文拾遗》《唐文续拾》,劳格《读全唐文札记》、岑仲勉《读全唐文札记》等。2002年山西教育出版社出版标点校勘本,共16开本7册,该本有不少差错。

冯秉文主编有《全唐文篇目分类索引》(中华书局2001),比《全唐文篇名目录及作者索引》详备。

《全唐文新编》,周绍良总主编,吉林文史出版社1999年出版,共16开本22册。该书就《全唐文》已经收录的部分做了大量查实工作,采辑了近二百年来国内对《全唐文》研究成果,对《全唐文》字句的误漏、篇目的漏衍以及作者的误属及分合不当等,进行了全面的订正。对有疑义、有争议的篇目,一概不予采录。该书《全唐文》之外增补唐文1.3万余篇,其中包括《唐文拾遗》和《唐文续拾》两种,新补的文章大多出自唐代墓志和敦煌遗书。该书的编纂全程采用了现代计算机技术,对全唐文进行了全面彻底的校对和查重工作,并作出重见的标注,使全唐文的汇集走上了一个新台阶。当然,该编漏收的唐文仍然不少,而且作为现代新编的总集,只对文章做了断句,未加新式标点,不能不说是缺憾。

吴钢主编的《全唐文补遗》(三秦出版社1994—2007)有9辑,收录多为石刻释文,大多未注明出处。陈尚君辑校的《全唐文补编》(共16开本3册,中华书局2005)收录唐人文章近7000篇,涉及作家2600多人,近400万字,绝大部分是《唐代墓志汇编》及《续集》、《全唐文补遗》《全唐文新编》所没有收入的,采辑范围遍及四部群书、敦煌遗书、石刻文献、海外汉籍、佛道两藏等方面,可以说是对20世纪新发现唐代文献的一次比较全面的清理。

《全宋文》,曾枣庄、刘琳主编,四川大学古籍研究所编,历时十年(1985—1995)编成。共收录了宋代三百多年间9500多位作家的10万余篇文章,总字数超过1

---

① 参黄永年、贾宪保《唐史史料学》,陕西师范大学出版社1989;陶敏、李一飞《隋唐五代文学史料学》,中华书局2001。

亿。1988年巴蜀书社以"编成一册出版一册"的方式开始出书,但出版了50册就终止了。2006年,上海辞书出版社和安徽教育出版社联合将全书出版。全书分辞赋、诏令、奏议、公牍、书启、赠序、序跋、论说、杂记、箴铭、颂赞、传状、碑志、哀祭、祈谢等15大类,分装32开本360册。书中95%的作家在此以前未曾编过专集,有不少资料是首次公布。

《全辽金文》,阎凤梧主编,山西古籍出版社2002年出版,共32开本3册。本书汇辑辽、金二代单篇文章3356篇,其中辽代810篇,金代2546篇。除收录完整作品外,残篇断章也酌加撷拾。辽代部分基本转录陈述辑校的《全辽文》(中华书局1982),只比陈述所辑多7位作者、14篇文章。金代部分则以清代张金吾《金文最》为基础,增收作者102人、文948篇。两朝作者共计786人,其中辽代228人,金代558人。每位作者均有小传。

《全元文》,李修生主编,北京师范大学古籍研究所编,凤凰出版社1997—2005年出版,共32开本61册(包括索引1册)。全书搜集有元一代用汉文撰成的文章,包括诗、词、曲、谣谚、小说以外的一切散文、骈文、辞赋等,共收作者3140余人,文章33400多篇,总字数约2800万字。该书也存在漏收作者、作者小传考证欠精详、文献搜集不全、选用版本不当、失校与标点错误等问题。

《全明文》,钱伯城等主编,上海古籍出版社和复旦大学共同编纂,计划分装300册。上海古籍出版社仅出了第一册(1992)和第二册(1994),其余未出。

《清文海》,南开大学古籍与文化研究所编,国家图书馆出版社2010年出版,共16开本106册(含索引1册)。这是一部大型清代文章选集,共收清代作者1576人,文章18383篇,近2000万字。选编以学术价值、文学价值、资料价值和借鉴价值为标准,体裁包括辞赋、诏令、奏议、书信、序跋、论说、考据、杂记、碑志、传记等,语录、日记、讲章、电文、档案以及专著和笔记中的文章一般不予选录。选文所用版本在该书第一次出现时注明,各篇篇末均简注该文出处,并附有校勘记。编排大体依作者生年先后为序。明清之际的作者原则上只选收其入清以后的作品,但写作年代不能确定的作品按清文对待。由清入民国时期的作者只选收可以确定作于清代的文章。每位作者都配有小传。全书虽据原书影印,但文旁加有标点,方便读者阅读。

3. 小说类

《古本小说集成》,上海古籍出版社1991—1995年影印出版,共5辑,32开本693册,收录古代小说428种。收书以白话小说为主,兼及部分文言小说,囊括了历史、言情、侠义、神魔等各类小说的精华,系统呈现了中国小说的发展脉络。它的问世不但为古代白话小说的保存和流传创造了条件,也为研究工作者提供了一大批珍贵资料。其特点是搜罗广泛,规模宏大。底本除得之于国内(包括台湾)各大图书馆、高校、科研机构及私人外,不少还来自国外,如日本、英国、美国、法国、荷兰、韩国等，或拍摄胶卷，或复制原件。这种空前规模的向海外征求底本的活动促成了历来流失小说的一次大回归，其中有相当数量的作品是首次公之于世的。该丛书的另一特点是每种书都有一篇前言，出自有关专家之手，或考订作者，或记述版本源流，或从内容的某一方面阐发各自的独到见解，体现了小说研究的最新成果。影印时，在条件许可的情况下，对所收作品中的缺损残破进行了辑补。

2016—2018年，上海古籍出版社又出了《集成》新版，对初版做了一些修订，如《三刻拍案惊奇》初版前言说"至于陆云龙是否即《三刻拍案惊奇》的作者，有待进一步考证"，新版确定为陆人龙(陆云龙之弟)所作；更换了少数图版质量不佳的底本；订正了初版中页次错乱的疏漏；给全书各辑编了序号，新增一册目录索引；将初版的小32开改为大32开本。

尽管该丛书是目前收录古代白话小说最多的丛书，但离搜罗完备尚有很大差距。现存宋元明清时期的白话小说不会少于700种，该丛书仅收了400余种，失收颇多。部分白话小说因杂有淫秽内容，不宜公开发行，未能编入，可以理解，但像《官场现形记》《二十年目睹之怪现状》《孽海花》《老残游记》这些常见的小说竟也遗漏，令人费解。而所收《燕居笔记》《国色天香》《绣谷春容》《万锦情林》等书，属于杂记类的著作，并非现代意义上的小说，是不该收录的。

《古本小说丛刊》，刘世德、陈庆浩、石昌渝主编，中华书局出版，共41辑，32开本205册。此书系郑振铎生前倡议编集，作为《古本戏曲丛刊》的姊妹篇，曾列入国务院1982—1990《古籍整理出版规划》，由中国社会科学院文学研究所组成编委会进行筹备。1987年影印出版第1辑，共5册。1989年，编委会与法国国家科学院合作，从流传海外而国内不存或稀见的明清小说孤本、善本中精选出169种，编为第2辑至第41辑，于1991年出版。收录以通俗小说为主，兼采少量文言小说和讲唱文学作品。选目精审，版本上佳。如法国巴黎和丹麦哥本哈根所藏残本《插增田虎王庆忠义水浒全传》、刘兴我刊本《水浒忠义志传》《最娱情》等均为孤本；郑少垣刊本《三国志传》、兼善堂刊本《警世通言》《幻中游》等，也是罕见的善本；同一版本系统的小说则选用原刊初刻本或卷帙最全者，如旧抄本《绿野仙踪》，原刊本《吕祖全传》《警寤钟》等。为方便读者，每辑卷首写有前言，简要介绍所收小说之版本、藏所、流传及其主要特点，间作必要的考证。其中有些小说为《古本小说集成》所无，如《近报丛谈平虏传》《绣鞋记警贵新书》《大明全传绣球缘》等。

《明清善本小说丛刊初编》，台湾政治大学古典小说研究中心主编，台北天一出版社1985年影印出版，共18辑，收书235种①。分装两种版式，线装本1425册，精装本899册。1994年又出版朱传誉主编的第19辑，收书16种，精装16册。共计

---

① 出版社发行的初编目录共计236种，编号212种为《欢喜冤家》，213种为《贪欢报》，但实际出版的书则是212为《欢喜冤家》上，213为《欢喜冤家》下。

收书 251 种。1990 年天一出版社又出版了朱传誉主编的《明清善本小说丛刊续编》，共 6 辑，收书 109 种（据台湾政治大学图书馆藏书目录统计）。出版社所编《明清善本小说丛刊续编目录》的"编例"中说"续编共收一一五种，精装三六二册"，与实际出书不符。编排上大致分为白话短篇小说、文言短篇小说、公案、灵怪、讽喻、烟粉、讲史等类，同一小说的不同版本以及同一作者的小说汇编一处。这套丛书由朱传誉凭一己之力搜集编印而成，其艰辛非常人所能想象[①]，功不可没。然丛书也不无瑕疵，如书名页或不署撰写者，不言所据版本；所收之书有些并非小说，如《续编》第 1 辑中的《小说字汇》是日本秋水园主人编撰的小说词语汇释词典；不免疏失。

《傅惜华藏古本小说丛刊》，学苑出版社 2016 年出版，共 32 开本 300 册，另有目录索引 1 册。傅惜华的碧蕖馆藏书中有大量古本小说，据《傅惜华旧藏小说书目》统计，有 750 余种。本丛刊从中精选了 179 种，其中明代刊本 27 种，清代刊本 130 种，民国刊本 7 种，日本刊本 11 种，高丽刊本 1 种，年代不确定抄本 3 种，大多为《古本小说集成》和《古本小说丛刊》未收之书，或虽已收录，但该丛刊所收为不同之版本，因而具有无可取代的学术价值。

欧阳健、欧阳萦雪主编的《全清小说》目前正在陆续出版。该丛书以"叙事性"为区分小说与非小说的标准，凡具备一定情节与审美意味的叙事性文言作品均予入选，不收丛谈、辨订、箴规之类的笔记。计划收录 500 多种，繁体竖排版式。文物出版社 2020 年出版了顺治卷，收录小说 29 种。

4. 戏曲宝卷鼓词类

《古本戏曲丛刊》，郑振铎等编，收录戏曲 1088 种，分为 10 集。1954 年商务印书馆影印《初集》100 种，1954 年至 1955 年商务印书馆影印《二集》100 种，1957 年文学古籍刊行社影印《三集》100 种，1958 年商务印书馆影印《四集》376 种，1964 年中华书局上海编辑所影印《九集》10 种，1985 年至 1986 年上海古籍出版社影印《五集》85 种（附 2 种）。其余各集由国家图书馆出版社影印出版，2016 年出版《六集》77 种，同时，以前出版的全部五集国家图书馆出版社也重新影印出版；2018 年出版《七集》92 种，2019 年出版《八集》70 种（附 2 种），2020 年出版《十集》73 种（附 1 种）。一集至三集收元明清角戏、传奇及少量杂剧，四集收元明杂剧，五集收明清传奇，六集至八集收录清代顺治到乾隆时期的传奇和戏曲别集，十集收录清代乾隆至光绪时期的戏曲，皆据善本影印，共计线装 32 开本 901 册。《丛刊》前四集由郑振铎主编，第五第九两集由吴晓铃主编，其他各集由中国社会科学院文学研究所主持编纂。

[①] 参朱传誉《血路——我编印〈明清善本小说丛刊〉的历程》，载《明清善本小说丛刊续编目录》，天一出版社 1990。

《善本戏曲丛刊》，王秋桂主编，台湾学生书局1985—1987年间印行，共32开本104册。该丛书分为6辑，一、二、四、五辑为明清时期编辑的戏曲选集，共35种，三、六辑都是明清时期撰辑的曲谱，共8种。该丛书版本珍贵，多为海内外孤本，其中日本藏本10种，西班牙藏本3种，英国藏本2种，收集颇为不易。

《全元戏曲》，王季思主编，人民文学出版社1990—1999年陆续出版。全书共32开本12卷(册)，610万字，汇集了我国现存的全部元代戏曲(包括残曲)剧本，共计杂剧210种，南戏19种，还有若干残折佚曲，并用多种版本做了校勘，集资料性、可读性、学术性于一身。元代是我国戏曲史上第一个丰收的季节，为戏坛留下了一大批戏曲文本。以传本计，元代南戏、杂剧两种类型的作品在200种以上；以存目计，南戏有200种上下，杂剧则逾500种。至于早已散失、不见著录的，更难以估计。《全元戏曲》的编辑出版为研究元代戏曲提供了完备可靠的文本。

《全元曲》，徐征等主编，河北教育出版社1998年出版，共32开本12册。本书收录元代278位存名曲作家和诸佚名曲作家现存的所有作品，计完整杂剧162种，残剧46种，著录佚目429种，共637种；散曲4309支(套)，其中小令4075支，套数489套，残曲45支(套)，堪称有元一代杂剧和散曲作品的总汇。部分生活于元明交替之际的作者，一般也予收入。对那些虽无杂剧作品流传但有杂剧剧目存世的，也均列条收录。编者给每位作者都作了小传，对同一作品的不同版本进行了认真的校勘，对疑难词语作了简要的注释，颇便阅读。缺点是散曲都没有交代作品的出处，全书用简化字排印也不利于学术研究。

《日本所藏稀见中国戏曲文献丛刊》，黄仕忠等主编，广西师范大学出版社出版，共两辑。第一辑(2006)共16开本18册，影印日藏明清稀见戏曲文献44种，第二辑(2016)共16开本20册，影印日藏戏曲文献30种。

《稀见中国钞本曲本汇刊》，黄仕忠与日本大木康主编，共16开本32册，广西师范大学出版社2013年影印出版，汇集了日本东京大学东洋文化研究所双红堂文库所藏稀见中国曲本852种，包括传奇、昆曲、高腔、乱弹、皮黄、梆子、影戏、曲谱、鼓词、子弟书、莲花落、快书、石派书、岔曲、杂曲等种类。"双红堂"是日本汉学家长泽规矩也(1902—1980)的书斋，因藏有明宣德刊本《新编金童玉女娇红记》和崇祯刊本《新镌节义鸳鸯冢娇红记》而命名。"双红堂文库"是东京大学东洋文化研究所为其藏书专设的文库。

目前正在编纂的戏曲丛书有黄天骥主持的《全明戏曲》和朱万曙主持的《全清戏曲》。

清代北京的车姓蒙古王府(有人认为是车登巴咱尔王府)收藏有大量戏曲、曲艺手抄本，世称"车王府曲本"，内容包括皮黄(京剧)、乱弹、昆腔、弋阳腔、梆子、影戏、子弟书、鼓词等，其中以皮黄、乱弹居多，抄写年代在清初至同光年间，目前已知总数为2010种。郭精锐等编著的《车王府曲本提要》(中山大学出版社1989)对每种曲本有介绍,不过此书主要简述故事梗概,文献方面的信息诸如行款、抄写年代、现藏地等均付阙如。

1925年,北平的孔德学校分两批购得流散到北平琉璃厂书店的蒙古王府曲本,第一批戏曲783种,曲艺662种,共1445种,第二批戏曲18种,曲艺216种,共234种,两批总计1679种,是车王府曲本的主体。第一批曲本现藏北京大学图书馆,第二批曲本现藏首都图书馆。此外,中央艺术研究院戏曲研究所收藏原件20种,日本东京大学东洋文化研究所收藏原件48种。中山大学图书馆及台北"中央研究院"历史语言研究所傅斯年图书馆所藏都是当时据孔德学校购藏本抄录的文本。①

1991年,北京古籍出版社影印出版了《清蒙古车王府藏曲本》。该书以首都图书馆所藏曲本及抄录的北大图书馆藏曲本为底本,共收录1585种,线装1661册,分装315函。全书按体裁分为戏剧和曲艺两部分,以剧目、曲目设类,其中乱弹、昆曲、高腔、子弟书等类依作品内容的时代为序,同时代作品再按剧目、曲目的字顺排列,其他类皆按剧目、曲目首字笔画为序。为方便查阅,还编制了《剧目字顺索引》和《剧曲目音序索引》。此书仅印行15套,社会上稀见。2001年学苑出版社将线装本缩印为精装本,共16开本57册,易名为《清车王府藏曲本》。2013年又将精装本重印。

精装本(包括线装本)所收的北大藏本大都是转录本,不是原貌,字句难免出错。2017年,学苑出版社联合北京市洓水文化服务中心、北京雨之亭书社出版了朱强主编的《未刊清车王府藏曲本》,共16开本140册。此书影印了北大所藏曲本1295种,因从未以原貌面世,故称"未刊"。其中86种乃《集锦书目》(曲目简介),《施公案》等有子目者均计为单种,计5种,岔曲《佳人夜绣花》有目无书,实际收录剧曲唱本1203种。此次影印,将原曲本的封面扉页等一概保留,给研究利用曲本提供了可靠的原始资料。原精装本已收据北大藏本拍摄的曲本246种,本次没有收录。与此配套的有战葆红等编《未刊清车王府藏曲本目录索引》(16开本1册,学苑出版社2017)。

黄仕忠主编的《清车王府藏戏曲全编》搜集海内外现存车王府戏曲文本,编为32开本20册,广东人民出版社2013年出版。全书收集车王府曲本869个,1100万余字,繁体竖排版式,加了规范标点。车王府曲本中有不少俗字异体及方言用字,整理者改为今规范用字,若规范用字会产生歧义则保留底本用字。收录的戏曲以所演故事的年代为序排列,其出于小说者,依小说故事发生的大致时间列于相应

---

① 仇江《车王府曲本总目》,《中山大学学报》2000年第4期。

的朝代，如三国、西游、水浒戏分别分入三国、唐代、宋代，时间不明者另立"不明朝代故事"类。每个文本卷首均有"解题"，介绍著录情况、故事内容、本事来源、版本依据等。凡有别本存世者，均取作参校，有所校改则加校记说明。该书虽名"全编"，实则失收不少。

子弟书是清朝雍乾之际兴起的一种鼓词艺术，只唱不说，演出时用八角鼓击节，佐以弦乐。曲辞为诗体韵文，多为七字句，可添加衬字。它由满族八旗子弟创作演出，流行了一百五十多年，同治以后消亡。这里所说的子弟书指其曲辞文本，原本大都收藏于清宫升平署、蒙古车王府及北京、天津等地的私人藏家，今天则流散于海内外，以国家图书馆、首都图书馆、北京大学图书馆、天津图书馆、中国艺术研究院图书馆、台北傅斯年图书馆、日本东京大学东洋文化研究所等机构收藏居多。中山大学黄仕忠等人耗费十多年时间搜集海内外收藏的子弟书，编成《子弟书全集》一书，2012年由社会科学文献出版社出版，共16开本10卷，繁体竖排版式，收录子弟书520余种，存目70余种。整理以清车王府旧藏本为主要底本，以百张本等版本为校本，文末附有校记，为研究清代曲艺及北京方言提供了重要资料。与此配套的有黄仕忠、李芳、关瑾华编著的《新编子弟书总目》（广西师范大学出版社2012），著录了目前已知全部子弟书的存藏处、前人著录情况、故事来源、回目等信息。

学者陈锦钊用了四十多年的时间，遍访国内外子弟书收藏之处，逢曲必录，以一己之力编成《子弟书集成》，中华书局2020年出版，共32开本24册，繁体竖排版式。每种子弟书选择善本为底本加以点校，并予题解。《集成》共收录散存于国内外的各类子弟书676种，其中"子弟书"534种、"石派书"45种、"快书"97种，是目前收录最全的子弟书汇编。卷首录陈锦钊所辑"现存子弟书目录""旧有论述""曲谱"等相关资料，供学者参考。

清朝内务府有一个管理宫中奏乐和演戏的机构叫升平署，收藏有众多的戏本。故宫博物院编《故宫博物院藏清宫南府升平署戏本》（故宫出版社2015—2017）将北京故宫博物院所藏升平署的戏本全部收入其中。全书分上中下三编，共计16开本450册，包括3200余种戏剧。戏本大部分是手抄本，另有少量刻本。年代最早的戏本是顺治年间教坊司留下的，绝大部分是康熙至道光时期的。很多戏由七种不同用途的本子组成，即专供帝后看阅的"安殿本"，专供排演人员使用的"总本"，记录戏中某角色台词的"单头本"，记录戏中角色唱词、音符和节奏的"曲谱"，记录戏中人物身段、武打等表演提示和舞台调度的"排场""串头"，记录演出角色出场顺序等的"提纲"。剧本的戏曲种类有昆腔、弋腔、梆子腔、西皮二黄及其他地方曲种。

《俗文学丛刊》，台北"中央研究院"历史语言研究所编，台北新文丰出版公司出版。1928年，"中央研究院"历史语言研究所成立"民间文艺组"，聘请刘复为主任，开始了对俗文学资料的搜集整理,搜集范围包括歌谣、传说、故事、俗曲、俗乐、言语、谜语、歇后语、切口语、叫卖声等,征集地区涵盖北京、河北、江苏等十余个省市。民间文艺组在一年多的时间里搜集了一万多件俗文学资料,堪称卷帙浩繁。其中有印制精良、书法工整、专供清朝贵族子弟阅读用的子弟书,也有印刷粗糙、字迹拙劣、以一般民众为对象的小曲、唱本;有文辞典雅的昆腔剧本、淫猥粗鄙的滩簧小戏,也有劝善惩恶、充满神怪色彩的宝卷。时间最早为乾隆年间的抄本,最晚为民国初期的抄本刻本。这批资料后被带到台湾,藏在中研院的傅斯年图书馆里。史语所还将台湾本土征集的资料也加入其中,使资料数量达到 1.2 万余件。2000 年,史语所与新文丰出版公司合作,计划将这批资料分为戏剧、说唱、杂曲、杂耍、徒歌、杂著六类影印出版。从 2001 年至 2006 年,共出版了 5 辑 32 开本 500 册,只是其中的戏剧类(001—350 册)和说唱类(351—500 册)。戏剧类包含戏剧总类、高腔、昆曲、滇戏、川戏、楚戏、福州戏、潮州戏、淮戏、赣戏、越戏、吹腔、粤戏、大棚班本、影戏、滩簧、梆子、京剧等,说唱类包括宝卷、闽南歌仔、客家传仔、福州平话、子弟书、石派书、快书、竹板书、龙舟歌、南音、弹词等。每种资料之前均有编者撰写的提要。这些资料不仅是我们了解近代中国民间文化的宝藏,也是研究近代汉语的重要语料。2016 年出版了第 6 辑,共 32 开本 120 册,收录说唱 596 种,杂曲 1219 种,杂耍 44 种,徒歌 57 种,北京小曲 101 种,善本曲词 13 种。出版方称"此辑为《俗文学丛刊》最后一辑",看来这套丛书就这样收场了。

宝卷是佛教及其他民间宗教在法会道场中用说唱的形式宣讲教义和仪轨时所用的脚本,最早大约产生于南宋时期,明清两代大量涌现,流行全国各地。《金瓶梅词话》第七十四回就有月娘请尼姑来家里"宣卷"(说唱宝卷)的情节:"不一时,放下炕桌儿,三个姑子来到,盘膝坐在炕上。众人俱各坐了,挤了一屋里人,听他宣卷。月娘洗手炷了香。这薛姑子展开《黄氏女卷》,高声演说。"至今在一些农村地区(如甘肃河西),节日期间仍有宣卷活动,是当地百姓的一种文化娱乐。宝卷的内容大致可分为两类:一类是文学性的故事,最初多为佛教故事,后来也演说历史故事、民间神话传说等,其主旨在于宣扬教理,悟俗化众,劝人为善;另一类是非文学性的宗教宣传品,唱述宗教教义和仪轨。宝卷在形式上以韵文为主,间杂散文,语言通俗易懂。宝卷文献在宗教、文学、语言、历史、艺术等方面都有重要的研究价值,从 20 世纪 20 年代起就受到中外学者的关注。经过八十多年的调查研究,现已查明海内外公私收藏的宋元至民国时期的宝卷有 1600 余种,版本 7000 余种,是大藏经和道藏之外的另一类大型宗教文献。其中清初以前的作品有 300 余种,大多数是清代中后期及民国时期的作品。就内容而言,大部分宝卷是故事性的,专讲民间宗教教义的宝卷只有百余种。下面介绍四种收集比较丰富的宝卷丛书。

《宝卷初集》,张希舜等主编,山西人民出版社 1994 年影印出版,共 32 开本 40

册,收录明清宝卷154种。

《民间宝卷》,濮文起主编,黄山书社2005年影印出版,共16开本20册,收录明代至民国的宝卷357种。所据版本包括明清木刻本、清末和民国石印本、铅印本,以及数量不少的清末和民国的手抄本。该丛书是《中国宗教历史文献集成》的五编之一,其他四编是《藏外佛经》《三洞拾遗》《清真大典》和《东传福音》,全套共180册,收录截至20世纪初的历代宗教典籍、碑铭、文书等1100余种。

《中华珍本宝卷》,马西沙主编,共5辑,每辑16开本10册。该丛书的宝卷遴选标准是:1.年代久远者,2.有研究价值者,3.孤本及稀有版本,4.品相善佳、文字精妙者,5.内容丰富、卷帙较大者。其中不少宝卷为首次出版。社会科学文献出版社现已出版3辑(2012—2015),收录明清宝卷138种,全部采用大字影印。

《中国民间宝卷文献集成》,车锡伦总主编,计划按照宝卷流传地区分卷编辑影印全国各地宝卷文献。现已出版《江苏无锡卷》(商务印书馆2014),共16开本15册,收录了77种无锡地区流传的宝卷,其中清代抄本33种,民国抄本34种,当代抄本10种。

北京爱如生数字化技术研究中心制作有电子版《宝卷新集》,收录元末至民初的宝卷366种(声称400余种,不实)。该电子版既有可全文检索、复制的数字化宝卷全文,又有原卷影像可供核对,为研究利用提供了极大的便利。

关于宝卷的目录,目前搜集最多的是车锡伦编著的《中国宝卷总目》,1998年由台北中研院文哲研究所初版,2000年由北京燕山出版社修订再版,32开本1册,著录宝卷1585种,版本5000余种,异名1100余个。每种宝卷都有简明题解,交代刻印或抄写年代及与事者姓名、册数、序跋附录以及收藏者等情况,据同一文学故事改编的宝卷互相注明"参见"。

台北新文丰出版公司影印出版了《明清民间宗教经卷文献》,分《初编》《续编》两编。《初编》(1999)由王见川、林万传主编,共16开本12册,收录明清民间宗教经卷150种,涉及无为教、黄天道、三一教、龙华教、西大乘教、先天道、弘阳教、悟明教、还源教、金幢教、圆顿教11种教派,此外还收录了反映灶君、关帝、达摩、吕祖、地狱、扶乩、惜字等信仰的文献及善书、救劫书等,由此可以了解各种民间宗教信仰的教义、仪式和演变历史。所收经卷注明年代,说明其宗教归属。同一文献收有多种版本,其中有不少海内外罕见的珍本,如《销释悟明祖贯行觉宝卷》《佛说利生了义宝卷》《清净轮解金刚经》、全本《销释木人开山宝卷》等。《续编》(2006)由王见川、车锡伦等人编纂,也是16开本12册,收录文献205种,体例与《初编》基本一致,所收文献主要来自民间收藏。《续编》中有不少罕见教门的经卷,如《混源上严心经》《混源下严心经》《指迷引真宝卷》《孝道宝卷》《佛说三煞截鬼经》等。

鼓词是以鼓、板击节说唱的一种曲艺形式,或称"鼓子词""鼓儿书"。鼓词源于宋代,盛于清代,留下了丰富的鼓词脚本。鼓词在形制上分为"大书""小段"两类。大书是有说有唱的长篇故事,一般有三十回左右,长的在六十回以上,有些学者称之为鼓词小说。小段只唱不说,篇幅只有两三千字,情节简单。现已出版的鼓词丛书主要有:李豫主编的《清末上海石印说唱鼓词小说集成》,上海人民出版社 2013 年出版,共 16 开本 10 册,影印清末上海石印说唱鼓词 35 种。郭俊峰辑解《中国珍稀本鼓词集成》,吉林文史出版社 2017 年出版,共 16 开本 10 册,收集鼓词 51 种。底本多为清代石印本,整理采用简体横排版式,并对每部鼓词作了解题。

李豫等著有《中国鼓词总目》(山西古籍出版社 2006),收录鼓词词目 4992 条,按时代分为中国传统鼓词、子弟书单唱鼓词、抗日解放战争时期鼓词、共和国时期鼓词四类。著录内容包括书名、作者、出版社、出版年、书品大小、装订形式、册数、卷数、回数、页数、收藏地、异名、有关问题的考证等。

5. 书画音乐类

《中国书画全书》,卢辅圣主编,上海书画出版社 1993—2000 年出版,共 16 开本 14 册,繁体竖排版式,加了句读。收录魏晋至清末的有关书论及画论的著作 256 种,其中有些是从海外搜集来的佚籍,如元代画家吴太素的《松斋梅谱》国内失传,编者据日本嘉静堂文库本排印。这套丛书为研究书画理论及书画史提供了丰富的资料。

与此配套的有卢辅圣主编的《中国书画文献索引》(上海书画出版社 2005),16 开本上下两册,共收入《中国书画全书》关键词 573276 条,分为人名编、篇名编、术语编三部分。本索引从多个角度为读者提供查阅原文的线索。

2009 年该丛书出了修订本,共 16 开本 20 册。该版只是对旧版目录中两种书的题名做了改动,并删除了旧版后记。《竹懒墨君题语》旧版题李日华,修订版改题江元祚;《醉鸥墨君题语》旧版题李肇亨,修订版改为项圣谟。《竹懒墨君题语》是江元祚辑录的李日华所作的题跋,《醉鸥墨君题语》是项圣谟辑录的李肇亨所作的题跋,改题为书的编辑者也算合理。但仅略有改动就称为"修订本",未免有蒙人之嫌;而且由于重新分装,使《中国书画文献索引》标注的册页无法与此版对应。

中国古代有丰富的音乐文献。春秋时期有"六经"之说,其中之一即为《乐经》,可惜秦代以后失传了。现存的音乐文献除专著外,还有大量散见于其他著述中的篇章。王耀华、方宝川主编的《中国古代音乐文献集成》搜集先秦至清末的传世音乐文献汇编为丛书,给研究古代音乐提供了便利。该丛书由国家图书馆出版社影印出版,分为 4 辑(2011—2016),共 16 开本 126 册。每种文献都有简明提要,介绍作者里籍仕进、版本源流、主要内容等。

6. 诗文总集类

《两汉全书》,董治安主编,山东大学出版社 2009 年出版,共 32 开本 36 册,

1300多万字,繁体竖排,加注新式标点。全书汇录自西汉高祖元年(前206)至东汉献帝延康元年(220)400多年间的所有文献,包括各种专著、别集、单篇诗文赋、经籍传注及石刻简牍等,虽只字片语,也在网罗之列。全书涉及870多位两汉人物,编排上以人物(卒年)先后为序,每人之下先列专著,次列诗文并附以遗文逸句。每位作者皆附小传,专著之下均有解题。人物年代不详以及无名氏著作则排列全书之后。

《汉魏六朝集部珍本丛刊》,刘跃进主编,国家图书馆出版社2019年出版,共16开本100册。丛刊选录汉魏六朝集部文献261种,包括总集、别集、诗文评三类,注重搜罗珍稀版本、名家抄本、批校本,原书缺页尽力找同版本补齐。印制方面,在高清彩色扫描的基础上灰度制版印刷,保持了良好的清晰度。与此配套的有刘明《汉魏六朝集部珍本丛刊提要》(国家图书馆出版社2020)。

《魏晋全书》,韩格平主编。本书旨在汇总魏晋时期现存的文献,采取以人为序、以书系人的编排方法,即按照作者生活时间先后排序,再将其全部著作依经史子集之序置于该作者名下。时代无考的作者及作者佚名的著作列于全书之末。每位作者撰有小传,每部著作撰有提要。魏晋文人对先秦两汉作品所作的注释类著作,其先秦两汉作品用稍小字排印,魏晋文人注释用了稍大字排印,以显示魏晋文人的成果。全书计划分装20册,目前仅出版了16开本4册(吉林文史出版社2006—2008)。

《宋集珍本丛刊》,四川大学古籍研究所编纂,线装书局2004年出版,共收录宋人别集、总集405种,分装16开本108册。第1册有《总目》,分册各书前有提要,介绍作者简历、著述情况、版本流传及其优劣。第108册为书目提要及书名、作者笔画索引。这是一套旨在保存和流通宋代文集珍稀版本的断代文集丛书,是目前收录宋人文集善本最多的丛书。收书原则是:以别集为主,兼及部分总集;以善本为主,兼及名家批校;凡已见于常见丛书(如《四部丛刊》《北京图书馆古籍珍本丛刊》)者,原则上不再收录;宋元本同一种书的不同版别一律收录,不避重复;明清本的收录,一般是或世无宋元本,或宋元本有残缺、明清本可补足者,或宋元本与明清本为不同系统者,或有清人精校精刻,或经名家收藏题跋、可为研究者提供版本有关信息者。在制作上,编者对入选各书做了脱色、去污、修描还原等技术性处理,以清晰地呈现原书面貌。出于经济的考虑,版式上每页分上下栏,将原书四个页面合为一页。

《明别集丛刊》,沈乃文主编,共16开本500册,黄山书社2013—2016年出版。明代别集(诗文集)现存3000种左右,该丛书选取了1800种分5辑影印出版,每辑100册。《丛刊》底本主要来自北京大学图书馆和复旦大学图书馆所藏,选用以全、精、善为原则,多为明刊本、明抄本及清初刻本、抄本,其中不少属于孤本及首次影印出版,同一诗文集的不同版本则酌情兼收。编排以作者生年先后为序。

《明代诗文集珍本丛刊》,国家图书馆编纂,国家图书馆出版社 2019 年影印出版,共 16 开本 240 册。本丛书从国家图书馆所藏明代诗文集中选录珍稀版本 353 种,底本均为稿抄本、精刻本、名家批注本等善本,凡已出四库系列、《北京图书馆古籍珍本丛刊》《中华再造善本》《丛书集成续编》《明别集丛刊》《原国立北平图书馆甲库善本丛书》等大型丛书所收之书,本丛书一般不再收录。丛书另配《明代诗文集珍本丛刊总目·索引·提要》一册,可检索及了解所收之书的信息。

查阅清人著述,虽然《续修四库全书》比较方便,但《续修》只收了 2700 多种,难以满足需要。存世的清代诗文集 4 万余种,分藏于全国各地的图书馆,还有少量散落于民间,搜寻查阅颇为不易。2002 年,国家启动了《清史》纂修工程,《清代诗文集汇编》立为纂修工程的基础项目。该丛书由中国人民大学和北京大学联合主持编纂,上海古籍出版社 2009—2010 年影印出版,共 16 开本 800 册,收录清代诗文集 4058 种,所录诗文 500 万余首,总字数 4 亿左右。体裁除诗词曲赋外,还包括传记碑铭、书启奏议、题跋赠序等。版本上优先选用初刻本、原刊本,其次是续刻本、翻刻本,并注意搜集后人补辑本,其中有不少稿本、孤本和珍本,为学术研究提供了可靠的依据。所选诗文集以作者卒于 1919 年之前为下限,个别放宽到 1930 年。编排以作者生卒年为序。每部诗文集的卷首都附有作者小传,共计 3423 篇。编者考订了不少清代学者的生卒年,纠正了目前通行工具书中的错讹。上海古籍出版社为这套丛书编制了《清代诗文集汇编总目录·索引》(2011),包括每册的书名、卷数、著者、版本情况及书名索引、著者索引等。

《清代诗文集珍本丛刊》,陈红彦、谢冬荣、萨仁高娃主编,国家图书馆出版社 2017 年影印出版,共 16 开本 600 册。本丛书收录国家图书馆珍藏的清代诗文集 1339 种,按照作者生卒年先后排列。选择原则为存世稀少、不曾影印出版,故所收之书不与《清代诗文集汇编》等大型丛书相重。与此配套的有《清代诗文集珍本丛刊总目·索引·提要》上下两册。

《清人著述丛刊》,曾学文、徐大军主编,广陵书社出版。本丛书选择清代学者未经系统整理的著述汇编影印,一人一集,分辑出版,同时由相关专家为每位学者及每种著述撰写提要,揭示其学术源流和研究脉络。2019 年出版丛刊第 1 辑,共 16 开本 60 册,收录徐乾学、胡渭、陈景云等 30 多位清代学者的学术著述共 350 种左右。

汇集或选编家族人士的著述刻印出版谓之家集,它可以是家族一代成员著述的汇集,也可以是好几代成员著述的汇集。现存清人自编及民国时期编辑的清人家集约有 1300 种,徐雁平、张剑选择 184 种编辑成《清代家集丛刊》,2015 年由国家图书馆出版社出版,共 16 开本 201 册。2018 年国家图书馆出版社又出版了徐雁平主编的《清代家集丛刊续编》,共16开本201册,选收家集179种。编排以中国现行行政区划为单元,各省市之下大致按成书时间排序,入选者皆为数代书香门第,如黎庶昌辑《黎氏家集》、冒广生辑《如皋冒氏丛书》、方昌翰辑《桐城方氏七代遗书》等。这套丛书为研究家族文化及地方历史提供了便利。

6.6.5 小学丛书

小学类丛书主要有以下三类。

1. 字典辞书类

《字典汇编》,于玉安、孙豫仁主编,国际文化出版公司1993年影印出版,共16开本30册,收录字词典71种。其中字典类收35种,以《说文》系列为主;词典类收28种,以《尔雅》《方言》《释名》系列为主;韵书类收书8种,以《广韵》《集韵》为主。该丛书比较注重实用性,选用版本不论早晚,以错误较少为原则。

《中华汉语工具书书库》,李学勤主编,共16开本100册,安徽教育出版社2002年出版。该丛书影印了汉代至民国时期的语文工具书共计224种,分为字典部(1—18册)、说文部(19—37册)、形体部(38—42册)、雅书部(43—51册)、音义部(52—58册)、韵书部(59—71册)、方言部(72册)、人名·职官部(73—82册)、书目部(83—90册)、专科部(91—100册)10类,各类中以作者出生先后为序排列,出生年月不详的排在每类后面,但为查阅方便,性质相同的书尽量放在一起,每种书前有内容简介及版本说明。本丛书所收工具书较为丰富,但不免芜杂,像《救荒本草》《物理小识》之类列为工具书,工具书的范围可就太宽了。《经籍籑诂》归在"音义部"不如放在"字典部"合适,"音义"书重在注音,而《经籍籑诂》旨在释义。

《佛学辞书集成》,凡痴居士主编,汕头大学出版社1996年影印出版,共16开本10册,汇集历代中外僧俗所编各种解释佛典形音义的辞书38种,如玄应《一切经音义》、慧琳《一切经音义》、希麟《续一切经音义》、可洪《新集藏经音义随函录》《梵唐千字文》《翻译名义集》等,排列以成书年代为序。

《佛学工具书集成》,延藏法师主编,中国书店2009年影印出版,共16开本40册,收录唐代至民国时期的佛学工具书44种,包括字词音义类(如日本观静《孔雀经音义》)、词语集释类(如《禅林疏语考证》、丁福保《佛学大辞典》)、梵汉文字译释类(如《梵语杂名》)、佛教形制类(如《禅林象器笺》)、佛经导读类(如《法苑珠林》)等。

《明清俗语辞书集成》,日本长泽规矩也(1902—1980)编,东京汲古书院1974—1977年影印出版,上海古籍出版社1989重印,共32开本3册。收有《俚言解》《世事通考》《雅俗稽言》《目前集》《常谈考误》《异号类编》《称谓录》《通俗常言疏证》《谈徵》《俗语考原》《证俗文》等20种明清俗语词著作,大多是稀见及流传不广的明清刻本。每种书前对作者、著作年代、版本等有简要的介绍。第 3 册有总的词语四角号码索引。

蒋志远主编的《中国方言谣谚全集》(32 开本 24 册,台北:宗青图书出版公司 1985)收书与《明清俗语辞书集成》全同,其实就是后者的翻版,不过清晰度比上海古籍出版社的重印本要好。

《汉语方言研究文献辑刊》,南江涛选编,国家图书馆出版社 2013 年影印出版,共 16 开本 14 册,收入扬雄《方言》以降至民国时期的方言词语记录及考释著作共 50 种,其中的一些稿抄本颇为难得,如民国翁辉东的《潮汕方言》、民国詹宪慈的《京语解》等。

《历代方言俗语谣谚文献辑刊》,刘云、徐大军主编,共 32 开本 40 册,广陵书社 2020 年出版。影印历代方言俗语谣谚文献约 140 种,其中有不少稀见稿抄本,如清代于邑的《新方言眉语》、薛福谦的《虞山方音辨讹》、梁宝璇的《北京俗语汇编》等。有些文献则是从著作中抽出的单篇文章,如王国维《书郭注方言后》(出自《观堂集林》卷五)、宋王观国《方俗声语》(出自《学林》卷四),这类资料要收的话,恐怕多如牛毛。第 21 册收有宋王应麟《困学纪闻·俗语有所本》一种,《困学纪闻》中并无《俗语有所本》的条目,宋洪迈《容斋四笔》卷三有《俗语有所本》条,未见《辑刊》原书,不知是否辑自洪迈著作。

《历代方志方言文献集成》,曹小云、曹嫄辑校,共 32 开本 11 册,中华书局 2021 年出版,繁体竖排版式。本书辑录了 966 种古代方志中记录的方言资料,时限上自南宋,下至 1949 年,涉及官话、晋语、吴语、粤语、湘语、闽语、赣语、客家话、平话、土话等多种汉语方言,也有少量壮语、苗语、瑶语、彝语、蒙古语等少数民族语言。每种方志都有解题,书后附篇目索引和条目索引。此前,日本学者波多野太郎编有《中国方志所录方言汇编》(32 开本 9 册,1963—1972),汇集了 274 种古代方志中的方言资料影印出版。曹小云编较之波多野太郎编,采集广博,资料更为宏富。

《中国方志中语言资料集成》,李蓝主编,社会科学文献出版社 2021 年出版。本书采集了 475 种方志中 8100 多个页面的方言资料,按中国现行行政区划编排影印,共 32 开本 42 册,其中汉语方言材料 29 册、民族语言材料 7 册、语音及语言分布说明 2 册、总目录和总索引 4 册。

2. 杂字类

杂字是古代为学童编纂的识字课本,历代都有编纂。现知最早的杂字为西周宣王时所编的《史籀篇》,嗣后秦代有李斯编《仓颉篇》、赵高编《爰历篇》、胡毋敬编《博学篇》(合称"三苍"),西汉有史游编《急就篇》,后来通行全国的"三百千"也属于杂字。东汉郭显卿所编《杂字指》是第一部以"杂字"命名的识字课本,后世的识字课本很多沿用杂字之称。杂字主要有两种类型,一种只收编单字,一般不重复出

现,另一种既有单字,也有日常词语。通过杂字我们可以了解历史上不同时期的常用字和常用词的状况。现已出版的杂字丛书主要有:

《杂字类函》,李国庆编,学苑出版社 2009 年出版,共 32 开本 11 册,影印明代至民国时期的杂字 157 种。《杂字类函续》,李国庆、韩宝林编,学苑出版社 2018 年出版,共 32 开本 15 册,影印明代至中华人民共和国成立初期的杂字 98 种。

《清至民国岭南杂字文献集刊》,王建军主编,广西师范大学出版社 2018 年出版,共 16 开本 15 册,影印杂字 101 种。该丛书有地域信息,涉及广东、广西、澳门、香港及历史上深受汉文化影响的新加坡和越南,这虽然超出了"岭南"的范围,但有助于了解杂字的流变及语言文字的地方特色。

《清至民国徽州杂字文献集刊》,戴元枝主编,广西师范大学出版社 2020 年出版,共 16 开本 8 册,影印杂字 73 种。徽州指的是宋代的行政区划,包括徽州府与歙县、休宁、婺源、绩溪、黟县、祁门六县。

《清至民国山西杂字文献集刊》,王建军等主编,广西师范大学出版社 2021 年出版,共 16 开本 20 册,影印山西杂字 261 种。

3. 专题集成类

《说文解字研究文献集成》,董莲池主编,作家出版社出版。该丛书分"古代卷"和"现当代卷"两编。古代卷(2007)共 8 开本 14 册,收录唐代至清末论著 200 余种,内容分为"今存说文重要版本""通论""文本研究""部首研究""叙、六书研究""《说文》学史研究"六部分。现当代卷(2006)共 8 开本 12 册,收录范围为 1911—2005 年,现当代学者研究《说文》的重要论著大都收录其中。

古文字研究方面,有一套规模不小的丛书,叫《中国古文字大系》。书名听起来像是文字学方面的专书,实际上是综合性的。该丛书由《甲骨文献集成》《金文文献集成》和《战国文字文献集成》(尚未出版)三部分组成,凡具有学术研究价值或在古文字学界具有重大影响的有关甲骨文、金文及秦汉以前的石刻文、陶文、简牍、帛书等发现情况记录、文字考释等研究及主要利用各类古文字对有关历史、文化及自然科学等方面进行研究的中外文专著、散篇论文、报道等均在收辑之列。

《甲骨文献集成》由中国社科院历史研究所先秦史研究室编纂,四川大学出版社 2001 年出版。全书共 8 开本 40 册,1 亿多字,囊括了自 1899 年甲骨文发现至 1999 年间所有重要文献。

1899 年殷墟甲骨文的发现是中国近代学术史上的一件大事,由此在中国学术史上形成了甲骨学。甲骨学经历了"草创时期"(1899—1927)、"发展时期"(1928—1949)和"全面深入时期"(1950—现在)三个阶段,至今已有 120 多年的历史。120多年来,蕴藏在甲骨文中的古代社会奥秘逐渐被学者们揭示出来,从而使孔子所慨叹的"文献不足征"的商代历史成为信史。甲骨学已成为与语言文字学、历史学、考古学、古代科学技术史等学科有密切关系的一门学问,并且是一门具有国际性的学问。

现已出土的有字甲骨约有 16 万片,分散在世界各地,而研究这些甲骨的论著,据宋镇豪主编的《百年甲骨学论著目》(语文出版社 1999)统计,有上万种之多,这些研究成果或以专著出版,或是手抄本、油印本,或是散见于海内外各种报刊、杂志中,门类繁多,查找不易;特别是早期甲骨学的专书,因流传不广,很难找到。与甲骨片的著录相比,甲骨学研究类资料没有像《甲骨文合集》那种经过系统整理的资料库,这对文化积累、学术研究都是十分不利的,也与甲骨学在海内外学术界的地位不相称。《甲骨文献集成》的出版将百年来有关甲骨文的研究成果汇为一编,为学术界提供了一套完整的甲骨学研究资料库,结束了甲骨学研究资料难找的局面,它的问世堪称是甲骨学史上的一座丰碑,为甲骨学再创辉煌奠定了坚实的基础,将极大地推动甲骨学研究的进程。

本书所辑资料以全面、存真为特点,搜集了中国大陆、港台以及日、美、加拿大、英、法、德、瑞典、瑞士、俄、澳、韩等国家或地区数千位学者的各种语种的有关甲骨论著 2000 余种,所有文献都按原版本影印,分列八个门类:一、甲骨文发现与流传(1—3 册);二、甲骨文字考释(4—16 册),包括 1. 著录片的考释,2. 文字考释,3. 文字学史;三、甲骨学通论(17—20 册);四、甲骨研究(21—25 册),包括 1. 甲骨分期断代,2. 卜法,3. 文例文法,4. 校订缀合;五、专题分论(26—33 册),包括 1. 世系礼制,2. 国家与社会,3. 方国地理,4. 军事征伐,5. 文化生活,6. 宗教信仰,7. 天文历法;六、甲骨类目(34—36 册),包括 1. 甲骨年表,2. 甲骨文字汇编;七、甲骨学者(37 册);八、杂类(38—40 册),包括述评、序跋等。

本书搜集的许多资料颇为难得,有一些是甲骨学早期出现的手抄或油印的讲义文稿,如王国维的《殷墟书契后编上卷释文》、孙海波的《甲骨金文研究》、商承祚的《甲骨及钟鼎文字研究》、容庚的《中国文字学·形篇、义篇》等,所收刊物有许多是大陆 1949 年以前和海外五六十年代所出,搜寻不易,如大陆的《国学丛刊》《实学》《说文月刊》,台湾的《中国文字》,日本的《甲骨学》,欧美的《中国评论》《中国杂志》《亚洲学会杂志》等,这给甲骨学史的研究提供了真实的第一手资料。

《金文文献集成》由中国社会科学院考古研究所编纂,分别由香港明石文化国际出版有限公司(2004)和北京线装书局(2005)出版发行。该书是有关商周金文研究的大型文献汇编,裒辑古今中外学者的研究论著 2000 余种,约 1 亿字。所收文献最早为北宋吕大临的《考古图》(成书于 1092 年),止于 1989 年 12 月。除纯资料性著录如《三代吉金文存》《金文编》及集释性工具书如《金文诂林》等没有收录外,凡金文研究及主要利用金文对商周历史及有关学科进行研究的中外文专著、论文及报道资料等,均在收集之列,涉及商周青铜器及其铭文的著录研究、器铭考释、文法韵读、断代历法、金文与商周史研究、器铭辨伪及学术史研究等，是目前国内外最完备的有关商周金文研究的文献总集。编排上分为"古代文献"和"现代文献"两部分。"古代文献"收辑北宋至清代的金文著述216种，其中宋代30种、元代4种、明代2种、清代180种。"现代文献"博采民国以来著作1600余种，选收论文1500余篇，另有西文著作18种、日文著作8种。具体又分为图像与铭文综录、铭文及考释、字书与字说、文字学研究、器物研究、历法与断代、商周史研究、辨伪、器目、日文论著、西文论著11类。精装8开本46册。另有书篇名和作者人名索引1册。

七 出土文献及其利用

7.1 出土文献概说

1925年7月,王国维在清华大学为暑期补习学校的学生作学术演讲时说:"自汉以来,中国学问上之最大发现有三:一为孔子壁中书,二为汲冢书,三则今之殷虚甲骨文字,敦煌塞上及西域各处之汉晋木简,敦煌千佛洞之六朝及唐人写本书卷,内阁大库之元明以来书籍档册,此四者之一已足当孔壁、汲冢所出,而各地零星发见之金石书籍,于学术有大关系者,尚不与焉。故今日之时代可谓之'发见时代',自来未有能比者也。"①孔壁汲冢所出多已亡佚,其存世者早已融入传世典籍,原貌不可复得。但王国维所说的第三大发现,即甲骨卜辞、简牍帛书、敦煌遗书、大内档案,原件俱在,具有重大的现实价值,学者们称之为20世纪中国古典文献的四大发现。其中前三种为出土文献,再加上金石文献、吐鲁番文献和黑水城文献,就是我们这里要介绍的出土文献。当然,金石文献不全是后世出土的,也有传世藏品,甚至是拓片,但只要不是赝品,传世藏品和拓片性质上与出土文献没有太大的区别,所以我们也归入出土文献当中。

与传世文献相比,出土文献究竟有哪些优势呢?日本学者太田辰夫把古典文献分为"同时资料"和"后时资料"两类②,"同时资料"指内容及其承载形式是同时产生的资料,"后时资料"指内容产生早而其承载形式产生晚的资料。前者如甲骨文、金文、作者手稿等,后者就是传世文献,也包括出土文献中后人抄写的前人作品。从古流传至今的典籍,历史上经历过无数次的传抄翻刻,其中存在诸多脱漏、增衍、讹误、修补、删改等问题,离原貌渐行渐远,已经很难称为第一手资料了。宋苏轼《东坡志林》卷五中说:"近世人轻以意改书,鄙浅之人好恶多同,故从而和之者众,遂使古书日就讹舛,深可忿疾。"其实何止是北宋,历代皆然。出土文献一般都有确切的撰著或抄写年代,保存了抄写时的历史原貌,其中的同时资料无疑是第一手资料,即便是后时资料,也比传世文献更接近作者原意,因而具有更高的文献价值。

---

① 王国维《最近二三十年中中国新发见之学问》,《王国维文集》第4卷,中国文史出版社1997,第33页。
② [日]太田辰夫《中国语历史文法·跋》,蒋绍愚、徐昌华译,北京大学出版社1987。

首先,根据出土文献可以判别传世文献记载的是非。

老子其人其书究竟是什么时代的,自汉代以来就有不同说法。有人认为老子在孔子之前,有人认为在孔子之后,有人认为是战国时期的人,甚至还有人认为是汉初人。1993年湖北荆门市四方乡郭店村发掘的战国中期楚墓中出土了一批竹简,其中《老子》有三组抄本,抄本的年代应早于墓葬的年代,这使老子为汉初人及老子晚于庄子的说法不攻自破。又如关于武王伐纣的确切时间,以往有44种说法,最早的推定为公元前1127年,最晚的推定为公元前1018年,相差109年。之所以出现如此大的分歧,主要是这些说法是根据记载纷杂的传世文献得出来的,各执一辞,是非难明。在国家"九五"科技攻关项目"夏商周断代工程"(1996—2000)实施的过程中,学者们利用1976年在陕西临潼出土的西周初期的一件青铜器利簋上记载的武王伐纣之事,明确了武王伐纣是在一个甲子日,克商之日伴有"岁鼎"的天象,即岁星正处于殷人分野的中天,通过天文学的计算,将武王克商的年代确定为公元前1046年,这无疑比传世文献的记载要可靠。

我国自古以来流传着鲁班发明了锯子的传说,事实上在考古发掘中很早就有锯子状的工具出土。1977年在河南新郑县发现的裴李岗遗址(距今约8000年)中出土了好几件锯齿石镰(图7-1),1985年在安徽蚌埠市淮上区双墩村发现的双墩遗址(距今7000多年)中出土了一件用蚌壳制作的锯子残段(图7-2),这都比鲁班造锯的传说早四五千年。

图7-1　裴李岗出土的锯齿石镰

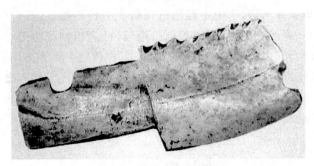

图7-2　双墩出土的蚌锯

再来看一个语言研究方面的例子。《孟子·滕文公上》中有这么一段话:"且许子何不为陶冶,舍皆取诸其宫中而用之?何为纷纷然与百工交易?何许子之不惮烦?"这里"舍"字的含义叫历代训释者伤透了脑筋,他们提出过多种解释,如止、发语词、啥、徒等,这些解释或者查无确据,或者辗转牵附,或者文义不通,都难以令人满意。出土文献给我们提供了解决问题的新材料。在出土文献中,"舍"在战国秦汉时期常跟"余"字混同。如郭店楚简《老子》甲组:"竺(孰)能浊以束(静)者,将舍清。"马王堆帛书《老子》甲本"舍"作"余"。上博简三《彭祖》:"舍告女人纶。""舍"即用作"余"。古文字学者甚至认为"余、舍一字分化"①。"余""与"同音,古可通假。《战国纵横家书·李园谓辛梧章》:"秦余楚为上交。"又:"余燕为上交。""余"整理者都释为"与"。《孟子》的"舍"字应为"余"字,当解作疑问语气词"与(欤)",属上读。"且许子何不为陶冶舍?皆取诸其宫中而用之。"是说许先生为什么不自己制作陶器和铁器?(这样)都从自己家里拿出陶器和铁器来使用了。如此解读则窒碍全无。②

其次,出土文献可以填补传世文献记载的空白。

敦煌莫高窟藏经洞中发现的《云谣集杂曲子》是晚唐时期编成的一部歌词选集,比传统认为最早的歌词总集《花间集》(后蜀赵崇祚编)要早,这为研究词的起源和流变提供了新的可靠资料。唐圭璋先生说:"自唐词发现后,足以解决词学上之疑问甚多。如词为诗余之说,词起于中唐之说,慢词创自柳永之说,唐人无双调《望江南》之说,李白不能作《菩萨蛮》之说,杜牧不能作《八六子》之说,皆可以不攻自破。"③又如屈原在《离骚》中自述其出生年月说:"摄提贞于孟陬兮,惟庚寅吾以降。"摄提即摄提格的缩略,是太岁纪年法中的一个年名,与十二地支中的寅相配;孟陬即正月,夏历的正月为寅月。这就是说屈原是寅年寅月寅日出生的。这一生日有什么特殊的意义呢?东汉的王逸解释说:"寅为阳正,故男始生而立于寅。庚为阴正,故女始生而立于庚。言己以太岁在寅、正月始春、庚寅之日,下母之体而生,得阴阳之正中也。"这只是东汉人的一种解读。湖北云梦睡虎地出土的秦简《日书》875简中记载说:"寅生子,女为贾(1137简作巫,此误),男好衣佩而贵。"原来在当时的民俗中,认为逢寅而生的男子将来可以显贵。屈原连逢三寅,意味着可以大贵。难怪屈原把他的出生当作上天赐给他的"内美"而津津乐道,屈原喜欢穿奇服佩花饰的特点也跟寅生男子"好衣佩"的民俗心理有密切关系。用《日书》中的记载来解释屈原对生日引以为荣的原因显然要比王逸的阴阳说可信得多。

---

① 何琳仪《战国古文字典》,中华书局1998,第534页。
② 详见杨琳《出土资料对解证传世文献疑难字词的价值》,《中国文字研究》第30辑,社会科学文献出版社2019。
③ 唐圭璋《〈云谣集杂曲子〉校释》,原载《中华文史论丛》第5辑,中华书局上海编辑所1964。收入作者《词学论丛》,上海古籍出版社1986,第721—722页。

关于春联的起源,流行的说法是出现于五代时期的后蜀。相传蜀主孟昶在除夕日自题桃符曰:"新年纳余庆,佳节号长春。"这被认为是最早的一副春联。后来人们在敦煌卷子(图 7-3)中发现了这样的文字(S.610V):

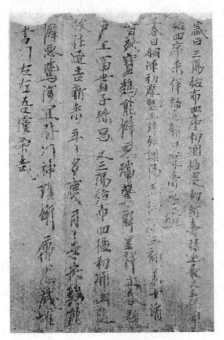

图 7-3　敦煌遗书

岁日:三阳始布,四序初开。福庆初新,寿禄延长。又:三阳开始,四序来祥。福延新日,庆寿无疆。立春日:铜浑初庆轨,玉律始调阳。五阳除三祸,善十消百殃①。宝鸡能僻恶,瑞燕解呈祥。立春题户上,富贵子孙昌。又:三阳始布,四猛初开。凶随故往,逐吉新来。年年多庆,月月无灾。鸡能僻恶,燕复宜财。门神护卫,厉鬼藏摧。书门左右,吾傥康哉。

文中的句子两两对仗,无疑是对联。再看文中"立春题户上""书门左右"的话,明摆着就是置于门前的春联。该卷子的正面抄写的是《启颜录》,末尾有"开元十一年八月五日写了"的题记,开元十一年是公元 723 年,这比孟昶题桃符的传说要早 200 多年。可见春联唐代已在流行。②

《史记·秦始皇本纪》中记载说,公元前 221 年秦始秦统一中国后把天下分为三十六郡,但并没有具体列出是哪三十六郡,后人的说法则有歧异。根据裴骃《史

---

① 佛教有"十善"之说,此句当为抄者误倒。下文"逐吉新来","逐吉"亦为"吉逐"误倒。
② 参杨琳《敦煌文献〈春联〉校释》,《中国典籍与文化》2011 年第 1 期。

记集解》的解释,其中有黔中、长沙二郡,《汉书·地理志》中提到的秦三十六郡有长沙,但没有黔中。2002年在湖南龙山县里耶镇的一口古井中发现大量秦简,其中提到洞庭郡和苍梧郡,这两个郡名史书中没有记载,而后世所说的黔中郡和长沙郡的区域则分别与洞庭郡和苍梧郡相当,于是学者们这才发现班固、裴骃等人的记载有误,秦代并无黔中郡和长沙郡。

2009年在河南安阳县安丰乡西高穴村发掘的曹操墓中出土有铭文的石牌59块,其中一块上写"黄豆二斗"(图7-4),这表明至晚在汉末就已经有"黄豆"之名了,而传世文献中"黄豆"一词最早见于唐代,晚了500年左右的时间。我国使用石油的历史虽然可以上溯到西汉时期,但"石油"一名学术界一直认为最早出自北宋沈括的《梦溪笔谈·杂志一》。如《中国大百科全书·矿业卷》(1984)"中国古代油气开采"条中说:"1080年宋沈括在延长一带考察,始名为'石油'。"敦煌文献S.1053V《丁卯至戊辰年某寺诸色斛斗破历》的背面是一件敦煌某寺的开支流水账,其中有这样的话:"戊辰年……豆四斛,买石油用。"戊辰年即后梁开平二年,公元908年,"石油"一名此时已在流行,这比《梦溪笔谈》的记载要早170多年。又如P.2641《丁未年六月归义军都头知宴设使宋国清等诸色破用请凭牒》中有这样的话:"午时各胡饼两枚,供两日食断,〔又〕煤油壹合。"传世文献中"煤油"一名的出现不早于明代,比敦煌资料至少晚了500年。这些资料无论对汉语史还是对中国科技史无疑都具有重要意义。

再次,出土文献是判别传世文献真伪的标尺。

宋元以来,人们对一些传世古籍的真实性产生怀疑。到清末民国时期,疑古辨伪在学术界形成一股势力强劲的思潮,许多古籍都被怀疑为后人伪造,如姚际恒的《古今伪书考》将92种古籍怀疑为伪书,张心澂的《伪书通考》中受到怀疑的古籍多达1105种,这种疑古精神对打破对古籍记载的盲目迷信、解放思想观念,发挥了积极的作用,但20世纪以来,大量古籍的出土使人们对伪书问题有了新的认识。事实上,带有不纯动机有意伪造的古书是很少的,大部分的所谓伪书只是后人对原书有所修改而已,有的修改多一些,有的修改少一些,而这是传世典籍尤其是先秦典籍流传过程中的常见现象,原封不动传至今天的恐怕一部也没有。

图7-4 曹操墓出土石牌

就拿清人认定为汉末王肃伪造的《孔子家语》来说,今天需要重新定性。1973年在河北定县八角廊西汉墓中出土了八种简书,其中被整理者定名为《儒家者言》的著作内容多与今本《孔子家语》相似。1977年安徽阜阳双古堆西汉墓中也出土一种简书,内容大多能在今本《孔子家语》中见到①。李学勤认为这两种简书"应该都是《家语》的原型",他甚至认为"《儒家者言》也可称为竹简本《家语》"②。看来王肃大约只是像刘向整理《战国策》那样,对《孔子家语》进行了一番编辑补缀而已,其主要内容至少西汉时期已在流传。

另外,古人对著作权的观念也跟后世不大相同。后人将著作权归于撰写者,古人则将著作权归于思想学说的最初提出者,最初提出者未必是著作的撰写者,撰写者也往往不止一人,他们撰写的内容也未必都是最初提出者的思想观点。如《管子》《论语》《墨子》《商君书》《孙子兵法》《孙膑兵法》等都不是本人撰写的,而是后人编撰的。既然是后人编撰的,也就难免掺杂进后世的思想观念。《六韬》旧题周吕望撰,这只是表明书中论述的思想是在吕望(姜太公)军事思想的基础上形成的,并不是说书由吕望写定。清人见题作吕望撰,便认定为伪书,这是不了解古书的形成过程而造成的误判。山东临沂银雀山西汉墓中《六韬》的出土使我们确信此书在战国时期已经写定,为先秦典籍无疑。

宋玉的《登徒子好色赋》是真是假,至今仍无定论,出土文献有助于解决这一问题。赋中一开始交代说"大夫登徒子侍于楚王",《文选》卷一九李善注云:"大夫,官也。登徒,姓也。子者,男子之通称。"认为"登徒子"是一个人名,自古以来人们也是这么理解的。"登徒"一名又见于《战国策·齐策三》:"孟尝君出行五国,至楚,楚献象床,郢之登徒直送之。"历史上也一直将这里的"登徒"当作人名。1978年在湖北随县曾侯乙墓出土的战国竹简中有"左垈徒""右垈徒"的记载,裘锡圭首先指出"左垈徒疑即见于《史记》的《楚世家》、《屈原列传》等篇的左徒"③。嗣后汤炳正发表《"左徒"与"登徒"》一文,进一步指出"登徒"为"左登徒"或"右登徒"的省称④。至此人们才明白"登徒"是战国时期楚国的官职名称。《登徒子好色赋》的作者并非空穴来风,应是以有关宋玉与楚王的传闻为素材来创作的,但作者不明"登徒"的本义,误以为是人名,便仿照"荀子""贾子"之称而称为"登徒子"。《登赋》若是出自宋玉之手,断不会在官名之后缀以"子"的。

汤炳正的看法有所不同,他认为"这个'子'或系后人不理解'登徒'的本义者所增加。因此,号称渊博典实的《文选》李善注把作为官职名称的'登徒'误为人的名称,不是没有原因的"。说"子"或系后人不理解"登徒"本义者所加是对的,但这"后人"不是别人,正是作者。汤先生没有从这官名误作人名的破绽去怀疑作者,反而猜测宋玉的原作后人有改动,缺乏根据,未近事理。就《登赋》原文而言,李善的注

---

① 参《阜阳汉简简介》,《文物》1983年第2期。
② 李学勤《失落的文明》,上海文艺出版社1997,第337页。
③ 裘锡圭《谈谈随县曾侯乙墓的文字资料》,《文物》1979年第7期。
④ 收入作者《屈赋新探》,齐鲁书社1984。

并没有错。①

以上这些例子说明，出土文献具有时代明确、改动较少、可靠性高等特点，是真正的第一手材料，学术研究中应该优先加以利用。陈寅恪曾说："一时代之学术，必有其新材料与新问题。取用此材料，以研求问题，则为此时代学术之新潮流。治学之士，得预于此潮流者，谓之预流（借用佛教初果之名）。其未得预者，谓之未入流。此古今学术史之通义，非彼闭门造车之徒所能同喻者也。"②这充分说明了利用新材料的重要性。

7.2　甲骨文献

上古时期的人很崇拜鬼神，因为他们认为人间的一切都由鬼神在冥冥之中掌管着。当他们遇到不好决定的事情的时候，往往去求神问卜。殷王室用来占卜的工具主要是龟甲兽骨，简称甲骨。占卜时先在甲骨上钻或凿出若干洞孔，然后在洞孔处用火烧灼，使甲骨出现裂纹，占卜者根据裂纹的形状来判断神的旨意。最后将占卜过程刻写于甲骨上，此即所谓卜辞。一条完整的卜辞一般由叙辞、命辞、占辞、验辞四部分组成，叙辞记述占卜的时间、地点和占卜者，命辞是向神求问的内容，占辞是根据兆纹而得出的判断，验辞是事后记录的应验事实。例如《甲骨文合集》14138 片（图 7-5）：

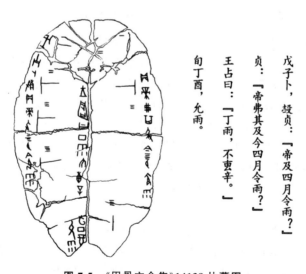

戊子卜，㱿贞："帝及四月令雨？"
贞："帝弗其及今四月令雨？"
王占曰："丁雨，不叀辛。"
旬丁酉，允雨。

图 7-5　《甲骨文合集》14138 片摹图

---

① 参杨琳《〈登徒子好色赋〉的语文学证伪》，《文献》1998 年第 4 期。
② 《陈垣敦煌劫余录序》，收入《金明馆丛稿二编》，上海古籍出版社 1980，第 236 页。

其中"戊子卜,㱿贞"为叙辞,"帝及四月令雨？帝弗其及今四月令雨？"为命辞,"王占曰：'丁雨,不唯辛。'"为占辞,"旬丁酉,允雨。"为验辞。殷墟卜辞绝大多数是商王室的占卜记录,一小部分是有权势的家族的占卜记录,被称为"非王卜辞"。

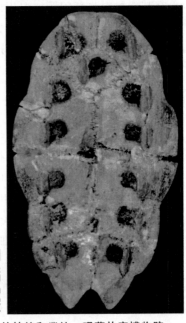

图 7-6　龟腹甲照片,长 14.5 厘米,宽 8.5 厘米,背面有烧灼过的钻坑和凿坑。现藏故宫博物院。

甲骨板（图 7-6）最早出土于什么时候已难以查明。很早以前,河南安阳县小屯村的农民在翻地时经常翻出甲骨来,但当时不知为何物,他们或者随手丢弃,或者卖给药材商人。1899 年,国子监祭酒王懿荣发现甲骨上有刻画符号,认定是古代的文字,这才引起人们的重视,所以一般把 1899 年当作甲骨文发现的年代。

虽然王懿荣认定甲骨刻符是古文字,但在十余年的时间里学者们并不清楚甲骨文为何时文字。刘鹗在 1903 年出版的《铁云藏龟》自序中最先提出甲骨文乃"殷人刀笔文字",可惜只是猜测,没有证据,难以令人信从,正如还有人猜测是夏朝遗物、周朝遗物一样。当时学者收购的甲骨都来自古董商,古董商为了牟取暴利,隐秘出土地点。出土地点不明,也就难以判断其为何朝之物。罗振玉经过多年打探,直到 1908 年才落实了甲骨的确切出土地为河南安阳小屯村（见罗振玉《〈殷虚古器物图录〉序》）,并考定小屯村为商朝晚期都城所在地,从而明确了甲骨文的具体时代。

从 1899 年至 1928 年的 30 年间,殷墟甲骨的挖掘处于一个由当地村民私自乱挖的无序状态。1928 年 10 月至 1937 年 6 月,民国政府中央研究院组织有关专家进行了 15 次科学挖掘,共得有字甲骨 24918 片。1937 年 7 月,日本发动全面侵华战争,中央研究院的挖掘工作被迫停止,但盗掘活动随之猖獗。

中华人民共和国成立后,从1950年到1991年中国科学院考古研究所对殷墟进行了10多次挖掘,共出土有字甲骨5000多片。其中收获最大的一次是1973年在小屯村南进行的发掘,共得有字甲骨有4829片。这批甲骨不仅数量多,而且卜辞的内容也极丰富,几乎涉及祭祀、天象、田猎、旬夕、农业、征伐、王事活动等各个方面,是研究商代历史文化的又一批珍贵史料。由于这批甲骨绝大多数都有可靠的地层关系,并且大多都与陶器有共存关系,这就为甲骨文分期断代问题的深入研究提供了极为宝贵的新资料。这批甲骨刻辞的图版已由中国社会科学院考古研究所编为《小屯南地甲骨》一书(共8开本5册,中华书局1980—1983),共收甲骨包括附录、补录在内计4628片。姚孝遂、肖丁著有《小屯南地甲骨考释》(中华书局1985)一书,可与《屯南》配合使用。

《屯南》遗漏的资料,后来在中国社会科学院考古研究所安阳工作队撰写(刘一曼、曹定云执笔)的《1973年小屯南地发掘报告》(《考古学集刊》第9集,1995)中整理发布,称为《小屯南地甲骨补遗》,共294片。

1991年,中国社会科学院考古研究所安阳工作队在殷墟花园庄东地进行发掘,在H3坑发现甲骨1583片,其中有字甲骨689片,以大版卜甲居多,完整的刻辞卜甲就有300多版,刻辞内容涉及祭祀、田猎、天气、疾病等方面。其中单片刻字最多的是一片完整的龟腹甲,达55字,内容是关于狩猎的。这是继1973年小屯南地甲骨出土之后又一重大发现。这批资料已由中国社会科学院考古研究所编为《殷墟花园庄东地甲骨》一书(8开本6册,云南人民出版社2003)。全书由前言、拓片、摹本、照片、释文、索引等组成,拓本和摹本左右对照,便于比对。

2002年,中国社科院考古研究所的专家在安阳殷墟宫殿区内又发现了4个新的甲骨坑。这4个甲骨坑位于安阳殷墟宫殿宗庙区的西南部,与1973年发现甲骨的小屯南地甲骨坑相邻,共出土甲骨600余片,其中有字甲骨228片,内容涉及祭祀、征伐、田猎、天象、农业等,为甲骨文与商史研究增添了新的资料。

殷墟是商朝第20位商王盘庚迁都后的国都,从盘庚迁殷至纣王商朝灭亡,经历了八世十二王,根据今本《竹书纪年》的记载,共有253年的时间,殷墟甲骨就是这200多年间的产物。1933年,董作宾发表《甲骨文断代研究例》一文,依据世系、称谓、贞人、坑位、方国、人物、事类、文法、字形、书体十项标准将甲骨划分为五期,第一期为盘庚、小辛、小乙、武丁,第二期为祖庚、祖甲,第三期为廪辛、康丁,第四期为武乙、文丁,第五期为帝乙、帝辛。尽管后来有不少学者对这一分期法提出过修正意见,但许多著述中还是沿用,如《甲骨文合集》及《补编》。为了便于把握这五期的具体年代,现将夏商周断代工程给以上12位商王排定的在位年代列表如下:

  盘庚(迁殷后)、小辛、小乙:约前1300—前1251年

  武丁:前1250—前1192年

祖庚、祖甲、廪辛、康丁：前1191—前1148年
武乙：前1147—前1113年
文丁：前1112—前1102年
帝乙：前1101—前1076年
帝辛：前1075—前1046年

甲骨文从发现至今已有120多年，总共出土了多少片甲骨？这是一个难以回答的问题。胡厚宣在《八十五年来甲骨文材料之再统计》一文中公布的结果是：国内外总共收藏甲骨154604片[①]。有些学者认为这一统计与事实有较大出入，因为其中有很多重复著录的版片，还有不少伪片，还存在收藏单位虚报数字及一版碎成数片的情况。其实怎样才算一"片"也没有公认的标准。有些单位凡指甲盖大的碎片也算一片，有些则将缀合到一起的算一片。有些收藏单位只算有字甲骨，有些单位则有字没字一起报。所以要得到一个确切的甲骨数据是很困难的。王宇信、杨昇南主编的《甲骨学一百年》中根据搜集到的拓本统计得来的数据是111545片[②]。后来孙亚冰又做了一次统计，只计有字甲骨单片，不管缀合，得到的数据是：包括殷墟及殷墟以外出土的，百年来共出土甲骨文材料13万片[③]。2019年，葛亮根据发布的最新资料又做了一次统计，结论是：截至2019年10月，已知出土商周刻辞甲骨的总数约为16万片[④]。随着甲骨文研究的进展，这一数据还会有所变化。

第一个将甲骨片拓印行世的是刘鹗，他于1903年选拓了1058片编为《铁云藏龟》一书。此后各种拓本、摹本及照片著作不断问世，截至1979年，总数接近200种，著录甲骨近10万片。这些资料书因印行数量有限，收录甲骨片零散，加之不少书印刷质量低劣，使用很不方便。1979年至1982年间，中华书局陆续出版了由郭沫若主编、胡厚宣任总编辑的《甲骨文合集》，共8开本13册，著录拓片及摹本41956片，根据刻辞辞义分为阶级和国家、社会生产、思想文化、其他4大类排列，前3类下又分若干小类，共21小类。可以说殷墟卜辞精华大都收录于此。此书的编纂始于1959年，当时中国科学院历史研究所（今属中国社会科学院）先秦史研究室的一批学者在胡厚宣的带领下，多次分赴全国25个省、自治区、直辖市的30多个城市寻访甲骨资料，共收集到10余万片甲骨资料，嗣后断断续续花了近20年时间才编纂成书。《合集》的出版为国内外学术界提供了一部比较完备的甲骨著录总集，图版清晰，编排合理，对甲骨学的深入发展起到了巨大的推动作用，在甲骨学史上具有里程碑的意义，从此甲骨学研究者再也不用为原始资料的难得而犯愁了。

---

① 《史学月刊》1984年第5期。
② 社会科学文献出版社1999，第55页。
③ 孙亚冰《百年来甲骨文材料统计》，《故宫博物院院刊》2006年第1期。
④ 葛亮《一百二十年来甲骨文材料的初步统计》，《汉字汉语研究》2019年第4期。

令人遗憾的是《合集》第 13 册的图版全是摹本而不是拓片,难免失真走样。王宇信等专家搜集了第 13 册所收甲骨的拓片 1500 余张,并修订了原来摹本中的误摹误释之处,编成《〈甲骨文合集〉第十三册拓本搜聚》一书(文物出版社 2019),从而弥补了《合集》的不足。

《合集》只是图版,不是甲骨文专家则难以利用,而且资料来源也没有交代,这对研究工作是很不利的,这两项缺憾直到 1999 年才得以弥补。1999 年,中国社会科学出版社出版了胡厚宣主编的《甲骨文合集释文》(共 8 开本 4 册)和《甲骨文合集材料来源表》(上下两编),尽管姗姗来迟,毕竟给后人提供了很大的方便。

《合集释文》有四个特点。其一是吸收了最新研究成果,释文准确可靠。甲骨学是一个不断深化和不断提高的学科,新成果不断出现,能否采用最新成果是衡量释文水平的一个重要标志。该书在这方面做得比较好。例如《合集》0022 片第 2 辞是关于令众垦田的事,其中的"垦"字过去多释为"圣",文义难明,后张政烺释为"垦"字,文意豁然贯通,为学界所接受。又如 00141 片是关于受年的卜辞,指收获小麦。麦字过去多释为"来",后于省吾隶定为"麦",准确可信。这些新成果该书均予采用。其二,对残缺卜辞,释文中通过比较加以补足,使卜辞材料更加完整。其三,隶释卜辞兆序严谨。兆序是卜辞占卜的次第,附属于具体的卜辞,是卜辞不可分割的组成部分。过去出版的甲骨释文很多不标出兆序,就失去辞与辞之间的时空联系,不利于全面理解卜辞和深入研究商代的占卜制度。该书将每一个兆序都附释于相关卜辞的后面,从而确保了卜辞材料的真实性和科学性。其四,卜辞次序编排合理。甲骨卜辞本身不标明次第,释文时各条卜辞之间的次序如何排定,完全取决于甲骨学家对卜辞的理解。以前董作宾曾提出过"先下后上"说,实际情况不尽如此,"先下后上"只是其中情形之一。该书根据卜辞的干支先后和不同事类来确定卜辞次序,有时是"先下后上",有时是"先上后下",有时则是其他。总之,依照干支先后来决定,这是实事求是的科学态度,避免了文中卜辞先后次序的错乱[①]。

已知的甲骨有 16 万片,《合集》著录了其中的 1/3,这并不意味着其他资料没有价值或无足轻重,事实上《合集》遗漏的重要甲骨片为数不少。鉴于这种情况,中国社科院历史研究所的彭邦炯、谢济、马季凡三人又选编了《甲骨文合集补编》(共 8 开本 7 册,语文出版社 1999),收录殷墟甲骨 13450 片,殷墟以外出土的甲骨 316 片,后附释文、来源表及索引,编辑体例与《合集》保持一致。针对《合集》的不足与缺憾,《补编》主要做了下列几方面的工作。第一,增补了《合集》打算选用而遗漏了的重要资料。如《殷墟文字乙编》中 4504、4810、8818 等片都是完整或比较完整的大龟,刻辞内容十分丰富,《合集》原拟收录,但编辑过程中遗漏了,此次补入。第

[①] 参曹定云、刘一曼《甲骨学发展史上的丰碑——〈甲骨文合集释文〉读后感》,《中国社会科学院院报》2003 年 2 月 14 日。

二,整理和抢救了编纂《合集》时从海内外收集来的一批尚未来得及整理的甲骨资料,这些资料长期束之高阁,有的已霉变虫蛀,照片已经发黄,《补编》中近半数片子都是从这批材料中精心甄选出来的,这些都是从未著录过的新资料。第三,完善了《合集》中一些原本有正、反、臼,或原本完整的甲骨拓片而缺其中一部分的材料。比如《乙》7655片,《合集》已选用,但它的反面《乙》7656却没有收录,这次补收了反面,并与正面配放在一起。第四,《合集》收录的拓印本,有的被缩小了,有的字迹不清,或用的是照片和摹本,《补编》尽可能地找出较理想的拓片予以更换。第五,吸收海内外学者的研究成果,对《合集》中的1500多片进行了缀合,共收录缀合近700版,同时纠正了一些误缀。第六,50年代以来,安阳殷墟以外的考古遗址中相继发现了一些有字甲骨,特别是1977年在陕西岐山周原的西周早期遗址发现的一批有字甲骨,为便于学者研究利用,《补编》特将王宇信、杨升南根据不同摹本整理编辑的《殷墟以外遗址出土甲骨》316片作为附录,拓宽了甲骨研究的范围。第七,《合集》出版后由于《释文》《材料来源表》等配套著作没能及时出版,影响了资料的检索利用与研究工作,《补编》将《释文》《来源表》《缀合表》等索引和附录同时推出,体例完善。除了近些年国内相继出版的《小屯南地甲骨考释》《英国所藏甲骨集》(李学勤、齐文心、艾兰编,全2册,中华书局1992,共收甲骨2674片)与《甲骨续存补编》(胡厚宣辑,王宏、胡振宇整理,全3册,天津古籍出版社1996)三部著录书没有纳入外,《补编》基本上涵盖了近20年来海内外陆续著录的甲骨资料和缀合成果以及80年代前原《合集》选剩的所有著录书刊上的重要资料。《屯南》等三部大书资料比较集中,国内外发行面也较广,《补编》没有收录翻印[①]。就原始资料而言,有了《甲骨文合集》《甲骨文合集补编》《小屯南地甲骨考释》《英国所藏甲骨集》《甲骨续存补编》及《殷墟小屯村中村南甲骨》六部书,可以说是基本上齐备了。

《殷墟小屯村中村南甲骨》由中国社会科学院考古研究所编著,云南人民出版社2012年出版,8开本上下两册,收录1986—1989年小屯村中出土的甲骨及2002—2004年小屯村南出土的甲骨共514片,另有附录著录近年在小屯村北、花园庄东地、苗圃北地、大司空村出土的甲骨共17片。

据悉,中国社会科学院历史所先秦史研究室编纂的《甲骨文合集三编》即将出版,该编收录《合集》及《补编》未收的甲骨约3万片。

上面介绍的资料有的有释文,有的没有释文,没有释文的资料对许多人来说使用有困难,姚孝遂主编的《殷墟甲骨刻辞摹释总集》(共8开本2册,中华书局1988)可以为广大使用者解除这一困难。该书将《甲骨文合集》《小屯南地甲骨》《英国所藏甲骨集》《东京大学东洋文化研究所藏甲骨文字》(共收甲骨1315片)《怀特氏等

---

① 参彭邦炯、马季凡《〈甲骨文合集〉的反顾与〈甲骨文合集补编〉的编纂》,《历史研究》1999年第5期。

所藏甲骨文集》(共收甲骨1915片)5部书的52486片资料,剔出重复,摹释约5万片,是甲骨资料的集大成之作。该书的体例是先将图版上的刻辞摹写出来,然后再写出释文,这要比仅仅提供释文更为方便。其中的《合集》释文可与胡厚宣主编的释文比较互参。《摹释总集》在摹写及释文方面存在一些问题,白于蓝《殷墟甲骨刻辞摹释总集校订》(福建人民出版社2004)一书校订了2800多条,使用时可参看。

曹锦炎、沈建华编著的《甲骨文校释总集》(16开本20册,上海辞书出版社2006)收录了《甲骨文合集》《甲骨文合集补编》《小屯南地甲骨》《英国所藏甲骨集》《东京大学东洋文化研究所藏甲骨文字》《怀特氏等所藏甲骨文集》《天理大学附属天理参考馆甲骨文字》《苏德美日所见甲骨集》《殷墟花园庄东地甲骨》9种甲骨著录的释文(没有摹写),总计甲骨6.5万余片,近500万字,包括了目前公布的绝大部分卜辞。作者对每片甲骨进行了认真校对,吸收了学术界的最新研究成果,释文与《殷墟甲骨刻辞摹释总集》等著作有不少差异。

陈年福编撰的《殷墟甲骨文摹释全编》(线装书局2010)摹释了现已刊布的19种重要的甲骨文著录材料,即《甲骨文合集》《甲骨文合集补编》《东京大学东洋文化研究所藏甲骨文字》《苏德美日所见甲骨集》《天理大学附属天理参考馆甲骨文字》《小屯南地甲骨》《英国所藏甲骨集》《怀特氏等所藏甲骨文集》《殷墟花园庄东地甲骨》《瑞典斯德哥尔摩远东古物博物馆藏甲骨文字》《联合书院图书馆东莞邓氏旧藏甲骨》《谢氏瓠卢殷墟遗文》《殷契拾掇三编》《北京大学珍藏甲骨文字》《上海博物馆藏甲骨文字》《殷墟甲骨辑佚》《甲骨缀合集》《甲骨缀合续集》《甲骨拼合集》,比《殷墟甲骨刻辞摹释总集》多收了14种,共摹释甲骨7万多片,26万多条,近400万字,分装为16开本10册。该书是目前收录甲骨文文本最多的资料总集,摹录字形比较准确,释文吸取了最新的考释成果。

使用甲骨资料的人常常需要的是具有关键字词的一批刻辞,如研究凤凰的人希望把卜辞中带有"凤"字的词句都找出来,但上面介绍的那些资料书不能满足这种需求。1967年,日本学者岛邦男的《殷墟卜辞综类》由东京汲古书院出版,这是一部逐字索引性质的工具书,它将同类资料摹写出来,汇集在一起,受到广大学者的欢迎。但到20世纪80年代,该书已显落后,收录资料少,光有摹写,没有释文,使用不便。于是姚孝遂主编了一部《殷墟甲骨刻辞类纂》(全上中下3册,中华书局1989),该书收集的资料包括《甲骨文合集》《小屯南地甲骨》《英国所藏甲骨集》《怀特氏等所藏甲骨文集》4种。《东京大学东洋文化研究所藏甲骨文字》所收甲骨基本为《合集》著录,故未采集。《合集》第13册为摹本,也未采录。出于经济的考虑,常见虚词如"于、惟、在、其、勿、弗、不"等,常见套语如"其雨""不雨""往来无灾"之类,因辞例众多,只是酌情节录,其余则如数收列。共收单字3534个,词条约20万条,附有部首、笔画、拼音三种检索方法,检索系统完善。此外,还附有《卜辞世系表》《贞人系联及分组表》《贞人统计表》,这些表对研究者很有用。例如要查找有关"兔"的卜辞,可通过任一检索方法查到"兔"字的页码,就会看到提供了23条材料。该书也存在不少错误,如误摹甲文、误释文字、误增字词、误收伪片、字头重复等①,使用时应予注意。

针对姚编类纂未收的甲骨刻辞,学人们也编了类纂,有洪飏主编的《殷墟花园庄东地甲骨文类纂》(福建人民出版社2016)、李霜洁编著的《殷墟小屯村中村南甲骨刻辞类纂》(中华书局2017),这种针对专书而编的类纂使用上不如汇总性的类纂方便。在甲骨刻辞资料及研究成果极大丰富的今天,很有必要新编一部收录齐全、摹释准确的类纂。

1977年至1979年间,陕西岐山县凤雏村的周原建筑遗址出土了一批西周初期的甲骨,共17275片。其中有字甲骨292片,字数总计1000余字,不重复的单字共360字。后来在扶风县齐家村也发现西周刻字大龟版1块,牛肩胛骨5片。这批甲骨刻辞的内容主要是卜祭、卜告、卜年、卜出入、卜田猎、卜征伐和杂卜等,其中有记述殷周关系的,也有记周人与方国关系以及周初重臣人名、地名和月相等。周原甲骨的出土意义重大,它表明甲骨文非商王朝所独有。这批有字甲骨的图版著录在曹玮编的《周原甲骨文》(世界图书出版公司2002)一书中,图版约300幅,每版均有释文。

关于周原有字甲骨的性质,学术界有不同意见。有人认为出自殷人之手,有人认为出自周人之手,还有人认为其中的占卜之辞出自殷人,记事刻辞出自周人。

2003年至2011年间,陕西省岐山县周公庙遗址共出土西周时期的有字甲骨近800片,总字数约2600字,这是西周甲骨的重大发现。

2003年,山东大学东方考古研究中心、山东省文物考古研究所和济南市考古所合作在济南市历下区王舍人镇大辛庄的一处商代遗址进行考古发掘时,发现了4片有刻辞的甲骨,其中一片龟腹甲上刻有33字,该甲骨刻辞与安阳殷墟出土卜辞类似,年代不晚于殷墟三期。这说明甲骨文不仅仅是王室使用的工具。估计将来还有在其他地区出土商代甲骨的可能。

至于甲骨文的各种研究资料,大都汇集于四川大学出版社2001年出版的《甲骨文献集成》当中。另有北京图书馆出版社2008年出版的《甲骨文研究资料汇编》,共16开本20册,收录了1949年以前发表的甲骨文论著50种,如《铁云藏龟》《卜辞通纂》《甲骨学商史论丛》等。

初学甲骨文应从专家们选编的注译本入手。王宇信、杨升南、聂玉海主编的《甲骨文精粹释译》(云南人民出版社2004)从十多万片甲骨中选录了692片,所选大都是字数较多的重要甲骨。每片甲骨由拓片、摹片、片形部位释文、释文标点、译

---

① 参裘锡圭《评〈殷墟甲骨刻辞类纂〉》(上下),《书品》1990年第1、第2期;李宗焜《〈殷墟甲骨刻辞类纂〉刊正》,台北:《大陆杂志》第94卷第6期,1997。

读五部分组成,书后附单字逐字笔画索引及甲骨片来源表,极便研习。

想了解甲骨学各方面的知识和有关信息,可查阅郭旭东等主编的《殷墟甲骨学大辞典》,中国社会科学出版社 2020 年出版。

7.3　金石文献

金石文献指铸刻在金属器物及刻凿在石头上的文献。我国早在公元前 5000 年的西安半坡及姜寨的仰韶文化遗址中就曾分别发现过一小块金属圆片,后来在公元前 2000 年前的甘肃齐家文化和辽宁西部的夏家店下层文化遗址中曾发现过红铜的装饰品和小件器物。在属于夏代文化的二里头文化(前 1900—前 1600)遗址中,不但发现了青铜制作的小件工具(如锥子)、兵器(矢镞、戈、戚)、饰物等,还发现了 4 件青铜礼器——爵[①]。从铸造简单的工具到铸造复杂的礼器,在技术上是一个飞跃。中国古代青铜器以礼器为主体,青铜礼器是青铜时代的主要表征。二里头文化中青铜礼器的发现表明中国历史已进入青铜时代。

商代是青铜器大量涌现的时代,是青铜文化的繁荣阶段,创造了灿烂的青铜文明。青铜制品包括礼器、实用器、乐器、兵器、工具、车马器、装饰品等,用途涉及社会生活的大部分领域。商代中期(前 15 世纪中叶—前 13 世纪)的个别青铜器上开始铸有作器者本人的族徽,但没有铭文。到商代晚期(前 13 世纪—前 11 世纪),青铜器上开始铸有被祭者的"日名"(将十天干加在亲属称谓"祖、父、匕、母"等之后),以表明此器专为祭祀具有该日名的先人而造,一般只有两三个字。如文武丁(即后世文献中所说的文丁)时期的司母戊方鼎上铸有"司母戊"三字(或释"司"为"后"),"母戊"即商王文武丁母亲的日名。直到帝乙帝辛时代,才有记事形式的铭文出现。其中字数最多的如我方鼎铭文,有 41 个字;邲其三卣中的四祀邲卣铭文有 42 个字。从整体来看,商代铸铭的青铜器不是很多,铸有 20 字以上的只有十余件。

西周是铜器铭文的全盛时代,铭文字数大为增加,百字以上的铭文颇为多见。西周晚期的毛公鼎有 498 字(包括重文符号),如果不算由几个编钟合成的铭文,毛公鼎铭是已发现的商周铜器铭文中最长的一篇,铭文详细记录了周王对毛公的诰命之辞。西周的铭文除了"某人作某器"之类的简单记载外,比较常见的是记君上(主要是周王)的任命赏赐,还有一些记事铭文,如记诉讼获胜、土地交易和田界勘定等。铭文内容涉及西周时期的阶级关系、土地制度、分封制度、军事制度等方面,一些重大的历史事件如武王克商、成王东征、昭王南征等,也都有反映。

春秋时期的青铜器主要由各诸侯国及各国内卿大夫所制,因此这一时期金文

[①]　张光直《中国青铜时代》,北京:生活·读书·新知三联书店 1999,第 4—7 页。

多反映诸侯、大夫的社会活动及当时的典章制度,无论是内容还是形式均表现出浓厚的地域性,这种情况与周王室衰微后,列国竞相发展自己的势力、国内卿大夫逐渐兴盛的政治形势是相符合的。春秋时期仍有长铭。如宋代发现的齐灵公大臣叔弓(或释"叔夷")所作的七个一套的编钟上,铭文长达501字(如认为末句"子""孙"二字下都摹脱重文号,应为503字),比毛公鼎字数还多,铭文记载了器主夸耀自己的出身和功绩及齐灵公对他的诰命。但总的来看,春秋时期的长篇铭文要比西周少,而且内容也比较空泛,史料价值不如西周铭文。

战国中期以后,铭文中出现"物勒工名"的内容,记载负责监制青铜器者的官职名号、工长名与直接铸作器物的工匠名,多见于兵器、量器等。"物勒工名"形式的铭文及计量铭文多数是在铜器铸成后用利器在器表刻出来的,工匠随手刻成,故形体不规整,笔画纤细,字迹潦草,字多俗体,文句不长。1977年在河北平县发现的公元前4世纪末期的中山王墓中出土的方壶,铭文长达450字,墓中出土的铁足铜鼎铭文长达469字,这样的长铭战国少见。战国铭文中还有一些比较特殊的内容,如曾侯乙墓所出编钟上有大量关于乐律的铭文,齐国的子禾子釜上有关于度量衡制度的铭文,楚国的鄂君启节记载了国家对鄂君启经营商业的规模和路线的规定。

秦代以后钱币、度量衡和铜镜成为青铜器的主流。秦汉时代的铜器铭文,除了常见的秦始皇和秦二世的诏书以外,绝大多数是"物勒工名"式或标明器物主人的铭文。六朝以后,铜器上铸刻铭文的做法就不怎么流行了。

铭文有铸铭和刻铭两种,战国以前多为铸铭,战国时期多为刻铭。这些铭文是研究当时的社会状况、礼仪习俗、语言文字等诸多方面的重要资料,而且由于铭文的字体、布局、内容随着时代发展而发生变化,所以铭文也是青铜器断代的重要标准之一。

对前代金文的研究利用早在战国时期就已有记载。《墨子·兼爱下》中说:"今若夫兼相爱,交相利,此自先圣六王者亲行之。何以知先圣六王之亲行之也?吾非与之并世同时,亲闻其声见其色也,以其所书于竹帛,镂于金石,琢于盘盂,传遗后世子孙者知之。"可见当时的人们已在利用金石资料了解历史。北齐颜之推《颜氏家训·书证篇》:"《史记·始皇本纪》:二十八年,丞相隗林、丞相王绾等议于海上。诸本皆作山林之林。开皇二年五月,长安民掘得秦时铁称权,旁有铜涂镒铭二所。其一所曰:'廿六年,皇帝尽并兼天下诸侯,黔首大安,立号为皇帝,乃诏丞相状、绾,法度量剘不壹,歉(嫌)疑者,皆壹明之。'凡四十字。……余被敕写读之,与内史令李德林对,见此称权,今在官库。其丞相状字乃为状兒之状,才旁作犬,则知俗作隗林非也,当为隗状耳。"这是用出土金文校正传世文献的错误。但由于金石资料比较难得,加之社会对历史真实的需求没有后世强烈,所以金石资料一直没有引起学者们的普遍重视。直到宋代,学者们对金石资料的兴趣才高涨起来,出现了许多金石学著作,标志着金石学作为一门学科的正式创立。这些著作有的描绘器物图形并摹写铭文,如吕大临的《考古图》、王黼的《宣和博古图录》等;有的考释铭文,如薛尚功的《历代钟鼎彝器款识法帖》、王俅的《啸堂集古录》等;有的撰写跋语和专论,如欧阳修的《集古录跋语》、赵明诚的《金石录》等。到了清代,金文研究空前繁荣,无论是资料的汇集还是字词的考释,都达到了历史的高点。金文著录著名的有奉乾隆皇帝之命编纂的《乾隆四鉴》(又称《西清四鉴》),即梁诗正等编纂的《西清古鉴》(1751)、佚名编纂的《宁寿鉴古》(约 1779)、王杰等编纂的《西清续鉴甲编》(1793)及《西清续鉴乙编》(1793)。金文考释著名的有阮元《积古斋钟鼎彝器款识》(1804)、吴大澂《说文古籀补》(1895)及《愙斋集古录》(1918)、刘心源《奇觚室吉金文述》(1902)、方濬益《缀遗斋彝器款识考释》(1935)等。

下面介绍几部著录金文的重要资料书。

《三代吉金文存》,罗振玉编,上虞罗氏百爵斋 1936 年出版,共 20 册。中华书局 1983 年重印,分装 16 开本 3 册。该书收器 4800 余件,均以原大拓本影印,搜罗丰富,鉴别严谨,印刷精良,是 20 世纪 30 年代金文的集大成之作,深受学者欢迎。该书缺点是对器形、器物年代、著录出处、收藏地点等均无交代,也没有释文,影响了对资料的利用。中华书局版卷末附有孙稚雏《三代吉金文存辨正》一文,对书中存在的问题作了较为全面的辨正。续补此书的有于省吾编《商周金文录遗》(科学出版社 1957,著录铭文拓本 616 种)和周法高编《三代吉金文存补》(台北:台联国风出版社 1970)。周法高还主编有《三代吉金文存著录表》(台北:三民书局 1977)。罗福颐编撰的《三代吉金文存释文》也由香港问学社 1983 年出版。从后人围绕《三代吉金文存》作的这些工作中我们也可以看出人们对此书的重视。

20 世纪 80 年代,台湾编了两部规模很大的金文资料汇集。一部是邱德修编的《商周金文集成》(台北:五南图书出版公司 1983),共 16 开本 10 册(第 10 册为索引),据索引编号,收器 8974 件,实则虚列器号,与实际收录不符①。1985 年五南图书出版公司又影印出版了邱德修编的《商周金文集成释文稿》,共 16 开本 5 册。另一部是严一萍编的《金文总集》(台北:艺文印书馆 1983),共 8 开本 10 册,收器 7995 件,每器著录器名、字数及拓本出处,但不言器物年代及现藏何处。资料截止于 1983 年 6 月。1988 年艺文印书馆出版了严一萍、姚祖根编的《金文总集目录索引》(2 册)。这两部书在当时是收集金文资料最多的,尤其是邱、严二氏主要靠个人力量成此大著,实属难能可贵。但紧随其后出版的《殷周金文集成》不免使之相形见绌。

《殷周金文集成》由中国社会科学院考古研究所编纂,中华书局 1984—1994 年陆续出版,共 8 开本 18 册,收集了 11983 件殷周铜器(有个别铅器、铁器及金银器)的铭文拓本、摹本约 1.7 万幅,基本上都是原大制版,总计有 10 万字,另有器物说

---

① 参严一萍《萍庐文集》第 3 辑,台北:艺文印书馆 1989,第 122 页。

明约百万字。编排以器类为纲,按字数由少到多排列。器物时代截止于秦统一前,资料截止于各分册交付出版之前,大多数分册断至1985年底。

郭沫若在20世纪50年代任中国科学院院长时,责成考古研究所编纂《殷周金文集成》。陈梦家最早主持这项工作,他搜集了大量金文拓片和有关的善本书籍,为《集成》的编纂做了非常扎实的准备。但1957年陈氏被打成右派,这项工作便停顿了下来。直到1979年,考古所再次成立了由7名学者组成的《集成》编纂小组,由王世民负责。他们用了十年时间,于1989年将《集成》编纂完成。面对众多资料,编纂者需要辨伪剔赝及剔除重复,尽管编者在这方面下了很大功夫,但出版后发现仍有重复收录和赝品。另一项工作就是断代,编者对每一件器物的年代、铭文、流传过程、出土地点、现在的保存情况等都做了认真的考察,并作简要说明。《集成》是当时最为完备的商周金文总集,对后来的学术研究发挥了十分重要的作用。

《集成》只是原始资料的拓片,一般人难以利用,所以中国社会科学院考古研究所又编成配套的《殷周金文集成释文》,2001年由香港中文大学中国文化研究所出版,共16开本6册,隶定文字约14万字,为古文字、殷周史、古器物等研究提供了一套丰富可靠的历史资料。在《释文》编纂过程中,编者对《集成》又进行了校对,发现有74件重复收录,同时还发现个别赝品。

与《集成》配套的还有张亚初编著的《殷周金文集成引得》(中华书局2001),该书前有《集成》全部释文,后列逐字辞例索引。释文与考古研究所集体编的释文在体例、隶定、句读、补缺等方面不尽相同,可以互相参看,取长补短。逐字索引收录《集成》所有4972个单字。例如要考查"无疆"一词在《集成》中的使用情况,可查检"疆"字,下列《集成》中所有含"疆"字的句子,并注明了《集成》的编号,便于核对拓片。

2007年,中华书局又出版了《集成》的修订增补本。修补主要表现在五个方面。(1)将张亚初《殷周金文集成引得》的释文附于图版之侧(个别地方略有改动),图文对照,便于研读。(2)初版存在各分册之间同组器物的断代或有出入、出土地表述不尽一致的问题,修补本则逐条予以订正。有些器物的年代则据最新的研究成果做了修改。例如编号为4225—4228的无其簋,初版将其年代定为西周晚期,修补本改定为西周中期;编号为4154—4155的仲柟父鬲,初版定为西周晚期或春秋早期,修补本改定为西周中期。(3)初版中的某些拓本字迹模糊漫漶,修补本为之添加摹本,个别原拓不完整的器铭则换了拓本。(4)新增四个附录。一是《器物出土地索引》,此索引以省区来划分,细分到县,金文资料出土较多的地方则具体到村落、遗址,这样全国各地的金文资料分布情况一目了然。二是《器物现藏地索引》,此索引国内部分以省区来划分,国外部分以国别来划分,下列具体收藏单位。三是《器物著录书刊索引》,据此可以进一步了解所收金文资料的来源及其他相关情况,特别是新增《集成》原版问世后十多年来出版的58种书刊,这对深入研究青铜器及其铭文很有帮助。四是《部分著录书刊与本书器号对照表》,交代《集成》所收之器和某著录书刊中的某器为同一件器,如《三代吉金文存》《商周金文录遗》《金文总集》等。(5)修补本将版式调整为16开本8册,大部分图版基本上保持原大,个别幅面过大的图版则做了缩小处理,但均注明原拓尺寸。新版采用电脑制版,图版的清晰度明显优于初版。

《集成》出版以后,国内外又新发现了大量殷周金文资料,国内也陆续出土了很多青铜器,这部分资料主要收集在《近出殷周金文集录》(中华书局2002)及《近出殷周金文集录二编》(中华书局2010)两书当中。

《近出殷周金文集录》,刘雨、卢岩编著,8开本4册,收器1354件,其中正编1258件,附录96件,资料收集截止于1999年5月。编辑体例基本依照《集成》,资料按器类编排,每类器内再按字数多少排列。每器详记器号、器名、字数、时代、度量、著录、出土、流传、现藏等。铭文拓片一般用原大,每器均附释文,对个别传世资料还做了辨伪工作。书末附有《铭文人名索引》《铭文地名索引》《铭文官名索引》《铭文族名索引》以及《器物出土地表》《器物现藏地表》《器物时代分期表》和《引用书目及简称表》。体例上比《集成》更为完善。

《近出殷周金文集录二编》,刘雨、严志斌编著,8开本4册,收录1999年5月以来各地出土及发现的殷周金文共1344件,资料收集截止于2007年底,编辑体例依照前书。

台北"中研院"历史语言研究所的锺柏生等人在《集成》之外另编《新收殷周青铜器铭文暨器影汇编》(台北:艺文印书馆2006)一书,收录《集成》漏收及《集成》出版以后新出土的有铭铜器共2005件,资料截止于2005年底。全书共16开本3册,前两册是正文,第三册为附录。正文分上下两编。上编为出土地点明确的铜器,共1400件,按省市地区排列。下编为出土地点不详者,按现藏地笔画多少为序排列。每器著录器号、器名、出土地点、现藏地点、器物时代、所属国族、器物尺寸(包括通高、口径、腹深等)等信息,器物图片有照片、线图、铭文拓片、纹饰拓片四项。铭文拓本旁附有释文。附录包括《收录资料总览》《器类字数索引》《族徽索引》《人名索引》《地名索引》《官名索引》《引用书目表》等。

张桂光主编的《商周金文摹释总集》(共8开本8册,中华书局2010)汇集了《殷周金文集成》《近出殷周金文集录》及上述两书未收的商周金文共计1.6万余件,集摹本、释文和断句于一体,资料收集截止于2007年底,是收录丰富且便于使用的金文资料汇编。

张桂光主编的《商周金文辞类纂》(共8开本8册,中华书局2014)是一部商周金文单字用例的索引,收录单字6000多个,汇集了2011年之前公布的商周铭文材料,穷尽搜列单字在铭文中的文例。编排上以单字为经,释文为纬,并配以原文摹写。字头排列以《说文》部首为序,释文排列则先按义类,义类下则按时代。

目前收集金文最多的是吴镇烽编著的《商周青铜器铭文暨图像集成》《续编》及《三编》。前者共16开本35册,上海古籍出版社2012年出版。该书是著者在其电子版《商周金文资料通鉴》基础上修订增补而成的,收录传世和新出土商周有铭青铜器16703件(资料下限为2012年2月),其中铭文拓片(包括摹本和照片)20554幅,器物图像(包括照片和线图)11426幅,文字资料约400万字。其优点是将铭文拓片、铭文释文、器物图像、器物背景资料同时呈现,体例颇为完善,查阅十分方便。下面转录书中著录的一件青铜器(图7-7、图7-8)。

01597.外叔鼎

【时　　代】西周早期。

【出土時地】1952年陕西岐山縣清華鎮丁童家村南壕。

【收　藏　者】陕西歷史博物館。

【尺寸重量】通高89.5釐米、口徑61.3釐米、腹深44釐米,重99.25公斤。

【形制紋飾】平折沿,深腹立耳,下腹向外傾垂,三條柱足。口下有六道扉棱,飾垂冠回首尾下卷的夔龍紋和倒立的夔龍紋三組,耳上飾對虎紋,均以雲雷紋襯底,足上部飾浮雕獸面和四道弦紋。

【著　　錄】陕銅1.138,陕金1.106,銅全5.22,文物1959年10期84頁,集成02186,總集0818,綜覽·鼎263,辭典281,周原銅10.2056。

【銘文字數】腹內壁鑄銘文6字。

【銘文釋文】外弔(叔)乍(作)寶障(尊)彝。

【備　　注】館藏號:五九1。

图7-7　外叔鼎

图7-8　铭文

《商周青铜器铭文暨图像集成续编》出版于 2016 年,共 16 开本 4 册,收录 2012 年 3 月至 2015 年 12 月有铭文的商周青铜器 1511 件,其中有 742 件属于首次公布(主要是私家藏品)。《三编》出版于 2020 年,共 16 开本 4 册,收录 2015 年 6 月至 2019 年 6 月有铭文的商周青铜器 1500 余件,其中一半以上为未曾著录的公私藏品。

金文资料的另一重要工具书是华东师范大学中国文字研究与应用中心编纂的《金文引得》(广西教育出版社 2001—2002),分《殷商西周卷》和《春秋战国卷》两卷,收录殷商西周器 9916 件,春秋战国器 3255 件,共计 13271 件,凡 2001 年上半年以前传世及出土的商周青铜器大都收录其中。全书由释文、引得和检字三部分构成,共 180 万字。释文即铜器铭文的隶定断句,异器同铭者归并为一篇释文,并在释文下标明同铭各器器名,然后逐器标明其重要著录。引得以字为单位列出各字在释文中出现的所有句子。检字标明引得中所有单字的页码。

对金文初学者来说,以上这些书一时还不便利用,最好先从一些金文选注本入手。如马承源主编的《商周青铜器铭文选》(全 16 开本 4 册,文物出版社 1986—1990)精选商周铭文 925 篇,铭文基本按原大影印(个别篇幅太大的铭文则加缩印)。一二册为拓片,三四册为释文及注释。每器注明时代、出土地点、尺寸、现藏地及参考书目,颇便初学者研习。

要查阅有关青铜器的资料,可利用陈佩芬编著的《中国青铜器辞典》(共 16 开本 6 册,上海辞书出版社 2013)。全书分青铜器论述、青铜器分类、青铜器器名、青铜器纹饰、青铜器铭文及释文、重要青铜器、青铜器铸造技术、出土青铜器主要遗址、墓葬和窖藏、金石学家、青铜器书目 10 大类,总计收词 2800 余条,图片近 3000 幅,全面展现了中国青铜器的现存状况和研究成果,是目前收录青铜器信息最为丰富的工具书。

石刻文献也有悠久的历史,但现存的先秦石刻很少。相传为大禹所写的《岣嵝碑》、周穆王所书的《坛山刻石》等都是后人的伪托。可信的三代石刻主要有殷墟出土的两件铭刻、战国时期秦国的石鼓文、诅楚文等。

1935 年,殷墟出土一件石簋的断耳,上刻"辛丑小臣系入毕宜在公以簋"12 字。1976 年,殷墟妇好墓出土一件石磬,上刻"妊冉入石"4 字。这是目前所知最早的石刻文字。

石鼓文是唐代初年在天兴县(今陕西省凤翔县)三畤原出土的,共有十块鼓形的石头,高矮粗细不一,高 60—90 厘米之间,直径 60 厘米左右,上面分别用籀文刻着一首四言诗,世人称之为"石刻之祖"。其内容为记述国君游猎的情况,故亦称猎碣。原石现藏北京故宫博物院。因年代久远,石鼓上的文字剥蚀严重,有一石鼓竟一字不存。原文估计在 700 字以上,现存 356 字左右(不计重文、合文),只是原文的一半。现存最早的石鼓文拓本是明代安国收藏的三种北宋拓本,即《先锋本》(共

480字)、《中权本》(共495字)和《后劲本》(共491字),为稀世之宝,现藏日本东京三井纪念美术馆,借此可以窥见石鼓文的概貌。从拓本可知,石鼓文在北宋时就已有不少残损。石鼓文的具体年代尚无定论,目前学术界倾向于认为是春秋中晚期的作品。徐宝贵《石鼓文整理研究》(中华书局 2008)一书对石鼓文有详细的考辨,书中还收录了北宋至民国期间石鼓文主要的拓本、摹刻本及摹写本(图7-9、图7-10),可以参看。

图7-9 石鼓之一銮车鼓

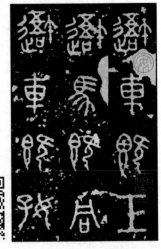
图7-10 石鼓文拓片(后劲本)

诅楚文一般认为是战国秦惠文王时的石刻(也有人主张作于秦昭王之时),内容为秦惠文王使宗祝在神灵跟前诅咒楚王,祈求神灵克制楚兵,复其边城,故称诅楚文,北宋嘉祐、治平年间先后在凤翔和朝那湫(祭祀湫渊水神的地方)等地出土。诅楚文共三块石板,每石刻有 300 余字,一为告巫咸文,一为告大沈厥湫文,一为告亚驼文。除所祈神名不同外,三篇文章文字基本相同。原石和原拓南宋时已亡佚,现在只能看到的是南宋的《绛帖》和《汝帖》以及《元至正中吴刊本》所载的摹刻本。

秦始皇统一中国后,巡行天下,所到之地喜欢立石铭功。据《史记·秦始皇本纪》记载,所刻石碑有《峄山》《泰山》《芝罘》《琅琊》《东观》《碣石》《会稽》7块,秦二世时又在各处刻石上加刻了一道诏书。如今仅存《琅琊刻石》的残块,其余全都荡然无存。此外,《峄山刻石》有北宋徐铉的摹本传世,泰山刻石也有残拓的摹刻本传世,但传世的会稽刻石摹刻本恐出后人书写,并非摹刻的拓本。

西汉时期的石刻文字很少,目前所知的只有十余件,内容多为"物勒工名"类。东汉盛行立碑刻石的风气,石刻大量出现。这些石刻有的为统治阶级歌功颂德,有的记载祭祀活动,有的记述死者的事迹,有的是儒家经典。它们不仅是重要的史料,而且也是汉代隶书的宝库。其中最著名的要数《熹平石经》(图7-11)。东汉灵帝熹平四年(175)，蔡邕等建议在太学建立经书的标准文本，以统一经典文字，平息今文古文之争，于是将《鲁诗》《尚书》《仪礼》《易经》《春秋》《春秋公羊传》《论语》七种儒家经典用隶书刻在石碑上，立于太学(旧址在今河南偃师县朱家圪垱村)讲堂前的东侧。共刻46块石碑，计200910字，历时9年才刻成。文字相传为蔡邕所书。历经动乱，原碑早已无存。宋代以来常有残石出土，据说现已集存8000多字，字体方正，结构谨严，是当时通行的标准字体。中国国家图书馆目前藏有该经残块189块，此外上海博物馆和西安碑林等处也收藏有较大残块。

图 7-11　《熹平石经·春秋公羊传》残石

曹魏正始二年(241)，将《尚书》《春秋》和《左传》刻于石碑，立在太学讲堂前，史称《正始石经》(图 7-12)。由于石经的每一个字都用古文、篆文、隶书三种字体刻成，所以又称《三体石经》或《三字石经》。其中的古文是汉代流传的先秦古文经，不过因辗转摹写书刻，字形已有失真。尽管如此，这部《正始石经》无论对研究经学还是战国古文字都具有重要价值。《正始石经》北魏时期还保存在洛阳，孝文帝时，冯熙、常伯夫先后任洛州(今洛阳)刺史，取石板以建寺庙，石经遂遭毁坏(事见《魏书》的《崔光传》《冯熙传》)。据记载，唐宋时期还有此石经的拓本或摹本，但没有流传下来。现在能见到的最早本子是保存在宋人洪适(kuò)《隶续》卷一四中的《三字石经左传遗字》,这是根据宋代苏望的摹本重刻的,文字很零乱。清代光绪以来,《正始石经》的残石数次在洛阳出土。民国十一年(1922)十二月,洛阳城东的一个村民在洛水南岸采药时,在棉花田中发现一块巨石,后来证实这是一块《正始石经》的残碑。民国十二年,洛阳城的谢荣章用重金购得此残碑,但因石碑太大,从乡下秘密运往城里不方便,旨在牟利的谢氏便让石匠把石碑从中一剖为二,既便于运输,又可多卖钱。官方得知此事后,急忙设法收回,但碑已凿断,凿损了20多字。已断残碑的拓本世称"已凿本",它的初拓本现在已很珍贵。更为珍贵的是"未凿本"拓本。碑在凿损之前,有个叫赵道的拓碑匠拓了14份(一说13份),但现在所知的未凿本拓片仅存两份,一份为马衡旧藏,有王国维的题识,今藏北京故宫博物院;另一份为于右任旧藏,附有王广庆、胡锡玉(即胡朴安)、章太炎、李健(民国时书法家)、李根源(曾任民国时陕西省省长)五人写的题跋,今藏上海图书馆。王广庆的题跋详细叙述了此碑出土及被损经过①。此碑下部略有缺损,但文字完好,是迄今出土的最大也是最完整的一块。碑的正面为《尚书》的《无逸》《君奭》两篇,共34行,背面为《春秋》的僖公、文公部分,共32行。每行60字。王国维据此推算原碑总数可能是35块,马衡推算为28块。

图7-12 《正始石经》残石拓片

唐文宗太和七年(833)至开成二年(837),用楷书刻《周易》《尚书》《毛诗》《周礼》《仪礼》《礼记》《左传》(末附《五经文字》和《九经字样》)《公羊传》《穀梁传》《孝经》《论语》《尔雅》十二经于长安太学,是为《开成石经》,也称《唐石经》。石经共114块碑石,每石两面刻写,共650252字。明代嘉靖年间因地震而有断裂损字,王尧典就其缺字别刻小石立其旁,多有谬误。清康熙三年(1664)陕西巡抚贾汉复等人集《开成石经》中的字样补刻《孟子》石碑17块。今存西安碑林博物馆。

2014年,文物出版社将碑林博物馆所藏《开成石经》民国精拓本以原大影印出版,分为经折装和线装两种版式,经折装共267册51函,线装本共118册

---

① 孙启治《未凿本〈正始石经〉残石》,《图书馆杂志》1999年第11期。

18函。

北宋仁宗庆历元年(1041)至嘉祐六年(1061),用楷书和篆文两种字体将《周易》《尚书》《诗经》《周礼》《礼记》《春秋》《孝经》《论语》《孟子》九经刻石立于汴梁太学,世称《嘉祐石经》或《二体石经》。《嘉祐石经》南宋时已经残破,清代以来陆续在开封发现一些残块,总计不过10块。另有一些拓本传世。

南宋高宗绍兴十三年(1143)十一月至孝宗淳熙四年(1177)间刻成《周易》《尚书》《诗经》《礼记》(只选刻了其中《中庸》《大学》《学记》《儒行》《经解》5篇)《左传》《论语》《孟子》七经,立于临安太学(今浙江医科大学内),世称《绍兴石经》。由于是宋高宗御书,又称《绍兴御书石经》。各经用石大小不等,宽在0.98米至1.22米之间,高约1.6米,厚约0.25米。据有些学者推算,原石有131方。现存85方,即《周易》2方、《尚书》7方、《诗经》10方、《左传》48方、《论语》7方、《孟子》10方、《中庸》1方,陈列于杭州碑林的大成殿内。其中较为完整的有27方,经过拼补的有58方;字迹比较清楚的有30方,其余皆有不同程度的剥蚀漫漶。书体《论语》《孟子》以楷为主,夹以行书,其余均为正楷[①]。

贾贵荣编有《历代石经研究资料辑刊》(北京图书馆出版社2005),共32开本8册,汇集了清代及民国时期的石经研究文献54种,依通考、汉石经、魏石经、唐石经、后蜀石经、宋石经、清石经的顺序编排。本书不收石经拓帖资料。

石刻资料比较零散,而且拓本较少,不便查找。下面介绍几种专门收录石刻资料的重要文献。

《汉碑全集》(河南美术出版社2006),徐玉立主编,共8开本6卷,收录阙铭墓表、坟坛题记、祠庙碑、功德碑、画像石、黄肠石等石刻拓本285种、360件,基本上囊括了存世的两汉时期的石刻拓本。全书以碑刻年代为序编排,全碑(含碑额)展示,并以原大显示局部,每通碑均说明尺寸、镌刻时间、发现出土时间及收藏地点,并有释文,是了解两汉历史、文字、书法等方面的重要资料。

《中国碑刻全集》(人民美术出版社2010),共16开本6卷,选录了我国先秦至元代的著名碑刻,其中有碑碣、摩崖、墓志、造像题记和书像石题榜等,碑刻上的文字有篆、隶、楷、行、草诸体。资料来自我国博物院馆、图书馆及私家收藏的碑刻善本,其中有的是孤本,弥足珍贵。

中国国家图书馆善本金石组将历代石刻资料汇于一编,编成一部大型石刻资料集《北京图书馆藏中国历代石刻拓本汇编》,中州古籍出版社1989—1991年影印出版,全套8开本101册(包括目录索引1册),共收拓本近2万种,起自战国,止于民国。按时代先后分为九部分,即战国秦汉1册(收拓本200种)、三国两晋南北朝

---

① 陈光熙、陈进《南宋石经考述》,《浙江学刊》1998年第1期。

7册(收拓本1200种)、隋唐五代十国28册(收拓本5200种)、两宋8册(收拓本1500种)、辽金西夏3册(收拓本500种)、元代3册(收拓本500种)、明代10册(收拓本2000种)、清代30册(收拓本5000种)、中华民国10册(收拓本2000种)。每幅拓片都简要介绍了尺寸、真伪、流传存佚、收藏、碑石镌刻年代及所在地点等信息,是研究社会历史及语言文字的第一手资料。

国家图书馆善本金石组另编有《历代石刻史料汇编》(北京图书馆出版社2000),共16开本16册,约1150万字。其特点是:(1)搜罗宏富。石刻文献大多散见于数以千计的其他文献之中,欲加利用,多有不便。编者查阅了现存的千余种金石志书(包括地方志中的金石志),经过认真对比去重,从中辑录出石刻文献15000余篇,包括历代金石学家撰写的考释文字,上起先秦、下止清末,集现存金石志书之大成。(2)版本珍贵。该书所用版本都是编者从国家图书馆数百万的藏书中优选出来的,这不仅保证了该书的学术价值,也使使用者能看到国图珍本的原貌。(3)编排科学。为了便于断代史研究者使用,全书按时代分为五编:即《先秦秦汉魏晋南北朝编》(2册)、《隋唐五代编》(4册)、《两宋编》(4册)、《辽金元编》(3册)、《明清编》(3册),每编都编制了目录和索引,目录置于每编第一册之前,索引则附于每编末一册之尾。2003—2004年,北京图书馆出版社重印此书,改名为《古代石刻文献断代分编》。

墓志资料搜集比较全面的有《汉魏南北朝墓志汇编》《南北朝墓志集成》《隋代墓志铭汇考》《隋唐五代墓志汇编》《唐代墓志汇编》及其《续集》、《新中国出土墓志》等。

汉魏南北朝墓志既是珍贵的历史资料,又有很高的书法价值,因而受到历代历史学家、金石学家、文物收藏家及书法爱好者的重视。20世纪50年代,赵万里多方搜求,编成《汉魏南北朝墓志集释》(科学出版社1956)一书,收录汉代至隋代墓志600余方,选用较好的拓本影印,并附有考释,这是汉魏南北朝墓志整理的一项重要成果。赵超在此基础上补充了国家图书馆和北京大学图书馆所藏拓片及1949年至1986年间全国各地出土的汉魏南北朝墓志,编成《汉魏南北朝墓志汇编》(32开本1册,天津古籍出版社1992年)一书,用繁体字转录文本,加了标点,异体字改为通行正字,假借字一般保存原状,个别容易产生误解的地方加注说明。原墓志铭文中的衍字、脱字、重文、错字等现象均保留原状,未加改正。原志残泐不清、无法确认之字以□号注明。该书没有拓片和图版,不便核对,录文错误也不少。2008年该书修订再版,订正了不少差错。

《南北朝墓志集成》,王连龙编撰,上海人民出版社2021年出版,共32开本上下2册。本书是南北朝墓志的汇集释录,没有图版,编有人名、官名、地名、墓志名等索引。

《隋代墓志铭汇考》,王其祎、周晓薇编著,线装书局 2007 年出版,共 8 开本 6 册。本书收录隋代墓志图版 643 方(不含塔铭、塔记、砖志),其中有 230 方此前未见著录。每方墓志除了录文外,还介绍了卒葬时间、行款书体、撰书人名、志文标题、志盖标题、形制纹饰、出土时地、存佚状况、主要著录情况等信息,并附有相关金石志著录和研究文献对各方墓志的考证及整理者评语。

《隋唐五代墓志汇编》,陈长安主编,天津古籍出版社 1991—1992 年出版,共 8 开本 30 册。该书分地域编排,计洛阳卷 15 册,河南卷 1 册,河北卷 1 册,陕西卷 4 册,山西卷 1 册,北京卷 3 册,北京大学卷 2 册,新疆卷 1 册,江苏、山东卷 1 册,索引 1 卷,共收隋唐五代墓志拓本 5000 余种,对墓志的出土时间、地点、撰人、书丹人、收藏等情况有较为详细的介绍。

《唐代墓志汇编》,周绍良编,上海古籍出版社 1992 年出版,16 开本上下 2 册。该书是在编者多年收集的大量墓志拓片的基础上补充修订而成的,共收唐代墓志 3607 方,总字数约 370 万。资料的排列以志主落葬日期为序,并以年号为界,各自编号。原文中的俗体字、古体字以及武则天时特制的新字均改成通用繁体字,采用新式标点。书末所附人名索引,除志主远祖及用典外,均予收录。该书出版后发现的墓志,周绍良、赵超收编为《唐代墓志汇编续集》(上海古籍出版社 2001)。这两部书合起来,可以说是唐代墓志大都搜罗于此。这两部书没有拓片和图版。凡是转录的资料难免有差错,尤其是石刻中俗字较多,容易误认作他字,如弘道 002《刘弘墓志》:"天波已往,寸略难留。""天"为"尺"之误认,"略"为"晷"之误认。所以使用时应跟拓片加以对照。

唐代墓志还有文物出版社 1984 年影印出版的《千唐志斋藏志》,可靠性较高。

日本气贺泽保规编有《新版唐代墓志所在总合目录》(增订版,东京:汲古书院 2009),著录唐五代墓志 8737 方(包括志盖 369 方)。

《新中国出土墓志》是在国家文物局的领导下编纂的一部大型墓志汇编,收录 1949 年以来出土的墓志,内容包括说明、图版、录文几部分,墓志年代上起秦汉,下至民国。全书分省为卷,共计 30 卷 59 册。北京文物出版社从 1994 年开始出书,现已出版河南、陕西、重庆、北京、河北、江苏、上海天津、安徽、宁夏、山西等分卷。

另外,毛汉光编有《唐代墓志铭汇编附考》,共 8 开本 18 册,台北"中研院"历史语言研究所 1984—1994 年出版,收集拓片 5 千余张,配有录文与考证,资料丰富,体例完善。台北新文丰出版公司出了一套规模很大的石刻资料汇编《石刻史料新编》,全套共 4 辑,计 16 开本 100 册,收入宋代至民国时期的金石著作 1120 多种。第 1 辑 30 册,收书 102 种,1977 年出版;第 2 辑 20 册,收书 242 种,1979 年出版;第 3 辑 40 册,收书 700 多种,1986 年出版;第 4 辑 10 册,收书 78 种,2006 年出版。日本高桥继男编有与此书配套的《石刻史料新编第一、二、三辑书名著者索引》(新文丰出版公司1995），使该书的使用非常方便。

在石刻资料的整理方面，毛远明《汉魏六朝碑刻校注》（线装书局2008）录文及考释比较准确。该书共8开本11册（第11册为目录索引），收集原石现存或虽无原石而有拓本的碑碣、石阙、摩崖、画像题记、地券、墓志、镇墓文、造像记、刻经记、佛经节缩刻石等石刻资料，也酌情收录了个别重要的石刻摹本，共计1400通，内容包括拓片图版、录文、标点、校勘、疑难词语简注和考辨及提要诸项。原石过残无法辨认及文字太少对文史研究价值不大者未予收录，石经、高昌砖志已有专书行世，为避免重复，也未收录。资料截止于2007年底。所收碑刻按年代先后排列。录文与拓片图版放在一处，便于比勘复核。录文对碑刻中的异体字、古体字、隶古定字、假借字、俗讹字等尽量照录；原刻中的衍文、脱文、倒文、重文符号等均保持原貌，但用注释的方式加以说明。每通石刻都在题目下扼要介绍出现的时间地点、流传情况、形制书体、相关的历史人物和事件等，这为资料的研究利用提供了很大的便利。书前有目录，书末有碑目提要，检索也很方便。

日本京都大学人文科学研究所将收藏的汉代至民国时期的大量石刻拓片都放在网上，免费供人们浏览下载（http://kanji.zinbun.kyoto-u.ac.jp/db-machine/imgsrv/takuhon/），图片清晰度较高，可按拓片名进行检索。网站另有中国古代画像石资料，按地区排列，图片大都很清晰。

与金石文献性质相同的还有陶文、砖铭、玺印和封泥等，它们也是研究古代历史、民俗、文字等方面的可靠资料。

陶文指钤印、刻划或书写在陶器上的文字。陶文收录较为丰富的有王恩田编著的《陶文图录》，共16开本6册，齐鲁书社2006年出版，收录先秦齐、郑、燕、鲁等国陶文拓片1.2万余幅，拓片旁附有释文。成颖春编著的《齐陶文集成》（16开本1册，齐鲁书社2019）将2017年12月之前发布的齐国陶文去其重复，分类汇编，其中拓片1933幅，实物照片430幅，共计1719个品种，陶文时代主要是春秋战国，也有个别西周及秦汉时期的。

黎旭主编的《中国砖铭全集》共8开本15册，上海书画出版社2020年出版。该书收录战国至1949年期间的砖铭拓片及实物图片近7000幅，按地域朝代编排，每幅砖铭著录名称、尺寸、年代、地区、释文等，是目前收录砖铭最为丰富的图集，其中第5卷为彩图。收录图片较多的还有殷荪编著《中国砖铭》，共16开本3册，江苏美术出版社1998年出版，收录砖铭拓片3226幅，时代纵贯东周至清代。胡海帆、汤燕编著《中国古代砖刻铭文集》，共16开本2册，文物出版社2008年出版，收录古代砖铭图版彩图80幅，黑白图版2005幅。

玺印兴起于春秋战国，至今仍在流行。玺印可根据内容分为官玺、私玺两大类，官玺又分官名玺和官署玺两类，私玺又分姓名玺、成语玺、肖形玺三类。玺印原物获见不易,但收录玺印印文的印谱则印行颇多。印谱出现于宋代,后世各代皆有编集。姜亚沙等主编的《中国古代印谱汇编》,共 16 开本 30 册,全国图书馆文献缩微复制中心 2013 年出版,辑录了明隆庆至清光绪三百多年间的印谱 84 种,其中明代印谱 32 种,清代印谱 52 种。西泠印社出版社与国家图书馆出版社合作出版《中国珍稀印谱原典大系》(陈振濂主编),分为 3 编,每编内再分若干专辑,每辑印谱通代混编,均含古铜印谱、明清名人印谱、近代学术印谱三大类,穿插其他特色印谱,如元押、封泥、唐宋官印谱,印谱总数约 200 种,国内外珍稀印谱基本在内。该书以存真为原则,印谱版框与原谱大小一致,原色影印,采用宣纸线装,以便最大程度呈现原谱面貌。每种印谱均有编者撰写的解题。第 1 编收录印谱 48 种,2019—2020 年出版。

封泥是印章在泥上盖的印文,用来封缄物品,其内容多为不同时期的地名、官署名、人名等。任红雨编著《中国封泥大系》(16 开本 2 册,西泠印社出版社 2018)汇集 2017 年 6 月以前的 63 种封泥谱录,共计拓片 15177 枚,6347 种,是目前收集丰富、品类众多的封泥谱录。时代上起战国,下至唐代,编排以朝代为经,音序为纬。每枚封泥拓本下列有序号、释文及出处,书后有笔画检字表。刘瑞编著《秦封泥集存》(16 开本 2 册,中国社会科学出版社 2020)收录秦封泥 9218 枚,2350 种,是收录秦代封泥最为丰富的断代印集。

7.4　简帛文献

简帛文献即书写于简牍丝帛上的文献。简牍是我国三国以前最主要的书写材料,直到晋代也还在使用。殷墟甲骨文屡见"册"字,《尚书·多士》中也说"惟殷先人有册有典",不难想见商代最通行的书写材料也是简牍,而非甲骨,甲骨只是占卜用的材料而已。可是由于简牍容易腐烂,我们至今尚未发现商代至春秋时期的简牍,相信将来会有出土的一天。目前出土的最早的简册是湖北随县曾侯乙墓出土的战国初期的遣册(下葬于公元前 433 年)。最早的木牍是 1980 年在四川青川县郝家坪秦墓中出土的,共两枚,其中一枚文字漫漶,无法辨识;另一枚长 46 厘米、宽 2.5 厘米、厚 0.4 厘米,两面修治平滑,都有墨书秦隶,正面共三行 121 字,背面有 30 多字,但残损严重,多难辨认。该牍书写于秦武王二年(前 309),属于战国晚期。

与简牍同时使用的另一种书写材料就是丝帛。《墨子·贵义》中说:"古之圣王,欲传其道于后世,是故书之竹帛,镂之金石,传遗后世子孙,欲后世子孙法之也。"丝帛当然是优良的书写材料,但价值过于昂贵,难以广泛使用,所以写在丝帛上的文献(一般称为"帛书")只是个别的。现已发现的时代最早的一件帛书,是战国中晚期楚墓中出土的。这是一块高 38.5 厘米、长 46.2 厘米的帛,上面有墨书的九百多字,还有一些跟文字配合的彩色图像。这件帛书是 1942 年在长沙东郊子弹库的一座楚墓中被盗掘出来的,不久就流入了美国,现藏美国华盛顿的赛克勒美术馆(The Arthur M. Sackler Gallery)。

简帛文献的发现史书中很早就有记载。《汉书·艺文志》中记载说,西汉武帝末年,鲁恭王刘馀为扩建自己的宫殿而拆除孔子的住宅时,墙壁中发现了《尚书》《春秋》《礼记》《论语》《孝经》等先秦著作。《晋书·束皙传》记载说,西晋武帝太康二年,汲郡人不准盗掘战国魏襄王墓,得竹简数十车,有 10 万余字,著名的如《竹书纪年》《穆天子传》等。20 世纪以来,简帛文献大量出土,极大地拓宽了我们的学术视野,更新了许多传统的认识观念。最初发现简牍的都是外国学者,如英籍匈牙利人斯坦因(Mark Aurel Stein,1862—1943)、瑞典人斯文·赫定(Sven Hedin,1865—1952)、日本的大谷探险队等,他们在新疆的尼雅、楼兰、甘肃的敦煌等遗址盗掘走了大量简牍。中国学者是 1930 年以后才介入发掘工作的。

除了考古发掘出土的简牍外,还有不少简牍是盗墓者盗掘出来的,这些简牍具体的出土墓葬及出土时间往往都不清楚,给研究利用造成困难,但仍然有极高的文献价值。

1994 年,上海博物馆从香港购回 1200 多支战国晚期楚国的竹简,2000 年又购回 400 多支。这批竹简共有 3.5 万多字,包含 80 多种古籍,多数为佚籍。其中的《周易》是目前所知最早的版本,涉及 35 卦内容。《孔子诗论》是一篇重要的儒家文献,为了解《诗经》的早期面貌及孔子与《诗经》的关系提供了可靠的资料。《采风曲目》记载了三十九首曲目,是中国音乐史上的重大发现。这批竹简由上海古籍出版社整理出版(2001—2012),取名《上海博物馆藏战国楚竹书》,马承源主编,共 8 开本 9 册。有关该书的考释成果,可查看俞绍宏、张青松编著的《上海博物馆藏战国楚简集释》(社会科学文献出版社 2019)。

2007 年,湖南大学岳麓书院从香港古董市场上抢购回一批秦简,共 2098 个编号;2008 年,香港一位收藏家将其购藏的 76 个编号的秦简捐赠给了岳麓书院,这些秦简在形制、书体和内容上都跟岳麓书院已购秦简相同,应出自同一墓葬;这样岳麓书院收藏的秦简共有 2174 个编号。这批秦简除了 30 多个编号为木简外,其余都是竹简。内容包括《质日》《为吏治官及黔首》《占梦书》《数》《奏谳书》《律令杂抄》《秦令杂抄》七类文献,岳麓书院整理编辑为《岳麓书院藏秦简》,由上海辞书出版社出版(2010—2021),共 8 开本 7 卷。2018 年,上海辞书出版社出版了陈松长主编的《〈岳麓书院藏秦简〉(壹—叁)释文修订本》,该书不含图版。

2008 年,清华大学得到校友捐赠的一批从境外拍卖市场拍得的竹简,共 2500 枚(包括少数残断简)。竹简的文字风格是楚国的,抄写时间在公元前 305 年前后,属战国中晚期。这批竹简约有 64 篇文献,其中有不少篇章与《尚书》《逸周书》有关,这对了解战国时期《尚书》的流传情况以及判断《逸周书》的编成时代很有价值。清华大学出土文献研究与保护中心计划将这批竹简整理编辑为15辑出版,名为《清华大学藏战国竹简》。中西书局现已出版10辑(2010—2020)。

2009年,北京大学收藏了一批从海外回归的竹简,共有3346个编号,其中比较完整的简约2500枚。竹简的年代在西汉中期,多数抄写于汉武帝时代。这批竹简约有20种文献,如《老子》《仓颉篇》《周驯》《赵正书》、古医方等。《老子》共5188字,另有重文109字,有两枚竹简的背面分别写有篇题"老子上经"和"老子下经",表明《老子》在西汉时已经称"经"。这是继马王堆帛书本、郭店楚简本之后出土的第四个古本,基本上是个足本。《仓颉篇》唐代以后亡佚,1977年安徽阜阳双古堆西汉墓曾出土《仓颉篇》,存541字;2008年甘肃永昌水泉子村西汉墓出土的《仓颉篇》有140余枚木简,存约1000字;这次发现的《仓颉篇》有1300余字,是目前最多的。《周驯》近4800字,可能就是久已失传的《汉书·艺文志》"道家"下著录的"《周训》十四篇"。北京大学出土文献研究所将这批竹简以《北京大学藏西汉竹书》为名,分编为7卷,由上海古籍出版社出版(2012—2021)。

2009年,浙江大学得到校友朱国英女士捐赠的从海外收购的一批战国楚简,共324个编号,缀合复原后约有160枚。竹简年代经碳14检测,在公元前340年前后。这批竹简由曹锦炎编著为《浙江大学藏战国楚简》一书(浙江大学出版社2012)。"浙大简"的内容包括史书、日书、卜筮祭祷、遣策四类。史书仅《左传》一种,这是自汉代孔壁出土古文《左传》以来《左传》的第二次出土,意义重大,它宣告了《左传》为汉代伪造说的终结。楚简《左传》只是襄公九年至十年的内容,有3100余字,与传本《左传》基本相同。日书有《玉勺》和《四日至》两篇文章,卜筮祭祷类是墓主人生前卜筮祭祷的记录,遣策类是随葬物品的记录。

2010年初,香港冯燊均基金会收购了一批流失海外的秦代简牍,捐赠北京大学。这批简牍共760余枚竹简(其中301枚为少见的正、背两面书写)、21枚木简、6枚木牍、4枚竹牍、1枚木觚,字体是典型的秦隶,年代在秦始皇时期,可能出自湖北孝感或荆州地区。简牍内容包括算数类、文学类、数术方技类、女诫、制衣术等。

2012—2013年,成都市金牛区天回镇的老官山发现四座西汉景帝、武帝时期的墓葬,其中1号墓出土50枚木牍,内容为官府文书和巫术;3号墓出土920枚竹简,共9种医书和1种法律文书,计2.5万余字。成都中医药大学中国出土医学文献与文物研究院将这批简牍整理为《天回医简》,由文物出版社2021年出版。

2013年,湖南益阳市兔子山的11口古井中出土1万余枚简牍,年代从战国一直到孙吴时期,以两汉时期的简牍居多,内容为益阳县衙各个时期的档案及公私文书。

2011—2015年,南昌市新建区大塘坪乡观西村发掘的西汉海昏侯墓出土5200多枚简牍及110枚签牌,其中有《诗经》《春秋》《孝经》《礼记》《齐论语》及公文书、方术、医药、赋(《子虚赋》《悼亡赋》)等文献。《诗经》简有1200余枚,是目前出土的《诗经》文献中最多的。

2015年,安徽大学从海外抢救回一批战国竹简,总数为1167个编号,整简居多,字迹清晰,保存状况良好。经碳14检测,竹简的时代约在公元前400年至前350年,属于战国早中期。其中记载《诗经》的竹简有101枚,保存了《国风》中的60篇诗,是目前所见时代最早、数量最多、保存最好的《诗经》文本,与传世《毛诗》在文字、排序、章次上不尽相同,具有重要学术价值。另有楚辞、楚史、诸子、占梦等方面的文献。目前中西书局已出版《安徽大学藏战国竹简》第1卷(2019)。

2018年,湖北荆州市龙会河北岸墓地M324出土战国楚简324枚,荆州市胡家草场墓地M12出土西汉简牍4642枚,有竹简、木简、木牍三种,内容包括历谱、编年记、律令、经方、遣册、日书等。

自1901年发现楼兰和尼雅汉文与佉卢文简牍以来,至今已出土各类简牍30余万枚,出土简帛的年代范围为从战国初期至东晋初年。

简帛的大量出土引发了简帛研究的热潮,简帛学已成为国际上的一门显学,不仅吸引我国港台地区和日韩等国大量学者投入研究,还吸引了美、英、瑞士等国的许多学者参与。1993年,中国社会科学院成立了简帛研究中心,先后创办了《简帛研究》和《简帛研究译丛》两个不定期刊物,以便更好地联络国内专家学者和加强海内外学术交流。1999年10月,国际儒学联合会简帛研究中心成立,该中心于2000年创办了"简帛研究"网站(www.jianbo.org),用来联络全世界的简帛学者,搜集资料,交流信息,发表成果,推进学术。从2003年9月起,该网站由武汉大学中国传统文化研究中心接手主办。此外,武汉大学简帛研究中心也办有"简帛网"(www.bsm.org.cn)。

现将比较重要的简帛发现列表如下:

表7-1 重要简帛发现

出土年份	出土地点	墓葬、遗址年代	出土文献及简帛数量
1930—1931	内蒙古额济纳河流域(汉居延县)	汉代	官署文书,简牍10200枚。
1942	湖南长沙东郊子弹库	战国中晚期	楚帛书,1件。
1957	河南信阳长台关	战国中期偏早	《墨子》(或称《申徒狄》),简18枚;遣册,简28枚。
1959	甘肃武威县磨咀子	西汉晚期	《仪礼》,简469枚;日忌杂占,简11枚;《王杖十书》,简11枚。

续表

出土年份	出土地点	墓葬、遗址年代	出土文献及简帛数量
1972	山东临沂银雀山	西汉武帝早期	《孙子兵法》《孙膑兵法》《六韬》《尉缭子》《晏子春秋》《太公》《唐勒赋》及其他阴阳杂占佚书,竹简4942枚。
1972	甘肃武威旱滩坡	东汉	医方,木简78枚,木牍14块。
1972—1976	内蒙古额济纳河流域（汉居延县）	汉代	官署文书,简2万余枚。
1973	河北定县八角廊村	西汉	《论语》《文子》《太公》《儒家者言》《哀公问五义》《保傅传》《日书·占卜》等,简2500枚。
1973	湖南长沙马王堆	西汉文帝十二年(前168)	《老子》《黄帝书》《周易》《战国纵横家书》《春秋事语》《天文气象杂占》《相马经》《五十二病方》《导引图》等,丝帛28件,简牍610枚。
1975	湖北云梦睡虎地	秦	《编年记》《语书》《秦律十八种》《效律》《秦律杂抄》《法律答问》《封诊式》《为吏之道》《日书》等,竹简1150余枚。
1977	安徽阜阳双古堆	西汉早期	《诗经》《周易》《仓颉篇》《庄子》(《则阳》《外物》《让王》三篇)《年表》《大事记》《行气》《相狗经》《刑德》《日书》辞赋等,简6000余枚。
1981	湖北江陵县九店	战国	《日书》,简146枚;《季子女训》,简88枚。
1983、1988	湖北江陵县张家山	西汉早期	汉律、《奏谳书》《盖庐》《脉书》《引书》《算数书》《日书》《庄子·盗跖》等,简1600余枚。
1986	甘肃天水放马滩	秦	《日书》,简453枚。
1987	湖南慈利县石板村	战国中期偏早	《国语·吴语》《逸周书·大武》《宁越子》等,简4000余枚。
1989	湖北云梦龙岗	秦	秦律,简150余枚,木牍1块。

续表

出土年份	出土地点	墓葬、遗址年代	出土文献及简帛数量
1990—1992	甘肃敦煌市与安西县之间的甜水井悬泉置	汉代	内容多与邮驿有关,简牍2万余枚。
1993	湖北江陵县荆州镇郢北村王家台	秦	《归藏》《效律》《政事之常》《日书》《灾异占》,简800余枚。
1993	江苏连云港市东海县尹湾村	西汉	《神乌傅》、历谱、衣物疏等,木牍24块,简133枚。
1993	湖北荆门市四方乡郭店村	战国中期偏晚	《老子》《太一生水》《缁衣》《五行》《鲁穆公问子思》《穷达以时》《性自命出》《语丛》等,简730枚。
1994	河南省新蔡县李桥镇葛陵村西北	战国中期(前340年前后)	多为卜筮祭祷记录,少量遣策,简1571余枚。
1994	上海博物馆购自香港,出土于湖北	战国	《诗论》《周易》《缁衣》《孔子闲居》《彭祖》《乐书》《乐礼》《子羔》《子路》等80余种,简1200余枚。
1996	湖南长沙市走马楼	三国吴黄武至嘉禾时期(222—237)	券书、司法文书、长沙郡所属人名民簿、名刺、官刺、账簿,简牍10万余枚。
1999	湖南沅陵县城关镇虎溪山	西汉早期	《美食方》《日书》黄籍等,简1000余枚。
2002	湖南湘西州龙山县里耶镇	秦	当地官署文书档案,简牍3万余枚。
2003	湖南长沙市走马楼	汉武帝时期(前128—前101)	行政文书,简牍2100余枚。
2010	湖南长沙市五一广场	东汉和帝至安帝时期(88—125)	长沙地方政府官方档案文书,简牍6862枚。

下面介绍几种已整理出版的大型简帛文献。

《中国简牍集成》(标注本),中国简牍集成编辑委员会编,初师宾主编,敦煌文艺出版社出版。共2辑,第1辑(2001)16开本12册,第2辑(2005)16开本8册。全书以省区分卷,资料以释文为主,选刊少量图版,旨在囊括20世纪国内出土并已发表的全部简牍，是迄今收录简牍文献数量最多的丛书。缺点是没有对照的图版，释文断句方面也存在一些问题。

《楚地出土战国简册合集》，武汉大学简帛研究中心等编著，共6辑，文物出版社现已出版4辑(2011—2019)。该丛书包括包山、郭店、望山(2批)、九店(2批)、曹家岗、曾侯乙、长台关、葛陵、五里牌、仰天湖、杨家湾、夕阳坡等14批简牍资料，每批资料由图版、释文与注释组成。与此前出版的单行本相比，编者用红外成像系统对一些简牍重新做了拍摄，图像更为清晰，同时吸收了相关最新研究成果，对残断错乱竹简进行了缀合编联，释文也更为可靠。

《秦简牍合集》，陈伟主编，武汉大学出版社2014年出版，共8开本6册。本书收录了7批出土秦简牍，编为4卷：卷一《睡虎地秦墓简牍》(上中下三册)、卷二《龙岗秦墓简牍·郝家坪秦墓木牍》、卷三《周家台秦墓简牍·岳山秦墓木牍》、卷四《放马滩秦墓简牍》。每批简牍包括概述、释文、注释和图版，并附有主要参考文献。释文一般按内容分篇。简牍原有篇名的，使用原篇名。原无篇名的，沿用整理者或研究者所拟篇名。原无篇名或原拟篇名不宜沿用的，据文意拟加。该书在图版质量、释文及注释的可靠性等方面比此前公布的资料有显著提高。2016年武汉大学出版社又出版了《秦简牍合集》释文注释修订本，共16开本4册。

《长沙走马楼三国吴简》，走马楼简牍整理组编著，计划整理出版11卷，共8开本30册。文物出版社现已出版9卷(2003—2019)。走马楼出土的有字简牍有10万余枚，其中约2万枚仅存字痕，目前无法识读；其余8万枚可以识读，约有200万字，这套书是这8万枚吴简的整理成果。

《甘肃秦汉简牍集释》，张德芳主编，甘肃文化出版社出版。该丛书由《天水放马滩秦简集释》(2013)、《敦煌马圈湾汉简集释》(2013)、《居延新简集释》(2016)、《武威汉简集释》(2020)四部书组成，共8开本10册，收录了1949年以来甘肃出土的天水放马滩秦简、武威汉简、敦煌马圈湾汉简和居延新简共计1.1万余枚简牍。这次结集，采用红外线扫描仪对原简进行了扫描，图版更为清晰；吸取了最新研究成果，释文比旧版更为准确；释文随简排列，便于图文对校；简牍所涉职官、名物、地名、纪年、风俗、事件等词语大都搜罗众说，做了较为详细的注释。

《长沙马王堆汉墓简帛集成》，裘锡圭主编，中华书局2014年出版，共8开本7册。前两册为经过拼合的整理图版，还包括所有有字反印文、渗印文和无字空白页及各种残片。三至六册为释文注释，充分吸取了已有研究成果。第七册为原始图版，是原件的高清数码相片和反转片，包括所有与整理图版对应的、未经拼合的图版，以及行乐图残片、T形帛画、车马仪仗图等。

《汉长安城未央宫骨签》，刘庆柱主编，中华书局2020年出版，共16开本90册，分为《考古编》(8册)、《释文编》(上下2编，72册)、《文字编》(10册)三部分。

本书是对汉代长安城未央宫三号遗址出土的64305枚骨签的系统整理与研究。骨签出土于1986—1987年,材质多为牛骨,其中有字骨签5.7万多枚,总字数近百万,主要内容是设在地方的中央工官向中央上缴各种产品的记录,如车马、衣服、器械、兵器等,时间上起西汉初年,下至西汉末年,以西汉中后期为多。有纪年的骨签最早为汉武帝太初元年(前104),以始元、元凤时期数量最多。该文献对研究汉代的语言文字及经济文化具有重要学术价值。

7.5 敦煌、吐鲁番、黑水城文献

7.5.1 敦煌文献

敦煌文献,又称敦煌遗书,指敦煌莫高窟藏经洞发现的十六国至北宋的多种文字的古代写本和印本。内容包括宗教典籍、官私文书和四部典籍,涉及宗教、政治、经济、军事、历史、哲学、民族、民俗、语言、文学、历法、数学、医学等领域,是研究中国和世界历史的珍贵资料。敦煌文献的发现引起世界各国学者的瞩目,随着散布于世界各地的敦煌文献的整理与刊布,诞生了一门国际性的新学科——敦煌学。

敦煌位于甘肃省河西走廊的最西端,是古代中原进入西域的门户,古代丝绸之路的枢纽,多种民族的文化在这里交流融会。东汉学者应劭解释"敦煌"的名义时说:"敦,大也,煌,盛也。"这一解释未必符合"敦煌"的本义,但它说明敦煌在汉末之时已经是一个经济文化繁荣的都市。据武周圣历元年(698)立于莫高窟的《李君莫高窟佛龛碑》记载,前秦建元二年(366),有个叫乐僔的沙门来到敦煌城,在鸣沙山东面的悬崖上开凿了莫高窟的第一座佛窟,从此便开始了绵延千年的敦煌石窟开凿活动。开凿最盛的唐代石窟达千余座,号称千佛崖、千佛洞。后因风雨侵蚀、沙土填埋、自然崩坍等原因,不少洞窟已经消失。今天保存在编的洞窟有492座,彩塑2415身,壁画45000多平方米。南宋以后,随着中国政治、经济、文化中心的南移,加之海上丝绸之路的繁盛,渐渐取代了陆上丝绸之路的地位,敦煌便失去了往日的风采。明朝以嘉峪关为国门,经河西走廊通向西域的道路也改为从嘉峪关到哈密,敦煌彻底失去了中西陆路交通中转站的地位,成了边外的荒凉之地,昔日的国际性繁荣都会就这样衰落了。

清朝末年,湖北麻城县人王圆箓(约1850—1931)来到甘肃西部的肃州(今酒泉)当巡防兵,退伍以后就在当地作了道士。后来他云游到敦煌莫高窟,在窟前的一座无人看守的寺庙中住了下来。王道士想把他居住的寺对面的莫高窟佛殿(现编为17窟)改造成道教的灵宫(图7-13),但洞口的甬道被狂风吹来的沙子所堵塞,以至洞门都被封了起来,于是他就雇了一些人清除窟前的积沙。据王道士《催募经款草册》中的说法,1900年6月22日,一个姓杨的清扫工发现甬道北壁的壁画后面可能有洞,于是他和王道士两人挖开墙壁,发现里面有一个泥封着的小门。去掉泥块,出现一个进深约2米、宽约2.7米、高约1.6米的复室,里面堆满了用布包裹的卷子,一个后来震惊世界的文化宝库就这样被打开了。关于藏经洞发现的细节有多种说法,上面所讲的只是较为合理的一种,具体实情已难查明。

图 7-13　莫高窟第 17 窟·藏经洞

王道士虽然没有多少文化,但他知道洞里藏的这些古董能换来大笔钱财。他不时拿出一些书法精美的写卷和漂亮的绢画出售或进献给当地的官绅,然而这些官绅没有人深入追问写卷和绢画的来历,因此藏经洞这一巨大的宝藏一直不为外界所知。

1907年,斯坦因来到敦煌探险。当他得知藏经洞发现大批写本和画卷的消息后,谎称他是从印度来的取经僧,要把唐僧带到中国的经卷取回印度,王道士便允许他进洞取经(图 7-14),前提当然是要给他银子。斯坦因从中挑选了大量文献价值较高的汉文及非汉文写卷和不少画卷,整整装了 29 大箱运回英国,而他付给王道士的只是 4 个马蹄银(200 两)。据英国目前公布的数字,斯坦因劫去的文物多达万余件。

1908年,正在新疆塔克拉玛干沙漠进行考古的法国人伯希和(Paul Pelliot,1878—1945)得知敦煌发现古代经卷后,立即赶往敦煌。伯希和是个学识渊博的汉学家,通晓汉语,他在藏经洞里待了三周,把藏经洞中所有的遗书通检一遍,凭借其深厚的汉学功底和丰富的考古知识,选走了藏经洞里的 6000 余件写本和画卷,是敦煌文献的精华,价值比斯坦因获得的文献要高,而他为此付出的代价仅仅是500两银子。

图 7-14　伯希和在藏经洞中挑选经卷,夏尔·努埃特(Charles Nouette)1908 年拍摄

　　伯希和将大批敦煌文物运送到巴黎后,1909 年 8、9 月间他又来到北京为法国国立图书馆采购普通汉籍。为了炫耀自己取得的辉煌成果,他将随身带来的敦煌遗书展示给北京的一些著名学者,其中有罗振玉、王国维、董康、蒋斧、王仁俊等人,伯希和向他们通报了敦煌藏经洞的情况。当时北京《顺天时报》、天津《大公报》等也对石室发现藏书之事进行了报道,藏经洞的消息这才传遍全国。当罗振玉从伯希和那里得知藏经洞还有不少经卷时,立即提请学部全部购买回来。1910 年,清学部电令陕甘总督毛实君将劫余文书购送北京学部,购买经费先由陕甘地方政府垫付,由学部偿还;收购来的文书让新疆巡抚何彦昇负责押送到北京。王道士知道这些地方官员是不会给他多少钱的,他预先把不少经卷藏了起来,所以政府的这次收购行动并没有将剩余经卷全部收走。1911—1912 年,日本大谷探险队的橘瑞超和吉川小一郎从王道士手中买到 200 多个卷子。1914—1915 年,俄国的奥登堡(S. F. Oldenburg,1863—1934)从王道士手中买得 300 多个卷子。1914 年,斯坦因再次来到敦煌,又从王道士手中买走了 570 个卷子。可见王道士私藏的经卷为数不少。1923—1924 年,美国哈佛大学的华尔纳(Langdon Warner)也来到莫高窟,想得到一些经卷,当时王道士已无存货,华尔纳不甘心空手而返,他用胶布剥走了第 139、141、144、145 号等洞窟中精美的唐代壁画 26 方,还搬走了第 328 窟彩塑供养菩萨两身。

　　清政府收购的经卷,在运送过程中又经沿途官员的偷盗及押运者的藏匿,遗失不少。当运送遗书的大车抵达北京时,何彦昇之子何震彝竟将大车接到自己家中,约其岳父李盛铎和刘廷琛、方尔谦等人挑选遗书,将精好者私藏下来。经卷被大量盗走后,为了充件数,盗取者将一些本来完整的长卷断为数截。今天我们在国家图书馆看到的莫高窟经卷中不少经卷断为十几截,就是在运送过程中人为破坏的结果。何家藏品后来卖给了日本京都藤井氏有邻馆。李盛铎藏品一部分归南京国立中央图书馆,今在台北;另有432件1935年由时任京都大学校长的羽田亨购得。

藏经洞中的经卷是哪来的?为什么要封存于洞中?这至今仍然是个谜。

斯坦因根据一些包裹中有相当数量的碎纸片等现象,认为藏经洞中的东西是从敦煌各寺院收集来的"神圣废弃物"。因其中有部分完好经卷,废弃说未能得到多数学者的认同。

大多数学者认为将经卷封存于洞内是为了避难,但具体避什么难,又有多种说法。伯希和根据洞中无西夏文书而藏汉文本及绢画杂沓堆置的情况,认为是1035年西夏人入侵敦煌时寺僧为避外寇而仓皇避难时将经卷封存于洞中的。荣新江认为藏经洞中的文献是坐落在莫高窟前面的三界寺的财产。洞中最晚的文献写于1002年,洞门的封闭应在此后不久,不至于晚到1035年。他认为封洞的原因是1006年信奉伊斯兰教的黑韩王朝攻占了信奉佛教的于阗王国,于阗与沙州有姻亲关系,三界寺的僧人担心黑韩王朝进一步攻打沙州,为了保护经卷等神圣的物品,便将它们封存于洞中,并在封好的门上画上壁画,加以掩饰。当事人去世后,藏经之事就无人知晓了[①]。这也仅仅是一种推测,不无疑点。事实上黑韩王朝并没有进攻沙州,那么风声过后,三界寺的僧人怎么会一直没把他们的圣物拿出来呢?当事人去世前为何对如此重要的事没有给继任者作一交代?斯坦因所获敦煌藏经洞藏品中有一件编号为S.P.32的绢画,现藏伦敦不列颠博物馆。此画原有题记,但墨色已经淡退,后经红外线照相处理,多数字迹基本可辨。其中的记时文字是"丙辰岁九月□□朔十五□巳",据研究,这"丙辰岁"是1016年或1076年[②]。如果这一说法可信,那么藏经洞因1006年黑韩王朝攻占于阗王国事件而封闭的说法就完全站不住了。

一些学者认为封闭藏经洞的原因是,宋元祐八年(1093)以伊斯兰教为国教的喀喇汗王朝宣布要攻打西夏控制的瓜州、沙州和肃州,喀喇汗王朝排斥佛教,毁坏佛教文物,所以寺院就把佛教文物封藏了起来。绍圣四年(1097)初,喀喇汗王朝攻克沙州,将当地的僧界官员及其家属俘虏而去,藏经洞之事便无人知晓,因此,认为藏经洞是在1093—1097年之间封闭的。

最新的研究结果表明,敦煌文献绝大多数是残缺不全的,残卷比例高达90%以上,这些残卷是以道真为主的三界寺僧人从敦煌各寺及民间收集来准备修复配

---

① 荣新江《敦煌学十八讲》,北京大学出版社2001,第92—93页。
② 公维章《敦煌藏经洞藏品新发现一件纪年最晚之绢画》,《考古与文物》2007年增刊。

补的。北敦 BD14129 号（北新 329 号）《见一切入藏经目录》是三界寺收集的待补佛经目录，其中道真说："长兴伍年（934）岁次甲午六月十五日，弟子三界寺比丘道真乃见当寺藏内经论部袟不全，遂乃启颡虔诚，誓发弘愿，谨于诸家函藏寻访古坏经文，收入寺中，修补头尾，流传于世，光饰玄门，万代千秋，永充供养。……应有所得经论，见为目录，具数于后。"藏经洞就是三界寺专门存放残破经典及修补材料的地方。那些经过修复配补成套的经本，"施入经藏供养"；修补后首尾完整的零帙散卷，可供公私藏家作配补之用；未及修复的残卷断片则继续留在藏经洞中，成为我们见到的藏经洞文献。道真去世后（也有可能是道真老迈年高之时），他主持的佛经修复工作后继无人，而残卷断片佛经不能随便弃置，任由风沙侵蚀，于是三界寺的僧人们就把藏经洞做了封存处理。[①] 这种观点可能接近真相。

敦煌研究院将 30 个重要的洞窟以高清 3D 模式呈现在它主办的"数字敦煌"网站上（https://www.e-dunhuang.com），有些洞窟甚至可以用 VR 模式浏览，欲知其详者可去一看。

敦煌藏经洞究竟出土了多少文献，很难有一个确切的统计。通常的说法是 6 万余件，其中中国拥有 1.8 万余件，有 4 万余件流落海外，收藏在英国、法国、俄国、印度、日本、丹麦、瑞典、芬兰、美国、土耳其、韩国、德国等十多个国家，其中英、法、俄三国收藏最多。

敦煌文献数量庞大，但从形态上看，绝大部分是手抄的卷子本，此外还有经折装、旋风装、蝴蝶装、册页装等形式及少量的拓本和印本。一般认为现知敦煌文献中最早的写卷是日本中村不折所藏的《譬喻经》，经末题记云："甘露元年三月十七日于酒泉城内斋丛中写讫。""甘露"为苻坚前秦年号，甘露元年为公元 359 年，这是藏经洞敦煌文献的最早纪年。最晚的文献以前认为是俄藏 Φ032B 号的一件施入记（作于宋咸平五年即 1002 年），最新的研究认为是上面提到的 S.P.32 绢画。

敦煌是古代佛教圣地，所以敦煌文献中 90% 是佛教文献，隋唐时期流行的佛教典籍大都能在这里找到，尤其是早期禅宗的典籍如《六祖坛经》《传法宝记》《历代法宝记》等，对了解禅宗早期的历史具有重要价值。

敦煌文献中也有约 500 号的道教经卷，大多是初唐至盛唐的写本。比较重要的有老子《道德经》及其各种不同注本（如河上公注、想尔注、李荣注、成玄英义疏等）、《老子化胡经》《太玄真一本际经》《太平经》《上清经》《灵宝经》等。《老子想尔注》是研究早期道教思想的重要材料。《老子化胡经》是反映道教与佛教争夺地位的文献，元代以后亡佚，现在又在敦煌文献中发现，十分珍贵。

敦煌文献中还保存了有关摩尼教、景教的文献。摩尼教文献共有 3 件，即《摩

[①] 参张涌泉、罗慕君、朱若溪《敦煌藏经洞之谜发覆》，《中国社会科学》2021 年第 3 期。

尼光佛法仪略》《证明过去教经》《下部赞》,这仅有的 3 件文献使人们对文献中屡有提及但语焉不详的摩尼教在中国流行情况得以明了。景教是古代基督教的一个支派,唐贞观九年(635)传入我国。景教在唐代的流行情况文献记载不详,直到明天启五年(1625)在长安发现了《大秦景教流行中国碑》后才略知一二。敦煌文献中有 7 种景教文献,即《大秦景教三威蒙度赞》《尊经》《一神论》《序听迷诗所经》《志玄安乐经》《大秦景教宣元本经》《大秦景教大圣通真归法赞》,这些罕见的景教文献有助于人们全面了解其在中国流行的情况。摩尼教、景教文献也为我们了解古代中西文化交流提供了重要历史证据。

敦煌文献的儒家经典有六朝和唐代初年抄写的《古文尚书》、汉初毛亨的《毛诗故训传》、东汉经学大师郑玄的《论语郑氏注》等,十分珍贵。

敦煌文献中保存了部分现存史书的古本残卷,如南朝宋裴骃的《史记集解》《汉书》《三国志》等,可以用来考校现存史籍。还保存了不少已佚史书,如东晋蔡谟的《汉书集解》、孔衍的《春秋后语》、邓粲的《晋纪》、孙盛的《晋春秋》、唐代虞世南的《帝王略论》、李荃的《阃外春秋》等,这些史籍不仅可补历史记载的不足,而且可订正史籍记载的讹误。地理著作如唐代李泰的《括地志》、贾耽的《贞元十道录》、韦澳的《诸道山河地名要略》等,这些久已亡佚的古地志残卷是研究唐代地理的重要资料。敦煌文献中还有关于西北地区、特别是敦煌的几种方志,更为史籍所不载,如《沙州都督府图经》《沙州伊州地志残卷》《寿昌县地境》《沙州地志》等,对敦煌乃至西北历史地理的研究十分重要,弥足珍贵。

关于归义军统治敦煌的历史,正史中的记载都非常简略,而且多有错误。敦煌文献中有关这段历史的资料在百种以上,学者们通过这些资料基本搞清了这段历史,千载坠史,终被填补。

敦煌文献中还保存了大量中古时期的公私文书,这些未加任何雕琢的公私文书是我们研究中古时期社会历史的第一手史料。公文书包括法制文书和官文书。唐代法律由律、令、格、式四部分组成,传世文献中只有律保存了下来,令、格、式则不为人们了解,敦煌文献中保存了许多唐代的令、格、式,使我们能看到唐代令、格、式的原貌。属于官文书的有符、牒、状、帖、榜文、判辞、公验、过所、度牒、告身、籍帐以及官府往来文书等。敦煌文献中的私文书主要是各类契约和民间团体"社"的文书等。契约主要是唐末五代和宋初的,其中有租地契、佃地契、借贷契、雇佣契、买卖契、以及析产契等。"社"文书中有社司转帖、社司牒状、社条、纳赠历、社斋文等。此外,还有遗书、什物抄、放妻书、放良书、悼文、邈真赞、碑志、私家帐历等。这些公私文书都是当时人记当时事,完全保存了原貌,使我们对中古社会的细节有了更深入的了解,对研究中古社会历史至关重要。

敦煌文献中属于子部的有王肃重编的《孔子家语》残卷、《六韬》残卷、北齐刘昼的《刘子新论》等。敦煌文献中还保存了一些今已亡佚的类书,如梁代徐勉等编《华林遍略》、唐代杜正伦《百行章》、杜嗣先《兔园策符》等,对古籍整理及研究当时的社会生活都有重要的价值。这些类书由王三庆汇编为《敦煌类书》(台湾高雄:丽文文化事业公司1993)。敦煌文献中的童蒙读物和字书不仅可以帮助我们了解唐五代的教育情况,还为考求唐代语音、研究西北方言及社会生活提供了重要资料。敦煌文献中有关婚姻、丧葬、岁时、卜卦、看相、符咒、解梦、风水、驱傩及有关佛教风俗的资料,是研究古代民俗的极好材料。

敦煌文献中保存的文学作品除文人作品和某些专集、选集的残卷外,大多为民间文学作品。文学作品总集中以《文选》写本最多,不仅有萧统原本,还有李善注本,还有一种佚名的《文选音》。

敦煌文献中保存的诗歌数量很多,其中尤以唐五代时期的居多,包括已知唐代诗人之作、敦煌本地诗人及佛徒之作、敦煌民间诗歌等。如《陈子昂集》《高适集》《李峤杂咏注》《白香山诗集》等,最著名的是韦庄的《秦妇吟》和《王梵志诗》。《秦妇吟》世无传本,直到藏经洞打开之后这首诗才完整再现于世。全诗228句,1600余字,是现存唐诗中最长的一篇叙事诗,深刻反映了晚唐黄巢起义冲击下唐代社会的真实状况。王梵志诗在唐代广为流传,但宋代以后几乎无人提及,敦煌文献的发现使王梵志诗再度为世人所知。王梵志诗的特点是用白话直接反映社会现实,它是唐代诗坛上的奇花异草,不仅有很高的史料价值,而且为探讨我国白话诗的发展史提供了重要证据。民间诗歌如《咏九九诗》《咏二十四气诗》、家训诗、学郎诗等,这些诗虽然艺术成就不是很高,却充满生活气息,是研究敦煌社会生活的鲜活资料。

敦煌文献中还有相当数量的非汉文文献,如古藏文、回鹘文、于阗文、粟特文、龟兹文、梵文、突厥文等,其中以藏文文献数量最多。藏文文献如《敦煌古藏文历史文书》《北方若干国君之王统叙记》《于阗教法史》《藏医疗杂方》《藏医灸法残卷》等,于阗文有《使臣奏于阗王奏报》《于阗王致曹元忠书》《致金汗书信和奏报》等,这些民族语言文献的发现,对研究古代西域中亚历史和中西文化交流有不可估量的价值。

敦煌文献还保存了一些音乐舞蹈资料,如琴谱、乐谱、曲谱、舞谱等,它不仅使我们能够恢复唐代音乐与舞蹈的本来面目,而且将进一步推动中国音乐史、舞蹈史的研究。①

敦煌文献分藏于十多个国家的几十家机构和单位,给我们的整理和研究造成极大的不便。最初中国学者是靠抄录伯希和、斯坦因等人攫取的敦煌文献及伯希和赠送的文献照片作研究的,后来一些留学生和访问学者从海外抄写或拍摄回来一批资料,成为中国学者研究敦煌文献的主要依据。如刘复从法国巴黎国立图书

---

① 杨秀清《百科全书式的敦煌文献》,《图书与情报》2006年第3期。

馆抄来104种,1925年辑印为《敦煌掇琐》3册;向达、王重民30年代从英、法拍摄来数万张写本照片。1957年,北京图书馆通过交换得到了英国博物馆S.6980号前的敦煌文献缩微胶片,70年代末又购买了法国国立图书馆所藏全部敦煌文献的缩微胶片,至此我国学者才能借助缩微胶片阅读器查阅大部分的敦煌文献。但由于这两套缩微胶片发行有限,加之胶片影像不甚清晰,使用起来还是很不方便。令人欣慰的是,在一批学者和有志之士的努力下,目前国内外各地所藏的敦煌文献大都已经整理出版,重要的如《敦煌宝藏》《英藏敦煌文献》《法藏敦煌西域文献》《俄藏敦煌文献》《中国国家图书馆藏敦煌遗书》《甘肃藏敦煌文献》《天津市艺术博物馆藏敦煌文献》《上海博物馆藏敦煌吐鲁番文献》《浙藏敦煌文献》《北京大学藏敦煌文献》等。国内外所藏大量敦煌文献的整理出版,不仅很好地保存了文化遗产,同时也为研究者提供了丰富的资料与使用的方便。

率先出版的大型敦煌文献合集是学者黄永武主编的《敦煌宝藏》,共16开本140册,台北新文丰出版公司1981—1986年间出版。此书收录了北京、伦敦及巴黎的大部分藏卷,另有散藏品158号、俄罗斯藏卷24号37种。文献按收藏单位原编的序号排列,检索方便。此书是从缩微胶片翻拍图片而印制的,不少图版不是很清晰。

《英藏敦煌文献(佛经以外部分)》,共8开本15册。1987年,中国社会科学院历史研究所与英国谈判,将英国所藏敦煌文献中除佛经之外的汉文文献全部拍照带回国内,由四川人民出版社出版(1990—1995)。第15册为总目索引,到2009年才出版。该书图版清晰,为学术研究提供了可靠的资料。

《英藏敦煌文献》所收并非英藏敦煌文献的全部。我国学者方广锠与英国图书馆中文部主任吴芳思(Frances Wood)共同主编的《英国国家图书馆藏敦煌遗书》计划将英藏1.4万多号敦煌文献图版悉数收录,共约8开本100册,由广西师范大学出版社出版。现已出版50册(2011—2017)。每册附有条记目录,从文字、文物、文献三个方面对原件作了详尽著录。

《俄藏敦煌文献》由俄罗斯科学院东方研究所圣彼得堡分所、俄罗斯科学出版社和上海古籍出版社联合编辑,上海古籍出版社1992—2000年陆续出版。上海古籍出版社从1989年开始同当时苏联列宁格勒的东方研究分所合作进行《俄藏敦煌文献》的编辑出版工作,经过10年的努力,于2000年将全部17册《俄藏敦煌文献》出齐,共收录敦煌文献弗鲁格号368件(包括补收的《一切经音义》2件)、敦煌号19092件,以及附收的俄罗斯国立艾尔米塔什博物馆所藏8件敦煌文献残片,总计近2万号。与此同时,上海古籍出版社还出版了《俄藏敦煌艺术品》4册,包括艺术品350件、莫高窟历史照片1030多幅。

俄藏敦煌文献的主体是1914年至1915年俄罗斯地理学会派遣以奥登堡为首的中亚考察队从王道士手中购得的文献,此外还有通过民间搜集、现场发掘筛选等获取的众多碎残片，这些文献收藏在俄罗斯科学院东方研究所圣彼得堡分所。

俄藏敦煌文献佛经部分有许多藏外佛经，还有不少与佛经相关的祈祷文、忏悔文、讲经文等。俄藏四部类文献及五代时期大量的世俗文书是考订文献和研究当时社会的重要材料。《俄藏敦煌文献》第 10 册中收有一件题为《具注历》的日历残片（编号为俄 Дx02880），这是一件公元 834 年的雕版印刷品，是存世为数不多的早期雕版印刷品实物之一。

本书 1—5 册收录以弗鲁格编号（Ф）的 001 号至 366 号，6—17 册收录以敦煌编号（Дx）的 00001 号至 19092 号，其中敦煌号的 17015 号至 17435 号为克洛特科夫搜集的吐鲁番文献，刻本占了相当数量。而敦煌号 12910 号至 14156 号近 1250 号为俄罗斯突厥史学家马洛夫搜集的于阗文献，馆方已另作专藏，本书未能收录。最后一册补收了新发现的两件《一切经音义》，续编为弗鲁格 367 号和 368 号。另外敦煌号中原先记为"馆藏缺"的文献及失号文献，由于馆方在整理时陆续找到十余件，亦予收录。俄罗斯国立艾尔米塔什博物馆保存的 8 件敦煌文献残片，亦附收于后。

关于文献的定名考订，弗鲁格号 001 号至 366 号，敦煌号 3000 号之前，主要依据俄方专家孟列夫教授主编的《俄藏敦煌汉文写卷叙录》、丘古耶夫斯基教授的《敦煌汉文文书》提供的部分文字解说，其中未予著录的，大部分由上海古籍出版社编辑作了考订。第 11 册以后所收文献残片增多，篇幅较小，暂未作文献定名。2018 年，邰惠莉主编的《俄藏敦煌文献叙录》由甘肃教育出版社出版，对俄藏敦煌文献做了较为详细的考述。

《法藏敦煌西域文献》共 8 开本 34 册，上海古籍出版社 1995—2005 年出版。法国国家图书馆的敦煌特藏包括汉文 Pelliot chinois、藏文 Pelliot tibétain、回鹘文 Pelliot ouigour、粟特文 Pelliot sogdien、西夏文 Pelliot xixia 等文献，本书收录了 Pelliot chinois 2001—6038 号，其中包括部分藏文、于阗文、粟特文、回鹘文文献。于阗文、粟特文和部分回鹘文文献原先编录在汉文文献序列中，并且多有正反面同时书写两种文字的情况，所以本书按照汉文文献的顺序随号刊出。法藏敦煌文献多为通行佛经以外的传统和世俗文献及有题记纪年的中亚民族的古文字材料，可以填补许多空白，具有很高的研究价值。

法国国家图书馆与中国西北民族大学、上海古籍出版社合作编纂的《法国国家图书馆藏敦煌藏文文献》共 8 开本 35 册，上海古籍出版社 2006—2020 年出版。该书收录法藏全部敦煌藏文文献，共 3174 个编号，题目以汉藏双语呈现。敦煌藏文文献产生于 7 世纪至 9 世纪，是存世最早的藏文文献，内容涉及佛教经典、历史著作、契约文书、法律条文、翻译著作等多个方面，是从事西域史、敦煌学、藏学等研究的第一手资料。

国家图书馆所藏敦煌文献的主体是1910年清政府学部收购运回北京的部分，另有一些是国家图书馆后来搜罗征集的，总数达1.6万余号，分为四大单元：（一）陈垣《敦煌劫余录》所著录的部分。1922年，陈垣任北平图书馆馆长期间，为馆藏的敦煌文献编纂了敦煌学界第一部分类目录——《敦煌劫余录》，计有8738号。（二）详目续编部分。1927年前后，北平图书馆又整理出1192号比较完整的遗书，定名《敦煌石室写经详目续编》。（三）上述两个目录之外的残存部分，总计近4000号。（四）新字号部分。指甘肃解京的敦煌遗书外，国家图书馆陆续收藏的敦煌遗书。国家图书馆出版社2005—2012年间陆续出版了任继愈主编的《国家图书馆藏敦煌遗书》，共8开本146册，收录了国家图书馆收藏的全部1.6万余号敦煌遗书。该书的特点是：

一、命名合理。《国图遗书》给一批原来无名的文书确定了名称，同时还纠正了一些原先的错误命名。如BD00041，《敦煌宝藏》定名为《大悲明二赞》，《国图遗书》考定为《楞伽经禅门悉昙章》和《千手千眼观世音菩萨广大圆满无碍大悲心陀罗尼经咒钞》两件文献。

二、图版清晰完整。《国图遗书》在摄制过程中进行了认真的整理加工，剔除了日本写经、其他地方出土的唐宋写经、敦煌遗书过录本、若干赝品等非敦煌原真资料；拍摄所据的原件经过专家的修复整理，有些断为几片的文书进行了拼接，避免了未经修复所制缩微胶卷中存在的诸多问题，如遗书背面内容漏拍、首尾残破、皱折叠压或墨迹深浅不一难以辨认等，从而使图版的内容更加完整清晰。

三、创建了《条记目录》。《条记目录》著录的内容多达26项，有编号、文献名称（卷本、卷次）、千字文编号、缩微胶卷编号，遗书的总体数据（包括长度、宽度、纸数、总行数与每行字数）、每纸的数据（包括长度和抄写行数或界栏数）、外观和一件遗书抄写多个文献的情况，文献首部文字与对照本核对的结果、文献尾部文字与对照本核对的结果、录文、说明，首题和尾题，本文献与对照本之区别，本遗书首部可与另一遗书缀接的编号、本遗书尾部可与另一遗书缀接的编号，题记、题名、勘记、印章、杂写、护首与扉页的内容，年代，字体和卷面二次加工的情况，近现代人所加的内容（装裱、题记、印章），揭裱互见，图版本出处及其他（包括研究信息）。上述内容对读者了解、利用和研究遗书具有重要价值。此前出版的大型敦煌遗书图录都无《条记目录》。

《甘肃藏敦煌文献》，甘肃藏敦煌文献编委会、甘肃人民出版社、甘肃省文物局编，甘肃人民出版社2000年出版，共16开本6册。据调查统计，散藏于甘肃各地的敦煌文献其总数有700余件，总长有1400余米。《甘藏敦煌文献》全面系统地整理刊布了甘肃省各地收藏的出自莫高窟藏经洞的全部汉文写卷，并附收了少数吐鲁番写卷等非敦煌文书。编者在认真研读每一卷写本的基础上对部分文书进行了缀合，使分离的文物得以复原。研究介绍文字主要包括"概述"和"叙录"。"概述"对甘藏敦煌文献汉文文献的基本情况、来源、真伪、内容、价值、定名等问题作了比较系统的论述。"叙录"是此次整理成果的记录,每号文献撰写一则,主要内容有:对原文献保存现状的客观说明,有尾题、题记、完好情况、纸质、卷幅、印鉴、批注、装帧形式、跋文等项目;有内容出处、文献价值、抄写时代、书法、有关史实的研究考证等,是日后研究的第一手资料,具有很高的学术意义和参考价值。所收文献按收藏单位编排,同一单位的文献按原发表号顺序编排。各卷后有发表卷号和原收藏号对照表,第六卷附有"总目索引""年表""人名、寺名、印鉴索引",检索十分方便。

甘藏敦煌文献中有不少珍品。如敦研007《大慈如来十月廿四日告疏》,是敦煌文献中唯一一份告疏,反映的是北魏时期民间的弥勒信仰,为少见的民俗资料。敦研298、敦研299《唐代奴婢买卖市券副本》真实再现了唐代的奴婢买卖情况。敦研322《腊八燃灯分配窟龛名数》是951年僧政道真向社人发布的在腊八日窟上燃灯窟龛分配详细文告,为研究莫高窟洞窟营建史提供了极为翔实的资料依据。敦研341《唐景云二年张君义勋告》记载了白丁张君义等263人因战功而被官府授勋的史实,是一份研究唐代告身制度的珍贵史料。敦研0010《佛说祝毒经》为早期密教咒语,唐时已佚,如今复得。

《浙藏敦煌文献》,8开本1册,浙江教育出版社2000年出版,刊布了浙江省境内公家所藏东晋至宋初的敦煌写本201件。浙藏的特点是:(1)种类丰富。除佛教经卷外,还有道经、经济文书、愿文、诗词、小说、书仪、画像等,另有少量藏文、回鹘文写本。有些文献有相当重要的研究价值。如浙博001号的初唐写本《黄仕强传》,与其他机构所藏的同名写卷相比,最为完整,而且抄写精良。又如浙博110号《敦煌乡百姓曹海员诉状并判》,不但呈文完整,而且有疑为曹议金的亲笔批示,实属难得。(2)大部分写本曾经被著名学者收藏,留有不少题跋,增加了经卷的价值。(3)品相良好。由于原收藏者的眼光学养,浙藏的大多数写卷都及时作了裱装,所以卷子品相良好。其中长卷不少,长度超过1米的就有25件。如《大智度论卷第九十》的北朝写本长达981.3厘米,共分19纸,有8000多字,是浙藏中最长的经卷。经文用楷书抄写在麻纸上,墨色浓润,宛若新书。[①]

黄征、张崇依著有《浙藏敦煌文献校录整理》一书(16开本上下2册,上海古籍出版社2012),对《浙藏敦煌文献》做了全文校录、文献解题、校注考证三方面的工作。书末附有《经名品名索引》《收藏者索引》《佛教术语索引》《俗别字借音字古今字繁简字索引》等索引。

《天津市艺术博物馆藏敦煌文献》,共16开本7册,上海古籍出版社1996—1998年出版。天津市艺术博物馆所藏敦煌文献总共350件,其中256卷是1979年周叔弢捐赠的,其他都是历年征集收购来的,大多数为汉文佛典,也有一些汉文文

---

① 柴剑虹《献给敦煌学百年的厚礼——〈浙藏敦煌文献〉出版感言》,《光明日报》2000年8月10日。

书、藏文写本等。

上海古籍出版社在敦煌文献的整理出版上作出了巨大贡献,整理出版了将近一半的敦煌文献,它将这套文献总名为《敦煌吐鲁番文献集成》,除上面介绍的俄藏、法藏和津藏三种外,还包括《上海博物馆藏敦煌吐鲁番文献》(共 2 册,1993)、《北京大学图书馆藏敦煌文献》(共 2 册,1995)、《上海图书馆藏敦煌吐鲁番文献》(共 4 册,1999)等。

日本羽田亨收藏的敦煌文献也已全部影印出版,名为《敦煌秘笈》,吉川忠夫编,大阪杏雨书屋 2009—2013 年出版,共 16 开本 10 册,其中目录 1 册,彩色图版 9 册。图版编号共 775 号,其中 486—500 号空缺,实际刊布 758 号。该文献的来源除了购自李盛铎的藏品外,还包括清野谦次、富冈谦藏、高楠顺次郎等人的旧藏。该书仅印了 250 部,国内不易获见。

敦煌文献大都是写本,抄手多是文化水平不高的僧尼、粗通文墨的普通百姓及下层官吏,错字、别字、方音假借字、方言词语以及脱漏增衍比比皆是,还存在大量的草体和俗体字,对普通研究者来说,要想直接利用这些文献仍有一定困难。江苏古籍出版社在 20 世纪 90 年代出版了一套《敦煌文献分类录校丛刊》,按学科和专题对敦煌文献进行了系统搜集和校录,集中展示了我国十数年来敦煌学研究的成果,具有较高的学术水准。《丛刊》各辑按学科或专题辑录,力求做到最大限度的将同类文献搜集到一起,使使用者免去搜寻之劳。凡能缀合者加以缀合,使之成为完帙。每篇文献包括四项内容:(一)定性定名定年,(二)原件录文,(三)题解或说明,(四)校勘记。每辑之后附有"主要论著参考书录"和该辑所用敦煌文献"卷号索引",以便读者查阅。

该丛书共出版 10 种,分属天文历法、赋类遗篇、表状书仪、社邑文书、佛教经录、《论语》古抄、契约文书、变文讲经文、医药文献、禅宗佚典 10 类。录校者都是各专题涵养深厚的专家学者,其录校文本搜罗比较完备,文字可靠性高,颇便参用。

附:已出 10 类录校文献

1.《敦煌天文历法文献辑校》,邓文宽录校,1996 年版。

2.《敦煌赋汇》,张锡厚录校,1996 年版。

3.《敦煌表状笺启书仪辑校》,赵和平辑校,1997 年版。

4.《敦煌社邑文书辑校》,宁可、郝春文辑校,1997 年版。

5.《敦煌佛教经录辑校》,方广锠辑校,1997 年版。

6.《敦煌〈论语集解〉校证》,李方录校,1998 年版。

7.《敦煌契约文书辑校》,沙知录校,1998 年版。

8.《敦煌变文讲经文因缘辑校》(上下),周绍良、张涌泉、黄征辑校,1998 年版。

9.《敦煌医药文献辑校》,马继兴、王淑民、陶广正等辑校,1998 年版。

10.《敦博本禅籍录校》,邓文宽、荣新江录校,1998 年版。

还有一些校录或校注本虽不在《敦煌文献分类录校丛刊》之列，但性质上是一样的，如唐耕耦、陆宏基《敦煌社会经济文献真迹释录》（全5册，第1册：书目文献出版社1986，2—5册：全国图书馆文献缩微复制中心1990）、任中敏《敦煌歌辞总编》（上海古籍出版社1987/修订本凤凰出版社2014）、项楚《王梵志诗校注》（上海古籍出版社1991/增订本2010）、伏俊连《敦煌赋校注》（甘肃人民出版社1994）、黄征、吴伟《敦煌愿文集》（岳麓书社1995）、黄征、张涌泉《敦煌变文校注》（中华书局1997）、张锡厚主编《全敦煌诗》（作家出版社2006，16开本20册，另有索引1册）、张涌泉主编《敦煌小说合集》（浙江文艺出版社2010）等。

郝春文正在主持编纂《英藏敦煌社会历史文献释录》，打算将《英藏敦煌文献》所收的非佛经文献全部录校排印出版，计划编为30卷，截至2020年已出版16卷，第1卷由科学出版社2001年出版，其余各卷由社会科学文献出版社出版。该书完成后将会给利用《英藏敦煌文献》提供方便。不过这种整理方式似乎不如《敦煌文献分类录校丛刊》来得实用和彻底。在现阶段，整理敦煌文献不宜限于哪一家所藏，应当整体贯通，这样最终才能整理出一部如同《四库全书》那样的有统一分类的《敦煌全书》。

张涌泉正在主持编纂《敦煌文献合集》，计划把除佛经以外的所有汉文敦煌文献汇为一编，按经史子集分类校录。现已出版的《敦煌经部文献合集》（张涌泉主编，16开本11册，中华书局2008）分群经类和小学类两部分，群经类包括《周易》《尚书》《诗经》《礼记》《左传》《穀梁传》《论语》《孝经》《尔雅》九经，小学类包括韵书、训诂、字书、群书音义、佛经音义五类。整理工作包括定名、题解、录文、校勘等项。全书共收录1328号写卷，600余万字。书末附有卷号索引。

《敦煌子部文献合集》也即将出版。

关于敦煌文献的目录，比较重要的有下面几种。

《敦煌遗书总目索引》，王重民等编，商务印书馆1962年出版。该书由总目、索引、附录三部分组成。总目分为四项：(1)《北京图书馆藏敦煌遗书简目》。(2)《斯坦因劫经录》，由刘铭恕据英国博物馆藏卷的缩微胶片编成，计6980号，按编号顺序标目，间录重要文书原文，或写简要说明。(3)《伯希和劫经录》，王重民编，系据他1934年至1938年在法国国立图书馆所编卡片目录编成，计5579号，按编号顺序标目，间有提要。(4)《敦煌遗书散录》，共19篇，收录中日一些公私收藏品的目录和几种专科研究目录。索引为标题字头笔画索引。附录有翟理斯(Lionel Giles，或译为翟林奈)《英国博物馆所藏敦煌汉文写本注记目录》（伦敦1957）的分类总目、新旧编号对照表。该书是六十年代初所能知见的敦煌汉文写本的总目录。

黄永武编有《敦煌古籍叙录新编》和《敦煌遗书最新目录》两书，均由台北新文丰出版公司1986年出版。前者是对王重民《敦煌古籍叙录》（商务印书馆1958）的补充修订，最大的补充是各条叙录后附上了原卷影印件。王书只选介了佛经以外的200多种典籍，作为书目，数量太少；黄氏补充的影印件今天也有更清晰的影印件问世。《敦煌遗书最新目录》是与《敦煌宝藏》配合的目录，只列标题，没有其他内容，可视为《敦煌遗书总目索引》的补正简编本。

《英国图书馆藏敦煌汉文非佛教文献残卷目录(S.6981—S.13624)》，荣新江编，台北新文丰出版公司1994年出版。该目录是对英国原编只到S.6980号的翟理斯目录的补充，有详细的文物、文献混合类型的提要，著录了卷子的外观、内容、题记、印鉴、年代等，极为详审，但限于非佛教文献。佛教文献则著录于方广锠编《英国图书馆藏敦煌遗书目录(S.6981—S.8400)》（宗教文化出版社2000）。

《国家图书馆所藏敦煌藏文写本注记目录》(*Inventaire des manuscrits tibétains de Touen-houang conservés à la Bibliothèque nationale*, Paris, Bibliothèque nationale)，法国拉露（Marcelle Lalou）女士编，简称"拉露目录"。全书共3卷，分别于1939年、1950年、1961年在巴黎出版，共收法藏敦煌藏文文献2216号，每号文献著录外观、内容、研究情况等，对非佛教文献用拉丁字母转写出每项内容的起止词句，前有主题索引，法国国立图书馆馆藏的重要藏文卷子基本上都已著录。中国学者王尧组织专家在拉露目录的基础上，参考原卷和后人研究成果，编成《法藏敦煌藏文文献解题目录》一书（民族出版社1999），著录了全部法藏敦煌藏文文献的目录，计有编号4450个，含3375个卷号。每号文献下附有后人研究论著。此书为利用法藏古代藏文文献提供了很大方便。

陈垣编纂的《敦煌劫余录》（中央研究院历史语言研究所专刊第4种，1931）著录了国家图书馆所藏敦煌写卷8743号，是世界上第一部公开出版的敦煌文献馆藏目录。1981年，北京图书馆善本组又编了《敦煌劫余录续编》，著录了《敦煌劫余录》未收的馆藏1065号，但只出了油印本，没有正式出版。

国图所藏敦煌文献最为详备的目录是方广锠主编的《中国国家图书馆藏敦煌遗书总目录》，全书分为《馆藏目录卷》《分类解说卷》《索引卷》和《新旧编号对照卷》4卷，由中国人民大学出版社出版。《馆藏目录卷》（2016）共16开本8册，用条记目录的方式著录了国图所藏全部敦煌文献16579号，共分13大项、39小项，涵盖敦煌文献的各个知识点；对国图敦煌文献重新用"北敦号"作了统一编号，用汉语拼音字头"BD"表示；对文献的文物特征包括长度、高度、纸数及不同抄件等进行了较为详尽的著录，对每件文献的时代与真伪做出了判定。《分类解说卷》揭示了敦煌文献的概况、文物状态、文献状态、文字状态、各卷次情况、价值等。《索引卷》包括十一个索引："典籍名称索引""纪年遗书及干支年代遗书索引""题记索引""印章索引""多主题遗书索引""录文索引""缀残索引""绘画资料索引""非汉文索引""今人题记、印章索引""本目录参考书目索引"。《新旧编号对照卷》（2013）16开本1册，包括"《国家图书馆藏敦煌遗书》分册简表"及八个新旧编号对照:"千字文号与北敦号、缩微胶卷号对照表""缩微胶卷号与北敦号、千字文号对照表""临字号与北敦号、残字号对照表""残字号与北敦号、临字号对照表""新字号与北敦号对照表""简编号与北敦号对照表""善字号与北敦号对照表""登录号与北敦号对照表"。

汇总所有敦煌文献的目录,目前较为完备的有敦煌研究院编纂的《敦煌遗书总目索引新编》(中华书局 2000)。

关于敦煌文献研究成果的检索,主要有如下几种工具书可以利用。

1. 郑阿财、朱凤玉主编《敦煌学研究论著目录(1908—1997)》,16 开本 1 册,台北汉学研究中心 2000 年出版。该目收录 1908 年至 1997 年间用中文和日文发表的敦煌学著作、论文、札记、书评等论著的目录 11650 条,分为目录、总论、历史地理、社会、法制经济、语言文字、文学、经子典籍、宗教、艺术、科技、综述 12 大类,每类之下又分为若干子目,子目下大体按时间顺序排列相关论著。一条目录尽可能地放在一个子目下,个别兼涉两个领域的论著也在另一个子目下重复出现。这种编排方式虽然对了解某一课题、某一门类的研究较为便利,但难以查到各国学者研究某一号文书的全面信息。台湾"国图"汉学研究中心据此目录建立了电子数据库[①],检索更为便捷。

2. 申国美编《国家图书馆藏敦煌遗书研究论著目录索引:1900—2001》,16 开本 1 册,国家图书馆出版社 2001 年出版。该目收录了 1900—2001 年国内外发表的有关国家图书馆藏敦煌遗书研究论著 8576 条,以馆藏编号为序排检。

3. 申国美、李德范编《英藏法藏敦煌遗书研究按号索引》,16 开本 3 册,国家图书馆出版社 2009 年出版。该索引以敦煌文书原有的流水号为纲进行排列,每一编号下按论著的出版年代排列目录,同年之作按作者姓氏的汉语音序排列。编者收集的论著信息多达 10 余万条,收录范围为 1901 年至 2006 年间发表的英藏、法藏敦煌遗书和英国博物馆藏敦煌绢纸画的研究著作、论文、札记、书评等,涉及英藏、法藏约 8000 个编号,不光有中日两种文字的信息,还有西文研究信息,搜罗极为宏富。

4. 樊锦诗等编《中国敦煌学论著总目》,16 开本 1 册,甘肃人民出版社 2010 年出版。该目收录了 1900 年至 2007 年间国内外用汉文发表的敦煌学论著目录,共计 18690 种,按内容分类编排,篇目收集以公开发行的书籍报刊为主,兼及部分内部资料。

另外,上海辞书出版社与中国敦煌吐鲁番学会合作,从 1985 年起,历时十余年,集百余名国内学者之力,编成一部《敦煌学大辞典》(季羡林主编,1998),共收条目 6900 余条,总字数约 200 万,插图 700 余幅,其中彩图 100 多幅。该辞书是对百

---

① http://ccsdb.ncl.edu.tw/ttscgi/ttsweb3?@0:0:1:/opc/ncdh/ncdh@@0.6033999345017369

年敦煌学成就的全面总结,涉及敦煌学的方方面面,从中也可以了解到敦煌文献的信息。该书资料截止于1994年底,不少信息今已落后。2019年,该书第2版的编纂工作正式启动,郝春文任主编,预计2023年出版面世。

附带介绍一下与敦煌文献时代相当的神德寺塔文献。2004年9月24日,陕西省铜川市耀州区政府对区内宋代神德寺塔进行维修时,在砖塔第四层南面的拱券窗洞中发现了一批佛教文献,共计306个卷号。其中手写纸本经卷241个卷号,雕版印刷纸本经卷54个卷号,此外还有十几种纸本及绢本彩绘。这批文献包含40余种佛经,根据上面有明确纪年的题记,可知其制作年代在唐五代宋初,是十分珍贵的佛教文献。文献原件现藏陕西省铜川市耀州区博物馆,其图版全部收录在黄征主编的《陕西神德寺塔出土文献》一书,凤凰出版社2012年全彩影印出版,共8开本4册,配有录文、校勘、解题、索引等。

7.5.2 吐鲁番文献与黑水城文献

1. 吐鲁番文献

吐鲁番古属车师前国,西汉元帝初元元年(前48)在此设戊己校尉,始称高昌壁。东晋咸和三年(328)前凉在此设高昌郡。北魏和平元年(460),柔然灭高昌,立阚伯周为高昌王,从此吐鲁番盆地进入以汉文化为主体的高昌王国时期。唐贞观十四年(640),唐灭高昌,置西州。唐咸通七年(866),回鹘大酋仆固俊攻取西州,建立高昌回鹘王国。在元代至元二十年(1283)前后,高昌国被蒙古宗室笃哇攻陷,算是灭亡了。吐鲁番文献就是出土于吐鲁番地区的古墓及一些古城、洞窟遗址的纸质写本文书及墓志资料,它们是高昌壁至高昌回鹘这一历史时期的遗物,是研究中古时期高昌、西域和中原王朝历史及语言文字难得的文献资料。

吐鲁番文献为世人所知是在19世纪末至20世纪初,当时一些外国探险家进入吐鲁番地区盗掘古墓和古代遗址,发掘出了不少文献。如俄国的克莱门兹(D. A. Klemenc)、奥登堡等人在1897—1914年间三次到吐鲁番进行盗掘,德国的格伦威德尔(Albert Grünwedel)、巴图斯(Theodor Bartus)、勒柯克(Albert von Le Coq)等人在1902—1914年间四次到吐鲁番的高昌古城、吐峪沟、雅尔湖、木头沟等地盗掘,日本的中渡边哲信、堀贤雄、野村荣三郎、桔瑞超、吉川小一郎等在西本愿寺长老大谷光瑞的资助下,组成"大谷探险队",于1902—1912年间三次到吐鲁番盗掘,英国的斯坦因也在1914年对吐鲁番的阿斯塔那、哈拉和卓古墓葬和高昌古城、姚头沟、吐峪沟、雅尔湖、木头沟等遗址进行盗掘。据粗略统计,从1897年到1935年,外国探险队进入新疆采掘有100多次,从吐鲁番地区掠走了大量包括文书在内的珍贵文物。如德国掠走的现藏柏林国家图书馆的文献中,回鹘文有8000件,汉文、藏文有6000多件。德藏吐鲁番汉文文献的图版目前都已在IDP网站

(http://idp.bl.uk/)上公布,可以查阅。

日本掠去的所谓"大谷文书",一部分现藏于东京国立博物馆、京都的龙谷大学等处,其中龙谷大学的收藏将近 8000 件,包括汉、回纥、梵、藏、蒙、西夏、佉卢、于阗、龟兹等文字的文书;另一部分大谷文书被大谷光瑞 1915 年带到旅顺,作为当时刚成立的关东都督府满蒙物产陈列所的藏品,1934 年陈列所改名为旅顺博物馆。旅顺博物馆的这部分藏品收录在王振芬、孟宪实、荣新江主编的《旅顺博物馆藏新疆出土汉文文献》,中华书局 2020 年出版,其中图版全彩印刷,共 8 开本 32 册,另有总目索引 16 开本 3 册。全书收录汉文文献 2.6 万余片,绝大部分为佛教典籍,少部分为道经、四部典籍、法规、公私文书、数术、医药文献等,时代上自西晋,下至北宋。

中国政府介入吐鲁番的考古发掘较晚。1927 年,中国和瑞典联合组成"西北科学考察团",在吐鲁番考察了 20 多天,对各种古城、古寺院和古居民点遗址作了勘查。1930 年,考古学家黄文弼等受中央研究院的委派,对吐鲁番交河古城和哈拉和卓墓葬进行正式发掘,获得了一些文物和文书。1959—1975 年间,新疆博物馆文物考古队在吐鲁番阿斯塔那与哈拉和卓进行了 13 次科学发掘,还在乌尔塘和交河古城进行了几次发掘,清理了晋至唐代墓葬 460 余座,出土了大量文书。1975 年迄今,吐鲁番文物管理所又对部分墓葬和遗址进行了几次发掘,也获得了一些文书。

吐鲁番地区古代长期存在以文书直接随葬和用废纸为死者制作俑、棺、靴鞋、冠带、枕衾等冥器的习俗,直接随葬的多为保存完好的衣物疏、功德录、地券、告身及传世古籍(如《孝经》《论语》、宗教文献等),制作冥器的多为各类公私文书,如官府符牒、诉讼辞状、籍帐契券等。在制作冥器的过程中,写有公私文书的纸张被剪裁成各种式样,致使上面的文字大都断烂残损(图 7-15、图 7-16)。

图 7-15 《诗经》残片(德藏 121)

图 7-16 《玉篇》残片(德藏 1538)

从时代上来看,目前所知吐鲁番文献中最早的为西晋泰始九年(273)的木简,最晚的是元代的文书,如高昌古城所出至元十七年(1280)《善斌卖身契》三种,以十六国至唐代前期的文献数量居多。

1906 年在吐鲁番西州遗址出土《妙法莲华经》雕版印本残卷(现藏日本东京书道博物馆),内容为《如来佛寿品第十六》残卷及《分别功德品第十七》全卷,黄色麻纸,卷轴装,版框直高 13 厘米,无界行,每行 19 字。经文中有武周颁行的新制文字,学者们据此推定其刻印时间在 690 年至 699 年之间。这是世界上现存最早的雕版印刷品之一[①],在世界印刷史上具有十分重要的意义。

以吐鲁番文献为研究对象的学科被称为"吐鲁番学",与"敦煌学"并驾齐驱,为国际显学,英、法、德、俄、日等国有不少人投身其中从事研究,取得了很多成果。中国于 1983 年成立了"中国敦煌吐鲁番学会",日本也于 1988 年成立了"吐鲁番出土文物研究会"。

现已整理出版的吐鲁番文献主要有:

《吐鲁番出土文书》,唐长孺主编。1959 年至 1975 年,考古工作者在新疆吐鲁番县的阿斯塔那及哈拉和卓两地古墓葬区进行了十余次科学发掘,掘得近万片汉文文书,文书的时间为十六国至唐代。1975 年,国家文物局古文献研究室、新疆博物馆和武汉大学历史系组成吐鲁番出土文书整理小组,由唐长孺主持整理,拼得文书近 1800 件,《吐鲁番出土文书》收录的就是这批文书。该书分释录本和图版本两种。释录本共 32 开本 10 册,文物出版社 1981—1991 年出版。文本均按原式抄写影印,有关文书情况如墨色、缺残等也一一标明,对字迹模糊、缺笔、残坏之字则尽可能推断注出。图版本共 8 开本 4 册,文物出版社 1992—1996 年出版。李方、王素编有《吐鲁番出土文书人名地名索引》一书(文物出版社 1996),与以上两种资料相配套。

《新获吐鲁番出土文献》,荣新江、李肖、孟宪实主编,8 开本上下两册,中华书局 2008 年出版。本书收录 1997—2006 年间吐鲁番新出土的文献 300 余件(含 10 余件墓表墓志),采用彩色图版与释录文字对照排列的方式,并对录文加了标点,书后附有《人名索引》《地名索引》《文献编号索引》,使用颇为方便。

《日本宁乐美术馆藏吐鲁番文书》,陈国灿、刘永增编,16 开本 1 册,文物出版社 1997 年出版。本书收录了日本宁乐美术馆收藏的吐鲁番文书 128 件,内容为唐开元二年各地送达蒲昌府的牒、状、辞、帖及蒲昌府发的牒文。整理采用图版与录文对照的形式,按日月先后排列。无法确定日月的,列在有日月文书之后。编者给每件文书都拟了标题,并有说明。细小残片仅收图版,未作录文。

[①] 1974 年在西安市郊区的一座唐墓中出土单张梵文《陀罗尼经咒》印本,专家据其随葬品皆为唐初或隋代遗物,鉴定印本为唐初印刷品,时间或在此《妙法莲华经》之前。

《大谷文书集成》，日本小田义久编，共16开本4卷，前3卷由日本京都法藏馆分别于1984年、1990年、2003年出版，共收录1001—8147号汉文文书图版，后有录文及简要说明，第4卷由京都龙谷大学2010年出版。

《吐鲁番出土砖志集注》，侯灿、吴美琳著，16开本上下两册，巴蜀书社2003年出版。吐鲁番砖志指近百年来在吐鲁番地区出土的北朝至唐代的记录死者身世的墓葬文字资料。吐鲁番地区古称高昌，因此这些砖志也称为"高昌墓碑"或"高昌墓志"。砖志其实并不限于砖，也包括石质的、木质的和泥坯。吐鲁番砖志主要出土于阿斯塔那、哈拉和卓及雅尔湖（又称雅尔乃孜沟）古墓区。砖志的制作方法是：把正方形或长方形土坯烧制成砖，在砖面上涂抹一层灰色、黑色、蓝色或粉白色泥衣，然后在上面用墨或白粉书写，有的是划上界格后刻字，在刻字中填朱。这些砖志资料能够保存下来，主要得利于吐鲁番盆地独特的干旱气候和地理环境。当然，泥衣容易起皮脱落，造成文辞残损，有的字迹模糊，难以辨识。

吐鲁番砖志最早出土于1910年，至今共出土300多方。砖志年代上起大凉承平十三年(455)，下迄唐建中三年(782)，前后长达327年。本书收录图版270方，仅有录文而无图版的58方，是迄今最为完备的吐鲁番砖志资料。编排上图版与录文对照，资料以砖志主人死葬时间先后为序。著者在吸取前人研究成果的基础上对所收砖志做了注释，书后附有"吐鲁番出土砖志检索表"和"吐鲁番出土砖志文献论著要目"，颇便参考。

《吐鲁番文献合集》，王启涛主编，巴蜀书社出版。全书分为20卷，即：《儒家经典卷》《契约卷》《语言文字卷》《史部典籍卷》《律令格式卷》《诉讼卷》《官文书卷》《砖志衣物疏卷》《书信卷》《经济卷》《医药卷》《文学卷》《宗教卷》《诸子卷》《科技卷》《民族交流卷》《地理交通卷》《军事卷》《社会文献卷》《类书卷》。该书广泛搜集海内外收藏的吐鲁番出土文献予以定名、录文、标点、校勘、注释，是对吐鲁番文献的一次系统全面的整理。所录文献包括纸质文书、砖志、碑刻等。原件俗字尽量照原样录出，以利学术研究。目前已出版《儒家经典卷》(2017)及《契约卷》(2019)。

此外，日本礒部彰编《台东区立书道博物馆所藏中村不折旧藏禹域墨书集成》（东京：二玄社2005）也收有一些吐鲁番文献。该书共8开本3卷，彩色图版，收录出土的东汉至宋代写本及印本文书177件，日本古代汉籍抄本50件，另有国别不明文书1件，共计228件。中村不折的藏品中不乏精品，如长达537厘米的《搜神记》写卷纸张完整，字迹清晰，是敦煌《搜神记》抄本中内容最多、品相最好的。

关于吐鲁番文献的目录，国外部分目前有两种著作收录较全。一种是陈国灿、刘安志主编的《吐鲁番文书总目·日本收藏卷》（武汉大学出版社2005），该书著录日本公私所藏吐鲁番文书5000余件，基本上反映了日本所藏吐鲁番文书的整体面貌。书中对每件文书都拟定了题目,对文书的形状、长宽、行数及内容都有简要的说明。每件文书下都列有"图""文""参"三栏,标明刊载此件文书图版、录文的书刊及重要研究论著。关于文书序号,原收藏单位有序号者,以原序号为准;原收藏单位无序号者,著录者新编序号。另一著作是荣新江主编的《吐鲁番文书总目·欧美收藏卷》(武汉大学出版社 2007),该书收录了德国、俄罗斯、土耳其、美国等国家收藏的汉文、回鹘文、藏文、蒙文为主的吐鲁番出土的写本、刻本、壁画榜题等文献材料,共著录文书 12822 号。著录项目有新旧编号、题名、语言、尺寸、行数、残缺情况、年代、有关内容的提示和说明,并用缩略语的方式登录前人有关该文书的著录、考订文字或图版所在等。

2. 黑水城文献

黑水城是西夏王朝的一座城市,位于今内蒙古阿拉善盟额济纳旗达来呼布镇东南部。西夏时期该地是额济纳河下游的一片绿洲。"额济纳"为党项族语,义为黑水,黑水城由此得名。后因额济纳河改道,城市没有了水源,逐渐被风沙掩埋。由于沙漠地区气候干燥,地下埋藏物经历数百年仍保存如初。黑水城文献就是指黑水城遗址出土的古代文献。

最早发掘黑水城文献的是俄国探险家科兹洛夫(Пётр Кузьми́ч Козло́в, 1863—1935),他于 1908—1909 年先后两次率领科考队进入黑水城遗址,发掘出大量文物。这些文物的文献部分今藏于俄罗斯科学院东方研究所圣彼得堡分所,文献编目有 8465 个编号;器物部分今藏于俄罗斯国立艾尔米塔什博物馆。

英国的斯坦因得知黑水城的消息后,也于 1914 年赶来淘宝,他从黑水城带走了 7300 多个编号的文献。这些文献大部分藏入伦敦的不列颠博物馆,少部分图画藏入印度新德里中亚古物博物馆(今为印度国家博物馆)。1973 年,英国国家图书馆东方部与不列颠博物馆分立,保存在不列颠博物馆东方图书部的黑水城文献移存于新建的英国国家图书馆。

中国政府也组织专家对黑水城遗址进行过多次发掘。1927 年,以瑞典人斯文·赫定(Sven Anders Hedin,1865—1952)和北京大学教务长徐炳昶为首组成的中瑞西北科学考察团到黑水城进行考察,发掘出少量文书。1962—1984 年间,甘肃省和内蒙古自治区的文物考古部门多次到黑水城遗址进行考察和发掘,获得文献近 5000 件,这些文献现分藏于内蒙古自治区文物考古研究所、内蒙古自治区博物院、内蒙古阿拉善盟文管所、内蒙古额济纳旗文管所、甘肃省博物馆、中国社会科学院考古研究所等单位。

黑水城文献的总量很难有一个准确的统计,若以俄英中三大收藏的编号而言,有 2 万余号。文献时代涵盖宋、辽、金、西夏、元五个朝代。以文字而言,包括西夏文、汉文、八思巴蒙古文、古藏文、回鹘文、波斯文、阿拉伯文等多种文字,其中 90%

是西夏文文献。就内容而言，包括世俗文献和佛教文献两大类。世俗文献有语言文字类，如西夏文汉文双解词典《番汉合时掌中珠》、注释西夏文字音义的韵书《文海》、西夏文字书《音同》等；历史法律类，著名的如《天盛改旧新定律令》，原为20卷，今存19卷1300多页，是第一部用少数民族文字印行的法典；文学类，如《西夏诗集》、西夏文谚语集《新集锦合辞》等；古籍译文类，如《论语》《孟子》《孙子兵法》《孝经》等汉籍的西夏文译本，特别是唐代于立政编撰的类书《类林》，失传已久，敦煌文献中只存零篇，而在西夏文刻本则保存完整；另有契约文书、医方咒文等。佛教文献有的译自汉传佛经，有的译自藏传佛经，有的则是西夏人自己的撰述。这些文献以刻本居多，少数为写本。

目前已影印出版的黑水城文献主要有：

《俄藏黑水城文献》，俄罗斯科学院东方学研究所、中国社会科学院民族学与人类学研究所、上海古籍出版社联合编辑，上海古籍出版社1996—2021年间陆续出版，共8开本30册，其中1—6册为汉文文献，7—14册为西夏文世俗文献，15—30册为西夏文佛教文献及其他民族文字文献。汉文文献依俄藏编号顺序编印，西夏文世俗文献按内容分为语言文字类、历史法律类、社会文学类和古籍译文类四类，西夏文佛教文献按经、律、论三藏分类。

《英藏黑水城文献》，西北第二民族学院（今北方民族大学）、上海古籍出版社、英国国家图书馆联合编纂，上海古籍出版社2005—2010年出版，共8开本5册。收录黑水城文献照片4000余件，共计7300余个编号。20世纪90年代初，西夏学者胡若飞赴英国寻访西夏文献，获得了英方提供的英藏黑水城文献全套20盒缩微胶卷。回国后他将缩微胶卷交给西北第二民族学院社会人类学与民族学研究所，进行登录、整理及数字化等出版准备工作。后经英国国家图书馆东方部授权，正式编辑出版。由于斯坦因是一名考古学家，他在发掘过程中详细记录了文献的出土地点和种类，后人据此得知这些地点在西夏时期或为官署，或为寺庙，或为民居，这使英藏黑水城文献比俄藏有更多的文献信息和价值。

《中国藏黑水城汉文文献》，内蒙古自治区文物考古研究所、宁夏大学西夏研究中心、甘肃省古籍文献整理编译中心联合编纂，北京图书馆出版社2008年出版，共8开本10册。收录原始文献4213件，其中世俗文献3980件，宗教文献233件，均为全彩印刷。与此配套的有杜建录任总主编的《中国藏黑水城汉文文献释录》，中华书局、天津古籍出版社2016年联合出版，共16开本14册，对图版所收的4213件文书加以录文、叙录、校勘和注释，采用图文对照的形式，方便查验研究。

《中国藏黑水城民族文字文献》，内蒙古自治区文物考古研究所、宁夏大学西夏研究中心、甘肃省古籍文献整理编译中心联合编纂，天津古籍出版社2013年出版，共8开本1册。收录图片1186件，均全彩原大尺寸。

关于黑水城汉文文献的整理研究情况,可参看孙继民《英藏及俄藏黑水城汉文文献整理》(上下两册,天津古籍出版社 2015)和杜建录《中国藏黑水城汉文文献整理研究》(人民出版社 2016)两部专著。

八　图像资料及其利用

8.1　图像资料概说

早在文字出现以前,图画就已经流行了上万年,所以图画是史前文明的形象记录,是考求原始文化的重要依据。文字出现以后,文明的足迹虽然主要由文字承载,但图像资料以文字资料无可比拟的具体性和明晰性,仍然受到学者们的高度重视,是文字资料的重要补充。许多不好理解的文字记载,若有图像辅助,理解起来就非常容易。如春秋时期齐襄公淫乱无道,其弟纠在管仲的辅助下投奔鲁国,另一弟弟小白在鲍叔的辅助下投奔莒邑。襄公被人杀死后,纠和小白争当国君。《管子·大匡》中记载说:"桓公自莒先入,鲁人伐齐,纳公子纠,战于乾时,管仲射桓公,中钩。鲁师败绩,桓公践位。"桓公就是小白。桓公未被管仲射死,全赖衣服上的带钩。带钩是什么样的?怎么能挡住利箭?仅凭文字记载是难以想象的。当我们看了带钩的图片后,就会有具体的感受。下图是战国时期的双蛇铜带钩,长 6.75 厘米,最宽处 2.9 厘米。带钩有系带及装饰的双重功能,多用金属制作,先秦两汉时期有地位的人身上都有这一饰物。带钩的样式多种多样,有大有小。像下图这种样式的带钩完全可以挡住射来的利箭(图 8-1、图 8-2)。

图 8-1　战国双蛇铜带钩　　　　图 8-2　带钩局部

又如刘向《新序·杂事五》中说:"叶公子高好龙,钩以写龙,凿以写龙,屋室雕文以写龙。于是天龙闻而下之,窥头于牖,施尾于堂。""钩以写龙"并不是拿着钩子画龙,而是带钩上雕刻有龙的意思,上面的双蛇铜带钩可作参照。此外,"窥头于牖,施尾于堂"这两句话对今天的读者来说也不好理解。按照今天的房屋构造,堂是正房,天龙从外面来,怎么会探头于窗,而尾巴却拖在堂上呢?这也需要通过了解古代的房屋构造才能解除疑惑。上古时期常见的房屋构造是前堂后室格局,其平面图大致如下(图 8-3):

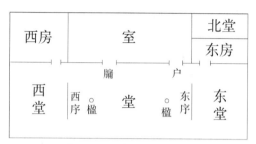

图 8-3　上古房屋格局图

一看此图,"窥头于牖,施尾于堂"的含义就很好理解了。《礼记·檀弓上》:"予畴昔之夜,梦坐奠于两楹之间……予殆将死也。""两楹之间"的位置也就很明确了。由此可见图像资料的重要价值。

图 8-4　矛殳

图 8-5　晋殳

图 8-6　自铭为"殳"的矛殳

古代兵器殳具体是什么形制,文献中语焉不详。《诗经·卫风·伯兮》:"伯也执殳,为王前驱。"毛传:"殳长丈二而无刃。"《文选·张衡〈西京赋〉》"竿殳之所揘毕"三国吴薛综注:"殳,杖也。八棱,长丈二而无刃。或以木为之,或以竹为之。"根据这些记载,我们还是不清楚殳的形状。1978年,湖北随县发现了战国初期曾国国君乙的墓葬,墓中出土了21件殳,其中7件有刃,14件无刃。有刃殳中有3件铸有篆书"曾侯郏之用殳"一行,这是迄今为止独有的三件自铭为"殳"的出土兵器。无刃的殳根据墓中竹简的记载,叫"晋殳"。殳的杆柄为积竹木,八棱形,外表缠绕丝线、革带或藤皮,再在表面髹上红漆或黑漆。杆通长329—340厘米,直径2.8—3.2厘米,下端装有铜镦。这些出土文物使我们对殳的形制有了确切的了解(图8-4、图8-5、图8-6)。①

《文选》卷三九西汉邹阳《狱上书自明》"信荆轲之说而匕首窃发"李善注引东汉应劭《通俗文》曰:"匕首其头类匕,故曰匕首。"那么,匕具体什么样呢?《汉语大词典》:"匕,古代取食的用具,曲柄浅斗,有饭匕、牲匕、疏匕、挑匕之分。状类后代的羹匙。"凭此描述,我们很难想象匕首和羹匙有何相似之处,但看出土的商周青铜匕,原来那时的匕前端有薄刃,兼有舀汤、切割及刺取的功能,其首确实很像匕首(图8-7、图8-8)。

图8-7　商代青铜匕,1989年出土于江西新干县大洋州镇,通长42厘米

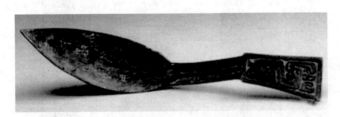

图8-8　西周中期仲枏父匕,通长25.8厘米

唐代王建《秋夜曲二首》有诗句云:"香囊火死香气少,向帷合眼何时晓。""香囊"是什么东西呢?《汉语大词典》"香囊"下有"盛香料的小囊""有香味的取暖器""借指荔枝""指麝的藏香器官"四个义项,但都不适合,王诗中的"香囊"是有火的。

---

① 参杨琳《兵器殳的历史演变》,《南方文物》2014年第4期。

看了下面的文物(图 8-9),就会知道还有一种金属的香囊,这种香囊是用来燃香的,王诗中的"香囊"就是指这种东西。

图 8-9　唐代鎏金双蜂团花纹镂孔银香囊

图像资料还有助于了解古代社会的时代风尚和思想意识状况。如下面这两幅唐代的图片(图 8-10、图 8-11)中妇女们袒胸露臂,显示了唐代社会的开放程度,说明一个繁荣的社会总是伴随着思想的解放。于此我们也就不难理解唐代的文人们为什么大都跟歌妓有密切的关系。

图 8-10　唐李重润墓石椁线刻宫装妇女敷色图　　图 8-11　唐三彩陶俑(西安王家坟村出土)

图像资料种类繁多,有绘画、雕塑、实用器物、建筑等。下面分类介绍几种重要的图录著作。

8.2 综合图集

《三才图会》,106卷,明代王圻、王思义父子编撰。明万历三十七年(1609)槐荫草堂初刻。古以天、地、人为三才,该书以三才为名,表示包罗万象。全书将所绘图形分为14类,计天文类4卷,地理类16卷,人物类14卷,时令类4卷,宫室类4卷,器用类12卷,身体类7卷,衣服类3卷,人事类10卷,仪制类8卷,珍宝类2卷,文史类4卷,鸟兽类6卷,草木类12卷。每种器物先列图形,次有文字说明。本书的优点是收图广泛,巨细皆录,颇便查找。缺点是不少图并非据实物描绘,而是凭想象绘成,未必合乎实际。该书最方便的本子是上海古籍出版社1988年影印的明万历王思义校正本,后附《三才图会图名索引》。德国巴伐利亚州立图书馆(Bayerische Staatsbibliothek)将收藏的槐荫草堂本《三才图会》制成高清PDF格式发布在网上(http://ostasien. digitale-sammlungen. de/en/fs1/home/static. html),免费供大家阅览下载,比上海古籍出版社的影印本清晰(图8-12、图8-13)。

图 8-12 《三才图会》

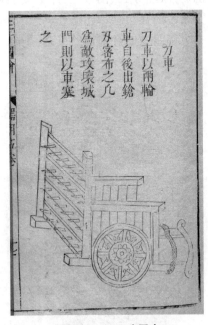

图 8-13 《三才图会》

《中国美术全集》,中国美术全集编辑委员会编,人民美术出版社、上海人民美术出版社、文物出版社、中国建筑工业出版社、上海书画出版社5家出版社于1984—1989年间分批出版。全集共8开本60册,分为5个专题,其中《绘画编》21

册,《雕塑编》13 册,《工艺美术编》12 册,《建筑艺术编》6 册,《书法篆刻编》7 册,《总目录·索引·年表》1 册,共汇集中国古代艺术作品彩图约 1.2 万幅,将中国数千年的艺术精品囊括于此。每卷都有专题概述,每幅图都配有文字说明。1998 年北京银冠电子科技公司将该书制作成光盘,共 50 盘,提供作品名及收藏地(美术馆、研究单位)检索方式,可以浏览全图,也有细部放大欣赏的功能。2006 年人民美术出版社将全书修订再版,印装更加精美。

2010 年,黄山书社出版了金维诺主编的另一套《中国美术全集》,共 16 开本 51 卷,收录中国古代美术作品彩图 2.6 万余幅,配有 200 多万字的说明文字,资料截止于 2005 年底。内容分为 20 类,其中卷轴画 5 卷,墓室壁画 2 卷,殿堂壁画 2 卷,石窟寺壁画 3 卷,画像石、画像砖 3 卷,书法 3 卷,篆刻 1 卷,石窟寺雕塑 3 卷,宗教雕塑 2 卷,墓葬及其他雕塑 2 卷,青铜器 4 卷,陶瓷器 4 卷,玉器 3 卷,金银器、玻璃器 2 卷,漆器、家具 2 卷,竹木骨牙角雕、珐琅器 1 卷,版画、岩画 1 卷,纺织品 2 卷,建筑 4 卷,总论、总目录 1 卷。每个分卷均有主编撰写的序言,对各类美术作品的发展演变做了概括的介绍。这套书收录了国内外新发现的艺术珍品(包括新出土的及海外收藏的),吸取学界最新的研究成果融汇于作品说明之中,规模空前,装印精美,与 5 家版《全集》相比,堪称后出转精。

《中国美术分类全集》,这是一套由 30 多家出版社参与制作的大型美术图典,分古代和现代两部分。古代部分分绘画、雕塑、工艺美术、书法篆刻、建筑艺术 5 大类,共 238 册。现将古代部分各专题列表如下(表 8-1):

表 8-1 《中国美术分类全集》古代部分

分类	专题名	册数	出版社及出版时间
绘画	中国绘画全集	30	文物出版社、浙江人民美术出版社 1997—2001
	中国新疆壁画全集	6	辽宁美术出版社、新疆美术摄影出版社 1995
	中国敦煌壁画全集	11	天津人民美术出版社 1996—2006
	中国殿堂壁画全集	7	山西人民出版社 1997
	中国岩画全集	5	辽宁美术出版社 2007
	中国画像石全集	8	山东美术出版社、河南美术出版社 2000
	中国画像砖全集	3	四川美术出版社 2006
雕塑	中国青铜器全集	16	文物出版社 1996—1998
	中国玉器全集	6	河北美术出版社 1993
	中国陵墓雕塑全集	8	陕西人民美术出版社 2007
	中国石窟雕塑全集	10	重庆出版社 2001

续表

分类	专题名	册数	出版社及出版时间
	中国寺观雕塑全集	5	黑龙江美术出版社 2003—2006
	中国藏传佛教雕塑全集	6	北京美术摄影出版社 2002
工艺美术	中国陶瓷全集	15	上海人民美术出版社 2000
	中国漆器全集	6	福建美术出版社 1997—1998
	中国金银玻璃珐琅器全集	6	河北美术出版社 2002
	中国竹木牙角器全集	5	文物出版社 2009
	中国织绣服饰全集	6	天津人民美术出版社 2004—2005
	中国民间美术全集	6	江苏美术出版社等6家出版社 2002—2003
书法篆刻	中国玺印篆刻全集	4	上海书画出版社 1999
	中国碑刻全集	6	人民美术出版社 2010
	中国法帖全集	17	湖北美术出版社 2002
	中国法书全集	18	文物出版社 2009
	中国文房四宝全集	4	北京出版社 2007
建筑艺术	中国建筑艺术全集	24	中国建筑工业出版社 1999—2003

下面对其中的一些专题略作介绍。

《中国绘画全集》,中国古代书画鉴定组编,共8开本30卷。1983年,国家文物局成立了由谢稚柳、启功、徐邦达、杨仁恺、刘九庵、傅熹年、谢辰生七人组成的"中国古代书画鉴定组",对大陆现存古代书画作品进行全面调查、鉴定及著录,旨在确定书画藏品的真伪及其历史、艺术、科学价值。全国巡回鉴定工作从1983年8月正式开始至1990年6月结束,历时八载,涉及全国208个文物收藏机构和部分私人藏品,共过目书画作品61596件,制作资料卡片34718份。通过这一活动,鉴定组基本摸清了大陆古代书画作品的收藏情况。调查鉴定成果最终编辑为《中国古代书画目录》(共16开本10册,文物出版社1984—1993)、《中国古代书画图目》及作为《中国美术分类全集》专题之一的《中国绘画全集》三套图书。

《中国古代书画图目》共8开本24卷(含索引1卷),文物出版社1986—2001年出版。全书收录晋代至清代一千多年间的书画作品20117件,图版35700幅,概据原作照相制版,墨色印刷,不少作品附有历代题跋、钤印及专家鉴定意见等信息。

全书大体以地区分卷,卷内以收藏单位为单元,各单元内的作品以年代为序。每卷末均附有相应的书画作品目录。该图录向读者提供了系统、全面的古代书画作品信息,为学术研究及文物保护提供了重要资料。单色印刷难以准确展现作品原貌,《中国绘画全集》则弥补了这一缺憾。它收录了由鉴定组遴选的战国至清代绘画精品及海外中国书画珍品共计 6600 余幅,全部彩色精印,按历史朝代编排,每件作品均附说明,介绍作品的形制、尺寸、收藏处,以及题材内容、创作时间、艺术特色、款印、著录等情况。

《中国青铜器全集》1—4 卷为夏商部分,5—6 卷为西周部分,7—11 卷为东周部分,第 12 卷为秦汉部分,第 13 卷为巴蜀地区,第 14 卷为滇、昆明地区,第 15 卷为北方民族地区,第 16 卷为铜镜专辑。该《全集》从国内外 190 家文物机构现存的数万件青铜器中遴选 3000 多件精品,是迄今为止对中国古代青铜器的一次最系统的整理,全面反映了中国青铜器的发展面貌。全书以考古发掘品为主,酌收有代表性的传世品。选录标准是器物本身的艺术价值,同时兼顾器物的考古价值和历史价值。为全面反映中国青铜器面貌,对台湾省和国外收藏的中国青铜器中有代表性的作品也予以收录。如台北故宫博物院的毛公鼎、散氏盘,美国旧金山亚洲艺术博物馆的王伯姜壶,日本白鹤美术馆的荣子方尊,法国基美博物馆的令簋等。所收作品全部彩色精印,其中一些作品的精彩部位以特写的形式着重表现。所选作品凡有铭文者,一律将其拓片制版,随作品的文字说明编印。每卷末附有黑白缩略图,并有简要文字说明,交代青铜器之时代、大小、出土时间地点、现藏何处等。我国是世界上青铜文化最发达的国家。张光直说:"在中国古代所发现的青铜器的量,可能大于世界其余各地所发现的铜器的总和;在中国所发现的青铜器的种类,又可能多于世界其余各地所发现的青铜器的种类的总和。"[①]青铜器与古代社会,尤其是先秦时期密切相关。传世及出土的青铜器收藏在世界各地的博物馆,要想见到实物很困难。此书将我国汉代以前的青铜器大都搜罗于一编,给我们提供了很大的方便,对了解青铜器的形制极有价值。

《中国石窟雕塑全集》分地区按时代全面收录了中国境内各个时代所有石窟雕塑的艺术精品。各卷的主题为:第 1 卷《敦煌》,第 2 卷《甘肃》,第 3 卷《云冈》,第 4 卷《龙门》,第 5 卷《陕西·宁夏》,第 6 卷《北方六省》,第 7 卷《大足》,第 8 卷《四川·重庆》,第 9 卷《云南·贵州·广西·西藏》,第 10 卷《南方八省》。每卷书由论文、图版、图版说明文字、大事记、石窟分布示意图组成。图版精美,论述简要,是迄今为止研究了解中国境内石窟雕塑作品最权威、最全面的文献。

《中国画像石全集》1—3 卷为《山东画像石》,第 4 卷为《江苏、安徽、浙江画像

[①] 张光直《中国青铜时代·二版序》,北京:三联书店 1999。

石》,第5卷为《陕西、山西画像石》,第6卷为《河南画像石》,第7卷为《四川画像石》,第8卷为《石刻线画》。本书是汉画像石大全,对了解汉代及上古社会生活具有重要价值。另外,王建中著有《汉代画像石通论》(紫禁城出版社2001)一书,对汉代画像石的分布、分期、分类、成就等方面进行了较为深入的探讨,可与《中国画像石全集》配合阅读。

《中国建筑艺术全集》包括:1.《宫殿建筑》(一)(北京),2.《宫殿建筑》(二)(北京),3.《宫殿建筑》(三)(沈阳),4.《古代城镇》,5.《桥梁水利建筑》,6.《元代前陵墓建筑》,7.《明代陵墓建筑》,8.《清代陵墓建筑》,9.《坛庙建筑》,10.《祠堂建筑》,11.《会馆建筑》,12.《佛教建筑》(一)(北方),13.《佛教建筑》(二)(南方),14.《佛教建筑》(三)(藏传),15.《道教建筑》,16.《伊斯兰教建筑》,17.《皇家园林》,18.《私家园林》,19.《风景建筑》,20.《宅第建筑》(一)(北方汉族),21.《宅第建筑》(二)(南方汉族),22.《宅第建筑》(三)(北方少数民族),23.《宅第建筑》(四)(南方少数民族),24.《建筑装修与装饰》。每卷16开本320页左右,收入精美图片约220幅,并有约5万字的论述和图版说明。

中国的玉文化源远流长,内容丰富,具有多方面的社会价值。早在八千年前的新石器中期就已有玉器出现。到新石器晚期的红山文化及良渚文化,玉器的制作造型优美,工艺精湛,令人叹为观止。玉器是中国传统文化的重要载体,是我们认识和研究古代社会的重要资料。《中国玉器全集》按朝代划分为原始社会卷、商西周卷、春秋战国卷、秦汉至南北朝卷、隋唐至明卷、清代卷,以"全、新、精"为编辑原则,搜集范围从原始社会到清代,尽力收录我国近年来考古新发现的玉器,所选玉器多为传世之宝,80%以上为发掘出土品,有可靠的出土地点及断代依据。书中除了1897幅清晰的彩图外,还有40多万字的论述介绍。不足之处是有些重要的玉器没有采录。书中所选玉器最早是红山文化的,给人的感觉是此前没有玉器,事实上辽河流域的兴隆洼文化及新乐文化出土有距今七八千年的玉斧、玉凿、玉玦、玉匕等,书中一件也没选。其他如20世纪50年代在河南洛阳西周早期墓出土的戴枷玉人,1987年洛阳出土的战国圆雕跽坐玉人,都是有很高艺术价值和学术价值的作品,惜未收入。该专题已由清华大学光盘国家工程研究中心制作成了光盘。

下面再介绍几种综合性图集。

《中国美术史》,王朝闻总主编,齐鲁书社、明天出版社2000年联合出版,共16开本12册,分原始卷、夏商周卷、秦汉卷、魏晋南北朝卷、隋唐卷、宋代卷(上下)、元代卷、明代卷、清代卷(上下)、年表索引卷。除索引卷外,各卷都有大量精美的彩色图片,文字叙述中也插有不少黑白图片。全书约500万字,近6000幅图片,彩色图片可利用第12册的《图版索引》进行检索。2011年北京师范大学出版社将该书再版,黑白图片全部改为彩色印刷,并将原来附于书后的彩版全部插入相应的文字说明处,使图文相随,方便了阅读。此外,这次再版将繁体字改成了简体字。

《中国博物馆丛书》,日本株式会社讲谈社和中国文物出版社联合出版,共 14 卷,分别是:《陕西省博物馆》(1983)、《湖南省博物馆》(1983)、《辽宁省博物馆》(1983)、《南京博物院》(1984)、《中国历史博物馆》(1984)、《天津市艺术博物馆》(1984)、《上海博物馆》(1984)、《河南省博物馆》(1985)、《新疆维吾尔自治区博物馆》(1991)、《云南省博物馆》(1991)、《吉林省博物馆》(1992)、《四川省博物馆》(1992)、《安徽省博物馆》(1994)、《湖北省博物馆》(1994)。该丛书将中国各博物馆历年收藏的文物精品用彩色照片的形式展示出来,相当于国内现有文物精品大全。

《故宫博物院藏文物珍品大系》,共 16 开本 60 册,上海科学技术出版社与香港商务印书馆联合出版(1999—2009)。北京故宫博物院是在明清两代皇宫的基础上建立起来的国家博物馆,收藏文物 180 余万件,远自原始社会,近至近世,历代文物琳琅满目,堪称东方文化艺术宝库。这套图册从中选录了具有代表性的文物约 1.2 万件,按文物分类的方法进行编排,并做了详细介绍。下面是这套图册的基本信息(表 8-2):

表 8-2 《故宫博物院藏文物珍品大系》

卷名	主编	出版时间	卷名	主编	出版时间
1.晋唐两宋绘画·花鸟走兽	聂崇正	2004	14.松江绘画	萧燕翼	2007
2.晋唐两宋绘画·山水楼阁	金卫东	2004	15.皖浙绘画	聂崇正	2007
3.晋唐两宋绘画·人物风俗	余 辉	2005	16.吴门绘画	许忠陵	2007
4.元代绘画	余 辉	2005	17.晋唐五代书法	施安昌	2001
5.明清肖像画	杨 新	2008	18.晋唐五代书法(敦煌资料)	施安昌	2001
6.明清风俗画	金卫东	2008	19.宋代书法	王连起	2001
7.清代宫廷绘画	聂崇正	1999	20.元代书法	王连起	2001
8.院体浙派绘画	单国强	2007	21.明代书法	肖燕翼	2001
9.金陵诸家绘画	单国强	2000	22.清代书法	单国强	2001
10.海上名家绘画	潘深亮	1999	23.名碑十品	施安昌	2009
11.四王吴恽绘画	萧燕翼	2000	24.名碑善本	施安昌	2009
12.四僧绘画	杨 新	2000	25.名帖善本	施安昌	2009
13.扬州绘画	杨臣彬	2007	26.织绣书画	单国强	2005

续表

卷名	主编	出版时间	卷名	主编	出版时间
27. 文房四宝·笔墨	张淑芬 杨玲	2006	42. 金属胎珐琅器	李久芳	2001
28. 文房四宝·纸砚	张淑芬	2006	43. 青铜礼乐器	杜廼松	2007
29. 明清织绣	宗凤英	2005	44. 青铜生活器	杜廼松	2007
30. 清代宫廷服饰	张琼	2006	45. 元明漆器	夏更起	2006
31. 宫廷珍宝	徐启宪	2004	46. 清代漆器	李久芳	2006
32. 明清家具(上下)	朱家溍	2002	47. 清宫西洋仪器	刘潞	1999
33. 玉器(上下)	张广文	2008	48. 文玩	郑珉中	2009
34. 晋唐瓷器	李辉柄	2002	49. 竹木牙角雕刻	李久芳	2001
35. 两宋瓷器(上下)	李辉柄	2002	50. 鼻烟壶	李久芳	2002
36. 青花釉里红(上中下)	耿宝昌	2000	51. 清宫武备	徐启宪	2008
37. 杂釉彩·素三彩	耿宝昌 吕成龙	2009	52. 清宫戏曲文物	张淑贤	2008
38. 珐琅彩·粉彩	叶佩兰	1999	53. 藏传佛教造像	王家鹏	2003
39. 五彩·斗彩	王莉英	1999	54. 藏传佛教唐卡	王家鹏	2003
40. 颜色釉	杨静荣	1999	55. 铭刻与雕塑	郑珉中 胡国强	2008
41. 紫砂器	耿宝昌	2008	56. 玺印	郑珉中	2008

故宫藏品的图像资料还有一套规模更大的丛书《故宫博物院藏品大系》。这套书从故宫博物院180万件藏品中精选具有代表性的文物15万件,分为陶瓷、玉器、珐琅、绘画、书法等26编,总规模达8开本500卷,由紫禁城出版社(2011年9月更名为故宫出版社)和安徽美术出版社共同出版。从2008年开始陆续出书,现已出版《雕塑编》(9卷)、《玉器编》(10卷)、《珐琅器编》(5卷)、《绘画编》(已出15卷)、《书法编》(20卷)、《陶瓷编》(40卷)、《善本特藏编》(已出20多卷)等编。每编卷首有丛书总序、凡例及概述。每编之中图像的编排以年代为序,另有多角度局部图片展示细节,附有名称、尺寸、质地、索引等基本信息。文字说明汉英对照,方便国际流通。所有图片均与文物比对核色,以最大程度还原文物的真实状况。

《中国绘画总合图录》,正编16开本5卷,日本铃木敬编著,东京大学出版会1982—1983年出版。第1卷为美国、加拿大篇,第2卷为东南亚、欧洲篇,第3卷为日本篇(博物馆),第4卷为日本篇(寺院、个人),第5卷为总索引。续编16开本4

卷，日本户田祯佑、小川裕充编著，东京大学出版会1998—2001年出版。编辑体例与正编相同，其中第4卷为总索引。这是一套由东京大学东洋文化研究所主持调查编制的大型中国书画图录，专门收录流失世界各国的中国古代书画作品。编制者前后调研20余年，拍摄了20余万张原作照片，在此基础上编成这部图录，殊为不易。作品内容分为道释、人物、宫室、番族、龙鱼、山水、禽兽、花鸟、杂画、书迹10类，按收藏地分类编排，详细著录每件作品的年代、尺寸、质地，图片则为黑白小图，每页布图10幅左右。2013年东京大学出版会又出了该书第二版，内容、装帧等与初版相同。

《汉代物质文化资料图说》，孙机著，文物出版社1991年出版。物质文化是跟精神文化相对而言的，凡是人类生产的实物性的东西都在物质文化范围之列。该书共分111个专题，对考古发现的数量巨大、门类繁多的汉代文物进行了全面系统的清理总结，涉及汉代物质文化的方方面面。每一专题系统论述物品的源流演变、形制功用等，辅以丰富的考古描摹图，对了解汉代的物质文化很有价值。此书后来出过两个增订本，分别由上海古籍出版社（2008）和中华书局（2014）出版。2020年中华书局又出了该书"修定本"，意味着这是最终定本，修正了此前版本中一些不准确及错误的表述，作者还重新绘制了百余幅插图，使图片更为清晰丰富。

存世的汉代图像材料十分丰富，具体形态包括画像石、画像砖、壁画、帛画、器物纹样等，内容涉及汉代政治、经济、文化、宗教、日常生活各个方面，是了解研究汉代社会最为真切生动的资料。然而汉画一直缺乏系统全面的整理记录，有鉴于此，北京大学汉画研究所1997年启动了《汉画总录》的编辑工作，联系全国各地的文物保护单位对汉画资料进行全面调查与整理。2012年，北京大学汉画研究所申报的"中国汉代图像数据库和《汉画总录》编撰研究"项目被立为国家社科基金重大项目，项目计划编辑出版《汉画总录》纸质画册200卷，并建立汉代图像数据库。广西师大出版社自2012年出版以来已陆续出版40多册。该书运用当代最新科学方法著录图像，为使用者提供了最为全面准确的图像信息。著录项目包括：(1)照片、拓片、线图、墓葬结构图，其中原物照片为彩图。(2)编号、时代、出土地、原石尺寸、画面尺寸、所属墓群、画面简述、著录与文献、出土/征集时间、收藏地等。

《清史图典》，朱诚如主编，紫禁城出版社2002年出版，共16开12册。本书是朱诚如主编的《清朝通史》(14册，紫禁城出版社2003)的图录部分，按帝王分类讲述清朝各个时期的史事。分为《太祖太宗朝》《顺治朝》《康熙朝》(上下)《雍正朝》《乾隆朝》(上下)《嘉庆朝》《道光朝》《咸丰同治朝》《光绪宣统朝》(上下)九卷，每卷内的图片又分为政务、民族、经济、文化、风物等类(各卷分类不尽相同)，收集彩图约5000幅，其中三分之一是第一次印行。每幅图片都有简明扼要的说明。本书将清朝的图片、绘画、文物、书籍的照片、档案文献等零散的图籍资料分门别类贯穿起来,连缀出一条简明清晰的历史线索,再现了从满族初兴到康乾盛世,直至清王朝覆亡的全过程,是一部大型断代图典。

《中国文物精华大辞典》,国家文物局主编,上海辞书出版社和香港商务印书馆1995年联合出版。全书分青铜、金银玉石、陶瓷、书画四卷,青铜卷收图1342幅,金银玉石卷收图1466幅,陶瓷卷收图1565幅,书画卷收图949幅,共计5322幅图。每卷前有专家撰写的该类器物的综述性文章。所收文物从旧石器时代至1840年鸦片战争,图片一律从实物拍摄,60%以上为彩图。每件器物注明时代、尺寸、形制、出土时间地点及现藏处。该书图片较小,每页2—5幅不等,对收藏者来说比较经济实惠。

8.3　专科图集

古代的器物图集都是手工摹绘的,著名的有《考古图》《宣和博古图》《西清古鉴》等。

《考古图》10卷,北宋吕大临撰。该书是我国现存最早而较有系统的古器物图录,著录作者所见古代铜器224件、玉器13件、石器1件。每器皆摹绘图形款识,记录尺寸、容量和重量,出土地和收藏处也予以说明,器物款识皆有释文。有中华书局1987年据《四库全书》影印单行本,该本将《考古图》与北宋赵九成(旧题吕大临撰)《续考古图》5卷及吕大临《考古图释文》1卷合订为1册。《续考古图》共著录器物100件,除玉器3件、瓦当4件、瓦鼎1件外,其他皆为铜器。

《宣和博古图》30卷,简称《博古图》,北宋王黼撰[①]。著录宋代皇室在宣和殿所藏从商到唐的古器物839件,是古器物的集大成之作。每器皆摹绘图形,并记述其款识、大小、容量、重量等。器物上的铭文均用楷体释写,所定器名多为后世沿用。

《西清古鉴》40卷(附《钱录》16卷),清梁诗正等奉乾隆皇帝之命编撰。著录清宫收藏古器物1529件,体例仿照《考古图》和《博古图》,绘图精确远胜以上二书。《钱录》著录历代货币。书中所收伪器颇多,考订亦欠精审。

《中国出土玉器全集》,古方主编,16开本15卷,科学出版社2005年出版。该书收集了全国31个省、市、自治区及港、澳、台地区五十多年来在古代遗址和墓葬发掘中出土的玉器4000余件(套),时代从新石器时代至清代(个别玉器到民国时代)。全书按省分卷,每卷前有概述一篇,简要介绍本地区玉器出土概况。每卷有玉器彩色图片240幅,配有中英文对照文字说明。资料丰富,来源可靠,图版精美,是一部重要的古玉器图集。

---

① 参王宏生《〈宣和博古图〉作者与成书考》,《中国典籍与文化》2007年第3期。

2020年科学出版社又出了新版《中国出土玉器全集》，图片质量优于旧版；部分版式做了调整，以便更好地展现玉器；书脊上增加了各卷所含省份的名称，便于查找。

尤仁德有《古代玉器通论》（紫禁城出版社2002）一书，较为全面地论述了从新石器时代到清代的玉器，可以参看。

《中国出土瓷器全集》，张柏等主编，16开本16卷，科学出版社2008年出版。该书收录了20世纪以来考古发掘出土的瓷器近4000件，时代上起夏代，下至民国，所收器物涵盖了各个时期的主流产品，全面反映了中国古代瓷器生产的面貌。

《中国出土青铜器全集》，李伯谦主编，16开本20卷，科学出版社、龙门书局2018年出版。该书共收录有明确出土地点及收藏单位的先秦与汉代铜器（不含铜镜）5000余件，全彩印制。考虑到以往出版的青铜器图集已有不少，此书收录以近30多年新出者为主，对此前出土的重要铜器则酌情选取。

《中国古建筑大系》，中国建筑工业出版社1993年出版，共8开本10册，分别为《宫殿建筑》《帝王陵寝建筑》《皇家苑囿建筑》《文人园林建筑》《民间住宅建筑》《佛教建筑》《道教建筑》《伊斯兰教建筑》《礼制建筑》《城池防御建筑》。建筑以实物形式记录了所处时代的科学技术及文化艺术的水平和成就，同时还记录着当时社会政治、经济、军事、文化的不同侧面，因此，古代建筑是历史文物的有机组成部分，是重要的历史文化遗产。据调查统计，我国现存各类古建筑及历史纪念建筑物达8万处以上，其中212处被公布为全国重点文物保护单位。《中国古建筑大系》收录了各类建筑的1700余幅大型精美彩色照片和近200幅精绘的典型建筑实测图，并配有100余万字的文字说明，图文并茂，系统全面地展现了我国各类古建筑的总体布局、建筑形式、内部构造、外部装饰及美学特征，论述了各类建筑的成因背景、历史演变、建筑特点和人文哲理，是一部系统介绍中国古代建筑艺术成就和建筑文化演变的大型著作。

《敦煌石窟全集》，敦煌研究院主编，由上海人民出版社和香港商务印书馆分别出版简体字版和繁体字版（1999—2005）。全书共16开本26卷，收录重新据实物拍摄的高清彩图约8000幅，每幅图配有简明的介绍文字，按内容分编为佛教、艺术、社会三大类，大类下再分若干专题。这是现今最全面的敦煌石窟大型画册。

《中国民间美术全集》，王朝闻任总主编，山东教育出版社、山东友谊出版社1993—1995年出版，共8开本14册，各册主题分别为神像、陈设、用品、剪纸、玩具、供品、服饰、工具、面具、脸谱、社火、民居、年画、木偶皮影。全书有6000幅图版和近千幅插图，120万字论述说明，是了解古代民间艺术的重要资料。该书与《中国美术分类全集》中的《中国民间美术全集》可以互相补充。

《中国出土壁画全集》，徐光冀主编，科学出版社2012年出版，按地域分为河北、山西、内蒙古、山东、河南、陕西(2卷)、东北、甘宁新、综合10卷(16开本)。全书共收录364处墓葬和遗址的壁画2153幅,发掘时间截止于2009年。其中最早的是公元前3世纪的秦咸阳宫遗址壁画,最晚的是18世纪西藏古格故城遗址壁画,跨越2000余年历史,这是目前收录出土壁画最多的图集。早期的出土壁画摄影资料多有质量不佳或散失,书中收录的一些壁画为摹本原因即在于此。

《中国音乐文物大系》,大象出版社出版。该书分两期编纂,一期工程由黄翔鹏、王子初担任总主编,王子初具体主持编撰工作,二期工程由王子初担任总主编,编撰者为全国各地从事音乐学、考古学、历史学等方面的专家学者。编撰者对所收录的绝大多数文物作了实地考察,测录了第一手形制数据及音响学资料,拍摄了数万张图片。一期工程1986年启动,1996年开始出书,至2001年出齐,历时15年,包括12个省卷,分装8开本10册,资料少的省份合编为一册。其中文字资料近200万字,彩色、黑白照片及各类拓片、线描图5000余幅。所收录的文物包括各种古代乐器、舞具、反映音乐内容的器皿饰绘、砖雕石刻、纸帛绘画、俑人泥塑、洞窟壁画以及以乐音符号记录古代乐曲的乐谱经卷等,文物年代从新石器时期到清末,跨越8000余年,全面体现了中国音乐文化的源远流长和丰富多彩。二期工程1998年启动,包括河北、安徽、浙江、青海、宁夏、内蒙古、辽宁、湖南、江西、福建10个分卷。

下面是《中国音乐文物大系》已出各卷的基本信息(表8-3):

表8-3 《中国音乐文物大系》

卷名		分卷主编	出版时间
1 湖北卷		王子初	1996
2 北京卷		袁荃猷	1996
3	陕西卷	方建军	1996
	天津卷	黄崇文	
4	上海卷	马承源	1996
	江苏卷	王子初	
5 四川卷		严福昌、肖宗弟	1996
6 河南卷		赵世纲	1996
7 新疆卷		王子初、霍旭初	1996
8 甘肃卷		郑汝中、董玉祥	1998
9 山西卷		项阳、陶正刚	2000
10 山东卷		周昌福、温增源	2001

续表

卷名		分卷主编	出版时间
11 湖南卷		高至喜、熊传薪	2006
12 内蒙古卷		段泽兴	2007
13 河北卷		吴东风、苗建华	2008
14	江西卷	彭适凡、王子初	2009
	续河南卷	王子初	
15 广东卷		孔义龙、刘成基	2010
16 福建卷		郑国珍、王清雷	2011

《中国古代瓦当图典》，赵力光编，文物出版社1998年出版。瓦当是建筑材料瓦的组成部分，上面有装饰图案，反映了古代社会生活及工艺美术水平。该书收录西周至唐代瓦当734件，是收集瓦当最为丰富的图典。所有图片均为拓片，分为画像、图案、文字三类。每图均有文字说明，交代瓦当的时代、形制、尺寸、出土地点等，瓦当上的文字均有释文。赵力光另有《古瓦当集珍》（线装书局2002），线装8开本6册，收录西周至汉代拓本600件，其中画像、图案类200件，文字类400件，近三成为新出土文物。图片全部采用原拓原大精印，最大限度保持了原拓片的风貌和质感。

《中国历代货币大系》，马飞海总主编，共13卷（第13卷为总索引），每卷内容由总论、图录、资料三部分组成，总论是对每一时期货币的概述；图录为货币的拓片或照片，是本书的主体部分，收集的图片系统全面；资料收录各时期的货币研究文献。现将各卷具体情况简介如下（表8-4）：

表8-4 《中国历代货币大系》

卷号	书名	分册主编	图版数	出版社及出版时间
第1卷	先秦货币	汪庆正	4343	上海人民出版社1988
第2卷	秦汉 三国两晋南北朝货币	汪庆正、朱活、陈尊祥	5062	上海辞书出版社2002
第3卷	隋唐五代十国货币	陈源、姚世铎、蒋其祥	2280	上海古籍出版社1991
第4卷	宋辽西夏金货币	王裕巽等	5019	上海人民出版社2014
第5卷	元明货币	叶世昌等	3584	上海人民出版社2009
第6卷	清钱币	马飞海、王裕巽、邹志谅	5409	上海教育出版社2004
第7卷	清纸币	马飞海、吴筹中	914	上海书店出版社1993
第8卷	清民国银锭银元铜元	叶世昌等	5023	上海书店出版社1998

续表

卷　号	书　名	分册主编	图版数	出版社及出版时间
第9卷	民国时期国家银行地方银行纸币	吴筹中等	3243	上海辞书出版社 2001
第10卷	民国时期商业银行纸币	黄朝治等	1936	上海辞书出版社 2003
第11卷	新民主主义革命时期人民货币	马飞海等	1420	上海人民出版社 1989
第12卷	钱币学与货币文化	马飞海等	4488	上海人民出版社 2016
第13卷	总索引	王炜、王政元		上海人民出版社 2017

《北京图书馆藏画像拓本汇编》，冀亚平主编，共8开本10册，书目文献出版社1993年出版。全书选编了从唐代至今的阴线刻（包括部分木刻）画像拓本约2100幅，内容分为三个部分。第一部分收录了中外历史名人画像1100幅，如周文王、孔子及七十二贤人、达摩、玄奘、唐太宗、李白、杜甫、韩愈、苏轼、黄庭坚、陆游等，编为6册。第二部分收录了佛、菩萨、罗汉、鬼神、诸天神画像700多幅，编为3册。第三部分为综合类，收录了《南湖八景图》《天文图》《华夷图》及花卉、树木、动物等画像200多幅。每幅图下对拓本尺寸、流传、收藏、刻石年代等作了简要说明。

《中国木版年画集成》，冯骥才主编，中华书局2005—2011年出版，共16开本22卷。木版年画早在宋代就已出现，民国初期在外来印刷技术的冲击下才退出了历史舞台。本书是中国民间文艺家协会组织国内权威学者及全国各年画产地的有关人士在大规模调研搜集的基础上编纂而成的，包括《杨家埠卷》《杨柳青卷》《朱仙镇卷》《武强卷》《绵竹卷》《梁平卷》《凤翔卷》《绛州卷》《平阳卷》《高密卷》《滩头卷》《桃花坞卷》《平度·东昌府卷》《佛山卷》《漳州卷》《上海小校场卷》《内丘神码卷》《云南甲马卷》《滑县卷》《俄罗斯藏品卷》《日本藏品卷》《拾零卷》，共1万幅图片，300万字说明。为了立体地呈现年画的制作过程、张贴习俗等重要场景，各卷还配有音像光盘，共计长达11000多分钟。

《古本小说版画图录》修订增补本，周心慧主编，学苑出版社2000年出版，共16开本5册。此书由线装书局1996年初版，收录元代至清末小说版画1220幅，涉及小说版本247种。修订增补本图版增至1736幅，涉及版本288种，内容更为丰富。图版排列以刊刻年代为序，注明序号、书名、卷（章、回）数、撰著者、刊刻时代及坊肆、绘图者、镌刻者，对图版背景也予简要评介。

《中国古代小说版画集成》，汉语大词典出版社2002年编辑出版，共32开本8册。编者选取海内外各大图书馆所藏有版画的小说200余种，从中选录版画近7000幅，每种入选小说都对其版本、刊刻年代、收藏情况等作了简要介绍，使读者明了版画的相关信息。

《古本戏曲版画图录》修订增补本,首都图书馆编辑,学苑出版社2003年出版,共16开本5册。此书初版于1997年,收录元代至清末戏曲版画2000幅左右,涉及戏曲版本200余种,古代戏曲版画的代表作品大致具备。修订增补本新增版画版本40余种,使资料性更趋完备。

《新编中国版画史图录》,周心慧主编,学苑出版社2000年出版,共8开本11册。民国年间,郑振铎编有《中国版画史图录》(上海:中国版画史社1940),辑录古代版画1000余幅,范围包括唐代至清末的佛教经卷、小说、戏曲、画谱、笺谱以及工农技诸类著作的版刻插图。新编本汇录古代版画作品近3000幅,涉及版本近2000种,图版按刊刻地域、艺术流派及时代先后编排,汇聚群分,见其递嬗。首册为《中国古版画通史》,对版画的发展历史作了系统全面的总结和阐述。

《中国戏剧图史》,廖奔著,河南教育出版社1996年初版,大象出版社2000年修订再版,彩印,8开本1册。书中搜集了三百多幅有关古代戏曲的各类图片,如帛画、岩画、石刻、雕砖、壁画、绘画、年画、雕塑等,辅以简明扼要的文字说明,介绍了上自先秦下迄明清的戏剧场景和道具,形象地展示了中国古代戏剧的发展演变历程。另有人民文学出版社2012年精简版,版式缩小为16开本。

图8-14 明代杜堇《仕女图卷》局部,三个仕女正在捶丸,捶丸是现代高尔夫球的前身

《中国古代体育文物图录》,崔乐泉编著,中华书局2000年出版,8开本1册,彩印。这是一部全面反映中国体育史和体育文化的大型图录,是作者历时十余年潜心研究的成果。书中精选了中国古代体育文物图片500余幅,以近年来考古发现

中有代表性的文物为主,同时有针对性地选择了一批国内外各文博、收藏机构中的中国古代体育文物,并配有通俗易懂、简明扼要的文字诠释,全方位多视角地展示了中国古代体育文化发展的概貌。不少珍贵图片由本书首次发表(图 8-14)。书中反映的古代体育项目包括射箭、球类、武术、田径、举重、角力、保健养生、技巧、水上运动、冰上运动、棋类活动、御术与马术、垂钓和民俗游乐 14 大类,共计 40 余种运动项目,几乎涵盖了中国古代所有盛行过的体育运动形式,是我们了解古代体育史的重要物证。书后附有"中国古代体育大事记",可以使读者更为完整地了解源远流长的中国古代体育文化的发展脉络。

《中国古代车舆马具》,刘永华著,上海辞书出版社 2002 年出版,8 开本 1 册。清华大学出版社 2013 年再版,改为 16 开本。作者结合考古资料对车的起源、类型、用途、马具、车马饰件等进行了较为详细的考查,配有大量清晰的图片。古代车马具的名称很多,文字说明难以把握,如镳、轭、当卢、轼、衡、辖、轸等,一看图片,立即明了。下图是该书中绘制的独辀车车舆马具名称说明图(图 8-15):

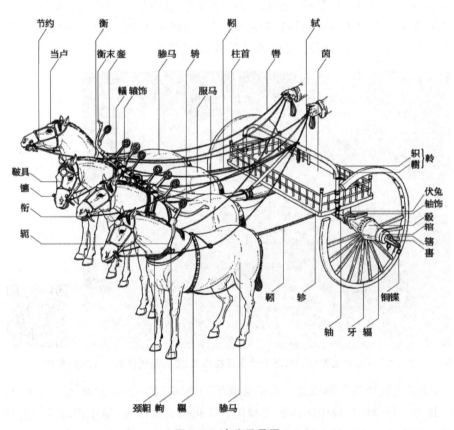

图 8-15　车舆马具图

《中国农业考古图录》，陈文华编著，江西科学技术出版社1994年出版。此书收录全国各地出土的农作物、农具、农田模型、农作图及家畜家禽照片1700多幅，从中可以形象地看到中国农业发展的简史。书中还附有详细的资料索引。

《中国农具史纲暨图谱》，周昕著，中国建材工业出版社1998出版。书分三篇，上篇为中国农具史纲，中篇为中国农具史专题研究，下篇为中国古农具图谱。共收图500余幅，这些图大都来自历代文献、壁画、石刻以及出土实物等，种类包括整地、播种、收割、排灌、场上作业、谷物加工等各式各样的农具，分类编排，附有图谱目录索引。周昕另有《中国农具通史》（山东科学技术出版社2010，140多万字），全面论述了中国农具发展的历史，书中也配有不少图片。

《中华农器图谱》，宋树友主编，共16开本3册，中国农业出版社2001年出版。该书由农业部组织全国上百位农机学、农学、历史学、考古学、社会学、民俗学等方面的学者历时6年编纂而成，收录了自公元前8000年起至20世纪末，中华民族在农业生产、农产品加工中发明和使用的器皿、工具、农具、机械和设备，以及农家生活使用的某些器具，共3200多种，收图3265幅。全书分为原始农器、古代农器、近代农器和当代农器四部分，每个历史时期的农器都按专业领域进行分类。每种农器都用图画或照片表现，并说明其发明的年代、用途、材质、性能、配套动力、效率和适用地域等。

服饰类目前较为详备的图集有高春明编撰的《中国历代服饰文物图典》，上海辞书出版社2018年出版，按时代分编为先秦秦汉魏晋南北朝、隋唐五代、宋代、辽金西夏元代、明代、清代6册，8开本彩色精印。本书从出土及传世的服饰实物及历代绘画、壁画、画像石、画像砖、刻本插图、拓片、陶俑、玉石牙骨竹木雕刻、瓷器、金属器等资料中选收服饰文物近2000件，每幅图下简述其年代、质地、尺寸、出土地点或收藏单位、文物价值、服饰结构、形制特点、穿着方式、礼俗沿革等信息。书后附有国内主要服饰文物出土地点示意图、中国服饰文物海外藏馆一览表、历代衣冠服饰等秩表、历代服饰沿革简表。

高春明另有考释性的专著《中国服饰名物考》，上海文化出版社2001年出版。全书80万字，分为《发饰考》《首饰考》《冠饰考》《妆饰考》《耳饰考》《颈饰考》《手饰考》《服饰考》《腰饰考》《足饰考》十编，涉及中华服饰文化的方方面面。上起远古，下至民国，时间跨度很长。资料翔实，考辨细致，纠正了前人不少差错。书中附有1500多幅文物线描图，120多幅文物彩照，有不少鲜为人知的资料，如从日本博物馆文物库房拍摄的《唐代赤舄》《笏头带》《树下美人图》《释迦如来说法图》等。

沈从文编著的《中国古代服饰研究》虽是研究型的著作，但附有不少服饰图片。该书1981年由香港商务印书馆初版，8开本1册，25万字，附有古代各式服装图片约700幅，其中彩图100幅，印制精美。1997年上海书店出版社出版了增订本，改为16开本，图片增至982幅，但均为黑白图片，且大为缩小，不如香港版清晰。此书是我国第一部服饰史著作,对殷商至清朝三千多年间各个朝代的服饰做了较为深入的考索,澄清了服饰名物中的不少疑难问题。该书的撰写任务是1963年由周恩来总理安排的。1965年初稿完成,然而次年"文革"爆发,出版之事搁浅。"文革"结束后,沈从文又对书稿做了修订,交付印制条件好的香港出版。此书曾作为国礼赠送给日本天皇和美国总统,地位和影响非同寻常。

《中华吉祥装饰图案大全》,钱正盛、钱正坤主编,上海东华大学出版社2006年出版,共16开本5册,分别为《吉祥动物》《吉祥禽鸟/植物》《吉祥人物》《吉祥图符》《吉祥图谱》(吉祥物组合)。书中共收录了10500余幅图案,分门别类加以排列,并对其中136种吉祥物、100多位吉祥人物、453条吉祥图谱作了简明扼要的解说。该图集不仅是了解古代装饰艺术、民间美术(绘画、剪纸等)及风俗民情的重要资料,也可以作为今天从事工艺美术、装潢装饰设计、艺术设计、美术创作者征引参考的素材。

《中国历代人物图像索引》,瞿冠群、华人德主编,江苏教育出版社1994年出版。该书为专门查找古代人物图像的工具书,收入自上古至清末历代人物共4353人。一人有多种图像者,尽量予以收录。著录提供人物简介、图像类型和出处。后附《引用书刊表》。

《中国历代人物图像集》,华人德主编,上海古籍出版社2004年出版,32开本3册。本书从上古至清末历史人物图像中,选择影响较大、形象较清晰、有一定代表性者3033幅,计3037人,每幅图像下均有人物简介,列姓名、生卒年或时代、字号、籍贯、身份以及简要事迹,注明图像出处、绘画者以及收藏单位等信息。

《世界佛教美术图说大辞典》,如常主编,台湾高雄市佛光山宗委会2013年出版,共16开本20册(含总索引1册)。该书由400多位法师及专家学者历时十二年编成,收录了世界上三十多个国家的古今佛教艺术资料,分为建筑、石窟、雕塑、绘画、书法、篆刻、工艺、人物八类,共计词目9167条,图片14949幅,全彩印刷,每图都注明具体出处,解说文字近400万字,堪称世界佛教艺术精华之荟萃。

《中国佛教版画全集》,翁连溪、李洪波主编,中国书店出版社2014年出版,共8开本82册。全书收录唐代至民国时期的佛教版画3.5万余幅,收录范围包括各大藏经版画、佛教专题版画、单部佛经版画、单幅佛教版刻、佛教民俗版画等。2019年中国书店出版社又出版了《中国佛教版画全集补编》,共8开本26册。

《中国道教版画全集》,翁连溪、李洪波主编,中国书店出版社2019年出版,共8开本100册。本书收录北宋至民国时期的道教版画3万余幅,涉及道书700余种,内容分包括人仙像、神鬼像、山水、地理、建筑、故事、道术、符箓、药物、坛场、器物、服饰、植物等。收录的每种文献都有刻印时间、著作者、施刻人员、绘刻人员、装帧方式、尺寸、内容简介等相关介绍。这可以说是一部详尽的中国道教图像史,对研究道教、版画、民俗等都很有价值。

九 书目及其利用

9.1 书目概说

在读书学习和研究工作中,我们经常会遇到别人提及的各种古籍,论著中对提及的古籍一般不作介绍,读者不知该书是什么时代的,作者是谁。如果要想了解一下这些古籍的作者、产生年代、流传情况、大致内容等,就得求助于古籍书目。例如《中国大百科全书·矿业卷》(中国大百科全书出版社 1984)"石涅"条中说:"'煤'是石煤的简化,大约出现于宋元之际。写作石煤的,有丘浚《大学衍义补》,陈聂恒《边州见闻录》等书。"丘浚(濬)和陈聂恒是什么时代的人?书中对"石煤"一词究竟是怎么用的?哪儿能找到这两部书?要解决这些问题,就得从书目入手。查《中国丛书综录》,知道丘浚是明代人,《大学衍义补》在《四库全书》及《摘藻堂四库全书荟要》两部丛书中都有收录。再查王绍曾《清史稿艺文志拾遗》,有如下著录:"《边州闻见录》十卷,陈聂恒撰,北京图书馆藏原稿本。"①可知陈聂恒是清代人,书名应作《边州闻见录》,国家图书馆藏有其书。明清时期的著作用例怎么能证明"煤"指称煤炭出现于宋元之际呢?可见《中国大百科全书》的依据是有问题的。

考查一部书的真伪及流传过程,书目是最重要的线索。例如题名孙武的《三十二垒经》是否为春秋时期的军事家孙武所著?查《汉书·艺文志》及《隋书·经籍志》,不见著录。最早著录该书的是《旧唐书·经籍志》。一部春秋时期的名人著作到1500年后才有人提到,这不合常理,所以此书应该是唐代人假托孙武之作。《太平御览》卷三一引《淮南万毕术》曰:"七月七日采守宫阴干之,合(卷九四六引此文作'治合',此处当脱),以井华水和,涂女身,有文章。即以丹涂之,不去者不淫,去者有奸。"有些人据此认为七夕节西汉时期已在流行,因为他们相信《淮南万毕术》是西汉淮南王刘安的著作。查《旧唐书·经籍志下》,确有"《淮南王万毕术》一卷,

---

① 从网上检索中国国家图书馆藏书目,《边州闻见录》有两种版本,一种标为善本,共三册;一种标为普通古籍,书名作《边洲闻见录》,共四册;两种版本均为十一卷,均为抄本。"洲"字不知是原书如此还是著录有误。《清史稿艺文志拾遗》据谢国桢《增订晚明史籍考》(中华书局 1964)收录,卷数有误,北京图书馆藏"原稿本"的说法也未确。

刘安撰"的记载。然而《新唐书·艺文志三》将《淮南王万毕术》归于"失姓名"之列，可见《旧唐书》说刘安撰未必可靠。清姚振宗《隋书经籍志考证》卷三六中说："《抱朴子·遐览篇》云道书中有《万毕高邱先生法》三卷，则其书有数家之说，非一人之言；又云诸符中有《万毕符》一卷。案：万毕当是人姓名，神仙家以为八公之流欤？"看来挂名"万毕"的书不少。《淮南万毕术》既然《汉书·艺文志》没有著录，其他汉代文献中也无人提及，则此书大约是晋代以后的人编撰的。所以据《淮南万毕术》的记载得出西汉时期已有七夕节的结论是靠不住的。

  书目按记录的详略可分为两种类型，一类是登记式书目，一类是解题式（也叫提要式）书目。前者只是简单地著录一部书的书名、作者、卷数等基本信息，后者则除基本信息外还介绍作者履历、著作内容、流传过程等，并对书的优劣得失有所评论，信息比较丰富，可使读者对一部书有多方面的了解。

  我国第一部解题式书目是西汉刘向（约前 77—前 6）编撰的《别录》。西汉河平三年（前 26），汉成帝命刘向及其子刘歆等人校录朝廷所藏群书，校录的每部书都要写一篇叙录，对书的内容及整理情况作一介绍，附于缮写的清本之中。后来刘向把各书的叙录另行汇集成册，名为《别录》。《别录》共二十卷，著录西汉时期的国家藏书 603 家，13219 卷。由于《别录》篇幅繁重，不便检索，刘歆便加以删节，只保留书名、卷数（或篇数）、作者等基本信息，并分门别类，编成《七略》（七卷）一书，成书约在公元前 7 年至公元前 5 年之间。之所以叫《七略》，是因为将内容分为辑略、六艺略、诸子略、诗赋略、兵书略、数术略、方技略七部分。《辑略》是书前的一篇概括性的学术简史，其他六略是对图书的分类。每"略"之下分若干"家"，每"家"之下按作者时代先后著录图书。《七略》是我国最早的登记式书目。《别录》和《七略》大约到唐代末年就失传了，《别录》现仅存《战国策》《管子》等八篇，《七略》则因班固略加增删而采入《汉书·艺文志》，仍可从中见其概貌。另外，清人有多种《别录》和《七略》的辑本，亦可管窥一斑。

  我国从汉代起就有编纂图书目录的传统，有官方组织人员编纂的，也有私人自己编纂的。从汉至今，各种古籍目录不下 1000 种，这些书目是我们考察典籍的重要依据。下面分类择要加以介绍。

9.2 丛书综录类

9.2.1 《中国丛书综录》

  我国第一部丛书目录是清代顾修编撰的《汇刻书目》，嘉庆四年（1799）刊行，不分卷，分装 10 册，辑录宋代以来丛书 261 种，虽然搜集不广，但引发了后人不断续补编纂丛书目录的热潮。其中上海图书馆编撰的《中国丛书综录》是一部具有里程碑意义的丛书目录，全书收录现有丛书2797种，一一著录了这2797种丛书包含的38991种书。现存的很多典籍可以在这里查得作者、版本、卷数、所在丛书等信息。全书由三部分组成，分装16开本3册。

第一册为《总目分类目录》，将所收2797种丛书分成"汇编"（即综合性丛书）和"类编"（即专科性丛书）两大类予以著录。"汇编"下又分杂纂、辑佚、郡邑、氏族和独撰五类，类编下又分经史子集四类。所收丛书除《四库全书》和《宛委别藏》转录自前人目录外，其他都是根据原书著录的，避免了前人丛书目录递相转录而存佚莫辨、与实不符的弊病。每种丛书记录丛书名、编者、版本、子目书名、卷数、作者及刊刻年代。例如《类编·经类·正文注疏》下对《十三经注疏》的一个版本是这样著录的：

十三經註疏

明萬曆中北京國子監刊本

周易兼義九卷附略例一卷音義一卷

（魏）王弼（晉）韓康伯注　（唐）孔穎達正義　略例（魏）王弼撰　（唐）邢璹注　音義（唐）陸德明撰　萬曆十四年（1586）刊

尚書註疏二十卷

（漢）孔安國傳　（唐）陸德明音義　（唐）孔穎達疏　萬曆十五年（1587）刊

毛詩註疏二十卷

（漢）毛亨傳　（漢）鄭玄箋　（唐）陸德明音義　（唐）孔穎達疏　萬曆十七年（1589）刊

周禮註疏四十二卷

（漢）鄭玄註　（唐）陸德明音義　（唐）賈公彥疏　萬曆二十一年（1593）刊

儀禮註疏十七卷

（漢）鄭玄註　（唐）陸德明音義　（唐）賈公彥疏　萬曆二十一年（1593）刊

禮記註疏六十三卷

（漢）鄭玄註　（唐）陸德明音義　（唐）孔穎達疏　萬曆十六年（1588）刊

春秋左傳註疏六十卷

（晉）杜預註　（唐）陸德明音義　（唐）孔穎達疏　萬曆十九年至二十年（1591—1592）刊

春秋公羊註疏二十八卷

（漢）何休注　（唐）陸德明音義　（□）□□疏　萬曆二十一年（1593）刊

春秋穀梁註疏二十卷

　　　　（晉）范甯集解　（唐）陸德明音義　（唐）楊士勛疏　萬曆二十一年
　　　（1593）刊
　　論語註疏解經二十卷
　　　　（魏）何晏集解　（宋）邢昺疏　萬曆十四年（1586）刊
　　孝經註疏九卷
　　　　唐玄宗註　（宋）邢昺校　萬曆十四年（1586）刊
　　爾雅註疏十一卷
　　　　（晉）郭璞註　（宋）邢昺疏　萬曆十四年（1586）刊
　　孟子註疏解經十四卷
　　　　（漢）趙岐註　（宋）孫奭疏　萬曆十八年（1590）刊

书后附有《丛书书名索引》，检索方便。另有《全国主要图书馆收藏情况表》，用表格的形式对所收丛书现藏哪个图书馆作了说明。表中给每一种丛书都编了序号，通过《书名索引》可以查到这一序号。利用这一册目录，我们可以对一部丛书作整体的了解。

第二册为《子目分类目录》，将丛书所收的 38991 种书按四部分类，部下又分类、属。每种书著录书名、作者、所属丛书三项，同一书如果卷数不同或书名有异，也予著录。例如：

　　醉翁談錄五卷
　　　（宋）金盈之撰
　　宛委別藏
　　醉翁談錄八卷
　　　碧琳瑯館叢書丙部
　　　芋園叢書・子部
　　新編醉翁談錄八卷
　　　適園叢書第七集

第三册为《子目书名索引》和《子目著者索引》，用来检索第二册所收的子目。《子目书名索引》注明一部书在第二册中的页码，《子目著者索引》可以检索到一个作者收在丛书中的所有著作。我们查找古书一般首先要用到《子目书名索引》，然后在第二册中查知该书收在哪些丛书中，最后才能在丛书中找到该书。

《中国丛书综录》是一部划时代的目录巨著，其收书之丰富、体例之完善、著录之详细、检索之便捷，都是前无古人的。编者在著录过程中并非简单照录，而是对书名的异同、作者的真伪等方面进行了必要的考订，给使用者以准确的信息。例如《褅祫问答》一书下注明《昭代丛书》中"误题清胡匡衷撰"，而将真正的作者著录为"(清)胡培翚撰"。《西京杂记》下注明"题汉刘歆撰",另著录"(晋)葛洪撰",凡在作者前加有"题"字的都是编者认为不大可靠的,编者认为葛洪才是真正的作者。

当然,该书也并非尽善尽美。主要问题是异名及版本著录不全,子目时有遗漏。体例上也有自乱其例之处。如《综录》第一册《编例》中说:"本录所收丛书2797种,均系古典文献。"事实上有例外,如《汇编·独撰类·建国以来》所收陈垣《励耘书屋丛刻》、马叙伦《天马山房丛箸》、罗继祖《愿学斋丛刊》等,都是现代学者的著述,不能算是古典文献。我们认为丛书目录应对古典文献和现代文献分别著录,这对查找文献及统计有关数据是有益的。古典与现代以民国为界,即1911年以前的文献为古典文献,1912年以来的文献为现代文献。

针对《综录》中存在的问题,学者们做过一些补正工作。阳海清编撰、蒋孝达校订的《中国丛书综录补正》一书(江苏广陵古籍刻印社1984)对《中国丛书综录》所收丛书进行了补正,补充了《综录》失载的丛书异名、版本及子目,对人名、书名、时代等方面的错误也进行了订正。例如《综录》著录《正觉楼丛刻》仅此一名,《补正》又补充了异名《正觉楼丛书》;《综录》著录其书版本为"清光绪中崇文书局刊本",《补正》修正为"清光绪六年至七年(1880—1881)湖北崇文书局刊巾箱本",比《综录》准确具体。书后附有《〈中国丛书综录〉丛书异名索引》,该索引是根据《综录》及《补正》所录的异名编制的,对检索者不无裨益。

《综录》是1959—1962年间由中华书局上海编辑所陆续出版的,1982年上海古籍出版社重印时在版面允许的情况下,只对个别错误进行了订正。2007年重印,缩小为32开本,并在第一册增加了《丛书编撰者索引》。

《综录》未收丛书还有很多,《综录》出版以后又有不少古典文献丛书问世,著名的如《四库全书存目丛书》《续修四库全书》《丛书集成续编》《古逸丛书三编》等,这些丛书需要有检索的总目。因此,学者们有《综录》续编之作,其中规模较大的有《中国丛书广录》和《中国丛书综录续编》。

9.2.2 《中国丛书广录》和《中国丛书综录续编》

《中国丛书广录》由阳海清编撰,赵兴茂、陈彰璜参编,湖北人民出版社1999年出版,共16开本上下两册,450万余字,收录1990年前海内外刊印的中国古籍丛书3279种。不收《综录》已收之书,但少数书名、版本、子目异于《综录》者则予以收录。上册为《丛书分类简目》《丛书分类详目》《丛书书名索引》《丛书编撰、校注、刊刻者索引》,下册为《子目书名索引》《子目著者索引》《子目分类索引》。各索引均以四角号码编排,另附索引字头笔画和汉语拼音检字,检索比较方便。

该书特点是搜罗广博,子目剔除重复后有40227种,比《综录》多出1000余种。

《综录》出版以后大陆和台湾新编印了不少大型古籍丛书,如《古逸丛书三编》《宋元善本丛书》《北京图书馆古籍珍本丛刊》《近代中国史料丛刊》《丛书集成续编》《清代稿本百种汇刊》《中国地方志集成》《中国方志丛书》《清代传记丛刊》《明清善本小说丛刊初编》《古本小说丛刊》《新编中国名人年谱集成》等等,这些丛书都被《广录》收列,增强了该书的现实实用性。该书的另一特点是丛书下多附有按语,类似于简明的提要,给读者了解丛书提供了多方面的重要信息,具有较高的学术价值,这是《综录》所没有的,是对《综录》体例的进一步完善。

《中国丛书综录续编》由施廷镛(1893—1983)编撰,北京图书馆出版社 2003 年出版。本书撰成在《中国丛书广录》之前,但作者生前未能出版,去世后由其子施锐整理而成。整理者删除了遗稿中与《广录》重复的丛书,并作了不少补充,包括港台、日本等地的丛书,共收丛书 1100 余种,子目有 17700 余种。该书在部分丛书后也有简要的注语,提供了有关丛书的一些重要信息。例如在"刘须溪评点九种书"下注云:"此书全书未见各家书目著录,流传较少。"又"十二子全书"下注云:"是书书衣中题'十二子全书',左上'嘉庆庚午仲春',右下'三槐堂校刊'。"这些信息对不能亲见丛书的学者来说无疑是很有用的。原稿的题识资料十分丰富,限于体例,大都删去,另辑为《中国丛书题识》(上下)一书(北京图书馆出版社 2003)。《续编》后附五个索引,即《丛书书名索引》《丛书著者索引》《丛书子目书名索引》《丛书子目著者索引》和《丛书子目分类索引》,前四个索引用四角号码编排,可以满足读者的多种检索需求。《续编》的出版弥补了《综录》和《广录》所收丛书的不足,并订正了上述两书著录中的一些错误,是又一部查找古籍的重要工具书。

9.2.3 《中国古代著名丛书提要》

本书由潘树广、黄镇伟、涂小马主编,广西师范大学出版社 2015 年出版,16 开本上下两册。全书共收录综合性丛书 1490 种,分为汇纂类、地方类、族姓类、独撰类四类,汇纂、独撰两类又分为宋元、明代、清代前期、清代后期、民国五个时期。收录范围为 1912 年以前的刻本、排印本与写本丛书;民国时期(1912—1949)编印的收录整本古籍的丛书;不收 1949 年以来新编的丛书,但 1949—2001 年翻印的古籍丛书作为一种版本著录于该丛书版本项内;日本等国编刊的中国古籍丛书收录其流传于中国者。每种丛书依次著录丛书名、辑撰者、著作方式、版本、子目种数、提要等项。提要内容包括辑撰者简介、丛书性质和内容的总括说明、所收子目简介、采用底本概况、价值特点、版本源流等。书后附有用四角号码编排的丛书书名和编撰者索引。本书对所收丛书在据实著录的基础上做了大量细致的考辨,订正了《中国丛书综录》《中国古籍善本书目》等书著录信息的若干失误,增补了一些珍稀文献。如天津图书馆藏清人管庭芬辑《待青书屋杂钞》稿本,子目达 536 种之多,其中颇多秘籍,如明范大冲万历十五年(1587)编刊的《天一阁书目》是今知最早的一部天一阁书目,今书已无存,由此可知该书一二。该丛书《中国丛书综录》和《中国古籍善本书目》均未著录。

9.3 古籍总目类

9.3.1 《中国古籍总目》

《中国古籍总目》由全国古籍整理出版规划领导小组(原国务院古籍整理出版规划小组)主持编纂,傅璇琮、杨牧之任总主编,国家图书馆、北京大学图书馆、上海图书馆、南京图书馆、天津图书馆、湖北省图书馆、复旦大学图书馆、中国科学院图书馆、辽宁省图书馆、山东省图书馆、浙江图书馆等十一家图书馆先后参与编纂。项目启动于1992年,2012年竣工,历时20年。《总目》著录中国大陆及港澳台地区公共、学校、科研机构图书馆及博物馆等所藏历代汉文古籍(含少量汉文与少数民族文字合编、以汉文注释外国文字的古籍)之主要版本及主要收藏信息,并采录部分海外公藏的中国古籍稀见品种。收录范围为民国以前撰著及抄写、刻印、排印、影印的历代汉文古籍,部分成书或传抄刻印于民国时期、内容关涉中国古代学术文化、采用传统著述方式并具有古典装帧形式者(如丛书、方志、族谱等),收书下限略有延伸。已编印成书的甲骨、铭文、碑刻、竹牍、帛书、敦煌遗书、金石拓本、舆图、书札、字画、鱼鳞册、宝钞、契约、诰命、文告等文献也在著录之列。编排上,《总目》分为经史子集丛五部,各部下再分若干类属。子部下设有"新学类",收录明代以来出现的西学文献,这是传统目录学中没有的类别。《总目》由各馆藏书目录汇编而成,部分条目曾核对馆藏并修订原有著录讹误。各书著录款目依次为:书目序列号、书名卷数、著者时代、著者姓名、著作方式、出版年代、出版者、出版地、版本类别及批校题跋、各版本主要收藏机构简称等。其中,经部由北京大学图书馆负责编纂,史部由上海图书馆负责编纂,子部由南京图书馆负责编纂,子部新学类由天津图书馆负责编纂,集部由国家图书馆负责编纂,丛书部由湖北省图书馆负责编纂,汇总统稿由复旦大学图书馆负责。全书由中华书局和上海古籍出版社联合出版,共16开本30册。其中《索引》4册,由中国古籍总目编纂委员会编辑,分为书名索引和著者索引两部分。书名索引收录正书名及附属书名,共18.7万余条。著者索引收录著、撰、编、辑、校、注者姓名,共81600余条(不含佚名著者)。下面是《总目》分卷的基本信息(表9-1):

表 9-1 《中国古籍总目》

分卷	分卷主编	册数	出版时间
经部	沈乃文	2册	2012
史部	陈先行	8册	2009
子部	宫爱东、徐忆农	7册	2010
集部	陈 力	7册	2012
丛书部	阳海清	2册	2009
索引	吴格、龙向洋	4册	2013

下图是《经部》中著录的同一著作的不同版本（第1册第317页），由此可见《总目》的著录体例。

經 10403592
毛詩正義殘本卷十一　唐孔穎達疏
　京都帝國大學文學部景印唐鈔本本
　　　（日本影印）

經 10403593
毛詩正義四十卷（存卷八至四十）　唐孔
　穎達疏
　宋紹興九年刻本　日本大阪杏雨書屋
　日本昭和十一年東京東方文化學院
　　影印東方文化叢書本（宋紹興單
　　疏本）　國圖　北大　中科院　上
　　海　復旦　南京　湖北　遼寧
　清末宜都楊氏影抄宋本　復旦

图 9-1 《中国古籍总目》著录体例

《总目》版本著录虽不求详备，但遗漏重要版本的情况不少。如南宋朱申《礼记句解》现存四个版本①。一为日本国立公文书馆藏《校正详增音训礼记句解》，十六卷，七册，南宋末年刊本。现有杨忠、稻畑耕一郎等编《日本国立公文书馆藏宋元本汉籍选刊》影印本（凤凰出版社 2013）。二为日本内阁文库藏《校正详增音训礼记句解》，十六卷，七册，元刊巾箱本。三为台北"中央图书馆"藏《音点礼记详节句解》，十六卷，元初建阳刻本。四为戴震从《永乐大典》辑出之稿本，十二卷，原稿被日本羽田亨购去，今不知收藏何处。国家图书馆藏有该本 1936 年的摄影本。《总目·经部》（478 页）仅著录了国图所藏摄影本，且将编辑者误作"戴容"。明冯梦龙

---

① 参顾永新《宋元句解类经学文献述略》，王岚等编《北京大学中国古文献研究中心集刊》第 12 辑，北京大学出版社 2012，第 102—104 页；严绍璗《日藏汉籍善本书录》，中华书局 2007，第 112 页。

辑《笑府》,《总目·子部》(2199页)仅著录《笑府五十三则》(《历代笑话集》本,1956年铅印)和《笑府选》一卷(《明清笑话四种》本,1958年铅印)两种。日本内阁文库藏有明刻本十三卷,为现存最早最全之本,上海古籍出版社1993年出版《冯梦龙全集》所收《笑府》即据此影印,《总目》竟然失收。《总目·子部》(2266页):"新刻金瓶梅词话一百卷,明笑笑生撰,明万历间刻本,台图,台北故宫博。"该条著录疏失颇多。《新刻金瓶梅词话》是十卷一百回,而非一百卷。藏书单位是台北故宫博物院,国内仅存这一部,"台图"(台湾图书馆)并无此书。该版本另有日本日光市日光山轮王寺慈眼堂藏本、日本周南市美术博物馆藏本(原藏德山市毛利氏家栖息堂),如此重要的信息却未著录。可见《总目》的著录问题不少,需要认真修订。

《总目》是目前收录汉文古籍最多的登记式书目。我国现存汉文古籍共有多少种,此前有各种不同的估计,有8万种、10万种、15万种、20万种等说法。《总目》著录现存汉文古籍约18.7万条,这当中包括2274种丛书及不少书的异名,如果把丛书及异名剔除,不重复的单种古籍约有18万种。考虑到《总目》主要由十一家图书馆的馆藏书目录汇编而成,失收的古籍应该为数不少。如元彭廉夫《礼记纂图注义》有戴震等从《永乐大典》所辑稿本,原稿虽下落不明,然国图藏有辑本之国立北平图书馆1936年摄影本,《总目》失收。所以,说现存汉文古籍约有20万种是比较切合实际的判断。

9.3.2 《中华古籍总目》和《中国少数民族古籍总目提要》

2010年,文化部启动了《中华古籍总目》编纂工程,凡产生于1912年以前的典籍,包括碑帖拓片、少数民族文字古籍以及西学传入后产生的新学书籍等,均在收录之列。《总目》分为省区(如"天津卷""湖南卷")、机构(如"国家图书馆卷""北京大学图书馆卷")、类型(如"敦煌卷""碑帖卷")、文种(如"水文卷""藏文卷")四类分别编纂,凡收藏古籍在100万册以上的机构独立成卷。《总目》编纂全部以目验原书为据,从而保证古籍的真实性和内容的准确性。具体编纂工作由各省市古籍保护中心负责,先完成本省市的馆藏古籍普查登记工作,编成馆藏古籍普查登记目录,在此基础上编制本省市的分卷,最后由国家古籍保护中心将各省分卷加以汇总,编制统一的索引,从而形成完整的《中华古籍总目》。目前各省市编纂出版的古籍普查登记目录累计有70多种。作为全市分卷的《天津卷》也于2018年定稿,不久将正式出版。《天津卷》收录古籍52142种,完整呈现了天津现藏古籍的状况。《中华古籍总目》是一项浩大的工程,最终完成恐怕需要二十多年的时间。

《中国少数民族古籍总目提要》由国家民族事务委员会全国少数民族古籍整理研究室组织编纂,从1997年开始实施,计划收书30万种,编为66卷,110册,每册收词条约3000个。收录范围包括：1949年以前成书并已流传使用的民族古籍，1949年以后按原文抄录或复制的古籍，原无本民族文字的民族的口头文献，历史上存留下来的民族文字碑铭和文书，在国内出土、保存、流传、现已流失在国外的古籍文献。全书按民族分卷，古籍多的民族卷分为若干册，古籍少的民族卷合编为一册。各分卷附有该分卷编纂委员会编写的序言，详细记述了该民族形成发展的历史和现状、文化古籍的存世面貌和整理研究情况。每卷内的词目按古籍学科分类顺序排列，每条词目包括书名的民族文字原文、拉丁字母转写和汉文译名、卷册、作者、版本、特征、收藏单位、内容提要等。每卷还配有反映各少数民族古籍面貌及民俗风情的彩色插图，卷后附有条目汉语音序索引。中国大百科全书出版社从2003年开始陆续出版。现已出版50多卷，如《纳西族卷》《白族卷》《东乡族/裕固族/保安族卷》《土族/撒拉族卷》《锡伯族卷》《哈尼族卷》《回族卷》(铭刻类)《柯尔克孜族卷》《羌族卷》《仫佬族卷》《毛南族/京族卷》《达斡尔族卷》《土家族卷》《鄂温克族卷》《鄂伦春族卷》《苗族卷》《侗族卷》《赫哲族卷》《黎族卷》《朝鲜族卷》《维吾尔族卷》《哈萨克族卷》《塔吉克族卷》《乌孜别克族卷/塔塔尔族卷/俄罗斯族卷》《畲族卷》《蒙古族卷》《瑶族卷》《满族卷》《西夏卷》等。《中国少数民族古籍总目提要》是一项全面展示我国55个少数民族古代典籍的宏大的民族文化工程，具有多功能的学术价值，它的出版将填补我国文化史上民族古籍总目的空白。

9.3.3 海外中文古籍总目

《中华古籍总目》其实还不能认为是中国古籍的全貌，因为它不包括流失海外的古籍。2015年，中华书局正式启动了《海外中文古籍总目》编纂项目，旨在将世界各国收藏的中文古籍调查清楚。项目实施方案是联系海外藏书机构，编纂出版海外各馆分馆书目，最终再制成统一的联合目录。中华书局现已出版（2016—2021）的分馆目录有：

1. 《美国杜克大学图书馆中文古籍目录/美国北卡罗来纳大学教堂山分校中文古籍目录/美国湾庄艾龙图书馆中文古籍目录》，[美]周珞、[美]黄熹珠、朱润晓编，2017年出版。

2. 《美国俄亥俄州立大学图书馆中文古籍目录》，[美]李国庆编，2017年出版。

3. 《美国达特茅斯大学图书馆中文古籍目录/美国纽约州立宾汉姆顿大学图书馆中文古籍目录/美国宾夕法尼亚州立大学图书馆中文古籍目录》，[美]陈曾红、[美]王晓燕、[美]杨玉蓉编，2018年出版。

4. 《美国耶鲁大学图书馆中文古籍目录》，[美]孟振华主编，2019年出版。

5.《美国加州大学尔湾分校图书馆中文古籍目录》,张颖、[美]倪莉编,2019年出版。

6.《美国布朗大学图书馆中文古籍目录》,[美]王立编,2020年出版。

7.《美国伊利诺伊大学图书馆中文古籍目录》,蒋树勇编,2020年出版。

8.《美国哈佛大学哈佛燕京图书馆中文古籍目录》,哈佛燕京图书馆、中华书局编,2020年出版。

9.《新西兰奥克兰大学中文古籍目录》,孔健、[新西兰]林海青编,2017年出版。

10.《英国曼彻斯特大学约翰·赖兰兹图书馆中文古籍目录》,李国英、周晓文、张宪荣编著,2018年出版。

11.《加拿大麦吉尔大学图书馆中文古籍目录/加拿大维多利亚大学图书馆中文古籍目录》,麦吉尔大学目录编者为骆耀军、[加]郑美卿,维多利亚大学目录编者为[加]柳瀛,2020年出版。

2014年,国家古籍保护中心启动"海外中华古籍书志书目丛刊"项目,旨在编纂出版海外图书馆、博物馆、书店等单位及个人所藏中国古籍新编书目、历史目录、专题书目、研究书志书目、藏书志、图录等。目前国家图书馆出版社已出版的《海外中华古籍书志书目丛刊》子目有:

1.《文求堂书目》,[日]田中庆太郎编,[日]高田时雄、刘玉才整理,2015年出版。

2.《西班牙藏中国古籍书录》,杜文彬编著,2015年出版。

3.《美国哈佛大学哈佛燕京图书馆藏善本方志书志》,李坚、刘波编著,2015年出版。

4.《美国埃默里大学神学院图书馆藏中文古籍目录》,美国埃默里大学神学院图书馆编,刘明整理,2016年出版。

5.《普林斯顿大学图书馆藏中文善本书目》,普林斯顿大学图书馆编,2017年出版。

6.《哈佛燕京图书馆藏稀见书目书志丛刊》,刘波编,2019年出版。

7.《美国芝加哥大学图书馆藏中文古籍善本书志》,其中《集部》《丛部》由李文洁编著,2019年出版;《经部》由张宝三编著,2020年出版。

8.《英国国家图书馆藏中文古籍目录》,廖可斌等编著,2021年出版。

其他不在上面两种丛书的海外古籍目录也有不少。

历史上中国大量古籍曾流散到日本。日本最早的书目《日本国见在书目录》是日本学者藤原佐世于宽平年间(889—897)奉敕编纂的,是当时日本所藏汉籍的实录。这是一部登记式书目,据现存最早版本室生寺本统计,共著录唐代及唐前古籍1579种,计17106卷,分类编排仿照《隋书·经籍志》。该书目著录的典籍将近三分之一不见于《隋志》及新旧《唐志》,为了解考查唐代及唐前古籍提供了难得的信息。国内目前通行的是黎庶昌所编《古逸丛书》本,这是室生寺本的一个传抄本,有不少差错。今有孙猛《日本国见在书目录详考》(16开本3册,上海古籍出版社2015)一书,以室生寺本原本为底本,对书目所载汉籍的卷数、流传、存世等情况作了详细考订,后附有关论著及书名、编著者索引。

严绍璗编著的《日藏汉籍善本书录》(16开本3册,中华书局2007)将日本现存的明代以前(包括明代)的善本汉籍目录汇于一编,收录善本10800余种,350万余字,著录版本状况、收藏机构、传递轨迹、识文记事、日本早期文献的有关记载等。该书目所据主要为日本各图书馆的检索目录,难免有误。如著录京都大学附属图书馆藏"《金瓶梅词话》(残本)二十三卷",全本《词话》只有十卷,残本怎么可能有二十三卷?实则此书编为上中下三册,残存23回,其中完整者只有7回。①

1800年成立的美国国会图书馆是世界上最大的图书馆,也是世界上收藏中文图书最多的图书馆之一。1939年,我国文献学家王重民应美国国会图书馆之邀前去考订该馆的中文善本古籍,撰写善本提要。他在那里辛勤工作近八年,1947年回国。他编著的国会图书馆善本书目一直没有出版,直到1957年,原北平图书馆馆长袁同礼(1949年定居美国)到美国国会图书馆工作,遂将王重民所编善本书目加以校订,手写誊清,交由国会图书馆影印出版,分装两册,题为《国会图书馆藏中国善本书录》(*A Descriptive Catalog of Rare Chinese Books in the Library of Congress* ,USA:Library of Congress,Washington DC.,1957),署名"王重民辑录、袁同礼重校"。该书目著录善本1777种,其中宋本11种,金本1种,元本14种,明本1518种,清本70种,写本140种(包括敦煌写卷8种),高丽本11种,和刻汉籍11种,拓本1种。台北文海出版社1972年重印此书,合订为一册,题为《美国国会图书馆藏中国善本书录》。2014年广西师范大学出版社重印,与文海版同题,装订为16开本2册。

嗣后,范邦瑾编著《美国国会图书馆藏中文善本书续录》(上海古籍出版社2011),在王编《书录》之外增录善本886种,收录标准为宋、元、明刻本,稿本、写本、抄本、绘本、批校题跋本及朝鲜、日本刻汉文古籍全收,清刻本则酌收孤本、稀见本或有批校题跋及具较高史料价值者。不录碑帖拓本及长卷绘画。范录还对王录138种书的疏失做了订补,总计收书1024种。书后附有书名及著者的笔画和拼音索引。

---

① 参孙立川《从京都大学所藏〈金瓶梅词话〉残本谈起》,《海南师院学报》1990年第4期。

美国普林斯顿大学的东亚图书馆及葛思德文库(East Asian Library and the Gest Collection)也是收藏中国古籍的大户,其善本著录于屈万里编撰的《普林斯敦大学葛思德东方图书馆中文善本书志》(台北:艺文印书馆 1975),共计 1136 种。

美国西部的柏克莱加州大学是"中国研究"的重镇,其东亚图书馆藏有中文古籍四千多种,其中的善本著录于《柏克莱加州大学东亚图书馆中文古籍善本书志》(16 开本 1 册,上海古籍出版社 2005)。该书编者署"柏克莱加州大学东亚图书馆编",具体编撰者为上海图书馆的陈先行和郭立暄,他们二人受东亚图书馆的委托而编成此书。书志收录了东亚图书馆所藏清乾隆六十年(1795)以前中文刻本及稿、抄、校本 800 余种,其中宋本 22 种,元本 16 种,其余都是明清旧刻旧抄及未刊稿本。书志分经史子集丛五类,著录内容包括书名、卷数、著者、版本、册数、行款、版框、牌记、刻工、写工、原书序跋、著者履历、内容提要、版本考订、收藏或经眼者批校题跋、收藏概况、钤印诸项。编者对版本源流异同的考辨颇见功力,订正了前修时贤的不少疏失。书后附有书名、著者的笔画、拼音及四角号码三种索引,还有按年代先后编排的版本索引,检索极为方便。

沈津主编的《美国哈佛大学哈佛燕京图书馆藏中文善本书志》(广西师范大学出版社 2011)将美国哈佛燕京图书馆除方志外的所有中文古籍善本悉数囊括。该书共 16 开本 6 册,收录善本书 3097 种,400 万字,彩图书影 500 余幅。书后附有书名、著者的拼音及笔画索引。哈佛燕京图书馆创办于 1928 年,创办之初即着意搜购中文古籍,收藏了大量的古籍善本,《哈佛书志》的问世使我们对该馆收藏的古籍善本有了一个全面的了解。该书编写始于 1992 年,2010 年告成,历时 18 年。此前沈津已著有《美国哈佛大学哈佛燕京图书馆中文善本书志》(16 开本 1 册,上海辞书出版社 1999),著录宋元明刻本 1400 多种。6 册本不仅收录齐全,而且著录更为详细准确,每篇提要详列作者、卷帙、版本、序跋、凡例、版框、行款、名人校跋及附录等信息,并有海内外各大公藏机构收藏情况及《四库全书总目》《中国古籍善本书目》《续修四库全书总目提要》等重要古籍目录的著录情况。有些条目对作者生平、版本始末、递刻情况等还有较为详细的考证。书中对《中国古籍善本书目》中版本著录的疏失有所补正,这是因为国内藏本扉页和牌记残缺不全或全部脱佚,而哈佛燕京所藏善本有完整的扉页或牌记,为确定书的出版年代提供了确切依据。

法国汉学研究所(Institut des Hautes Etudes Chinoises,简称 IHEC)创立于 1920 年,先后主持该所工作的有葛兰言(Marcel Granet)、伯希和(Paul Pelliot)、韩百诗(Louis Hambis)、施舟人(Kristofer Schipper)等,都是西方著名的汉学家。自 1972 年起,该所隶属法兰西学院(L'Institut de France)。该所图书馆藏有不少中国古籍,其善本著录于田涛主编、[法]魏丕信监修的《法兰西学院汉学研究所藏汉籍善本书目提要》(16 开本 1 册,中华书局 2002),共介绍了 140 余种古籍。

9.4 四库提要类

9.4.1 《郡斋读书志》和《直斋书录解题》

我国现存最早的官修解题式书目为北宋王尧臣等奉敕编撰的《崇文总目》(撰成于1041年)，共66卷，著录典籍3445种，按四部分四十五类。绍兴十二年(1142)改编成1卷的简本，由国子监刻印颁行，著录典籍3392种。该版删去了解题文字，在当时未见之书下添注"阙"字，以便搜求图书时检阅。今66卷原本已佚，绍兴改定本有明抄本存世(藏宁波天一阁博物馆)①。通行的则为两种辑本，一为四库馆臣从《永乐大典》中辑录的《四库全书》本，共12卷；一为清钱东垣、钱侗等人从宋元典籍中辑佚编成的《崇文总目辑释》5卷，补遗1卷。

我国第一部私家解题式书目当是北宋李淑的《邯郸图书十志》10卷(编成于1049年)，但早已亡佚②。现存最早且完整的私家解题式书目当属南宋晁公武撰写的《郡斋读书志》。

晁公武，字子止，号昭德先生，澶州清丰(今山东巨野县)人。二十余岁逢"靖康之乱"，迁居嘉州(今四川乐山)。绍兴二年(1132)中进士，任四川转运使井度的属官。井度是一位藏书家，临终前将所有藏书赠与晁公武。晁氏本是书香门第，家富藏书，加上井度所赠，除去重复之本不计，拥有24500多卷藏书。晁氏将这些藏书一一细加研读，每读完一书，就写一篇提要。宋高宗绍兴二十一年(1151)，晁氏将多年撰写的提要编辑成册，名为《郡斋读书志》。晚年又将全书重加订补，由门人杜鹏举约于1157年刊刻印行，共4卷。之后晁公武又作了一次全面的补正，新增了一些书，提要也作了大量增补。晁氏去世后其门人姚应绩将这一增补本编为20卷本，是否刻印，不得而知。理宗淳祐九年(1249)，游钧据其先人所藏摹写20卷本，在衢州(今浙江衢县一带)刊行，是为衢本。以上两个刻印本都没有流传下来。衢本刊印的同一年，黎安朝在袁州(今江西宜春)重刻4卷本，并请赵希弁据其家藏图书中未为晁书所收者续撰书目1卷(实分上下两卷)，收书469种，以《读书附志》之名附于其后。次年，赵氏得到衢本，将衢本中多出的435种书摘编为《读书后志》2卷，附刻于5卷之后，并作二本"考异"若干条附于《后志》之末。相对于《后志》而言，先刻4卷被称作《前志》。这样《前志》《附志》《后志》合计7卷，是为袁本。袁本的抄本、翻刻本传世颇多，但袁本原刻传世极少，1930年在故宫博物院图书馆发现一部，《四部丛刊》三编及《万有文库》二集曾据以影印。光绪十一年(1885)，王先谦

---

① 参杨恒平《绍兴改定本〈崇文总目〉现存版本考论》，《中国典籍与文化》2012年第4期。
② 参黄强祺《我国早最的一部有提要的私家书目》，《广东图书馆学刊》1989年第1期。

以汪士鐘重刻衢本为底本，校以陈师曾重刻袁本，著其异同，并附赵希弁《附志》于后，成为一个比较通行的版本。1990年上海古籍出版社出版了孙猛《郡斋读书志校证》，此书也以汪士鐘重刻衢本为底本，校以南宋原刻袁本，对内容作了疏证考订，后附《晁公武传略》《历代著录及研究资料汇编》《现存诸本叙录》《郡斋读书志衢袁二本的比较研究》及王立翔编的《书名索引》和《著者索引》，可以说是后出转精，查检也很方便。

《郡斋读书志》著录的图书，袁本《前》《后志》合计：经部234种、史部315种、子部529种、集部355种，《后志》另有存目书36种，除去重复的11种，实收书1459种。衢本在袁本的基础上进行了增删，所收之书，凡经部240种、史部323种、子部563种、集部345种，除去重复的4种，计实收书1468种。若合计袁、衢二本著录之书，除去重复之本，共收1492种①。可以说，我国南宋以前重要的传世著作大都著录于此，尤以唐代至南宋初年的书籍较为完备，为后人了解宋代以前的典籍提供了重要的依据。它所著录的书相当一部分今已失传或残缺，其记述更显珍贵。

《郡斋读书志》的提要不拘形式，以"有话则长、无话则短"为原则，少则十几字，多则上千，大致上包括作者介绍、内容评介、版本篇卷著录等内容，引据征实，考辨博洽，对后世影响很大。下面从文渊阁《四库全书》所收的袁本中选录一篇（见卷一上），以资了解。

尚书大传三卷

右秦伏生胜撰，郑康成注。胜至汉孝文时年且百岁，欧阳生、张生从学焉。音声犹有讹误，先后犹有差舛，重以篆隶之殊，不能无失。胜终之后，数子各论所闻，以己意弥缝其阙，而别作章句，又特撰大义，因经属旨，名之曰传。后刘向校书，得而上之。

从这篇提要我们知道，《尚书大传》并不是伏胜亲自撰写的，而是他去世后由弟子根据老师的传授编写的，而且由于方言的障碍，字体的嬗变，造成《尚书大传》字句的差错。这些信息对了解《尚书大传》是非常重要的。

《直斋书录解题》是继《郡斋读书志》之后出现的又一部重要的解题式书目。编撰者为南宋陈振孙，字伯玉，号直斋，湖州安吉（今浙江湖州）人。陈氏勤于聚书，每见一书，或抄录，或购置，最终多达51180余卷。《直斋书录解题》即据其所藏编成，完成大约在理宗淳祐年间（1241—1252）②。

《解题》原有56卷，著录图书3096种，51180卷，是《郡斋读书志》的两倍，它是古代收书最多的私家解题式书目。可惜原本失传，存世最早的是元抄本残卷，只有

---

① 汪新华、拓夫《从目录学名著看宋代目录学的成就》，《湖南大学学报》2002年第3期。
② 李万健《中国著名目录学家传略》，书目文献出版社1993，第79页。

4卷(卷四七至卷五〇),现藏国家图书馆。北京大学图书馆藏有清末藏书家李盛铎过录的宋兰挥藏旧抄残本,只有20卷。现在通行的是四库馆臣从《永乐大典》中辑出来的,编为22卷,除收入《四库全书》外,还收入武英殿《聚珍版丛书》中。这一版本也是一个残本,而且经四库馆臣重新编次,已非原貌,但其内容大致可靠,后来流传的各种版本都以此为底本。原本解题之后间或附有随斋批注,随斋是元人程棨的号。随斋批注拾遗补阙,对了解一书颇有补益,四库馆臣在辑录时仍依其旧,与《直斋书录解题》并存。1987年上海古籍出版社出版了由徐小蛮、顾美华据聚珍版点校的22卷本,该本博采前人校本成果,罗列异同,订正讹误,后附书名索引,是目前最方便的本子。

《解题》将所收之书按四部法编列,但未标四部之名。其中卷一至卷三是经部,有易、书、诗、礼、春秋、孝经、语孟、谶纬、经解、小学十大类;卷四至卷八是史部,有正史、别史、编年、起居注、诏令、伪史、杂史、典故、职官、礼注、时令、传记、法令、谱牒、目录、地理十六类;卷九至卷一四是子部,有儒家、道家、法家、名家、墨家、纵横家、农家、杂家、小说家、神仙、释氏、兵书、历象、阴阳家、卜筮、形法、医书、音乐、杂艺、类书二十类;卷一五至卷二二是集部,有楚辞、总集、别集(上、中、下)、诗集(上、下)、歌词、章奏、文史七大类。书中收录的许多珍本、善本典籍连当时的国家书目中都没有。每书记卷帙、版本、撰者的官职仕历及其学术渊源等,不少书下还有对有关问题的考辨和内容的评价。下面来看该书卷一四《类书类》的两条记载(文渊阁《四库全书》本):

六帖三十卷

唐太子少傅太原白居易撰。《唐志》作《白氏经史事类》,一名《六帖》。醉吟先生墓志云:"又著《事类集要》三十部,时人目为《白氏六帖》。"

后六帖三十卷

知抚州孔传世文撰,以续白氏之后也。传袭封衍圣公。

现在通行的《白孔六帖》将白居易的《六帖》和孔传的《后六帖》合编到一起,分为100卷。但从上面的记载我们知道,至少在南宋淳祐年间这两部书还是各自独立的,卷数加起来也只有60卷,说明合编《白孔六帖》时对原书有所改动。这是根据《直斋书录解题》给我们提供的信息得出的结论。

9.4.2 《四库全书总目》

清乾隆年间编纂《四库全书》的时候,纂修官在认真校阅书籍的基础上要为每一种书写一篇提要,总纂官纪昀与陆锡熊在协勘官的协助下对提要进行加工润色,统一体例,然后分类编排。乾隆四十六年(1781),数易其稿的《四库全书总目》(又叫《四库全书总目提要》,以下简称《总目》)总算撰写完成,并缮写进呈乾隆皇帝。

此后的十余年间屡有修改,直到乾隆六十年(1795)才送交武英殿刻版印刷,初版共印了 100 部,世称殿本。殿本所依据的《总目》稿本今存 63 卷,藏国家图书馆。

《总目》共 200 卷,著录收入《四库全书》之书 3461 种及存目书 6793 种,总计 10254 种书。全书按经史子集四部分类,四部之下又各分小类,总共 44 小类。四部之首各有一篇总序,每一小类之前各有一篇小序,这些序阐明了各种学术思想的渊源流派、相互关系及划分类目的理由。每书之下有著者介绍、内容提要、版本源流等考证文字。由于这些考证文字是一批著名学者在认真校读原书的基础上写成的,又经纪昀等学者的反复修改,因而质量很高,对了解书的作者、内容、流传等具有重要价值。

需要注意的是,《总目》与《四库全书》各书前的提要并不完全一致,这是因为书前的提要是根据《总目》的未定稿抄录的,而《总目》的定稿是乾隆六十年才完成的,二者相差十年左右的时间。即便是根据《总目》未定稿抄录的七部《四库全书》各书前的提要,本身也不尽相同,这除了抄写中出现的差错外(如错字漏字、抄手的任意删改等),主要是七部《四库全书》抄写于不同的时间,而《总目》又处在不断的修改之中,因而形成差异。

除了殿本外,《总目》另有浙本和粤本。浙本的底本为文澜阁抄本。该抄本是跟文澜阁《四库全书》一起颁发的,至迟在乾隆五十八年(1793)已入文澜阁庋藏。乾隆六十年(1795),在浙江布政使谢启昆等人的倡议下浙江官府将文澜阁抄本刊刻印行,是为浙本。文澜阁抄本现残存 27 卷,藏浙江图书馆。过去人们一直认为浙本翻刻殿本,现已查明这种看法是错误的[①]。同治七年(1868),广东翻刻浙本,这样又有了所谓粤本。1965 年,中华书局将浙本影印出版,加了句读,书后附有《四库撤毁书提要》9 篇、阮元《四库未收书提要》170 余篇及《四库全书总目书名及著者姓名索引》,后又多次重印(如 1981 年、1985 年、1987 年都重印过),使浙本成为目前最流行的版本。1999 年,海南出版社出版了简体横排本,该本以浙本为底本,校以殿本,并参考各书提要及前人校勘成果进行了整理。2000 年,河北人民出版社又以中华书局 1965 年影印本为底本,改为简体横排出版。浙本与殿本虽然是同时刊行的,但由于浙本的底本抄成时间比殿本的底本早,殿本底本后来的一些修改在文澜阁抄本中得不到反映,因而学界大都认为殿本优于浙本。其实两个版本互有正误优劣,未可一概而论。殿本后来的一些修改是出于政治原因,反而不如未改的浙本。

1997 年,中华书局将殿本整理出版(通称"整理本"),全书简体横排,加了标点,还做了校勘和辨伪的工作。书中将前修时贤对《总目》的研究成果尽量收集起

[①] 关于殿本与浙本的差异,请参司马朝军《〈四库全书总目〉殿本与浙本之比较》一文,《四川图书馆学报》2002 年第 6 期。

来，用脚注的形式标注在相关内容之下。收集的成果有余嘉锡《四库提要辨证》(科学出版社1958,辨正《总目》之误490种)、胡玉缙《四库全书总目提要补正》(中华书局1964,补正2000余种)[①]、崔富章《四库提要补正》(杭州大学出版社1990,补正600多条)、李裕民《四库提要订误》(书目文献出版社1990,订正200多条),另有论文200多篇[②]。整理者自己的见解则用按语的方式注于页下。凡收入《四库全书》的书,加注了文渊阁影印本的序号和页次,存目书则标明现存馆藏情况(遗憾的是未能注明《四库全书存目丛书》的序号和页次)。下面移录其中的一篇提要,以见一斑。

北堂书抄一百六十卷　　内府藏本　　889—1

唐虞世南撰。世南字伯施,余姚人。官至银青光禄大夫、宏文馆学士。谥文懿。事迹具《唐书》本传。北堂者,秘书省之后堂。此书盖世南在隋为秘书郎时所作。刘禹锡《嘉话录》曰:"虞公之为秘书,于省后堂集群书中事可为文用者,号为《北堂书抄》,今北堂犹存,而书抄盛行于世"云云,是其事也。分八十卷,八百一类。《唐志》作一百七十三卷,晁公武《读书志》因之。《中兴书目》作一百六十卷,《宋史·艺文志》因之。今本卷帙与《中兴书目》同。其地部至泥沙石而毕,度非完帙,岂原书在宋已有亡佚耶?王应麟《玉海》云:"二馆旧缺《书抄》,惟赵安仁家有本[④],真宗命内侍取之,手诏褒美。"盖已甚珍其书矣。此本为明万历间常熟陈禹谟所校刻。钱曾《读书敏求记》云:"行世《北堂书抄》挽乱增改,无从订正。向闻嘉禾收藏家有原书,寻访十余年而始得。翻阅之,令人心目朗然。"朱彝尊《曝书亭集》亦称:"曾见《大唐类要》百六十卷,反覆观之,即虞氏《北堂书抄》。今世所行者出陈禹谟删补,至以贞观后事及五代十五国之书杂入其中,尽失其旧。《类要》大略出于原书,世未易得"云云。盖明人好增删古书,逞臆私改,其庸妄无识,诚有如钱、朱二氏所讥。然今嘉禾旧本及《大唐类要》均已不可得见,独禹谟此本犹[①]存。其增加各条,幸皆注明补字,犹有踪迹可寻。存什一于千百,亦未始非唐人旧籍所藉以留贻者也。惟其所改所删,遂竟不可考,是则刊刻之功不赎其窜乱之过矣。

页脚加两条脚注:

④ 胡玉缙:江浙有《书抄》原本五,一为孙渊如本,一为季沧苇《古唐类范》,即朱彝尊所称《大唐类要》本,一为张月霄本,一为汪小米本,一为严可均本。

① "犹",底本作"独",据浙本改。

---

① 整理本在《整理凡例》中作《四库全书总目提要刊正》,疑误,未闻胡玉缙有此作。
② 整理本出版后,又有杨武泉《四库全书总目辨误》一书出版,上海古籍出版社2001。

从上面这个例子来看，撰写这样一篇提要不但要熟悉书的内容，还要参阅十几种有关著作，不是饱学之士，很难写出这种水平的提要来。整理本将有关成果和信息标注页下，使《总目》内容更为充实。它对《总目》所作的校勘订正了许多字句舛错，使内容更为可靠。上面的"889—1"表示《北堂书钞》见于文渊阁影印本第889册的第1页。这种标注使整理本具有《四库全书》书名索引的功能。

当然，整理工作也有疏漏，书中的不少文字错误整理者未能发觉。如上引《北堂书钞》提要中就有两处明显的差错。一是"分八十卷"，文义不通。明明是一百六十卷，又何从冒出个"八十卷"？查文渊阁《四库全书》书前的提要，作"分八十部"，这就对了。《北堂书钞》分八十部、八百一类的说法出自晁公武的《郡斋读书志》，事实上《四库全书》所收的《书钞》分19部，852类，所以《总目》"分八十卷"前应该脱漏了"《读书志》"三字，否则就成了对所收书的介绍，而这又跟书对不上号。另一处差错是"五代十五国"，历史上有"五代十国"，没听说有"五代十五国"，文渊阁《四库全书》书前的提要即作"五代十国"，查朱彝尊《曝书亭集》原文，也是"五代十国"，《总目》衍一"五"字。另外，整理本还有一些排印上的错误。

比较而言，魏小虎编撰的《四库全书总目汇订》（32开本11册，上海古籍出版社2012）所做的校订汇集工作比整理本更为细致全面，可以说是后出转精。该书以浙本为底本，以殿本为对校本，收集了600余家中外学者的考订专著和单篇文章（资料截止于2011年底），将其要点摘录分注于各篇之下，作者本人的见解也附其中，颇便参阅。第11册为索引，包括书名索引及著者姓名索引。该书的缺憾是未能将《四库全书》书前提要作为校对资料。

现存四部《四库全书》的书前提要目前也已全部汇集出版，金毓黻主编的《文溯阁四库全书提要》早在1935年由辽海书社排印出版（有中华书局2014年影印本），《四库全书》出版工作委员会编《文津阁四库全书提要汇编》2006年由商务印书馆影印出版，陈东辉主编的《文澜阁四库全书提要汇编》2017年由杭州出版社影印出版（同时还影印了文澜阁《四库全书》单配的《四库全书总目》和《四库全书考证》）；李国庆主编的《四库全书卷前提要四种》2015年由大象出版社影印出版，该书将文渊、文津、文溯三阁的书前提要汇于一编，同时还影印了天津图书馆珍藏的内府写本《四库全书》的书前提要。

司马朝军著有《〈四库全书总目〉研究》（社会科学文献出版社2004）和《〈四库全书总目〉编纂考》（武汉大学出版社2005），对《总目》的优劣得失及编纂过程有详细的考论，可以参看。

《总目》中虽然能查到一万多种书，但还有大量的书，尤其是乾隆以后的书，是查不到的，这种情况下可利用《续修四库全书总目提要》。

9.4.3 《续修四库全书总目提要》

《续修四库全书总目提要》是继《四库全书总目提要》之后的又一部古籍目录巨著,它从开始编写到全部出版,经历了七十多年的历史,可以说是历经坎坷。

1925年,日本政府迫于国内外压力,决定比照英美等国的先例,退还部分庚子赔款,用于中国文化事业。他们与当时的段祺瑞执政府协商,成立了东方文化事业总委员会。总委员会的一项主要计划就是利用退还的庚子赔款续修《四库全书》,该工作由总委员会下设的北平人文科学研究所主持进行。人文科学研究所从1928年1月开始搜集书目,到1931年6月,共著录了2.7万多种古籍,编成《四库未收书分类目录》一稿。1931年7月开始邀请学者撰写提要。1942年,日本因发动太平洋战争,财政拮据,无力继续退还庚子赔款,撰写提要的工作也就停止了。北平人文科学研究所的实权虽然控制在日方手中,但受聘撰写提要的都是中国学者,先后参与撰写提要的有71人,其中不乏知名人士,如柯劭忞、罗振玉、杨树达、吴承仕、傅增湘、孙楷第、吴廷燮、向达、王重民、谢国桢、冯承钧、谭其骧、罗福颐、傅振伦、胡玉缙、萧璋等。在将近十年的时间里,共撰写了32961篇提要。① 1945年抗日战争胜利后,这批书稿由中国科学院图书馆收藏。书稿在中国科学院图书馆古籍书库中尘封四十多年,一直无人整理,不少人以为已经散失了。

但学术界对《四库全书总目》之外的书目提要有着迫切的需求,学者们期盼着续修提要的早日问世。1972年,台湾商务印书馆出版了一部《续修四库全书提要》(共13册,其中索引1册),这部书的稿子就是北平人文科学研究所组织撰写的那批稿子的一部分。当时北平人文科学研究所在收到特约撰稿人送来的提要后,将油印或打印稿分批寄往日本东方文化学院京都研究所(即今日京都大学人文科学研究所)征求意见,后因经费及战争原因而中断寄送,前后共寄送印稿10080篇,台湾就是根据这10080篇印稿整理出版的,只是原稿的三分之一,而且无法与原稿校对,错误很多,满足不了人们的需要。1992年,在有识之士的推动下,《续修四库全书总目提要》被列入《中国古籍整理出版十年规划和八五计划》。1993年,中华书局出版了由中国科学院图书馆古籍组点校整理的《续修四库全书总目提要·经部》(上下两册,共240余万字),其余部分未再出版。1996年,齐鲁书社影印出版了由中国科学院图书馆整理的手稿及誊清稿《续修四库全书总目提要(稿本)》,共16开本37册,1999年另出索引1册。全书收书32960种,1800多万字,是《四库全书总目提要》的3倍多。整理稿本的原则是尊重历史,保存原貌,所以不同人撰写的同一书的提要概予保留,稿本中的眉批、浮签也全部保留。个别地方做了一些技术上

---

① 参罗琳《〈续修四库全书总目提要〉编纂史纪要》,《图书情报工作》1994年第1期。

的处理,如详细覆勘原文,对稿本中原来的错装倒页加以调整等。原稿本按不同作者分装成册,没有按性质分类,为了弥补这一缺陷,中国科学院图书馆古籍组编制了一套索引,包括分类索引、书名索引和作者索引三部分。分类索引按经、史、子、集、丛书、方志分为六部。其中小类基本上沿袭原北平人文科学研究所的分类表,个别类目作了变通。这样既保存了稿本的原貌,又兼具分类目录的作用,便于查阅。

《续修提要》收录书籍的主要范围是:1.《四库全书总目》虽已收录但篡改、删削过甚或版本不佳的书籍,2.修改阮元的《四库未收书目提要》,3.《四库全书总目》遗漏的书籍,4.乾隆以后的著作和辑佚书籍,5.禁毁书和佛、道藏中的重要书籍,6.词曲、小说及方志等类书籍,7.敦煌遗书,8.外国人用汉文撰写的书籍。

《续修提要》是20世纪二三十年代对中国存世典籍进行的一次大规模清查,它上补《四库全书总目》之遗,下续乾隆以降新出典籍之目,对辨章学术、考镜源流具有重要的价值,是目录学史上的一座丰碑。但正如中华书局出版的《续修提要·经部》的《整理说明》中所说的:"提要成于众手,学术水平和工作态度上的差异,使原稿精粗详略不一,瑕瑜互见。"

2019年,天津古籍出版社影印出版了罗琳整理的《续修四库全书总目提要》分类本,共16开本60册(含索引1册)。与齐鲁书社版不同的是,该版将原稿分为经史子集丛方志六类编排,保留了原稿中的眉批浮签,订正了原稿中的错装倒页。

2002年,复旦大学吴格教授主持的《续修四库全书总目提要》整理本项目获教育部立项并正式启动。这次整理以中国科学院图书馆编、齐鲁书社出版的《续修提要》影印本为底本,参校中国科学院图书馆编、中华书局1993年出版的《续修提要·经部》标点本和台湾商务印书馆1972年出版的排印本。原文有误,则出校记。内容编次分为经史子集丛方志六部,并配备相应的分类目录和多种检索方式的篇目、作者索引。总字数有2000多万字。目前只出版了其中的《丛书部》,吴格、眭骏整理,中华书局、国家图书馆出版社2010年出版,16开本1册。

此外,与《续修四库全书》配套的《续修四库全书总目提要》也已由上海古籍出版社出版。《提要》编撰启动于2009年,由傅璇琮等四人主编,介绍图书5010种,其中《经部》(2015)收书1219种,《史部》(2014)收书1106种,《子部》(2015)收书1637种,《集部》(2014)收书1048种。《续修四库全书》收书5213种[1],此提要似乎少收203种,不知何故,或许有些相关的书合并为一条加以介绍?

---

[1] 有一种说法是《续修四库全书》收书5388种,其中经部1237种,史部1113种,子部1642种,集部1396种。这种说法与《提要》收书数目差距更大,恐不可靠。

9.4.4 《四库大辞典》

《四库大辞典》是由李学勤、吕文郁主编的一部具有现代气息的大型解题式古籍书目。全书共 16 开本两册,收录典籍 2.1 万余种,780 多万字,收书种数是《四库全书总目》的两倍,规模不可谓不大。然而从 1993 年开始编撰,到 1996 年 1 月由吉林大学出版社出版,仅用了 3 年时间,效率之高,古今罕有其比。

该辞典收录图书以《四库全书总目》及《续修四库全书总目提要》为主,兼收以上两书失收的重要古籍,下限止于 20 世纪 30 年代。每种书的解题包括作者简历、主要内容、书的优点缺点、后人的研究整理、主要版本等。手此一编,遇到古籍方面的普通问题,开卷一查,大都能得到满意的答案。例如北宋高承的《事物纪原》是一部考求各种事物起源的名著,今天引用的人很多,一般人都以为是高承原作。若查一下《辞典》,就会知道高承原书只考求了 217 事,而今天的《事物纪原》多达 1765 事,可见大部分出自后人增补,这对我们正确利用该书资料无疑很有意义。

此书的现代气息主要体现在:(1) 表述语言用现代汉语。(2) 凡作者生卒年明确或基本明确的,均标明公元年代。解题中提到的年号纪年均注明公元年份,提到的古代地名均注明今天的对应地名。(3) 吸收了现代学者的最新研究成果,提高了释文的准确性和可靠性。(4) 提供了最新的版本信息。(5) 书后附有三种书名索引:《书名四角号码索引》《书名首字音序索引》和《书名首字笔画索引》。这都给现代读者提供了很大的便利。下面从书中选取一篇解题来具体看一看。

【搜神记】 二十卷。干宝(?—336)撰。干宝字令升,新蔡(今河南新蔡县)人。他是东晋初著名史学家,以才学著称,召为著作郎。元帝时任佐著作郎、领国史,因家贫求为山阴令,后迁为始安太守、散骑常侍,干宝少时勤学苦读,博览群书,曾著《晋纪》二十卷,记载西晋五十三年之史事,其书简略,当时称为"良史",全书已散佚。干宝又好阴阳术数,收集民间神话传说,灵怪故事,《晋书·干宝传》说他有感于生死之事,"遂撰纂古今神祇灵异人物变化,名为《搜神记》"。《搜神记》又称《搜神录》、《搜神异记》、《搜神传记》等,计大小故事四百五十四条。所计多为神怪灵异,但也保留了一些优秀的神话传说和民间故事。如《干将莫邪》揭露统治阶级的残暴,表现了人民顽强的反抗意志;《李寄》颂扬为民除害的英雄行为;《韩凭夫妇》赞美生死不渝的爱情;《董永妻》表现了人民对美好生活的渴望等。故事生动,形象鲜明,反映了现实社会的生活,思想和艺术都代表了志怪小说的最高成就,对唐人传奇、后代戏曲和话本小说均有重大影响。据《晋书·干宝传》所记,此书原为三十卷,传至宋代已经散佚。今存二十卷本,盖明代胡元瑞等人重辑。现存有《秘册汇函》本、《四库全书》本、《津逮秘书》本、《学津讨源》本、《子书百家》本、《丛书集成初编》本、

> 1931年商务印书馆排印胡怀琛标点本、1957年商务重印本、1979年中华书局《古小说丛刊》汪绍楹校注本，均为二十卷。又《稗海》本、《广汉魏丛书》本、《说库》本均八卷，亦传为东晋干宝撰。所录人物故事几乎全不相同，据考证八卷本是赵宋以后人据北魏昙永所撰《搜神论》残卷增补而成，实非干宝所作，约为另一种同名书。

这篇解题给我们提供的信息是非常丰富的。它告诉我们今本《搜神记》由明代人辑佚而成，并非原本，所以作为晋代的材料来使用时应该慎重；二十卷本收在多种丛书当中，另有两种标点整理本，整理本由于作了大量校勘工作，使用时自当优先选用；八卷本《搜神记》非干宝所作。这些信息对使用《搜神记》的人来说是十分有用的。《四库全书总目》只著录了二十卷本，而且也只是"疑其即诸书所引，缀合残文，附以他说"，未言何时何人所辑。比较来看，《辞典》对《搜神记》的认识更为深入全面，体现了学术研究的进展。关于八卷本《搜神记》成书时代，江蓝生曾发表《八卷本〈搜神记〉语言的时代》一文（《中国语文》1987年第4期），认为该本"可能出自晚唐五代或北宋人之手"。这些成果为解题撰写者所吸收，使解题能反映出现代认识水平。

但该书也存在不少缺点。

其一是收书缺乏细致计划，许多该收的书失收。如《论语》《孟子》《太平经》《荆楚岁时记》《宋会要辑稿》《录鬼簿》《四库全书总目》等，这些书无疑是很常见的书，而且也是影响很大的书，连综合性辞书《辞源》都收了，作为一部大型古籍书目专著，断无不收之理。

其二是校对草率，文字差错很多。如上引"搜神记"条中的"所计多为神怪灵异"，计为记之误；"古尊宿语录"条下的"颐藏主集"，颐为赜之误；"帝京岁时纪胜"条下的"潘荣陆撰"，陆为陛之误；"水经注笺"条下的"朱谋玮撰"，玮为㙔之误；"演繁录"条中的录为露之误；"列子"及"列子张湛注拾补"条下的"殷敬慎"，慎为顺之误①；"郡斋读书志""读书附志""直斋书录解题"三条下将宋理宗年号"淳祐"全都写成"淳裪"，叫人怀疑这究竟是"手民"之误还是作者本来就搞错了；"古今图书集成"条下蒋廷锡的生卒年注为"1669—1723"，卒年应为"1732"。诸如此类，不一而足。

其三是内容时有疏失。"永乐大典"条下云："嘉靖四十一年选礼部儒士程道南等一百人，照《永乐大典》原本，抄写了正副二本。高拱、张居正校理，至隆庆初年告成。原本放在南京，正本贮于文渊阁，副本另贮皇史宬。明亡，南京原本与皇史宬副本俱毁。"这是沿袭了《四库全书总目》的说法。照此说来，《永乐大典》原有三部，

---

① 晁公武《郡斋读书志》卷五《列子释文》条、陈振孙《直斋书录解题》卷九《列子释文》条、《四库全书总目》卷一一七《淮南子》提要、卷一四六《列子》提要均作殷敬顺。文渊阁《四库全书》本《列子》下题作殷敬慎，误。

事实上《永乐大典》只抄了一部副本,此事早在20世纪30年代就已澄清[①],今天不应再以讹传讹了。当然,《永乐大典》正本有它依据的原稿,但没有人把原稿看成是一部正式的《永乐大典》。《大典》原稿是什么样,无从考知,但很难设想原稿也是一字一句从原书中抄录出来的。须知抄录《大典》副本就花了五年时间,而正本的编纂花了六年时间,如果在抄录正本之前先编成一部直接从原书抄录的原稿,六年的时间是远远不够的。所以合理的推测是《大典》正本直接从原书抄录而成,所谓原稿不过是它所抄录的原书而已。原书与《大典》自然不是一回事。

"佩文韵府"条下云:"张玉书于康熙十三年以大学士职领修此书,历经三十多个春秋方成。"《佩文韵府》的编修时间在卷首的康熙皇帝作的序中说得很清楚:"爰于康熙四十三年(1704)夏六月,朕与内直翰林诸臣亲加考订,证其讹舛,增其脱漏,或谓某经某史所载某字某事未备者,朕复时时面谕,一一增录,渐次成帙。……随于十二月开局武英殿,集翰林诸臣合并详勘,逐日进览,旋授梓人,于五十年十月全书告成。"显而易见,《佩文韵府》的纂修用了七年时间,说成"三十多个春秋",不知何所据而云然。

"言鲭"条下云:"本书乃种玉订正字义,考事(按:事字疑当作释)真伪之文。……如证墓志,称有爵者称公,无爵者称启(按:君之误),不如(按:知之误)《隶释》有后汉故民吴公碑;'即时'为'登时',本为唐戴胄之语,不知汉代建安年间《焦仲卿妻诗》有'登'即'相和许'语。"这是照抄《四库提要》,然而撰者并未读懂《提要》原文。《提要》中说《言鲭》"谓'墓志有爵者称公,无爵者称君',不知《隶释》有《后汉故民吴公碑》。"撰者以"证墓志"为句,似乎《言鲭》中有考证墓志的内容,事实上《言鲭》中只是言及"公"和"君"两个称谓在墓志中的区别而已。"登即相和许"为《焦仲卿妻诗》诗句(此有误,原文作"登即相许和"),《提要》引此语是想说明"登即"一词汉代已见,撰者竟标点为"'登'即'相和许'",说明连《焦仲卿妻诗》都不熟悉。《提要》意在驳正《言鲭》"登时"本唐戴胄语之谬,然而所引《焦仲卿妻诗》并无"登时"一词,实属驴唇不对马嘴,撰者不但未能辨正,反而误上加误。

其他如"古今图书集成"条下云:"有原稿本,天津李氏曾得残稿数百册,赠天津南开大学图书馆。"南开大学图书馆所藏实为雍正四年(1726)铜活字版的《艺术典》部分,谓之原稿,当属误传。"孔子家语"条下谓《孔子家语》有"《二十二子》本",《二十二子》所收为孙星衍纂辑的《孔子集语》,不是《孔子家语》。"齐民要术"条下云:"书中句下有注,很似贾思勰自注,但又多引颜师古之语。种种疑点,恐为后世校勘者,因不能尽通其义,辗转讹脱所致。"这基本上沿袭了《四库提要》的说法,余嘉锡《四库提要辨证》已辨明其注为贾氏自作,这里竟只字未提。

---

① 参黄爱平《四库全书纂修研究》,中国人民大学出版社1989,第366页。

杨家骆早在20世纪30年代就编撰了一部《四库大辞典》（商务印书馆1932），与上面介绍的《四库大辞典》同名异实。杨书以《四库全书总目》为解释范围，为《总目》书名、人名各立条目。书名条介绍内容提要、版本、《总目》中的类次，人名条介绍所著书名、传记、详细传记参考书等，传记比《总目》详细。

9.5 专门类

9.5.1 史书书目

我国的二十五史中有7部史书载有当时的图书目录，称为《艺文志》或《经籍志》。这7部史志书目是：《汉书·艺文志》《隋书·经籍志》《旧唐书·经籍志》《新唐书·艺文志》《宋史·艺文志》《明史·艺文志》《清史稿·艺文志》。前5种书目记录的是本朝代的藏书，后两种书目只记录本朝代的著述。史书中的书目都是登记式书目。

东汉班固的《汉书·艺文志》（通常简称《汉志》）是我国现存最早的书目，是我们考查西汉以前典籍存佚流传情况的重要依据。它是根据西汉刘歆的《七略》编辑而成的，将图书分为六艺、诸子、诗赋、兵书、数术、方技六大类（称为"六略"），各大类下又分若干小类，共38小类，记载了先秦至西汉时期596家共13269卷的著作。每种书一般只著录书名、篇数或卷数、作者，有时也对书的内容有简单的说明。如《六艺略·春秋类》著录："《世本》十五篇。古史官记黄帝以来讫春秋时诸侯大夫。""《太史公》百三十篇。十篇有录无书。"凡对《七略》原有书目篇章有所改动的地方，均予注明。班固新增的书目，小类最后注明"入"若干篇。例如《诸子略·儒家类》："右儒五十三家，八百三十六篇。入扬雄一家三十八篇。""扬雄一家三十八篇"指扬雄的《太玄》十九篇、《法言》十三篇、《乐》四篇、《箴》二篇。对删去的《七略》书目篇章，则注明"省"若干篇。

由于《汉志》过于简略，许多信息不明，所以后世有不少学者为之作注或考证，这些成果大都收集在陈国庆编的《汉书艺文志注释汇编》（中华书局1983）一书中，该书对了解《汉志》很有用。试以《六艺略·春秋类》所录《楚汉春秋》为例：《汉志》原文仅为："《楚汉春秋》九篇。陆贾所记。"《汇编》提供的资料有（按语为陈国庆所加）：

  沈钦韩《汉书疏证》：《隋志》九卷，《旧唐志》二十卷，《御览》引之。《经籍考》不载，盖亡于南宋也。

  王先谦《汉书补注》：《后汉书·班彪传》云："汉兴，定天下，大中大夫陆贾记录时功，作《楚汉春秋》九篇。"

按：茆泮林、洪颐煊并有辑本。

有了这些资料，我们对《楚汉春秋》一书的了解要丰富多了。

傅荣贤《〈汉书·艺文志〉研究源流考》（黄山书社 2007）对历代《汉志》研究做了较为全面的总结，可以参看。

唐代魏徵等撰的《隋书·经籍志》是我国现存的第二部书目，它首次将四部分类法定名为经、史、子、集，确立了四部分类法在图书分类中的正统地位。《隋志》不但著录了隋代现存的图书，还著录了梁代尚存但至隋已亡的图书，有利于考查图书的流传及真伪。如《经部·论语类》："《尔雅》三卷，汉中散大夫樊光注。梁有汉刘歆、犍为文学、中黄门李巡《尔雅》各三卷，亡。"

关于《隋志》著录的图书数量，有 14466 部、6520 部、4757 部、3127 部等多种说法，都不准确。黄槐能根据中华书局标点本《隋书·经籍志》逐一统计，得出的结果是：包括重复著录在内，共著录四部存书 3235 部，亡书 1610 部，存亡合计为 4845 部。这一统计不包括四部书之后所附的道、佛图书，因为道、佛图书没有具体书名、卷数、著译者，故未计入。① 曾贻芬《〈隋书·经籍志〉校注》（商务印书馆 2021）对《隋志》著录之书有详细的考述，可以参看。

原有 7 种史志书目并没有将当时的图书搜罗完备，著录也存在一些舛错，后人对此进行了补充和考释。如清代姚振宗的《汉书艺文志拾补》收集《汉志》失载之书 317 种。若将《汉志》与姚氏的《拾补》合观，先秦至汉代中叶的书目大致齐备。其他原本没有图书目录的史书，清代及民国时期的学者都做了补编工作。《二十五史补编》（16 开本 6 册，开明书店 1936—1937 年印行，后有多家出版社重印）丛书将宋代至民国时期学者补充考释正史书目的 32 种著作汇集到一起，给我们提供了很大的方便。现将这 32 种著作罗列如下，以备查检：

1. 《汉艺文志考证》十卷，南宋·王应麟撰。
2. 《汉书艺文志拾补》六卷，清·姚振宗撰。
3. 《汉书艺文志条理》八卷，清·姚振宗撰。
4. 《汉书艺文志举例》一卷，民国·孙德谦撰。
5. 《前汉书艺文志注》一卷，清·刘光蕡撰。
6. 《补续汉书艺文志》一卷，清·钱大昭撰。
7. 《补后汉书艺文志》四卷，清·侯康撰。
8. 《补后汉书艺文志》十卷，清·顾櫰三撰。
9. 《后汉艺文志》四卷，清·姚振宗撰。
10. 《补后汉书艺文志》一卷考十卷，民国·曾朴撰。

---

① 黄槐能《〈隋书·经籍志〉著录数量旧说指误》，《江苏图书馆学报》1997 年第 6 期。

11.《补三国艺文志》四卷,清·侯康撰。
12.《三国艺文志》四卷,清·姚振宗撰。
13.《补晋书艺文志》四卷补遗一卷附录一卷刊误一卷,民国·丁国钧撰,丁辰注并撰刊误。
14.《补晋书艺文志》六卷,清·文廷式撰。
15.《补晋书艺文志》四卷,清·秦荣光撰。
16.《补晋书经籍志》四卷,民国·吴士鉴撰。
17.《补晋书艺文志》四卷,民国·黄逢元撰。
18.《补宋书艺文志》一卷,民国·聂崇岐撰。
19.《补南齐书艺文志》四卷,民国·陈述撰。
20.《隋书经籍志补》二卷,民国·张鹏一撰。
21.《隋书经籍志考证》十三卷,清·章宗源撰。
22.《隋书经籍志考证》五十二卷叙录一卷,清·姚振宗撰。
23.《补南北史艺文志》三卷,民国·徐崇撰。
24.《补五代史艺文志》一卷,清·顾櫰三撰。
25.《宋史艺文志补》一卷,清·倪灿撰,卢文弨校正。
26.《西夏艺文志》一卷,清·王仁俊撰。
27.《辽艺文志》一卷,民国·缪荃孙撰。
28.《辽史艺文志补证》一卷,清·王仁俊撰。
29.《补辽史艺文志》一卷,民国·黄任恒撰。
30.《补元史艺文志》四卷,清·钱大昕撰。
31.《补辽金元艺文志》一卷,清·倪灿撰,卢文弨校正。
32.《补三史艺文志》一卷,清·金门诏撰。

遗憾的是这 32 种著作至今没有编出可以通检的书名索引,使用时要逐个查找。

1933 年哈佛燕京学社引得编纂处编印了《艺文志二十种综合引得》一书,将二十种书目所收的书做成统一的索引。现将该书收录的 20 种书目罗列如下:

1.《汉书艺文志》一卷,东汉·班固撰(八史经籍志本)。
2.《后汉艺文志》四卷,清·姚振宗撰(适园丛书本)。
3.《三国艺文志》四卷,清·姚振宗撰(适园丛书本)。
4.《补晋书艺文志》六卷,清·文廷式撰(长沙铅印本)。
5.《隋书经籍志》四卷,唐·长孙无忌等撰(八史经籍志本)。
6.《旧唐书经籍志》二卷,后晋·刘昫等撰(八史经籍志本)。
7.《唐书艺文志》四卷,北宋·欧阳修等撰(八史经籍志本)。

8.《补五代史艺文志》一卷,清·顾櫰三撰(广雅丛书本)。
9.《宋史艺文志》八卷,元·托克托等撰(八史经籍志本)。
10.《宋史艺文志补》一卷,清·卢文弨撰(八史经籍志本)。
11.《补辽金元艺文志》一卷,清·卢文弨撰(八史经籍志本)。
12.《补三史艺文志》一卷,清·金门诏撰(八史经籍志本)。
13.《补元史艺文志》四卷,清·钱大昕撰(八史经籍志本)。
14.《明史艺文志》四卷,清·张廷玉等撰(八史经籍志本)。
15.《禁书总目》一卷(抱经堂印本)。
16.《全毁书目》一卷(抱经堂印本)。
17.《抽毁书目》一卷(抱经堂印本)。
18.《违碍书目》一卷(抱经堂印本)。
19.《征访明季遗书目》一卷,清·刘世珩撰(国粹学报七卷八期)。
20.《清史稿艺文志》四卷,清·朱师辙等撰(清史稿单行本)。

该索引将书名和著者混合排列,既可以查一部书在哪些书目中有记载,也可以查一个著者写过哪些书及这些书在哪些书目中有记载。现有中华书局1960年影印本,共3册,影印时校正了原印本中的一些错误;1986年上海古籍出版社又将中华书局本加以影印,并与《食货志十五种综合引得》合订为一册,使用最为方便。

收集史书书目论著最多的是王承略、刘心明主编的《二十五史艺文经籍志考补萃编》及其《续刊》,清华大学出版社出版。前者出版于2011—2014年,编为27卷,共32开本31册,繁体横排版式,收录二十五史中的艺文志或经籍志及其在宋代至民国间的考证、注释、补遗与补撰之作共计84种,收书下限为1949年。编者为每种书都加了标点,做了校勘。《续刊》出版于2019—2021年,收录论著56种,收书下限为2000年。书成于2000年以前,但2000年以后再版或重印的易得之书则不收录,如张舜徽《汉书艺文志通释》、陈国庆《汉书艺文志注释汇编》等。

9.5.2 方志书目

我国现存的古代方志大约有1万种,想了解这些志书,目前较好的目录是《中国地方志联合目录》和《中国地方志总目提要》。在此二书之前,朱士嘉编有《中国地方志综录》(商务印书馆1935年初版,1958年增订版),收录自宋代至1956年的7413种方志,并附台湾稀见方志232种,美国国会图书馆所藏稀见方志80种。中国科学院北京天文台在《中国地方志综录》的基础上加以增补修订,编成《中国地方志联合目录》(中华书局1985),共收1949年以前的除山水、寺庙、名胜志之外的各级通志共8264种,著录内容包括志名、卷数、纂修者、版本、收藏单位等。后附《书名索引》。

比《中国地方志联合目录》内容更为翔实的是金恩晖、胡述兆主编的《中国地方志总目提要》。该书是海峡两岸200多位学者共同完成的,启动于1987年,1996年由台北汉美图书有限公司出版,精装16开本3册。该书收录旧志8577种,各级各种通志性志书以及具有方志初稿性质的志料、采访册、调查记等都在收录之列,但不收山水、寺庙、名胜志,方志纂成时间截止于1949年。书目的编排以1986年的行政区划为据。在各省、直辖市、自治区之前撰有地方志述评,综述该省、市、自治区历代修志情况。提要内容包括志名、撰者生平、修纂沿革、内容概述、志书价值、版本源流及附注等,未见原书者不作提要。后附《书名索引》和《著者索引》。现移录其中简短的一条如下,以见其书一斑。

〔民國〕天津楊柳青小志一卷　　張江裁纂。江裁,廣東東莞人,久居京師,專研朔方風物。是志凡七章,即:疆域、河流、業產、民氣、風俗、神廟、詩證,約七萬字。記事真確,文字簡潔有法。有民國二十七年(1938)《京津風土叢書》本。(魏東波)

2002年,汉美图书有限公司出版了金恩晖、胡述兆主编的《中国地方志总目提要(1949—1999)》(16开本3册),作为前书的续编,收录1949—1999年间编纂的方志3402种。

9.5.3　佛道书目

汉文佛典总数不下5000种(包括历代入藏佛典及藏外佛典),而《四库全书总目·子部·释家类》仅收了25种,其中有13种还属于存目,所以查检大藏经还得依赖现代学者编的书目。

大藏经的登记式书目,旧有洪业等人编《佛藏子目引得》(燕京大学1933年出版,上海古籍出版社1986年重印)、吕澂编《新编汉文大藏经目录》(齐鲁书社1980),目前较为完善的是童玮编《二十二种大藏经通检》(中华书局1997)。《通检》收录了两种经录(唐《开元释教录》及元《至元法宝勘同总录》)和20种不同版本的大藏经中所有的经籍,共4175种,按汉语拼音音序排列。每种经籍著录的项目包括:经名、卷次、译者、异名、英文译名、梵文译名、英文题释等,注明见于哪部大藏经的哪一册(或帙、函)。为了便于检索,所有经籍作了统一编号,还编制了《经籍名称首字汉语拼音音节索引》《经籍名称首字笔画索引》《同经异名首字汉语拼音音节索引》《同经异名首字笔画索引》《译撰人名及其译著号码索引》《梵文或英文经籍名称索引》等6种索引。下面是书中的一个例子:

2402　《譬喻经》一卷
　　　（唐）义净 译

PIYUJING

Avadāna-sūtra

Translated by Yi Jing, A.D. 710, under the Tang dynasty, A.D. 618—907

开元录,开宝,崇宁,毘卢,圆觉,资福,碛砂(305 册),普宁,洪武南(学);赵城,丽藏(竟);弘法(和);永乐南,永乐北,嘉兴(71 函),清藏(当);频伽,弘教(宿$_8$);大正 4—801

该书的缺点是有些条目没有编著者及作品年代信息,如 3757《翼庵禅师语录》、3758《逸叟高禅师语录》、3952《子肃禅师语录》、3953《梓舟禅师语录》等条,均未注编者;有些条目未标编著者的时代,如"2199《密庵咸杰禅师语录》二卷,崇岳等编","崇岳"前应标"(宋)";有些条目有差错,如"2261《明觉禅师语录》六卷,(宋)重显 说,惟盖等编",应为"惟盖竺等编"。

大藏经的解题式书目,历史上影响最大的当属北宋惟白撰著的《大藏经纲目指要录》。这是现存最早的一部佛经解题著作,撰成于崇宁三年(1104),凡八卷,约 20 万字,著录佛经 1050 种,收书以《开元释教录》为据。每种书先述大旨,次叙内容,最后加以论析总结,解说颇为详细。姚名达评价说:"在佛录中,允推为至高无上之解题杰作。"[①]

日本小野玄妙(1883—1939)主编有《佛书解说大辞典》,初版 12 卷,东京大东出版社昭和七年至十一年(1932—1936)陆续印行。其中前 11 卷为解说部,解说昭和七年十月以前书写、刊行的汉文及日文佛教典籍;第十二卷为"佛教经典总论"。后来再版时将第十二卷删除,另由丸山孝雄增补了第十二、十三两卷,解说昭和七年至四十年(1932—1965)在日本书写、刊行的佛教典籍。这是一部收录极为丰富的解题式书目,收录中日文佛典和佛教著述多达 65500 余条。每条解说包括书名、卷数、存缺、著者、译者、著作年代或译出年代、内容梗概等项,有的条目还提供参考书目、现藏地点、出版发行单位等信息。

刘保金编著的《佛经解说辞典》(河南大学出版社 1997)是一部查检佛典的中型工具书,共收佛典词目 1167 条,约 60 万字,选目主要依据《大正藏索引》。

陈士强编撰的《大藏经总目提要》是中国目前收录较多的解题式佛典目录。陈士强从 1983 年就开始了编撰《大藏经总目提要》的宏伟计划。他将现存各种《大藏经》收录的典籍按"藏"(经藏、律藏、论藏、文史藏等)、"部"(长阿含部、中阿含部、杂阿含部、增一阿含部等)、"门"(相当于"章")、"品"(相当于"节")、"类"(子类)、"附"

---

① 姚名达《中国目录学史》,商务印书馆 1957,第 290 页。

（附录）六级分类法进行编排，各大部之首均有"总叙"，综述这一大类典籍的性质、历史、门类、存佚、收录状况和备考书目。以小乘典籍为主，兼收大乘典籍。每部典籍的解说大致包括经名（包括全称、略称、异名）、卷数、译撰者、译撰时间、著录情况、主要版本、译撰者事迹、序跋题记、篇目结构、内容大意、思想特点、资料来源（或同本异译）、研究状况等项，此外还有经典源流的叙述、不同文本的对勘、史实的辨正和补充等，集提要、考订、资料于一体，分类细致，释义详尽，资料丰富。全书由上海古籍出版社出版，共 32 开本 11 册，解说佛典 1027 种，其中《大藏经总说》1 册（出版时名为《中国佛教百科全书·经典卷》，2000）；《经藏》3 册（2007），分为长阿含部、中阿含部、杂阿含部、增一阿含部、其他小乘经部五大部，共收录汉译小乘经 352 种；《律藏》2 册（2015），分小乘律传译部、小乘律诠释部、大乘律传译部、大乘律诠释部四大部，共收录佛典 210 种；《论藏》3 册（2019），分为小乘阿毗达磨部、小乘集传部、大乘中观部、大乘瑜伽部、大乘集传部五大部，共收录佛典 235 种；《文史藏》2 册（2008），分为经录部、教史部、传记部、宗系部、纂集部、护法部、地志部、杂记部等八大部，共收录文史类佛典 230 种。2020 年，出版社又将《经藏》《律藏》《论藏》《文史藏》整体重印。陈士强目前在做已出版著作的修补工作，《经藏》类要补充大乘经典。我们希望修订本能加强版本源流的介绍，这对了解文献很有用。如《法苑珠林》只介绍一百卷本，对一百二十卷本只提了"《嘉兴藏》作'一百二十卷'，《四库全书总目》因之"两句。一百二十卷本来自哪里？它跟百卷本有何异同？这些重要信息概付阙如。至于典籍内容的介绍，在篇幅有限的情况下，不妨尽量从简。

下面移录《经藏》中的一条，以见一斑。

第九品　　西晋竺法护译《受新岁经》一卷

《受新岁经》，又名《佛说受新岁经》，一卷。旧题西晋竺法护译。本经未见于历代佛经目录著录（它与西晋竺法护译的《受岁经》是名称相近，但内容不同的两部经）。《丽藏》始收有此经。载于《丽藏》"竟"函、《金藏》"容"函、《频伽藏》"宿"帙，收入《大正藏》第一卷。

本经记述佛在舍卫国东苑鹿母园时，于七月十五日（夏安居结束之日），和大比丘五百人一起举行"受岁"（僧龄增加一岁）前的"自恣"（僧人自我忏悔过失，并请其他人指正）活动的情况。《大正藏》的编纂者将本经和东晋竺昙无兰译的《新岁经》一卷、北宋法贤译的《解复经》一卷，编在一起，以为它们均是《中阿含经》卷二十九《大品·请请经》的同本异译。但据笔者对勘，本经并非是《中阿含经·请请经》的同本异译，而是《增一阿含经》卷二十四《善聚品》第五经的抄本。因此，它不是竺法护翻译的一部佛经，而是宋代的无名氏将《增一阿含经·善聚品》第五经抄出以后，为了使它能够在社会上单独流传，便取了一个新的经名《受新岁经》并冒署"西晋竺法护译"而已。倘若新编《大藏经》的话,应当将本经从总目中删除,或者列为附目。

何梅《历代汉文大藏经目录新考》(16开本上下两册,社会科学文献出版社2014)收录校释了自《开元释教录》至今海内外编纂的31种大藏经的所有经目,经目总数(包括附目)多达5495种,是国内目前收录佛教经籍最多的书目。全书由校释、校勘记、对照表、附录及经目索引五部分组成,校释结合经籍实物分藏逐目考校;校勘记包括经名、卷数、译著者、译者年代、小注、序跋、附录、千字文帙号、残缺状况等内容;对照表将历代大藏经收录的所有经籍汇于一表,按照作者改进的《大正藏》分类法进行排序,指出经籍在31种大藏经中的具体位置;附录收有历代汉文大藏经目录的部数、卷数、秩数、年代、作者以及历代汉文大藏经编刊地点图和系统图。

检索旧版道藏可利用《道藏索引:五种版本道藏通检》(上海书店出版社1996),这是法国学者施舟人(Kristofer Schipper)1975年编制的,我国学者陈耀庭在此基础上进行了加工改编。《道藏》的五种版本指:明代刻印的经夹本(标明千字文序号)、上海涵芬楼本(简称"涵")、台湾艺文印书馆本(简称"艺")、台北新文丰出版公司本(简称"新")、大陆三家本(文物出版社、上海书店、天津古籍出版社联合影印本,简称"三")。该索引编有书名逐字引得,只要知道书名中的一个字,就可查到书在五种《道藏》中的册页。改编主要是新增了一个《五种版本道藏经书子目联合目录》,目录中分列五种版本的字号、册数和页码;新编了汉语拼音《音序检字》,以便大陆读者使用;还增加了两个附录,即:《五种版本道藏经书子目联合目录》与哈佛燕京学社《道藏子目引得》编号对照表,《道藏阙经目录》。

道经在创作及传授上采取神秘主义的方式,常常将经的由来假托于某一神仙或祖师名人,因而成书时代及作者往往不明,这对利用道经资料造成障碍。历史上由于道经不受重视,记载、考辨道经的论著很少,《四库全书·子部·道家类》收录的道家著作只有44种,而且基本上是与老庄、《周易》有关的典籍,真正由道教徒造作的道经一部也没有。即使在现代学者中,关注道教典籍产生流传情况的也不是很多。这方面的著作主要有陈国符的《道藏源流考》(新修订版,中华书局2014)[①],日本吉冈义丰的《道教经典史论》[道教刊行会1955年印行,收入《吉冈义丰著作集》第3卷,东京:五月书房昭和六十三年(1988)版],朱越利的《道经总论》(辽宁教育出版社1991)、《道教要籍概论》(燕山出版社1992)和《道藏分类解题》(华夏出版社1996),潘雨廷的《道藏书目提要》(上海古籍出版社2003),搜罗书目丰富者当属《增注新修道藏目录》,考论详细者要数《道藏辑要·提要》《道藏提要》《正统道藏总

[①] 此书是在旧版《道藏源流考》(中华书局1949年初版、1963年增订本)和《道藏源流续考》(台北:明文书局1983)基础上修订而成的。

目提要》《道藏通考》四种。

《增注新修道藏目录》，丁培仁编著，巴蜀书社2008年出版，32开本1册。作者在古代文献中爬梳剔抉，搜罗道书近6000种，是目前收录道书最多的书目。编排按作者自己的分类体系，多数道书注明著作时代，一般不交代依据，只有少数书有简要考证，亡佚书注明"存目"。

《道藏辑要·提要》，黎志添主编，香港中文大学出版社2021年出版，32开本3册。该书是为《道藏辑要》所收道籍而写的提要，由日本、欧美、中国的74位学者通力完成，共计307篇，每篇提要包括书名含义、编著者、序跋题署、内容概要、版本源流、参考文献等信息的介绍与考述。

《道藏提要》由任继愈主编，中国社会科学院世界宗教研究所道教研究室的学者参加撰写。撰写工作始于1978年，1982年完成，1991年由中国社会科学出版社出版，精装32开本1册，121万字。该书条目以明代《正统道藏》和《万历续道藏》所收道经为据，共收录道经1473种。提要充分吸取中外学者研究道藏的成果，如中国学者刘师培、陈垣、陈寅恪、汤用彤、陈国符、王明、陈撄宁、翁独健等人的有关著作，日本学者吉冈义丰、大渊忍尔、福永光司的有关著作，都作为参考借鉴，介绍考述了《道藏》中每一部经书的时代、作者和内容。除了采用传统的考辨方法外，还充分利用佛道二教相互影响、相互渗透的关系，与佛教发展的情况进行对比，利用中国哲学发展思潮的总趋势来判断某一经书的时代，力求给一些难以确定年代的典籍找出比较接近实际的时代断限。书末有五种附录：1.《编撰人简介》，介绍道经的撰人、编者的简历及著作，按姓氏笔画排列。2.《新编道藏分类目录》，将《道藏》各书按其内容重新分类编目，以便现代学者查找。3.《正续道藏经目录》，这是《正统道藏》和《万历续道藏》的旧目。4.《书名索引》，从中可查出《道藏提要》中的每一部书及该书在1923年至1926年上海涵芬楼影印本及台湾翻印本中的册数。5.《编撰人索引》，利用该索引可查出《道藏》所收各书已知的编撰者及其书在涵芬楼影印本和台湾翻印本中的册数。

1995年该书出了修订本，订正了原书中的数百处文字差错及数十处不准确的表述，补充了一些重要的遗漏。2005年又出了第二次修订本，版式改为16开本，订正了文字差错，修补了提要内容，索引中增补了三家本《道藏》的册数，质量有了进一步的提高。

《正统道藏总目提要》（32开本上下两册，台北：文津出版社2011）由学者萧登福撰著[①]，为《正统道藏》（包括万历《续道藏》）的1473种道书撰写了提要。对年代不易断定的道书，据其他典籍征引、记载、各代宗教历史等因素，并参考相关佛经撰

[①] 封面题《正统道藏提要》，版权页及作者自序题《正统道藏总目提要》，应以后者为是。

译年代,力求给出一个可能的撰成年代,书中提供的信息比较丰富。萧登福以独自之力完成此著,实属不易。缺憾是没有书名索引,检索不便。

《道藏通考》(*The Taoist Canon: A Historical Companion to the Daozang*)由法国学者施舟人(Kristofer Schipper)和傅飞岚(Franciscus Verellen)主编,美国芝加哥大学出版社(University of Chicago Press)2004—2005年出版。该书由29位学者历时25年编撰而成,征引各类研究文献达八千多种,时间跨度从20世纪初到2001年,范围则覆盖了整个国际汉学界,旨在对现存《正统道藏》全部道典的年代、作者、价值等作一详细考述,代表了国际道藏研究的最新成果。因撰写者来自不同的国家,底稿最初是用法、德、英、意四种文字写成,正式出版时统一转为英文,以便更多的学者利用。

在道教经籍的分类上,本书首先按年代分为东周至六朝、隋唐五代、宋元明三个时段,在每一时段下再分为广泛流通典籍(Texts in General Circulation)和教内流通典籍(Texts in Internal Circulation)两部分,前者主要为哲学、易经、医药等典籍,后者主要包括各宗派的道经。这种分类将真正的道经和与道教相关的其他典籍区分开来,对道教研究有积极意义。每一种道典的解题由标题、正文及参考文献三部分组成,标题包括中文全名、卷数、所属派别、造作时期及目录号,正文包括经名的英译、道典来源、作者、流传过程及道典内容提要等信息。

全书共3卷,第1卷为综论及对东周至五代时期道典的考述,第2卷为宋元明道典的考述,第3卷为传记、目录和索引,包括道教重要人物的传记、29位撰稿人的信息及书名索引、目录号索引、拼音索引、总索引。

以上三种提要对一些道经产生年代的推断不尽相同,可以互相参看,斟酌取舍。下面依次从《道藏提要》(2005年修订本)、《正统道藏总目提要》和《道藏通考》中转录同一种书的提要,借以管窥三种著作各自的特点:

0298

疑仙傳一卷　　隱夫玉簡撰

（151冊　洞真部記傳類　翔）

　　此傳原分上中下三卷,《道藏》本合爲一卷。原題"隱夫玉簡撰"。諸書引作王簡,二字形近。《通志·藝文略·道家》著録。《四庫提要》推斷爲宋人所撰。近是。

　　卷首有作者短序,序稱:所録諸事,偶聞於朋友間,不敢便以神仙爲名,故目之曰《疑仙傳》。全書記述李元、賣藥翁、負琴生、葛用、東方玄、吹笙女等凡二十二人,類小説家言,其有時代可考者,多出於唐開元以後。《四庫提要》稱其"詞皆冗沓拙陋,或不成文"。"雖宋人舊本,無足採録也"。

说明:"0298"为编者给书加的序号。"151 册"指该书在《道藏》上海涵芬楼影印本中的册数。"翔"指千字文编号。下条仿此。

0299　《疑仙傳》上中下同卷　　隱夫玉簡撰

(洞真部・記傳類・翔字號;151 册;新文豐 9 册)

此書作者以爲所載諸人,以事蹟言,疑是皆爲成仙之人,由於不敢確定,所以名爲「疑仙傳」。撰者爲隱夫玉簡,撰作年代疑在宋代。

書名下題"隱夫玉簡撰"。前有短序云:"夫神仙之事,自古有之。其閒混迹,固不可容易而測也。僕偶於朋友中錄得此事,輒非潤色,不敢便以神仙爲名。今以諸傳構成三巷①,目之爲《疑仙傳》爾。"卷上載錄了李元、蒲洲賣藥翁、張鬱、負琴生、葛用、彭知微、劉簡。卷中有:東方玄、李陽、鄭文、管革、草衣兒、朱子真、丁寔。卷下載:姜澄、沈敬、蕭寅、韓業、吹笙女、景仲、何寧、姚基。三卷共載 22 位疑仙之人,除第一條載明"明皇"外,都僅述其事蹟,不載明年代。

南宋・鄭樵《通志・卷六十七・藝文略五・道家二・傳》載"《疑仙傳》三卷",而書中又載唐明皇時事,知撰者當在唐明皇以後至北宋閒。《四庫全書・卷一百四十七・子部・道家類存目》《疑仙傳》三卷提要云:"舊本題隱夫玉簡撰,不著名氏,諸書或引作'王簡',字形相似,莫能詳也。亦不著時代,中卷朱子真、趙穎一條,稱鑾輿將幸蜀,忽失子真,穎服其藥,果得二百餘歲。考唐玄宗、僖宗皆嘗幸蜀,即以玄宗幸蜀計之,自天寶十四載乙未,下推二百餘年,亦當乾德開寶之閒,知爲宋人所撰矣。所錄二十二人,皆開元以後事。"

Yixian zhuan 疑仙傳

3 juan

Yinfu yujian 隱夫玉簡; Five Dynasties (907—960)

299 (fasc. 151)

"Biographies of Presumed Immortals." The author of these twenty-two biographies has not been identified. The biographies were compiled after the Tianbao period (742—756). According to *Chongwen zongmu* 10.9a, this work had only one juan. However, the arrangement of the texts in three juan corresponds with the indications by the author Yinfu yujian in his preface.

---

① "巷"原序作"卷",此误。

The twenty-two texts contain didactic dialogues, stories about healers, visionary encounters and experiences, which together make clear that these "biographies" have to be considered as specimens of *chuanqi* 傳奇 literature.

BIBLIOGRAPHY

Rieter, „Studie zu den ‚Überlieferungen von mutmasslichen Unsterblichen'. "

Florian C. Reiter

说明:"299"指施舟人和陈耀庭合编《道藏索引》之《五种版本道藏经书子目联合目录》中的经书编号。《道藏通考》的《书名索引》(Work Number Index)也采用这一编号。"fasc.151"指涵芬楼本第 151 册。

9.5.4 善本、图录、小说、戏曲、中医、断代等书目
1. 善本书目

要查找古籍善本,可利用《中国古籍善本书目》。该书目是在国务院古籍整理规划领导小组的领导下对全国各图书馆所藏善本的一次全面普查,普查确定的书目分类编次成书。项目开始于 1977 年,1983 年结束,共收录全国 782 处收藏单位珍藏的古籍善本 57500 多种,分为经史子集丛五部分,由上海古籍出版社出版,共 32 开本 9 册,其中经部 1 册(1989),史部上下 2 册(1991),子部上下 2 册(1994),集部上中下 3 册(1996),丛部 1 册(1990)。所收各书著录书名、卷次、编著注释者、版本、批校题跋者。如《经部》卷三《群经总义类》:

> 群經平議三十五卷　清俞樾撰　稿本
> 　存四卷　十九至二十二

由此我们知道俞樾的《群经平议》稿本尚残存四卷,其余亡佚。

该书目的缺憾是没有收藏信息,没有索引。出版十年后才由南京图书馆组织人员编纂了《中国古籍善本书目索引》(上下 2 册,上海古籍出版社 2009),由《书名索引》和《著者索引》组成,总算弥补了查找不便的缺陷。

天津图书馆编的《稿本中国古籍善本书目书名索引》(16 开本上中下 3 册,齐鲁书社 2003)是《中国古籍善本书目》征求意见稿的影印本,该书保留了每种善本的行款信息,并编制了索引。缺点是对稿本的错误未作校订,字体太小。

目前收录善本较多的是翁连溪编校的《中国古籍善本总目》(线装书局 2005),分为经部、史部、子部、集部(上中下)、丛部及索引,共 16 开本 7 册,第 7 册为索引。该书是以《中国古籍善本书目》的征求意见稿为基础增补编校而成的,与《善本书目》相比,《总目》在三个方面有了进步。一是收录更多,善本书目增加了约 15%。

例如经部,《书目》收录 5239 种,《总目》收录 6024 种,增加了 785 种。二是《总目》对所选书目的著者、版本、刻书年代、行款、刻者及收藏单位,作了详细的介绍,著录信息比《善本书目》丰富。三是编制了书名四角号码索引(另附书名字头笔画检索和汉语拼音字头检索),检索方便。

以上三种善本书目所依据的底本是相同的,在书名、卷数、版本、收藏单位等方面的著录上都存在一些差错,使用者应加注意。

港台地区收藏的善本目前尚无整体的著录,可查阅的有下面几种书目:

《香港中文大学图书馆古籍善本书录》(增订版),香港中文大学图书馆系统编,香港中文大学 2001 年出版,著录古籍善本 848 种,共 14018 册,每种古籍详载书名、著者、版本、册数、版框、行款、版式、刻工、内封、牌记、卷端、序跋及后人批校、题跋、藏印等资料。书后附多种索引。

《香港大学冯平山图书馆藏善本书录》,香港大学冯平山图书馆编,香港大学出版社 2003 年出版,著录古籍善本 704 种,计宋本 4 种、元本 19 种、明本 228 种、明抄本 20 种、清初本 305 种、清抄本及稿本 84 种、清嘉庆以后版本 1 种、旧抄本 9 种、近代抄本 4 种、日本刻本 30 种,共 11427 册。

《"国家"图书馆善本书志初稿》,台北"国家"图书馆特藏组编,台北"国家"图书馆 1996—2000 年出版,共 16 开本 12 册,著录古籍善本 12369 种,约 400 万字。书志内容包括:编著者简介、书名、卷数、册数、版本、书号、版框尺寸、版式行款、避讳字、藏书印章等及各家书目著录情况;某书若含有子目,且子目之版本与原书相同者,书志合并记载;若子目之版本与原书不同,则分别记载。后附书名索引及编著者人名索引。

2. 图录书目

古籍著录中有图录一类,也叫书影目录,就是以书影的形式著录图书,并配有简要介绍。书影的好处是形象直观,比文字描述感受真切。清末杨守敬摹刻的《留真谱初编》(1901,收书 483 种)及《留真谱二编》(1917,收书 252 种)是书影目录的早期著作,后来又有潘承弼、顾廷龙编《明代版本图录初编》(上海:开明书店 1940,收书 203 种),北京图书馆编(赵万里主编)《中国版刻图录》,陈坚、马文大撰辑《宋元版刻图释》,周心慧主编《明代版刻图释》,黄永年、贾二强撰集《清代版本图录》,中山大学图书馆编《清代版刻图录》等。

《中国版刻图录》,文物出版社 1960 年第一版,线装 8 开本 8 册,收书 500 种,图 662 幅。1961 年出增订本,除对原有内容有所调整外,还增加了清中后期刻本 50 种,共计收书 550 种,图 724 幅,其中唐代至清代的刻本 460 种,图 598 幅;明清两代活字版书 40 种,图 50 幅;宋元明清版画 50 种,图 76 幅;系统反映了我国版刻的发展过程,是研究古书版本、版刻艺术的重要工具书。1990 年增订本重印。

2014年又出了修订本,收书种数及图版数与增订本相同,但开本改为4开,这样就能尽可能地以原大呈现古籍页面,保存原貌,图版也更加清晰。

《宋元版刻图释》共16开本4册,学苑出版社2000年出版,收录宋版书影660余幅,辽、西夏、金版书影55幅,元版书影370余幅,另辑录宋元版画99幅。

《明代版刻图释》共16开本4册,学苑出版社1998年出版,收录明版书影1000余幅,明刊版画200余幅。这两种图录都按刊行时代、地域或版刻流派排列。每种版本皆有简要释文,介绍版刻特色及版本源流,较为系统地展现了宋元明版本的历史面貌。

《清代版本图录》共线装16开本5册,浙江人民出版社1997年出版。该书选录清代各类版本350种,按版刻的时间先后排列,每种书详列卷数、撰人、刊刻者及刊刻年份、版框高宽,并对版刻印本等情况略有说明。选录不仅注重善本、孤本,而且照顾到了代表性,也收录了常见通行的版本,甚至是并不精善的坊刻版本,基本上反映了清代版刻的概貌。

《清代版刻图录·初编》共16开本9册,国家图书馆出版社2019年出版。该书以中山大学图书馆馆藏为基础,遴选有明确刊刻年代和刊刻者的清代刻本1798种、活字本14种、朱印本11种、套印本3种,共计1826种,其中康熙4种、雍正3种、乾隆81种、嘉庆133种、道光267种、咸丰109种、同治283种、光绪910种、宣统36种。每种古籍取卷端、扉页、牌记书影2至8幅,共计4994幅,并配以文字说明,记述分类、题名、卷数、著者、版本、版框尺寸、附注等内容。

目前规模最大的图录书目为中国国家图书馆、中国国家古籍保护中心编辑的《国家珍贵古籍名录图录》。国家珍贵古籍名录是由文化和旅游部负责评选、国务院批准公布的中国珍贵古籍目录,主要收录1912年以前产生的汉文及少数民族文字的珍贵古籍。该评选计划自2007年实施以来,已先后评选出六批国家珍贵古籍,累计收录古籍13026种,具体信息可查阅"中国古籍保护网"的"国家珍贵古籍名录数据库"(http://202.96.31.79/nlcab/public!mlSearch.action)。《国家珍贵古籍名录图录》是名录的图录版,国家图书馆出版社已出版五批。第一批(2008)共16开本8册,收录古籍2392种,其中汉文古籍2282种,民族文字古籍110种。汉文古籍按时间编排,包括简帛117种、敦煌文书72种、传世古籍2020种、碑帖73种。民族文字古籍按语种编排,包括焉耆—龟兹文、于阗文、藏文、回鹘文、西夏文、白文、蒙古文、察合台文、彝文、满文、东巴文、傣文、水文、古壮字等14种文字。第二批(2010)共16开本10册,收录古籍4478种。第三批(2012)共16开本8册,收录古籍2300余种。第四批(2014)共16开本6册,收录古籍1516种,书影1700余帧。第五批(2016)共16开本6册,收录古籍978种。全书图版彩色精印,配有文字说明。每种古籍选择一至二帧能反映版本特征的图像,包括"题名页"或"责任者页"

"出版者、出版时间页""彩色套印页""版印方式页""特色页"等,其中以首页书影居多,还保留了部分牌记、刻书题记、序、批、校、题、跋、藏书印等信息。文字说明包括书名、卷数、著者、版本刊刻形式、装帧形式、版框尺寸、行格、字数、栏线、牌记等版本的基本要素。

编纂出版委员会编《国家图书馆宋元善本图录》,浙江古籍出版社2019年出版,共16开本16册,收录国家图书馆藏宋元善本1613种,汇集了国图绝大部分宋元藏品。全书按经史子集编排,选择最能体现版本特征、艺术价值及钤有递藏过程的印章的书页,高清拍摄印刷,每一版本均有编者撰写的著录文字,包括题名、著者、卷次、刊刻时间、册次、版式、钤印、尺寸等信息。

日本静嘉堂文库编《静嘉堂文库宋元版图录》,共16开本2册,一册为《图版篇》,另一册为《解题篇》,东京汲古书院1992年出版,收录静嘉堂文库所藏全部宋元版图书253种,其中宋版书123种,元版书130种。《图版篇》收录卷首卷尾及各版本独具特色的书页的黑白书影,书前附有被指定为日本重要文化财的18种古籍的彩色书影。《解题篇》详细著录了每一种书的版本信息,包括避讳字、刻工名、藏书印、跋文、识语等。书后编有"刻者姓名索引"及"书名索引",颇便利用。

沈津、卞东波编著的《日本汉籍图录》共16开本9册,广西师范大学出版社2014年出版。该图录只收集日本翻刻的中国古籍及日本学者用汉字校注的汉籍的书影,共计约1800种。其中既有比较稀见的五山版典籍(13世纪中期镰仓时代至16世纪室町时代后期,以镰仓五山和京都五山为中心刻印的中国典籍),也有江户初期的古活字本,还有部分古抄本及翻刻的朝鲜版中国古籍。汉籍图片多得自日本各大公立图书馆、著名大学图书馆的藏本,还有一些难得一见的日本古寺庙里的藏本以及美国哈佛大学哈佛燕京图书馆所藏日本汉籍,基本上反映了日本各个时代汉籍的面貌,借此不仅可以了解中国古籍的信息,也可加深中日文化交流史的研究。

曹亦冰、卢伟主编的《美国图书馆藏宋元版汉籍图录》(16开本1册,中华书局2015)收录了美国国会图书馆、柏克莱加州大学东亚图书馆、哥伦比亚大学东亚图书馆、哈佛大学哈佛燕京图书馆、普林斯顿大学东亚图书馆、耶鲁大学东亚图书馆、芝加哥大学东亚图书馆七家图书馆收藏的124种宋元版汉籍,共计书影260余幅,流失美国的宋元版汉籍大都搜罗于此。除书影外,每家馆藏均有整体的文字介绍,每种书都有简明提要,介绍了书籍的版式、流转、藏章、海内外收藏处、版本异同等信息。

3. 小说书目

小说,尤其是白话小说,在古代学者眼里是难登大雅之堂的,所以元代以前几乎不见著录。明清时期,白话小说的记录才渐渐多起来,如明代杨士奇的《文渊阁书目》、高儒的《百川书志》、王圻的《续文献通考·经籍考》、清代钱曾的《也是园书目》等书志中都有一些记载,但零散简略,不成系统。后世的人们想要了解其有关信息,常常感到问津无门。

1933年由国立北平图书馆印行孙楷第撰著的《中国通俗小说书目》是通俗小说专题目录的里程碑式之作①,标志着中国通俗小说专科书目的正式成立。该书收录宋代至1912年以前现存及已佚的小说书目658种,对作者、版本、内容等做了简明扼要的介绍,为通俗小说研究提供了重要信息。1957年作家出版社出版了该书的修订本,著录小说增至818种。1982年人民文学出版社又排印出版,内容略有修补,著录小说831种。日本学者大塚秀高在孙书的基础上进行了增删,撰成《增补中国通俗小说书目》(东京:汲古书院1987),著录通俗小说520余种(不计不同版本),每书著录卷数、回数、编者名以及各版本的刊行地、刊行者、半页行数、一行字数、图像情况和收藏单位等,版本信息颇为详赡,资料截止于光绪初年。该书目没有收录《水浒传》《三国演义》《金瓶梅》《西游记》《红楼梦》《儒林外史》等广为流传的名著,因为这些小说的版本情况已为学界所熟知。

中国目前收录小说较多的书目有四种,一是江苏省社会科学院明清小说研究中心编《中国通俗小说总目提要》(中国文联出版社1990),二是宁稼雨编著的《中国文言小说总目提要》(齐鲁书社1996),三是石昌渝主编的《中国古代小说总目》(山西教育出版社2004),四是朱一玄、宁稼雨、陈桂声编著的《中国古代小说总目提要》(人民文学出版社2005)。

《中国通俗小说总目提要》收录唐代至清末的通俗白话小说,也收了个别章回体文言小说(如《蝉史》之类),既收现存之书,也收亡佚之书,共著录小说1164种。每一条目由书名、作者、版本、内容提要、回目五部分组成,每书注明藏所及出处。后附《中国通俗小说同书异名通检》《中国通俗小说总目音序索引》《中国通俗小说总目笔画索引》及《中国通俗小说总目作者姓名及别号索引》。此目虽然洋洋大观,但失收书目及版本为数不少。另外,提要90%的篇幅用于叙述故事情节及转录回目上,作者、版本的考辨、前人的记述、编者的评议等内容不免简略,这些内容实际上对研究者更有用。

比较而言,《中国文言小说总目提要》更具学术价值,编者广泛吸收了前修时贤的研究成果,介绍作者版本,品评作品得失,资料比较丰富。书中收录了先秦至1919年的单篇文言小说、文言小说集、文言小说丛书、文言小说类书共计2648种,异名577种,分成"志怪""传奇""杂俎""志人""谐谑"五类。历代书目"小说家类"收录而编者认为不合其小说标准者,列入《剔除书目》;依托伪造之书则列入《伪讹

---

① 此书初版时间,孙楷第在1957年修订本的自序中说是1932年,不少介绍孙书者也从此说。今查看原书版权页,题"中华民国二十二年(一九三二)三月初版",民国二十二年应为1933年,括注"一九三二"误。

书目》,这两类著作的汇聚编排给小说研究者提供了便利。

《中国古代小说总目》分为"文言卷""白话卷""索引卷"三卷,每卷16开本1册,共计300多万字。收录文言小说2904种,白话小说1251种,共计4155种。不仅收现存作品,也收亡佚作品,时间截止于1912年。该书条目重在小说版本及其源流的介绍,包括版本类型、性质、刊印时间地点、刊刻书坊、插图、版式、刻工、木记、序跋、评点和收藏等等,力求详备,而故事提要除少数难得一见的作品外概从简略。"索引卷"除了收录"文言卷"和"白话卷"中所有条目外,还把释文中提到的人名(如作者、序跋者、评点者、出版者、刻工画工、版刻时间地点、历史人物等等)、地名、书名等都列入检索内容,大大提高了书目的使用价值。例如检索"冯梦龙",就可查到他写了哪些文言小说和白话小说;检索"杨玉环",就可知道以杨玉环为题材的文言小说和白话小说有哪些。此书将文言小说和白话小说汇于一编,是目前收录古典小说最多的书目。编写时吸收了最新的研究成果,词条质量较高。

《中国古代小说总目提要》出版时间虽晚,实际上早在1993年底就已完成。书分上下两编,上编收文言小说正名2192种,异名350种,下编收白话小说正名1389种,异名759种,合计收正名3581种,异名1109种。亡佚作品也据有关资料尽可能地加以介绍。所收作品时代上起先秦,下迄清末。后附书名、作者音序索引和笔画索引。该书所收白话小说较多,如所收吴趼人《近十年之怪现状》(发表于1909年,一名《最近社会龌龊史》)、《中国通俗小说总目提要》及《中国古代小说总目》均未著录。

张兵主编的《五百种明清小说博览》(32开本2册,上海辞书出版社2005)也值得参考。如题所示,该书目共收小说500种,收录范围上起洪武元年(1368),下止清亡(1911年);某些虽刊行于民国、但创作于清亡之前的小说亦酌予选录。以白话小说为主,也介绍重要的文言小说。介绍由总论、版本、内容提要三部分组成。版本信息注重介绍现代影印本或排印本,多数小说还附有版本书影。内容提要介绍小说的故事梗概,是该书目的重点。

上面的书目主要收录的是单行本,失收小说很多。如内蒙古人民出版社2000年出版的《明清艳情小说》丛书,共32开本12册,收录明清白话小说48种,标称为台湾镜月斋民间文化研究室藏本,这48种小说中见于上面书目的只有《灯草和尚》和《意中情》(又名《巫山艳史》)两种,其他46种均未收录。至于清末白话小说,失收的就更多了。

清末民初是现代意义上的小说大量涌现的时期,除单行本外,还有很多小说刊登在报刊上,查寻不易。日本樽本照雄编《新编增补清末民初小说目录》(贺伟译,齐鲁书社2002)专收1902年至1918年间的小说,不管是单行本还是报刊上的,也不管是本土创作的还是翻译域外的,都在收录之列。共收小说16046种,其中创作小说 11074 种,翻译小说 4972 种。编排以作品名的汉语拼音为序,附有著、译、编者姓名索引。该书目对翻译小说除注明译作及译者名,还注明了原作和原作者名,颇便使用。此版目录是该书的第 3 版。从 2011 年发布的第 4 版开始,《清末民初小说目录》改为电子书,第 4 版为光盘版,以后各版为 PDF 形式,日本清末小说研究会的网站(http://shinmatsu.main.jp/)提供免费下载。电子书用不同的色彩显示创作小说与翻译小说,可以全文检索,可以复制内容,使用比纸质版大为便捷。目前发布的最新版为第 13 版(2021),长达 6690 页,收录 1900 年前后至 1920 年间世界各地发表的汉文小说共计 35769 条(包括同一小说的不同版本和译本),可以说将该时期的汉文小说搜罗殆尽。该书目也收录了一些弹词和剧本,"小说"概念未免过于宽泛。下图(图 9-2)是第 13 版中对《刘公案》文献信息的著录。

L1491

劉公案　20回

無名氏撰　醉夢草廬主人夢梅叟（儲仁遜）輯

[欧萧76]抄本[提要1096]儲仁遜抄本小説之十五[提要1280][大典222]儲仁遜抄本小説之十五、1911刊とする[全書307]清代小説[近大323]章回小説[系目159][古大960]

[編年106]1903年七月

[編年②630]光緒二十九年（1903）七月

[編年②636][目白213][五百1577]また1997年春風文藝出版社[古提751]清末民初儲仁遜抄本[清茹伝1][鄭編121]題名のみ[現史①209]儲仁遜抄本小説15種、1903.八月

图 9-2　《刘公案》著录信息

刘永文编《晚清小说目录》(上海古籍出版社 2008)搜集晚清日报小说 1239 种,期刊小说 1141 种,单行本小说 2593 种,与最新版的《清末民初小说目录》相比,收录要少得多,还有误收非小说作品(如剧本、诗歌等)的情况。

韩国崔溶澈、朴在渊编有《韩国所见中国通俗小说书目》,附录于朴在渊所编《中国小说绘模本》(江原道春川市:江原大学校出版部 1993)之后,收录韩国所藏中国古代通俗小说 813 条(包括不同版本),200 多种。

4. 戏曲书目

宋元是戏曲兴盛的时代,宋元至清,产生的戏曲作品不下 5000 种,流传至今的剧本也在 1600 种以上。清末董康编撰《曲海总目提要》,著录剧目 684 种,虽然缺失很多,但在当时的条件下能搜集到如此多的剧目,已属不易。嗣后庄一拂著《古典戏曲存目汇考》(上海古籍出版社 1982),踵事增华,集其大成。该书著录今可考知的古典戏曲作品,计戏文 320 余种,杂剧 1830 余种,传奇 2590 余种,共 4740 余种,各类作品按作者时代先后编排,内容包括作者小传、作品著录情况、存佚、版本、剧情、本事源流等。

李修生主编的《古本戏曲剧目提要》(文化艺术出版社 1997)收录现存宋元至

清咸丰年间的戏曲作品1509种,分为杂剧、南戏、传奇三大类,编排以时代为序,以作者为目,从剧名、作者、故事来源、剧情、前人评论、舞台影响、主要版本诸方面加以介绍,颇为翔实。晚清时期的戏曲因与传统戏曲形式面貌不同,该书未予收录。书后有两个附录,一为吴书荫《明传奇佚曲目钩沉》(著录作品126种),一为李真瑜《清代剧目补录》(著录作品28种)。

黄仕忠编著的《日藏中国戏曲文献综录》(广西师范大学出版社2010)著录日本收藏的中国古代戏曲及相关文献约2000种,所录版本以清末为限,并择要著录现代抄本、花部戏曲的民初版本、江户、明治间译本等。书目分为七编:杂剧,传奇,曲选,花部曲本及选集,曲谱、曲话、曲韵、曲目,其他,每编之内大略以作者时代为序,同一作者的戏曲集与单行剧本归于一处,不同作者或不同体裁(如兼含杂剧与传奇)的曲集、曲选等归入第三编"曲选"。著录项目包括书名、卷数、册数、版本信息、撰著者、评点者、刊印者、刊印方式等。著录以编者目验为据,少数未经目验而仅据藏者目录迻录之书,注明"未核原书"。

程华平撰著的《明清传奇杂剧编年史》(16开本5册,上海书店出版社2020)涉及明清戏曲的文献考订,可以参看。

5. 中医书目

我国的中医著作十分丰富,历代均有著录。除了综合性书目的记载外,还有不少中医专科书目。如《隋书·经籍三·子经志》有《四时采药及合目录》四卷,宋绍兴年间编的《秘书省四库阙书目》中有《医经目录》《大宋本草目》,但这些医学专科书目大都亡佚。现存最早的医学书目是明代殷仲春编撰的《医藏书目》(又称《医藏目录》),著录医籍500余种。其他较有影响的如丁福保《历代医学书目提要》(上海:医学书局1918,收书1494种)、曹炳章《中国医学大成总目提要》(上海:大东书局1935,收书365种)等。日本学者也编撰过几种规模不小的中医书目提要。如丹波元胤撰有《医籍考》(书成于1826年)①,著录中国古代医书2880余种。学苑出版社2007年出版了郭秀梅与日本冈田研吉整理的《医籍考》。中国刘时觉撰有《中国医籍续考》(人民卫生出版社2011),收录清道光至宣统年间的医籍3068种。日本冈西为人撰有《宋以前医籍考》(书成于1945年前后),著录中国宋代以前医籍1878种,今有郭秀梅整理本(学苑出版社2010)。

郭霭春主编的《中国分省医籍考》是改革开放后率先问世的一部大型古代医书提要。郭霭春从1958年开始组织人员进行编写工作,他们查阅了数千种地方志,从中搜集了大量各地医学著作的资料,在此基础上分门别类,撰成提要,1984年由天津科学技术出版社出版,共32开本2册,收录先秦至清末的各类医籍7201种。

---

① 日本早稻田大学图书馆网站有此书的PDF版,网址:http://archive.wul.waseda.ac.jp/kosho/ya09/ya09_00002/。上海世界书局1936年铅印出版的《皇汉医学丛书》中收有此书,改题为《中国医籍考》。

全书按当时的三十个省级行政区划分域编排,北京和天津归于河北,上海则归于江苏。每省之下分为医经(附运气、脏象)、伤寒(附金匮、温病)、诊法、本草(附食疗)、针灸(附按摩、推拿)、方论(分内、外、妇、儿、五官)、医史、医案、医话、养生、法医等类,每类中的著作按时代先后排列,书后有人名、书名索引。该书对考察一地的医学流变颇为便利。

中国中医科学院1958年与北京图书馆联合主编了《中医图书联合目录》,收录了全国59家图书馆及个别私人藏书家收藏的中医图书7661种(少数书重复),但没有正式出版。1978—1985年间,中国中医科学院图书馆在《中医图书联合目录》的基础上,再次对全国中医古籍资源进行了调查,编成《全国中医图书联合目录》,1991年由中医古籍出版社出版,收录全国113家大型图书馆收藏的1949年以前出版的中医图书12124种。

为了全面准确地反映中医古籍的存世现状,中国中医科学院又在《全国中医图书联合目录》的基础上扩大了调查范围,整合各种社会信息资源,编纂完成了《中国中医古籍总目》(薛清录主编,上海辞书出版社2007),比以前的各种医籍书目有较大进展。其一是著录丰富,共收录全国150个图书馆(博物馆)收藏的1949年以前出版的中医图书13455种(其中民国医籍约4600种),比《全国中医图书联合目录》增加了2263种(《全国中医图书联合目录》中有929种因重复著录或遗失注销而删除),不收法医、兽医类著作。其二是著录版本较多,所收版本比《全国中医图书联合目录》增加了3652个。一些原以为国内失传的书得以发现,一些过去认定的孤本书发现有重复之本。如以往被列入亡佚类的明彩绘本《补遗雷公炮制便览》,出自明代万历年间宫廷画院画师之手,是中国历史上第一部以炮制为题材的彩绘图谱,书中还蕴涵了诸多明代生活史料,今发现中国中医科学院图书馆仍有珍藏。明代刘纯撰《杂病治例》以往也被列入亡佚类,今知书仍存世。宋代杨介撰《存真图》载有国内最早的人体解剖图,该书在历代书目记载中时隐时现,《总目》确认该书现存国家图书馆。为了最大限度地满足查询中医古籍的需要,该书还收录了一批流失海外的国内已经失传的中医古籍的影印本、复制本,并收录了祝由科的著作。该书编撰后期又收集到台湾6家图书馆馆藏中医古籍目录,以附录形式列于书后。《总目》的出版不但为中医学及中医文献的研究提供了丰富翔实的信息,对语言、历史、考古等学科也有积极意义。

《总目》是现存中医古籍的登记式目录,如果想了解一部中医古籍更详细的信息,包括亡佚医籍的详细信息,可利用严世芸主编的《中国医籍通考》(上海中医学院出版社1990—1993)、王瑞祥主编的《中国古医籍书目提要》(上下卷,中医古籍出版社2009)和裘沛然主编的《中国医籍大辞典》(上下册,上海科学技术出版社2002)等提要。《中国医籍通考》共4卷,另有《索引》1卷(上海中医药大学出版社

1994),介绍现存及亡佚医籍8194种,各书大都撮录序跋,考述较为详确。现存医籍详列古今各种版本,亡佚医籍提供前人著录信息。《中国古医籍书目提要》收录1911年以前的中医典籍10061种,其中存书7028种,佚书3033种,每条列作者、出典、提要、版本四项,出典指出古代哪些著作著录了该书,提要主要摘编前人记述,间下按语。总体而言,该书介绍未免简略,很多信息不明。《中国医籍大辞典》是一部全面反映我国历代中医药文献的解题式书目,收录了自先秦至20世纪末的中医药书目22300余种,包括现存医籍17600余种,亡佚医籍4700余种,日本学者编撰的对我国医籍的解释性著作也收列其中,是目前收录古代医籍最多的书目。所收词目按中医药学科分类编年法排列,每条书目下介绍卷册数、作者、成书或刊行年代、流传沿革、内容提要、学术价值、版本存佚、藏书单位等项,内容全面丰富。书末附有词目(书名)索引和作者姓名字号索引。下面转录其中的一个词条("E0013"为词目检索序号):

本草和名[E0013]

二卷。日本深江辅仁编。约成书于日本延喜十八年(918)。题称"奉敕撰"。本书所载药物卷目次第,皆依唐《新修本草》;所引文献如《本草杂要诀》、《本草稽疑》、《龙门》、《百八》、《鉴真方》等皆唐以前书籍;所收药物一千零二十五种,其中本草内药八百五十种,诸家食经一百零五种,本草外药七十种,分别介绍药物别名与出典、日本和名及采用地区。现有日本宽政八年(1796)丹波元简校刻本、1926年东京日本古典全集刊行会影印本及抄本等。

6. 断代书目

文人个人的诗集、文集及诗文合集统称别集,凡诗词、论文、游记、序跋、书信、公牍之类都可纳入。若将多人作品汇为一编则称为总集。总集从编纂目的出发可分为选集和全集两类,前者如梁代萧统编《昭明文选》,后者如清代董诰等编《全唐文》。下面介绍一些别集总集等方面的断代书目。

胡旭《先唐别集叙录》(中国社会科学出版社2011)收集了唐代以前的别集1024种,包括先唐旧本及后人辑本,搜罗相当丰富,每种别集考述其裒集、刊行、流传、收藏等信息。

赵荣蔚《唐五代别集叙录》(中国言实出版社2009)评介现存唐五代别集257种,相比万曼《唐集叙录》(中华书局1980)收录的108种增加不少。

祝尚书《宋人别集叙录》增订本(中华书局2020)收录宋代别集470多种,介绍卷目编次、版本流传、作者生平等信息,内容详确。

祝尚书《宋人总集叙录》增订本(中华书局2019)收录宋人所编总集131种,考述版本源流,评骘各本优劣,主要传本的序跋附于其后。书后有《散佚宋人总集考》和《宋人总集馆藏目录》两个附录。

薛瑞兆《金代艺文叙录》(中华书局2014)搜罗金代文献800余种,分为女真、士林、医学、佛教、道教五类,每类先概述金代该类文献状况,然后以作者为纲著录图书,征引前人有关记述颇为详备。

清人著作的整体著录最早见于《清史稿·艺文志》,共著录9633种。后来武作成编《清史稿艺文志补编》(有《清史稿艺文志及补编》合编本,中华书局1982),增补10438种。彭国栋编《重修清史艺文志》(台北:商务印书馆1968),著录18059种,其中包括《清史稿·艺文志》已收的9633种。王绍曾主编的《清史稿艺文志拾遗》(32开本3册,中华书局2000)又在前三书的基础上广事搜求,将世俗著作如戏曲、小说、弹词、宝卷、时文以及辑佚书、国人翻译的外国著作等也都收列其中,共增补54880种,作者3600多位。《拾遗》的特点是增加了版本项,注明书目来源,提高了书目的实用价值。《拾遗》还用附注方式对众多疑难问题作了考证,是十分有用的学术信息。

著录清代著作最为丰富的当属杜泽逊主编的《清人著述总目》,该书目为国家《清史》纂修工程的组成部分,共收录22.8万余种著作。收录时限为顺治元年至宣统三年(1644—1911),诗文别集则放宽至民国十年以前。不仅收现存之书,也收亡佚之书;不仅收清人著述,也收外国来华人士撰写之作;只收用汉语撰写及汉语与其他文字对照的著作,不收非汉语文本。全书分经、史、子、集、西学、丛书六部,每部分若干类,类下酌分若干属。同一小类的图书依作者生活年代先后排列。每书著录书名、卷数、撰人、版本。撰人冠以籍贯,版本附以馆藏及出处。该书尚未出版。

清人别集数量庞大,一般书目多有遗漏,现有两种著录较全的目录可供查阅。

李灵年、杨忠主编的《清人别集总目》(16开本3册,安徽教育出版社2000)是一部清人别集的登记式书目,共著录近两万名作家的约四万种诗文集。该书目收录广泛,除大陆藏书外,港台地区及韩国、日本、美国等各大图书馆所藏的别集也尽量做了搜罗。搜罗到的所有版本一一胪列,并详注收藏处。收录范围为国人以汉语创作的诗集、文集、诗文合集,兼及以诗文为主要内容的个人全集,不收非汉语作品及外籍(如朝、韩、日)人士的汉语作品。所收作者兼及由明入清和由清入民国者。编排以人系书,同一作者不同著作的著录大致以诗集、文集、诗文合集、全集为序。凡作者信息可考者,均附有作者简介,并提供传记资料信息。全书用简体字横排,但对书名首字和人名首二字中一些不为人所熟知的异体字酌予保留。第三册附《别集书名索引》《别集序跋题咏辑抄校注编选刊行者名号索引》《别集人名书名首字繁简对照索引》。

柯愈春《清人诗文集总目提要》(16开本3册,北京古籍出版社2001,繁体横排版式)收录清代有诗文别集传世者19700余家的4万余种。诸集皆以全国各大中型图书馆所藏为主,见于个人著录而估计此书尚存者亦酌情收录,生平有集而未见传世者不在收录之列。收录范围上起明末,下止民初。其中少数明代人物入清后有所活动、有所创作者,其别集亦予著录。全书按作者生年排列。生年不详者,依其卒年、科第、交游、世系及成书年代等推出大致生年,排入有确切生年作者之后。生年相同者依作者姓名笔画顺序排列。每书收藏单位大体注明一家,版本不同者分别标出。凡收藏单位不详者,力求注明资料来源。第三册为索引,有《著者姓名索引》《书名索引》及《人物索引》。著者姓名以晚年常用者为准,原名或别名用互见之法标出。《人物索引》包括序跋者、编刻者、评注者、交游者、私家收藏者及其他有关人物。索引以笔画多少为序,但没有首字索引,页眉也没有标明该页笔画数,检索有些不便。

以上两种书目所收别集存在此有彼无的情况,提供的信息也有详有略,可以互相补充。试比较两书对同一别集的介绍(前一条出《清人别集总目》,后一条出《清人诗文集总目提要》):

    臧法高
  卢溪诗草　1卷
    嘉庆自刻本(鲁博)
    清活字排印本(鲁图)

    [附]臧法高,字宪庭,号贞溪,诸城人。
    国朝诗人徵略初编46

  盧溪詩草　一卷
    臧法高撰。法高字憲庭,號盧溪,山東諸城人。此集道光間刻,有嘉慶九年自序,山東省圖書館藏海源閣書。

前条比后条多一版本信息,且有作者传记资料信息,但另一版本信息则不如后条具体。前条"贞溪"为"卢溪"之误。

徐雁平编著的《清代家集叙录》(32开本3册,安徽教育出版社2017)著录了1244种清代家集,其中1006种经过作者目验,为之做了详细叙录。每篇叙录包括条目、正文、按语三部分,正文记录家集的基本信息,如书名、所属地域、编撰者、版本形态、编辑或刊印年代、藏地、子目、辑录序跋或题词中揭示编纂过程的文字等,按语重在揭示家集的文献价值,体现了作者的学识判断。另有238种家集作者未见,列入附录,留待查证。

7. 辑佚、家谱、法制、西学等书目

大多数书目只收现存典籍,不收亡佚之书,孙启治、陈建华编撰的《古佚书辑本目录》①（中华书局 1997）可以弥补这方面的部分缺失。该书目专收今已亡佚的先秦至南北朝期间著作的佚书辑本及现存典籍的佚文辑本，凡是 1949 年以前辑成的版本都在收录之列，共收佚书 5206 种，其中经部 1702 种，史部 884 种，子部 763 种，集部 1857 种②。所收书按传统的四部分类法排列，同一佚书有不同辑本者，一一收录，以便使用者比较异同，取长补短。许多条目下编者用附注的方式介绍了佚书的作者、历代对佚书的著录情况、同书各辑本的异同优劣等信息，颇有学术价值。下面是对《四民月令》一书的著录情况：

　　四民月令一卷　　（漢）崔寔撰
　　　　說郛弓六十九（宛委山堂本）
　　　　說郛弓六十九（宛委山堂本）　傅增湘校　［北京圖書館］
　　四民月令一卷　　（漢）崔寔撰　（清）任兆麟輯
　　　　心齋十種
　　四民月令一卷　　（漢）崔寔撰　（清）王謨輯
　　　　漢魏叢書鈔・經翼第二册
　　四民月令一卷　　（漢）崔寔撰　（清）嚴可均輯
　　　　稿本　清勞格校補　［上海圖書館］
　　　　全後漢文卷四十七
　　四民月令一卷　　（漢）崔寔撰　（清）嚴可均輯
　　（清）陶濬宣輯補
　　　　稷山館輯補書
　　四民月令一卷　　（漢）崔寔撰　（清）王仁俊輯
　　　　玉函山房輯佚書續編・子編農家類
　　四民月令一卷　　（漢）崔寔撰　唐鴻學輯
　　　　怡蘭堂叢書
　　四民月令一卷附札記一卷　　（漢）崔寔撰　唐鴻學輯并撰札記
　　　　私立北泉圖書館叢書
　　　　　　注：崔寔，字子真，一名台，字元始，涿郡安平人，好典籍，拜議郎，遷大將軍冀司馬，與邊韶等著作東觀，出爲五原太守（《後漢書》本傳）。《隋》、《唐志》並載《四民月令》一卷，《新唐志》誤題崔湜撰。按史志或作《四人月令》，唐人避諱故也。嚴可均云："近人任兆麟、王謨

---

① 2009 年上海古籍出版社再版，书名改为《中国古佚书辑本目录解题》。
② 郑杰文《谈前辑古佚书的汇集整理与古佚书新辑新考》，《中国典籍与文化》2008 年第 4 期。

皆有輯本，編次不倫，且多罣漏。王本又誤以《齊人月令》謂即《四民月令》，而所採《齊民要術》有今本所無者六事，其文不類，未知何據。""（余）蒐錄遺佚，得二百許事，省并重復，逐月分章，爲十二章，定著一卷。有注，疑即崔寔撰，徵用者或以注爲正文，今加注字間隔之，而王本所採《齊民要術》六事附存俟考。"又輯孫思邈《齊人月令》，附於後，不與崔書相混。陶濬宣據嚴本輯補數條。唐鴻學謂任、王（謨）、嚴三家輯本以嚴本較善，"然其中有誤注爲正文，誤正文爲注者，又有誤引佗書入文、入注者，余輯是篇，一皆釐正，而以《玉燭寶典》爲主，若《齊民要術》（校宋本）、《北堂書鈔》（舊鈔本南海孔氏刻本）、《藝文類聚》（校宋本）、《初學記》（舊校本）、《太平御覽》（明補宋刻本）所引，但刺取附注而已"。王仁俊僅據《齊民要術》採得約四十節。

《中国丛书综录》也收录辑佚之书，但远不如此书目搜罗详备。

家谱又称宗谱、族谱，它以表谱形式记载具有血缘关系的同宗共祖的家族世系、人物、事迹，对家族世系传承、人口迁移、婚姻状况、生卒年月、重要履历，均有记录，是研究历史及个人的重要资料。但目前有哪些家谱，收藏何处，往往不易查找。国家档案局二处、南开大学历史系和中国社会科学院历史所图书馆曾联合编了一部《中国家谱综合目录》（中华书局1997），收录1949年以前的家谱14719种，著录书名、卷数、纂修朝代、纂修人、纂修时间、出版时间、版本、册数、藏书单位等项目。此目录失收颇多，因此上海图书馆又编纂了《中国家谱总目》（上海古籍出版社2008），全书16开本10册，1200万字，家谱资料截止于2003年，收录中国家谱52401种，计姓氏608个，是迄今为止收录中国家谱最多的专题目录。书中收集的家谱信息既有国内（包括台湾）公私收藏，也包括美国、加拿大、英国、法国、荷兰、瑞典、德国、马来西亚、日本、韩国等国外收藏；从谱主看，既囊括大多数汉族姓氏，也有部分少数民族姓氏，不但皇家达官谱牒悉数收录，平民寒族所修亦尽量网罗。在著录内容上，除了书名、修纂者、版本、载体形态、装订、收藏者等常规著录项外，还特意注记始祖、始迁祖、名人等有关家族变迁的要素，半数以上条目撰有提要，揭示该谱的内容特色。书后附有6个索引，包括《分省地名索引》《谱名索引》《纂修者索引》《堂号索引》《先祖索引》《名人索引》，颇便检索。

要了解礼制规章方面的古籍，可查阅张伟仁主编的《中国法制史书目》（共16开本3册，台北中研院历史语言研究所1976）。该书收录先秦至清末的礼制规章类典籍及现代学者的古代制度史专著2352种，分为规范篇、制度篇、理论篇、实务篇、综合篇五篇，规范篇为各种规范及其注释之书，制度篇为立法、司法以及与之协同运作的行政、军事、经济、社会、教育等制度之书，理论篇为各种规范、制度的理论和注释之书，实务篇为规范、制度的实际实行和运作记录之书，综合篇为涉及上述诸篇的奏议、文集、类纂、方志等。每种书的介绍一般包括书名、作者、册卷数、版本、作者生平、内容概要、收藏图书馆的馆号等。第三册后附有作者及书名索引。该书目所收之书并不限于礼制规章的专书，凡书中涉及礼制规章者皆在收录之列，因此收书不免驳杂，如子书、史书、笔记、别集等多有收录，如此"法制史书"概念几等于"四库全书"。而真正的法制专书如清代沈家本的《历代刑法考》《历代刑官考》等却又失收。

明清以降，西学东渐，产生了众多汉译西学论著，给古老的中华文明注入了新鲜血液。张晓编著的《近代汉译西学书目提要（明末至1919）》(16开本1册，北京大学出版社2012)，收录明末至1919年间出版的汉译西学著作5179种，其中包括外人用汉语著述的西学著作以及日文西学书籍之中译本，兼有少量译编之书，按现代学科门类编排。所收以单行本、丛书为主，除了少数早期出版的期刊如《格致汇编》《小说月报》等酌收重要篇目之外，一般不收期刊所载译著。凡属著者亲见之书，均撰提要，提要内容包括原著的书名、文种、著者简介、中译本内容概要、版本变迁等。著者未及亲见之书，则间接取材于有关论著之介绍，无所依凭则付阙如。书后附有书名索引、著译者索引及主要征引书目。

要了解地方文献状况，可利用贾贵荣、杜泽逊编辑的《地方经籍志汇编》，北京图书馆出版社2008年影印出版，共32开本46册。该书汇集地方文献书目著作55种，如《温州经籍志》《无锡先哲遗书目》《太原艺文目录》等，涉及古籍5万余种，大多撰有提要，介绍每种书之著者籍贯、生卒、官爵及书之内容、版本、收藏和传承等。宋志英、骈宇骞为此书编有《地方经籍志汇编书名索引》，共32开本2册，国家图书馆出版社2010年出版。

改革开放以来，不少省市编纂了本省市的古籍总目，对了解地方文献更为便利。王绍曾主编、沙嘉孙修订的《山东文献书目》修订本（齐鲁书社2017）收书10831种，沙嘉孙《山东文献书目续编》（齐鲁书社2017）增补4900余种。任竞、王志昆主编的《巴渝文献总目》(32开本7册，重庆出版社2017)分为"古代卷"和"民国卷"，凡"巴渝人写""为巴渝写""在巴渝写"的著作及单篇文献都在收录之列，共计收录著作7212种、单篇29479篇。牛继清主纂的《安徽文献总目》(32开本6册，黄山书社2020)收录1911年以前安徽撰述编纂的文献3.3万余种，其中现存文献1.7万余种。

江庆柏主编的《江苏艺文志》增订本更是规模空前。该书目原由赵国璋主编，江苏人民出版社1994—1996年出版，共计11卷15册。增订本扩充为13卷28册，凤凰出版社2019年出版，收录1949年9月30日之前去世的江苏籍作者及外省流寓并定居于江苏的作者著作85309种，作者29617人。

据悉，方建新主编的《浙江古代文献总目》即将由浙江大学出版社出版，收录现存1912年前浙籍人士及寓居浙江人士所撰写、编纂、辑佚之著作3.4万余种,8.7万余条(版本)。

王道荣、乔衍琯搜集汉代至民国时期的各类书目95种(其中《经籍访古志》《古文旧书考》《日本国见在书目录》3种为日本学者所撰),汇辑为《书目丛编》5编,由台北广文书局于1967—1972年间影印出版,共32开本205册。乔衍琯为所收各书撰写了叙录。严灵峰编辑的《书目类编》收录中日两国历代目录学著作203种,分为公藏、私藏、专门、丛书、题识、版刻、索引、论述、劝学、日本书目十类,由台北成文出版社1978年影印出版,共32开本114册。这两种目录丛书为查阅中日古代书目著作提供了便利。

十　古书形制

10.1　古书形制概说

古代文字虽然书写于多种材料,如甲骨、金石、丝帛等,但这些都是有特殊用途或是稀有的材料,不是日常通行的书写材料。古代日常通行的书写材料是简牍和纸张,简牍流行于三国以前,纸张从晋代流行至今。

了解古书的形制对正确判断古书中的字句差错不无裨益。清俞樾《古书疑义举例》第七十四条为《简策错乱例》,讲的是因简册散脱而造成的语句错乱,校勘学上称为"错简",这就跟简册的形制有关。《金瓶梅词话》第一百回"汝当谛所吾言"的"所",很多后出的排印本都转录作"所",其实并非"所"字。联系古代刻版的情况来看,这可能是由于写样的纸张透明度不好,不识字的刻工误将木板纹道当成了"听"字的组成部分。如果不考虑古书的制作过程,一味在形误音误上动脑筋,这样的差错是不好解释的。又如我们在查阅古籍书目时会遇到不少描述版式的术语,如"鱼尾""牌记""影抄本"等,若事先不加了解,则不知所云。

下面对简牍和纸书的形制知识作一概略的介绍。

10.2　简牍形制

简指长条形的板材,竹质的叫竹简,木质的叫木简。竹简流行于南方,木简流行于北方。简的长短、宽窄、薄厚都没有定制,制作者根据原材料的状况及具体的需求来加工。如湖北随县曾侯乙墓出土的遣策竹简长达 75 厘米,而湖北江陵县马山砖厂战国墓出土的遣策竹简长仅 11 厘米,常见的长度在 30 厘米左右。就宽度而言,长沙走马楼吴简中的大木简宽达 4.3 厘米,而尹湾汉简中最窄的竹简只有 0.3 厘米,常见的在 0.6—1 厘米之间。

简上书写的文字一般为一行,少数也有写两行的。竹简上的字多写在竹里(又称竹黄、竹白),写在竹青(竹表面)的占少数。

简牍上的字如果写错了,就用书刀刮削掉,然后重新书写。书刀先秦称为削,汉代以后多称书刀或刀。《释名·释兵》:"书刀,给书简札有所刊削之刀也。"

《史记·孔子世家》中说孔子写《春秋》的时候,"笔则笔,削则削,子夏之徒不能赞一辞。""削则削"指删改。古称不可更改的言论为"不刊之论",刊也是刮削的意思。《周礼·考工记·筑氏》:"筑氏为削,长尺,博寸,合六而成规。"郑玄注:"今之书刀。""合六而成规"指 6 件书刀的刀身合在一起就组成一个圆,则每件书刀的刀身弯度为 60 度。书刀之所以做成弯曲形大约是为了制作竹简时便于刮削竹青,说明书刀的用途不仅仅是刮削错字。古代墓葬中常有书刀出土,长度从 15—30 厘米都有,造形有弯曲形也有竖直形,弯形书刀的弧度也不一定是 60 度(图 10-1)。

图 10-1 战国早期玉首削,通长 28.6 厘米、刀身宽 17.4 厘米
1978 年湖北随州擂鼓墩一号墓出土,现藏湖北省博物馆

将分散的简用绳索编连到一起,称为册(也写作"策")。册字甲骨文作 ⫴(合 7386)⫴(合 7429),一般认为象编连竹简之形,本义即简册。出土竹简凡堆放在一起的长短都一样,没有将长短不同的竹简编连成册的情况,但甲骨文的册字却是有意写成长短不一,与实际不符。金文册字还有这样的写法:⫴(师虎簋,西周中期),上面带尖。所以甲骨文、金文中的册应该象栅栏之形,是栅的本字,简册义是栅栏义的引申。甲骨文中有个 ⫴ 字(合 26801),有些学者释为编,不足采信。此字从糸从册,当是册的异体,从糸表示用绳索编连。编连到一起的通常是一篇完整的文章,一编即一篇,篇因编而得名。《汉书·张良传》:"五日,良夜半往。有顷,父亦来,喜曰:'当如是。'出一编书。"颜师古注:"编谓联次之也。联简牍以为书,故云一编。"《史记·留侯世家》"出一编书"裴骃集解:"徐广曰:编一作篇。"一部书由若干篇文章组成,如《论语》的《学而篇》《为政篇》等,最初就是指若干编。当然,如果一篇文章太长,可以分为上(中)下编;如果文章短小,一编也可以由数篇组成;这两种情况下编与篇就不对应了。

编连简的绳索也叫编,一般用麻绳和丝绳,丝绳编的简册可以说是古代的精装本。还有用皮绳作编的,应该比丝麻绳牢固耐用。《史记·孔子世家》记载说:"孔子晚而喜《易》……读《易》,韦编三绝。""韦编"指用熟皮做的编绳。有些学者认为出土简册中未见有皮绳,而且皮绳僵硬,不适宜舒卷,所以主张"韦"是"纬"的通假字,"纬编"即横编。此说未必可靠。韦是柔软的熟皮。唐玄应《一切经音义》卷一四引《字林》:"韦,柔皮也。"《文选·任昉〈王文宪集序〉》:"夷雅之体,无待韦弦。"李善注："韦,皮绳,喻缓也。弦,弓弦,喻急也。"韦不但有皮绳义,而且还用来隐喻舒缓,可见说皮绳不能用来编连简册未免想当然。韦编成本高,用它编的简册自然稀少,所以韦编简册出土的概率也就很小,我们不能因此而否定古代曾采用过韦编。

编绳从一道至五道不等,主要根据简的长短而定。一道绳是在简端钻孔,然后用绳串连。关于编简与书写的先后,既有先编简成册再书写的,也有先书写再编成册的,前者没有编绳压住字的情况,后者则存在编绳压住字的情况。一编简册若有篇名,有两种题写形式,一种写在第一支简的背面,另一种写在最后一支简的背面,两种篇名分别对应不同的收卷方式。篇名在首简背面者,收卷时以尾简为轴,从左到右字朝里卷起;篇名在尾简背面者,收卷时以首简为轴,从右到左字朝里卷起;这样在卷起的情况下便于从篇名查找(图10-2)。

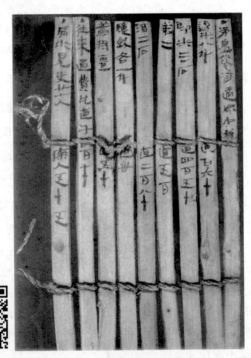

图 10-2　居延汉代木简

比简宽的书写板材叫牍,木质的为木牍,竹质的为竹牍。由于简牍都没有定制,所以二者之间不存在截然的分界。一般把条形且写两行字以下者视为简,方形及写三行字以上的条形视为牍。牍上所写多为短文,这样一牍可以写完。如果正面写不完,也可写于背面。《仪礼·聘礼》中有"百名以上书于策,不及百名书于方"的说法,"名"就是字,"方"就是牍。古称书信为"尺牍"。如《史记·扁鹊仓公列传》:"缇萦通尺牍,父得以后宁。"这是因为书信用牍一般的规格是长为 1 尺。1975 年湖北云梦睡虎地秦墓中出土的 11 号木牍是服役的士兵写给家中兄长的家信,长 23.4 厘米、宽 3.7 非礼、厚 0.25 厘米,木牍正面墨书秦隶 5 行共 249 字,背面墨书秦隶 6 行,可辨识 110 字。战国时期 1 尺的长度约为 23 厘米,此牍符合"尺牍"的常规。

10.3　纸书形制

传统认为造纸术是东汉蔡伦(约 63—121)发明的,然而考古发掘表明,纸早在西汉初期就已出现。1986 年在甘肃天水放马滩的一座西汉文景时期的墓葬中,出土一幅纸上绘制的地图,残存长 5.6、宽 2.6 厘米,造纸原料为大麻。可见蔡伦只是造纸术的改进者,而非发明人。不过早期的纸质地粗糙,不宜书写;蔡伦改进造纸术后纸虽然宜于书写,但因容易损毁,加之生产成本并不比简牍低廉,所以三国以前一直未能取代简牍的主流地位。到了晋代,随着造纸工艺的进一步提高,生产成本的不断下降,纸才成为风行天下的书写材料,简牍则在东晋以后基本退出了书写材料的行列。

纸书的装帧有过多种形制。

最早是卷轴装,这是沿用了简册的装帧形式,将同规格的纸张粘连成横幅再装轴收卷起来。直到今天,装裱字画仍用这种形式。所以古代用"轴"作为计算书画的量词。韩愈《送诸葛觉往随州读书》诗:"邺侯家多书,插架三万轴。"

卷轴装每次都得从头打开,查阅不便,而且卷久了不易展开,于是受印度贝叶经梵夹装的影响,唐代晚期又出现了经折装。经折装将长卷一反一正地折叠成同样大小的页面,首尾粘上硬纸作封面。由于这种装帧最先应用于佛经,故称经折装。经折装的优点是翻阅方便,缺点是折叠处容易断裂。

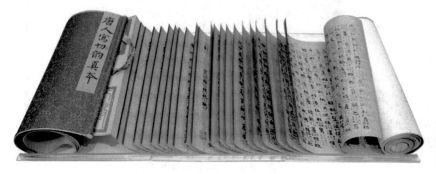

图 10-3　王仁昫《刊谬补缺切韵》唐吴彩鸾抄本

唐代还出现过一种叫龙鳞装(也叫旋风装)的装帧形式,它将一张张单独的书页像鱼鳞一样依次粘在一张底纸上,这样在展开时相同的空间里可以比卷轴装呈现更多的页面,前后翻阅也更为自由。龙鳞装的书页可以双面书写,这就能大大减轻书的重量。现存北京故宫博物院的王仁昫(或作煦)《刊谬补缺切韵》唐朝吴彩鸾抄本采用的就是龙鳞装(图10-3)。龙鳞装的收卷方式跟卷轴装一样,但卷起后轴的端面呈涡旋状,旋风装大约由此得名。它是卷轴装到蝴蝶装及包背装的过渡形制。

蝴蝶装简称蝶装,兴起于唐代后期。其装订方法是先将每一印页字朝里对折,再将折页在折缝一侧粘连,最后粘上硬纸作为封面。这种装帧打开时书页如蝴蝶展翅,故称蝴蝶装。蝴蝶装开启了书籍册页形制的新时代,不足之处是容易散脱,而且书中有一半的页面是空白页,翻阅不便。

包背装兴起于南宋。它把印页字朝外对折,再将折页依次在右侧粘连成册,或将折页叠摞起来在右侧打眼,用纸捻穿订,最后再将一张厚纸从中间粘于书背作为封面,把书背包裹起来。包背装消除了蝴蝶装的空白页,页页文字相连,便于阅读。

线装早在唐末就已出现,古人称为缝缋装,如辽宁旅顺博物馆收藏的敦煌写本《坛经》就是缝缋装(图10-4)。缝缋装是线装的早期形式,它的装订线在书脊,穿线比较烦琐,而明代以来流行的线装从书脑穿孔走线,装订大为简便。

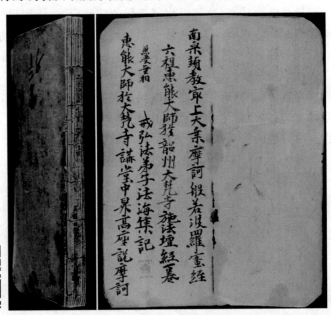

图10-4 缝缋装敦煌写本《坛经》

10.4 刻本版式

古书长期用毛笔手写,写本除了在有边栏界行的纸上的工整书写外,大都没有固定的版式。所以,版式通常是指雕版印刷的书籍而言。

雕版印刷出现于何时,至今争论不休。我国早在殷商时期已有玺印,玺印的用途多种多样,常见的如戳盖在陶器的泥坯上作标记、钤印在封泥上起密封及凭证的作用、作为字模制作青铜器铭文等(图 10-5)。《吕氏春秋·适威》中说:"故民之于上也,若玺之于涂也,抑之以方则方,抑之以圜则圜。""涂"就是指泥。雕版印刷只是玺印用途的扩展,活字印刷也不过是多方印章的集中编排而已,只要有适宜印刷的材料,并有大量复制的需求,可以随时应用,不存在后人苦思冥想去发明雕版及活字印刷的问题。1983 年河南新郑市出土了一块战国时期的石模(图 10-6),是用来铸造青铜器铭文的模具,上面在文字需要随机变更的地方留有"活字坑",制作铭文时只需将活字模填入该坑即可,这可以说是雕版与活字两种印刷方式的结合。将文字印制在纸张上要比印制在青铜器上容易多了。《后汉书·孔融传》载:"山阳张俭为中常侍侯览所怨,览为刊章下州郡,以名捕俭。""刊章下州郡,以名捕俭"意为刻印法令下发州郡,以公开捕捉张俭。这是汉末的事情。

图 10-5 西汉封泥(千乘均尉),
山东九宫阁齐国文字博物馆藏

图 10-6 战国戈铭石模,河南博物院藏
(年莫命埊恒司寇宥□生库工帀郢□冶卣)

此外,隋代之前已在流行石刻文字的拓印术。据《隋书·经籍志》记载:"后汉镌刻七经,著于石碑,皆蔡邕所书。魏正始中又立三字石经,相承以为七经正字。……贞观初,祕书监臣魏徵始收聚之,十不存一。其相承传拓之本,犹在祕府。"传

图 10-7 唐太宗
《温泉铭》卷末题记

是传输、转移的意思,拓即拓印。这里记载的"传拓之本"最晚产生于南北朝时期。现存最早的拓本实物是唐太宗书写的《温泉铭》残卷,敦煌藏经洞出土,卷末书"永徽四年(653)八月卅日围谷府果毅阅"一行(图10-7),现藏于巴黎法国国家图书馆(编号为 P.4508)。石刻拓印与雕版印刷大同小异,这也表明我国印刷术的历史比目前流行的产生于唐代的说法要早很多。宋代以后,雕版印书盛行于世,直至清末为铅印所取代。

雕版印刷的工序包括准备木板、写样、刻字、印刷等过程。木板常用梓木、梨木、枣木等木材,故有"付梓""付之梨枣"等说法。品质以梨木、枣木为良。工序中最艰难的是刻字。那么一个刻工平均每天能刻多少字呢?以《径山藏》中的《经律异相》经为例。该经刊刻于万历四十年(1612),共 50 卷,约 42 万字,每卷后均有题记,记录刻工姓名、所刻字数、工价等信息,并注明题记时间。据杨绳信统计①,该经刻工共 31 人,刻经费时 5 个月(万历四十年六月至十月)。其中刻字最多的两名技术熟练刻工平均每天刻 130 字,一般刻工每天刻 100 字左右。31 人耗时 5 个月只是该书的刻板时间,如果加上其他工序的时间,要刻印出一部 42 万字的书,大约需要 40 人辛勤工作 1 年。如果雇用的工匠少,那所需时间就更长了。可知古代刻印书籍成本很高,十分不易。

下面对刻本的版式等概念略作介绍,以便理解古籍著录的内容。

版式:刻本的一个印页通常由两个半页组成,版式指每张印页的款式,由边框、界行、行款、版心等内容构成。

版框:也称边栏,指版面上的四周边线,上下左右边线分别称为上栏、下栏、左栏、右栏。单线的版框称为单边或单栏,双线的称为双边或双栏。如果仅左右栏为双线,而上下栏为单线,称为左右双边。

界行:也称界格、界栏,指在版面上分割字行的直线。界栏为红色的称为朱丝栏,黑色的称为乌丝栏。

行款:又称行格,指正文的行数与字数。在著录说明时习惯按半页计算,称为"半叶×行×字",有的径称"×行×字"。行中若有两排小字(通常为大字的注文),称为"小字双行每行×字"。同一种书的不同刻本行款往往有差异,故行款为鉴别

---

① 杨绳信《历代刻工工价初探》,上海新四军历史研究会印刷印钞分会《历代刻书概况》,印刷工业出版社 1991,第 559 页。

版本的重要依据。

天头：也称页眉，版框上栏外的空白部分。

地脚：版框下栏外的空白部分。

版心：印页两半页之间不刻正文的一行。版心多刻有象鼻、鱼尾，以便折页整齐。装订书籍时将印页有字的一面朝外对折，版心位于书籍的开口端，故版心也称版口、书口。现代出版业则将页面上排印图文的整个空间称为版心，跟古籍的版心所指不同。

鱼尾：版心中间形似鱼尾的图案（图10-8）。如果仅版心上方有鱼尾，称为单鱼尾。如果上下都有鱼尾，称为双鱼尾。双鱼尾方向相反的称为对鱼尾，方向一顺的称为顺鱼尾。鱼尾刻印出花样的叫花鱼尾。上下鱼尾之间常刻书名简称、卷第和页码。下鱼尾下方常题刻工姓名。

图 10-8　鱼尾

象鼻：上下鱼尾至上下栏的一条线，作为折页的准线。书籍装订成册后，书口处因有象鼻而呈黑色。象鼻为一条细黑线的叫细黑口或小黑口，象鼻为一条粗黑线的称为粗黑口或大黑口，无象鼻者称为白口。象鼻两侧或刻一版字数。

书耳：又称耳子，版框外左上角有时刻出一个小方格，因形似耳朵，故称书耳。书耳里面刻有简略的篇名，称为耳题或耳记（图10-9）。

大题：书名。

小题：书内的篇名。

书签：题写有书名的签条。如果是卷轴装的书籍，书签用竹木兽骨等材料制作，悬挂于卷轴的下端。如果是册页装的书籍，书签是一片纸条或绢条，粘贴于封面。

牌记：又称版记、书牌，类似于今天的版权说明，刻有书名、作者、刻版人、藏版人、刊刻年代、刊版地点等信息，有的还记刻书缘起、选用底本、校本等。牌记（图10-10）多放在卷前的空白处（如书名页、序文末尾等），周边围以方框，此外还有碑形、钟鼎形、香炉形等。

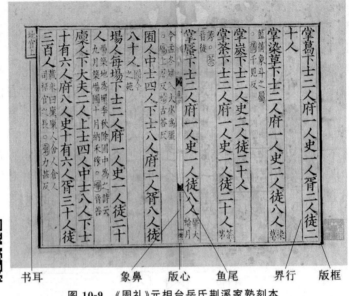

书耳　　　象鼻　版心　鱼尾　　界行　版框

图 10-9　《周礼》元相台岳氏荆溪家塾刻本

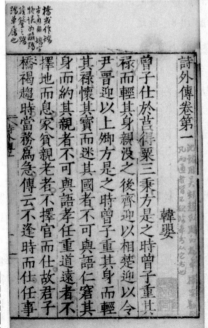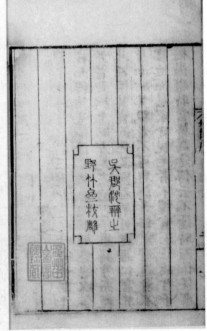

图 10-10　西汉韩婴《诗外传》明嘉靖吴郡沈辨之野竹斋刻本牌记

下面是沈津《美国哈佛大学哈佛燕京图书馆中文善本书志》(上海辞书出版社1999)中对一种书的版本著录,掌握了上面介绍的知识,其著录内容也就容易理解了。

0170　元刻明修本廣韻

《廣韻》五卷。元刻明修本。五册。半頁十二行小字三十至三十二字不等，四周雙邊、左右雙邊、四周單邊不等，綫黑口，雙魚尾，有耳題。框高 16.8 厘米，寬 11.2 厘米。前有天寶十年(751)孫愐《唐韻序》。

书名索引

以汉语拼音为序,书名后数字为介绍该书的起始页页码。凡论述中提及而未作介绍的书名及电子数据库均未列入。

A

安徽大学藏战国竹简 250
安徽古籍丛书 181
安徽文献总目 346

B

巴蜀全书 181
巴渝文献总目 346
百部丛书集成 141
百川学海 121
百年甲骨学论著目 217
百子全书 193
宝卷初集 209
保定房契档案汇编·清代民国编 182
北京大学藏西汉竹书 249
北京图书馆藏画像拓本汇编 292
北京图书馆藏中国历代石刻拓本汇编 243
北京图书馆古籍珍本丛刊 172
北京图书馆古籍珍本丛刊目录 172
北堂书钞(抄) 76,314
北堂书钞引书索引 78
笔记小说大观 194
别录 298
柏克莱加州大学东亚图书馆中文古籍善本书志 309
补注北堂书钞 76

C

册府元龟 83
禅宗全书 150
长沙马王堆汉墓简帛集成 253
长沙走马楼三国吴简 253
车王府曲本提要 207
重修清史艺文志 342
崇宁藏 145
崇文总目 310
出土战国文献字词集释 107
初学记 80
初学记索引 80
楚地出土战国简册合集 253
传世汉文琉球文献辑稿 185
春秋会要 116
丛书集成初编 139
丛书集成初编目录 140
丛书集成初编指南 140
丛书集成三编 142
丛书集成新编 140
丛书集成续编 141
丛书集成续编总目 141

D

大谷文书集成 272
大金玄都宝藏 153
大历道藏 153

大清会典事例 118
大宋天宫宝藏 153
大唐类要 76
大藏经纲目指要录 326
大藏经总目提要 326
大藏经总说 327
大正藏 147
道教经典史论 328
道教要籍概论 328
道经总论 328
道书集成 155
道医集成 165
道藏 154
道藏分类解题 328
道藏集成 156
道藏辑要 154
道藏辑要·提要 329
道藏精华 155
道藏精华录 155
道藏书目提要 328
道藏索引:五种版本道藏通检 328
道藏提要 329
道藏通考 330
道藏源流考 328
地方经籍志汇编 346
地方经籍志汇编书名索引 346
东方道藏 156
东海渔歌 138
东汉会要 116
敦煌宝藏 261
敦煌变文校注 266
敦煌大藏经 149
敦煌道教文献合集 155
敦煌道教文献研究:综述·目录·索引 155
敦煌道经:图录编 155
敦煌道藏 155
敦煌掇琐 261
敦煌赋校注 266

敦煌歌辞总编 266
敦煌古籍叙录新编 266
敦煌劫余录 267
敦煌劫余录续编 267
敦煌类书 260
敦煌秘笈 265
敦煌社会经济文献真迹释录 266
敦煌石窟全集 289
敦煌吐鲁番文献集成 265
敦煌文献分类录校丛刊 265
敦煌文献合集 266
敦煌小说合集 266
敦煌学大辞典 268
敦煌学研究论著目录(1908—1997) 268
敦煌遗书总目索引 266
敦煌遗书总目索引新编 268
敦煌遗书最新目录 266
敦煌愿文集 266

E

俄藏敦煌文献 261
俄藏敦煌文献叙录 262
俄藏敦煌艺术品 261
俄藏黑水城文献 274
尔雅·广雅·方言·释名清疏四种合刊 123
尔雅诂林 108
尔雅诂林经文词语索引 108
尔雅诂林叙录 108
二十二种大藏经通检 325
二十六史大辞典 192
二十四史 191
二十四史订补 192
二十四史纪传人名索引 191
二十四史全译 191
二十五史 191
二十五史补编 192, 322
二十五史艺文经籍志考补萃编 324
二十五史艺文经籍志考补萃编续刊 324

二十五史专书辞典丛书 192

F

法藏敦煌藏文文献解题目录 267
法藏敦煌西域文献 262
法国国家图书馆藏敦煌藏文文献 262
法兰西学院汉学研究所藏汉籍善本书目提要 309
梵蒂冈图书馆藏明清中西文化交流史文献丛刊 186
房山石经 146
佛光大藏经 149
佛经解说辞典 326
佛书解说大辞典 326
佛学辞书集成 214
佛学工具书集成 214
佛藏子目引得 325
福建民间文书 182
傅惜华藏古本小说丛刊 205

G

甘肃藏敦煌文献 263
甘肃秦汉简牍集释 253
赣南文书 182
高丽续藏本 147
高丽藏 147
稿本晋会要 116
稿本中国古籍善本书目书名索引 332
古本戏曲版画图录 293
古本戏曲丛刊 205
古本戏曲剧目提要 338
古本小说版画图录 292
古本小说丛刊 204
古本小说集成 123,203
古代石刻文献断代分编 244
古代玉器通论 289
古典戏曲存目汇考 338
古今图书集成 93,320
古今图书集成分类索引 96
古瓦当集珍 291
古文字诂林 107
古文字考释提要总览 107
古佚书辑本目录 343
古逸丛书 122
古逸丛书三编 122
古音汇纂 105
故宫博物院藏品大系 286
故宫博物院藏清宫南府升平署戏本 208
故宫博物院藏文物珍品大系 285
故训汇纂 105
广雅诂林 108
贵州清水江文书 184
国会图书馆藏中国善本书录 308
国际儒藏 162
国家图书馆藏敦煌遗书 263
国家图书馆藏敦煌遗书研究论著目录索引：1900—2001 268
"国家"图书馆善本书志初稿 333
国家图书馆宋元善本图录 335
国家图书馆所藏敦煌藏文写本注记目录 267
国家珍贵古籍名录图录 334

H

哈佛燕京图书馆藏齐如山小说戏曲文献汇刊 175
海外中华古籍书志书目丛刊 307
海外中文古籍总目 306
海外中医珍善本古籍丛刊 165
邯郸图书十志 310
韩国汉文燕行文献选编 184
韩国所藏中国汉籍总目 186
韩国所见中国通俗小说书目 338
汉碑全集 243
汉长安城未央宫骨签 253
汉代画像石通论 284
汉代物质文化资料图说 287

书名索引　361

汉画总录 287
汉书人名索引 191
汉书·艺文志 321
汉书艺文志拾补 322
汉书艺文志研究源流考 322
汉魏丛书 119
汉魏六朝碑刻校注 246
汉魏六朝集部珍本丛刊 212
汉魏六朝集部珍本丛刊提要 212
汉魏南北朝墓志汇编 244
汉魏南北朝墓志集释 244
汉语方言研究文献辑刊 215
和刻本中国古逸书丛刊 176
湖北民间文书 182
湖湘文库 180
皇览 68
徽州民间珍稀文献集成 183
徽州千年契约文书 183
徽州文书 183
徽州文书类目 183
会典图 118
会要 110,114

J

嘉兴藏 148
甲骨文合集 228
甲骨文合集补编 229
甲骨文合集材料来源表 229
甲骨文合集第十三册拓本搜聚 229
甲骨文合集三编 230
甲骨文合集释文 229
甲骨文校释总集 231
甲骨文精粹释译 232
甲骨文献集成 216,232
甲骨文研究资料汇编 232
甲骨文字诂林 106
甲骨文字诂林补编 106
甲骨文字集释 106

甲骨续存补编 230
江苏艺文志 346
今注本二十四史 191
金代艺文叙录 342
金文诂林 106
金文诂林补 106
金文诂林附录 106
金文文献集成 217
金文引得 239
金文总集 235
金文总集目录索引 235
锦屏文书 184
近出殷周金文集录 237
近出殷周金文集录二编 237
近代汉译西学书目提要(明末至1919) 346
近代中国史料丛刊 192
晋商史料集成 184
经籍籑诂 104
经籍籑诂补遗 104
荆楚文库 180
静嘉堂文库宋元版图录 335
九经 120
九通拾补 113
郡斋读书志校证 311
郡斋读书志 310

K

开宝遗珍 144
开宝藏 144
开元道藏 153
考古图 288

L

历代笔记小说大观 194
历代笔记小说集成 194
历代辞赋总汇 201
历代方言俗语谣谚文献辑刊 215
历代方志方言文献集成 215

历代赋学文献辑刊 201
历代汉文大藏经目录新考 328
历代石经研究资料辑刊 243
历代石刻史料汇编 244
历代史料笔记丛刊 194
历代医学书目提要 339
历代竹枝词 200
两汉全书 211
留真谱初编 333
留真谱二编 333
琉球王国汉文文献集成 185
旅顺博物馆藏新疆出土汉文文献 270

M

美国国会图书馆藏中国善本书录 308
美国国会图书馆藏中文善本书续录 308
美国哈佛大学哈佛燕京图书馆藏中文善本汇刊 175
美国哈佛大学哈佛燕京图书馆藏中文善本书志 309
美国哈佛大学哈佛燕京图书馆中文善本书志 309
美国图书馆藏宋元版汉籍图录 335
秘书省四库阙书目 339
民间宝卷 210
明别集丛刊 212
明代版本图录初编 333
明代版刻图释 334
明代诗文集珍本丛刊 213
明代诗文集珍本丛刊总目·索引·提要 213
明会典 117
明会要 115
明清传奇杂剧编年史 339
明清民间宗教经卷文献初编 210
明清民间宗教经卷文献续编 210
明清善本小说丛刊初编 204
明清善本小说丛刊续编 205
明清俗语辞书集成 214
明清艳情小说 337

N

南北朝墓志集成 244

O

欧洲藏汉籍目录丛编 186

P

佩文韵府 98,320
骈字类编 98
鄱阳湖区文书 182
普林斯敦大学葛思德东方图书馆中文善本书志 309

Q

七国考 116
七略 298
七史 120
齐陶文集成 246
契丹藏 146
碛砂藏 146
千唐志斋藏志 245
秦封泥集存 247
秦会要 116
秦简牍合集 253
清朝通典 111
清朝通史 287
清朝通志 112
清朝文献通考 113
清朝续文献通考 113
清车王府藏戏曲全编 207
清代版本图录 334
清代版刻图录·初编 334
清代稿本百种汇刊 123
清代家集丛刊 213
清代家集丛刊续编 214
清代家集叙录 343

清代山西民间契约文书选编 182
清代诗文集汇编 213
清代诗文集汇编总目·索引 213
清代诗文集珍本丛刊 213
清代诗文集珍本丛刊总目·索引·提要 213
清宫内务府奏销档 192
清华大学藏战国竹简 249
清会典 118
清蒙古车王府藏曲本 207
清末民初小说目录 338
清末上海石印说唱鼓词小说集成 211
清人别集总目 342
清人诗文集总目提要 342
清人著述丛刊 213
清人著述总目 342
清史稿艺文志补编 342
清史稿艺文志拾遗 342
清史图典 287
清水江文书 184
清文海 203
清至民国徽州杂字文献集刊 216
清至民国岭南杂字文献集刊 216
清至民国山西杂字文献集刊 216
曲海总目提要 338
全敦煌诗 266
全国中医图书联合目录 340
全金诗 198
全金元词 198
全辽金诗 198
全辽金文 203
全明词 199
全明词补编 199
全明散曲 199
全明诗 198
全明文 203
全清词 199
全清散曲 200
全清小说 205

全球汉籍合璧 176
全上古三代秦汉三国六朝文 200
全上古三代秦汉三国六朝文篇名目录及作者索引 200
全宋笔记 195
全宋词 198
全宋词补辑 198
全宋词作者词调索引 198
全宋金曲 199
全宋诗 197
全宋诗订补 197
全宋诗辑补 197
全宋诗1—72册作者索引 197
全宋文 202
全唐诗 196
全唐诗补编 196
全唐诗索引 196
全唐诗外编 196
全唐诗作者索引 196
全唐文 201
全唐文补编 202
全唐文补遗 202
全唐文篇名目录及作者索引 202
全唐文篇目分类索引 202
全唐文新编 202
全唐五代笔记 195
全唐五代词 198
全唐五代诗 197
全先秦汉魏晋南北朝文 200
全元词 199
全元曲 206
全元散曲 199
全元诗 198
全元文 203
全元戏曲 206

R

日本宫内厅书陵部藏宋元版汉籍选刊 175

日本宫内厅书陵部藏宋元版汉籍影印丛书 175
日本国会图书馆藏宋元本汉籍选刊 176
日本国见在书目录 307
日本国见在书目录详考 308
日本国立公文书馆藏宋元本汉籍选刊 176
日本汉籍图录 335
日本汉文小说丛刊 185
日本汉语教科书汇刊(江户明治编) 185
日本汉语教科书汇刊(江户明治编)总目提要 185
日本宁乐美术馆藏吐鲁番文书 271
日本所藏稀见中国戏曲文献丛刊 206
日藏汉籍善本书录 308
日藏中国戏曲文献综录 339
儒学警悟 121
儒藏 161
儒藏精华 162

商周青铜器铭文暨图像集成 238
商周青铜器铭文暨图像集成三编 239
商周青铜器铭文暨图像集成续编 239
商周青铜器铭文选 239
上海博物馆藏战国楚简集释 248
上海博物馆藏战国楚竹书 248
尚书注疏汇校 188
十三经辞典 189
十三经大辞典 189
十三经今注今译 188
十三经索引 189
十三经新索引 189
十三经注疏 188
石仓契约 182
石鼓文整理研究 240
石刻史料新编 245
石刻史料新编第一、二、三辑书名著者索引 245
史记人名索引 191
世界佛教美术图说大辞典 296
书目丛编 347
书目类编 347
蜀藏 181
说文解字诂林 107
说文解字研究文献集成 216
四部备要 170
四部丛刊 169
四部丛刊四编 170
四部丛刊五编 170
四库笔记小说丛书 194
四库大辞典 318
四库禁毁书丛刊 129
四库禁毁书丛刊补编 129
四库全书 123
四库全书存目丛书 135
四库全书存目丛书补编 136
四库全书底本丛书 134
四库全书荟要 133

S

三才图会 280
三代吉金文存 235
三代吉金文存补 235
三代吉金文存释文 235
三代吉金文存著录表 235
三洞经书目录 153
三洞琼纲 153
三国会要 116
山东文献集成 180
山东文献书目 346
山东文献书目续编 346
陕西神德寺塔出土文献 269
善本戏曲丛刊 206
商周金文辞类纂 237
商周金文集成 235
商周金文集成释文稿 235
商周金文录遗 235
商周金文摹释总集 237

四库全书卷前提要四种 315
四库全书考证 124
四库全书总目 312
四库全书总目编纂考 315
四库全书总目汇订 315
四库全书总目提要补正 314
四库全书总目研究 315
四库提要辨证 314
四库提要补正 314
四库提要订误 314
四库提要著录丛书 134
四库未收书分类目录 316
四库未收书辑刊 136
宋代笔记录考 195
宋会要 115
宋会要辑稿 115
宋会要辑稿补编 115
宋会要辑稿考校 115
宋会要辑稿篇目索引 115
宋会要辑稿人名索引 115
宋集珍本丛刊 212
宋齐梁陈会要 117
宋人别集叙录 341
宋人轶事汇编 69
宋人总集叙录 341
宋以前医籍考 339
宋元版刻图释 334
俗文学丛刊 208
隋代墓志铭汇考 245
隋书·经籍志 322
隋书经籍志校注 322
隋唐五代墓志汇编 245

T

台东区立书道博物馆所藏中村不折旧藏禹域
　墨书集成 272
太平经 152
太平御览 82

唐代墓志汇编 245
唐代墓志汇编续集 245
唐代墓志铭汇编附考 245
唐会要 110,114
唐六典 117
唐人轶事汇编 69
唐诗宋词元曲全集 199
唐五代别集叙录 341
唐五代诗全编 197
陶文图录 246
天回医简 249
天津市艺术博物馆藏敦煌文献 264
天柱文书 184
通典 109,111
通志 111
吐鲁番出土文书 271
吐鲁番出土文书人名地名索引 271
吐鲁番出土砖志集注 272
吐鲁番文书总目·欧美收藏卷 273
吐鲁番文书总目·日本收藏卷 272
吐鲁番文献合集 272

W

晚清小说目录 338
万寿道藏 153
纬书集成 70
未刊清车王府藏曲本 207
未刊清车王府藏曲本目录索引 207
魏晋全书 212
文津阁四库全书提要汇编 315
文澜阁四库全书提要汇编 315
文溯阁四库全书提要 315
文献通考 112
文渊阁四库全书补遗 128
五百种明清小说博览 337
五代会要 115
武经七书 120

X

西汉会要 116
西清古鉴 288
稀见中国钞本曲本汇刊 206
先秦汉魏晋南北朝诗 196
先秦汉魏晋南北朝诗作者篇目索引 196
先唐别集叙录 341
香港大学冯平山图书馆藏善本书录 333
香港中文大学图书馆古籍善本书录 333
小屯南地甲骨 227
小屯南地甲骨补遗 227
小屯南地甲骨考释 227
新版唐代墓志所在总合目录 245
新编汉文大藏经目录 325
新编增补清末民初小说目录 337
新编中国版画史图录 293
新编诸子集成 193
新编诸子集成续编 193
新编子弟书总目 208
新获吐鲁番出土文献 271
新收殷周青铜器铭文暨器影汇编 237
新中国出土墓志 245
虚词诂林 106
续百子全书 193
续道藏经 154
续古逸丛书 122
续会要 110,114
续经籍籑诂 105
续考古图 288
续通典 111
续通志 112
续文献通考 113
续修四库全书 136,317
续修四库全书提要 316
续修四库全书总目录、索引 139
续修四库全书总目提要 316
续修四库全书总目提要 317
续修四库全书总目提要·经部 316
宣和博古图 288
玄都经目 153

Y

燕行录全编 184
燕行录全集 184
燕行录全集日本所藏编 184
燕行录续集 184
医籍考 339
医藏书目 339
一切道经音义 153
艺文类聚 78
艺文志二十种综合引得 323
殷墟卜辞综类 231
殷墟花园庄东地甲骨 227
殷墟花园庄东地甲骨文类纂 232
殷墟甲骨刻辞类纂 231
殷墟甲骨刻辞摹释总集 230
殷墟甲骨刻辞摹释总集校订 231
殷墟甲骨文摹释全编 231
殷墟甲骨学大辞典 233
殷墟小屯村中村南甲骨 230
殷墟小屯村中村南甲骨刻辞类纂 232
殷周金文集成 235
殷周金文集成释文 236
殷周金文集成引得 236
英藏敦煌社会历史文献释录 266
英藏敦煌文献 261
英藏敦煌文献(佛经以外部分) 261
英藏法藏敦煌遗书研究按号索引 268
英藏黑水城文献 274
英藏及俄藏黑水城汉文文献整理 275
英国博物馆所藏敦煌汉文写本注记目录 266
英国所藏甲骨集 230
英国图书馆藏敦煌汉文非佛教文献残卷目录(S.6981—S.13624) 267
英国图书馆藏敦煌遗书目录(S.6981—S.

8400）267
永乐大典 84，319
玉函山房辑佚书 70
玉烛宝典 74
域外汉籍珍本文库 176
域外汉文小说大系 185
域外中医古籍丛书 165
渊鉴类函 92
元典章 117
原国立北平图书馆甲库善本丛书 174
圆觉藏 145
岳麓书院藏秦简 248
岳麓书院藏秦简（壹—叁）释文修订本 248
越南汉喃文献目录提要 186
越南汉喃文献目录提要补遗 186
越南汉喃遗产目录 186
越南汉喃遗产目录补遗 186
越南汉文小说集成 185
越南汉文燕行文献集成·越南所藏编 185
云笈七签 153
云南省博物馆馆藏契约文书整理与汇编 182

Z

杂字类函 216
杂字类函续 216
再雕大藏经 147
藏外道书 155
增补中国通俗小说书目 336
增订注释全唐诗 197
增注新修道藏目录 329
赵城藏 148
浙藏敦煌文献 264
浙藏敦煌文献校录整理 264
浙江大学藏战国楚简 249
浙江古代文献总目 346
浙江文丛 181
正统道藏 154
正统道藏总目提要 329

直斋书录解题 311
中国百科全书音序索引 96
中国版画史图录 293
中国版刻图录 333
中国宝卷总目 210
中国碑刻全集 243
中国兵书集成 195
中国博物馆丛书 285
中国藏黑水城汉文文献 274
中国藏黑水城汉文文献释录 274
中国藏黑水城汉文文献整理研究 275
中国藏黑水城民族文字文献 274
中国茶文献集成 195
中国出土壁画全集 289
中国出土瓷器全集 289
中国出土青铜器全集 289
中国出土玉器全集 288
中国丛书广录 301
中国丛书题识 302
中国丛书综录 298
中国丛书综录补正 301
中国丛书综录续编 302
中国道教版画全集 296
中国地方志集成 177
中国地方志集成补编 178
中国地方志联合目录 324
中国地方志民俗资料汇编 69
中国地方志综录 324
中国地方志总目提要 325
中国地方志总目提要（1949—1999）325
中国东北文献丛书 180
中国敦煌学论著总目 268
中国法制史书目 345
中国方言谣谚全集 215
中国方志丛书 177
中国方志丛书目录 177
中国方志所录方言汇编 215
中国方志中语言资料集成 215

中国分省医籍考 339
中国封泥大系 247
中国佛教版画全集 296
中国佛教版画全集补编 296
中国服饰名物考 295
中国各民族原始宗教资料集成 69
中国古代车舆马具 294
中国古代服饰研究 295
中国古代书画目录 282
中国古代书画图目 282
中国古代体育文物图录 293
中国古代瓦当图典 291
中国古代小说版画集成 292
中国古代小说总目 337
中国古代小说总目提要 337
中国古代音乐文献集成 211
中国古代印谱汇编 247
中国古代著名丛书提要 302
中国古代砖刻铭文集 246
中国古籍善本书目 332
中国古籍善本书目索引 332
中国古籍善本总目 332
中国古籍珍本丛刊 173
中国古籍总目 303
中国古建筑大系 289
中国古文字大系 216
中国古医籍书目提要 341
中国古医籍整理丛书 165
中国鼓词总目 211
中国国家图书馆藏敦煌遗书总目录 267
中国华北文献丛书 179
中国华东文献丛书 179
中国画像石全集 283
中国徽州文书 183
中国绘画全集 282
中国绘画总合图录 286
中国家谱综合目录 345
中国家谱总目 345

中国简牍集成 252
中国建筑艺术全集 284
中国科学院文献情报中心藏古籍珍本丛书 174
中国历代服饰文物图典 295
中国历代货币大系 291
中国历代人物图像集 296
中国历代人物图像索引 296
中国美术分类全集 281
中国美术全集 280
中国美术史 284
中国民间宝卷文献集成 210
中国民间美术全集 289
中国木版年画集成 292
中国农具史纲暨图谱 295
中国农具通史 295
中国农业考古图录 295
中国青铜器辞典 239
中国青铜器全集 283
中国少数民族古籍集成 181
中国少数民族古籍总目提要 305
中国石窟雕塑全集 283
中国书画全书 211
中国书画文献索引 211
中国通俗小说书目 336
中国通俗小说总目提要 336
中国文物精华大辞典 288
中国文言小说总目提要 336
中国西北文献丛书 178
中国西南文献丛书 179
中国西南文献丛书·二编 179
中国戏剧图史 293
中国小说绘模本 338
中国野史集成 194
中国野史集成续编 195
中国医籍大辞典 341
中国医籍通考 340
中国医籍续考 339

中国医学大成 164
中国医学大成三编 164
中国医学大成续集 164
中国医学大成总目提要 164,339
中国音乐文物大系 290
中国玉器全集 284
中国珍稀本鼓词集成 211
中国珍稀印谱原典大系 247
中国中医古籍总目 340
中国砖铭 246
中国砖铭全集 246
中华大典 100
中华大藏经 148
中华大藏经总目 148
中华道经精要 156
中华道藏 156
中华古籍总目 305
中华汉语工具书书库 214
中华吉祥装饰图案大全 296
中华农器图谱 295
中华续道藏 156

中华医藏 164
中华再造善本 172
中华再造善本续编总目提要 173
中华再造善本总目 173
中华再造善本总目提要 173
中华珍本宝卷 210
中华诸子宝藏 193
中华竹枝词 200
中华竹枝词全编 200
中医古籍孤本大全 165
中医古籍珍本集成 164
中医古籍整理丛书 164
中医图书联合目录 340
周原甲骨文 232
诸子集成 193
资福藏 145
子弟书集成 208
子弟书全集 208
子海 163
子藏 163
字典汇编 214

第三版后记

按照出版界约定俗成的说法，小修小补谓之"修订"，大修大补谓之"增订"。本书2004年出了第一版，2009年做过一次大修，于2010年初出了增订本。增订本面世后颇受读者欢迎。周学峰评议说："阅读该著，仿佛就在著者引领下参观一座座精美的宝库。如果说古代文献典籍是一座有待采掘的富含宝藏的矿山，《古典文献及其利用》无疑就像一把开采挖掘必不可少的长镐利器，帮助人们去寻找开凿新的瑰宝。"①王洁在书评中指出："近年来，同类的书出现了很多，比如黄永年的《古文献学四讲》里就有专章讲解，但与这些书比起来，它的特色主要突出在以下方面。一、注重实践。二、吸收了最新的研究成果，注意更新信息。三、内容充实饱满，介绍详备。四、考证严谨，举例丰富。这本书的确是一本优秀的教科书。"②尽管承蒙读者抬爱，但我清楚，学术成果日新月异，古典文献信息不断刷新，本书如果不能与时俱进，"年年岁岁书相似"，终将会失去读者。为了不让读者失望，为了让使用者得到最为准确、实用、新鲜的古典文献信息，我对拙撰又做了第二次大修。

这次大修比第一次大修改动的幅度更大，只要比较一下这一版与第二版的目录，就会发现有不小的差异。

最明显的是增加了"电子文献及其利用"一章。电子文献近五六年来发展迅猛，众多的古籍被制作成了电子版，相信不久的将来所有古籍都会以电子化的形式呈现。在这一形势下，学界诞生了"电子文献学"（Digital Bibliography）这样一门新兴学科，专门研究电子文献的制作、加工、整理、利用、管理、传播等问题，有些高校甚至开设了"电子文献学"的课程。为了适应文献发展的这种大趋势，我增加了"电子文献及其利用"一章，不仅静态地介绍了已有的重要电子文献，而且从主体参与的角度动态地介绍了电子文献的制作、阅览、加工等方面的方法和技巧，以方便大家对电子文献的利用。

除此之外，《四库提要著录丛书》""儒藏""子藏""吐鲁番文献""清代断代书目"等小节都是新增加的。原有的章节很多也都做了内容重组、补充修订的工作。如在道藏部分披露了青岛市博物馆所藏《正统道藏》中的《太平经》有90卷之多的

---

① 周学峰《授人以渔 学以致用——读杨琳教授〈古典文献及其利用〉（增订本）》，《山东图书馆学刊》2011年第2期。

② 王洁《〈古典文献及其利用（增订本）〉简评》，《安徽文学》2012年第6期。引文中间有删节。

信息,而其他《正统道藏》中的《太平经》只有67卷,其间的异同无疑具有重要的研究价值;地方类丛书中增加了对徽州文书的介绍;专科性图集中增加了《中国出土壁画全集》《中国音乐文物大系》等最新出版的大型图集;目录概说中增加了古籍版式的知识;宗教类书目中增加了西方《道藏通考》的介绍;善本书目中增加了中国港台地区以及美国所藏善本的书目;等等。至于零星的修修补补,那就难计其数了。如《崇文总目》,第二版仅提到原有66卷,今只存12卷,这次补充了著录典籍3445种、有绍兴改定本明抄本存世等内容。又如第二版中说(137页):"1989—1991年新文丰出版公司又编印了《丛书集成续编》,选收丛书151种,精装16开本281册。1999年又推出《丛书集成三编》,收丛书96种,精装16开本101册。"没有介绍这两种丛书各自收了多少种书,因为我所查到的所有介绍这两种丛书的资料中都没有收书种数的信息,只能留下遗憾。这次补充了"共收书4360种""共1161种书"两句话,弥补了缺憾。别看只是简单的两句话,得来却是很不轻松,这是友生墙斯花了三天时间根据丛书子目逐一统计出来的,个中辛苦非局外人所能体悟。

本书一直将信息准确作为孜孜以求的目标,但要落实"准确"二字谈何容易。就拿秦石鼓的大小来说,有关论著及网上的说法五花八门,如"每个有一米多高";"高约90cm,直径约60cm";"高二尺,直径一尺多";"二尺多高,五六尺粗";"高45—60厘米,直径约60厘米";"石鼓大小不一,大者高约90厘米,小者高仅45厘米,周长均在200厘米左右";北京故宫博物院网站上介绍说"高约90cm,直径约60cm";《中国大百科全书》(第2版,中国大百科全书出版社2009)"石刻文字"条介绍说"这10个石碣每个高70余至80余厘米不等";等等。本书第二版中根据裘锡圭先生《文字学概要》(商务印书馆1988,第59页)中的说法,称"每块有1米多高",但可靠与否,我心中没数。经过多方查证,得知实际情况是每块石鼓大小不同,所以这回对数据做了新的表述。

又如王重民编撰的美国国会图书馆的善本书目具体叫什么名字,相关介绍中有《(美国)国会图书馆藏中文善本书录》《美国国会图书馆藏中国善本书目》《美国国会图书馆藏中国善本书录》等名称。由于此书出版于美国,大陆很难见到(国家图书馆也没查到此书),无法核实。起初以为这些名称是据英文名翻译过来的,采用哪个译名都无所谓,于是书稿中选用了《(美国)国会图书馆藏中文善本书录》。后来见到台北文海出版社翻印的此书,这才知道此书原本就有中文名,题为《美国国会图书馆藏中国善本书录》,于是就把书稿中的书名做了改正。既然见到了原书,该是铁板钉钉的事了吧?但我还是不放心,总想一睹美国原版的真容,便在网上进行搜索。功夫不负有心人,终于在"孔夫子旧书网"上看到了美版原书的照片,封面及书脊上题写的中文名是《国会图书馆藏中国善本书录》,于是又对书稿中的相关内容做了修改。

关于雕凿《开宝藏》经版的主持者,不少论著中都说是高品、张从信二人。如《中国大百科全书·宗教卷》第 1 版(中国大百科全书出版社 1988)"汉文大藏经"条:"自北宋太祖于开宝四年(971)命高品、张从信两人在益州(今四川成都)雕印第一部大藏经起,至元代末年,据传曾有各种经版 20 余副。"《中国大百科全书》第 2 版"大藏经"条:"北宋开宝四年(971),宋太祖敕令高品、张从信在益州(今四川成都)开版雕刻大藏经。"程千帆《校雠广义·版本编》:"宋太祖用武力统一这些独立王国不久,便于开宝四年(九七一年)派高品、张从信等前往成都监雕《大藏经》。"①我们在 2010 年增订本中也说是"高品、张从信二人"负责雕刻大藏经。这一说法的依据是宋志磐《佛祖统纪》卷四三的记载:"开宝四年,敕高品张从信往益州雕大藏经板。"其实这里的"高品"不是人名。"高品"有高官的意思。如敦煌变文《金刚丑女因缘》:"于是贫仕(士)既蒙驸马,与高品知闻,书题往来,已相邀会。"又可指行高尚、德高望重的人。唐刘肃《大唐新语》卷三《公直第五》:"官爵者,天下之公器,德望为先,劳旧为次。若颠倒衣裳,则讥议起矣。今登封沛泽,十载一遇,清流高品不沐殊恩,胥吏末班先加章绂。"张从信不知是什么人,如果是朝廷官员,那"高品"就是高官的意思;如果是个僧人,那"高品"就是指高僧。朝廷高官和高僧文献中应该有记载,张从信则无迹可求,所以其为宫内太监的可能性比较大。太监也有官职,自然也有高品。《旧唐书·李德裕列传》:"至浙西,言有隐士周息元,寿数百岁。帝即令高品薛季稜往润州迎之。"薛季稜就是太监。这回修正了流行的错误。

唐代卢延让《苦吟》诗云:"吟安一个字,捻断数茎须。"移用于古典文献,亦可谓"坐实一个字,踏破两只鞋"。古典文献浩如烟海,散布海内外,一书细节又千头万绪,想要做到任何细节准确无误,对个人而言,几乎是不可能的。我们要做的只是像愚公移山、精卫填海那样,不断追求理想的境界,一天比一天更接近目标,如此而已。

这一增订本的另一特点是,开本变大了,这是为了便于放大图表,使图表更为清晰。

末了顺便回应一下读者的意见和建议。有些读者说拙撰中遗漏了对重要字典词典的介绍,建议专设一章加以介绍。这种建议恐怕是对本书的性质缺乏了解。本书是讲述"古典文献"的,今人编的字典词典显然不属于"古典文献",所以,除了跟拙撰中介绍的古籍直接相关的辞书(如《十三经辞典》)顺便提及外,一般不涉及现代辞书。即便是古人编的字典词典,根据本书的体例,也不作单独介绍。有这方面需求的读者可以查阅《文史工具书手册》《中文工具书使用》之类的书。

---

① 《程千帆全集》第 1 卷,河北教育出版社 2000,第 21 页。

经过这次增订,相比第二版,内容更为充实丰富,信息更为准确新鲜,应用性和时效性都有了显著提高。至于能否得到读者的青睐,那就只好企予望之了。

杨琳

2013 年 11 月 11 日于南开大学西南村

第四版后记

第三版出版已有四年，其间海内外整理出版或发布了许多有价值的古典文献，一些原有的文献信息也发生了新的变化，此外，第三版中也发现存在一些文字差错及不准确的表述，这促使我对本书内容又做了一次全面修改。修改主要涉及三个方面。

其一是增新。如"古书形制"是新增的一章，"外国汉文丛书""书画音乐类丛书""黑水城文献""图录书目""戏曲书目"等都是新增的小节，补充的"石仓文书""清水江文书"是新发现的文献。至于近几年出版的大型古典文献及有关要籍，基本上都做了搜罗介绍，如《明别集丛刊》《历代辞赋总汇》《傅惜华藏古本小说丛刊》《稀见中国钞本曲本汇刊》《清车王府藏戏曲全编》《故宫博物院藏清宫南府升平署戏本》《明清民间宗教经卷文献》《中国砖铭全集》《故宫博物院藏品大系》《中国古代小说版画集成》《古本戏曲版画图录》《中华农器图谱》《二十五史艺文经籍志考补萃编》《中国古代著名丛书提要》《正统道藏总目提要》《日本国见在书目录详考》等。这些新增小节及新问世文献的评介对了解查寻有关资料无疑提供了便利。

其二是删旧。有些文献是几十年前编撰的，今天已有了完全可以取代的新编文献，就没有必要再介绍它们了。如现有大部头的《敦煌石窟全集》，那么小规模的《敦煌莫高窟》(日本平凡社1982)就无须再提了。单行本简帛文献不合本书收录原则，都删除了。电子资源凡已过时或不再提供服务的，自然都要删除。书中不少插图也删旧换新，更为清晰。

其三是修旧。根据掌握的最新资料对第三版不详不确的说法进行了补充修正。如《玉烛宝典》的介绍中补充了现存最早的版本日藏"旧钞卷子本"及其书影。第三版引元代赵孟頫《松雪斋集·论曲》："院本娼夫之词名曰绿头巾词，虽有绝佳者，不得并称乐府。"今检《松雪斋集》，并无此语，改为明朱权《太和正音谱》卷上《娼夫不入群英》引赵孟頫语："娼夫之词，名曰绿巾词，其词虽有切者，亦不可以乐府称也。"第三版说陆心源编辑的《唐文拾遗》《唐文续拾》"于光绪间付梓"，今查明是收入光绪十年(1884)刻印的《潜园总集》第39—58册。国家图书馆的馆藏目录中著录《潜园总集》刻印于"清同治光绪间"，不明确切年代。《北堂书钞引书索引》的编者流行的说法是"山田孝雄"，第三版即取此说，今更正为"山田英雄"。第三版中说"我们至今还不清楚《古今图书集成考证》的作者是谁"，现已查明是龙继栋。电子资源变化很快,我们也及时跟进,做了大量补充和更新。诸如此类的补修为数不少,使文献信息的准确性、可靠性和前沿性有了显著提高。

另外,这一版在审校上所下的功夫也是前所未有的,除了责编张弘泓和终审胡双宝先生细心审校过数遍外,我和我的三位博士生梅强、汪燕洁、陈菡也分别校读过三遍,这就是说此书校样审校过十余人次。在众多不同目光的反复审查之下,各种体例、文字、表述等方面的问题基本上都被检出,得以修正完善。三位友生用心细密,做事认真,书中引文他们大都找原文进行了核对,使前三版一直沿袭的不易发觉的引文差错得到纠正。可以说,这一版将差错率降到了最低。在此谨向为提高此书质量而付出辛劳的张弘泓、胡双宝先生及我的三位博士生表示衷心的感谢。

杨琳
2017 年 12 月 1 日于南开大学西南村

第五版后记

本书大致上四年左右修订一次,这不是我喜欢折腾,而是势不得已。近数十年来,各级政府大力扶持传统文化,每年都有大量的古籍整理项目得到政府资助,尤其是国家社科基金的文史类重大项目,十之四五属于古籍整理类,与此相应的,每年就有众多的古代文献整理出版。以大中型丛书而言,2019年问世的有《四库全书底本丛书》《明代诗文集珍本丛刊》《道医集成》《全元词》《中国出土青铜器全集》等;2020年问世的有《四部丛刊五编》《汉长安城未央宫骨签》《旅顺博物馆藏新疆出土汉文文献》《子弟书集成》《清至民国徽州杂字文献集刊》等,编纂长达60多年的《古本戏曲丛刊》也终于在2020年岁末画上了句号;2021年问世的有《清至民国山西杂字文献集刊》《历代方志方言文献集成》《道藏辑要·提要》《清末民初小说目录》(第13版)等。此外,古籍的电子文献信息也在经常发生变化,有的数据库多次更新,有的改变网址,有的无疾而终,也有新秀冒出。我在以前的版本中指出一些数据库存在这样那样的问题,但最近测试了一下,发现我指出的那些问题如今大都解决了,若不修改书中的相关内容就会有评介不实之责。本书多年来一直受到读者的错爱,主要是资料求新,切合实用,面对四年来积累的众多变化,若不及时对内容加以修订,实用性就会大打折扣,读者就会感到真的爱错了,本书的命运也就跟一些数据库一样无疾而终了。所以,套用孟子的话来说,予岂好变哉,予不得已也。

本次修订将2018年以来问世的大中型古籍予以搜罗评介,同时也补充了一些第四版当收而失收的文献,这样2021年7月以前出版的各类大中型古代文献的信息本书中基本都有反映,读者想了解某类文献,或遇到有关问题,可以各取所需,各得所求。电子文件格式方面附带介绍了作为我国国家标准的新兴格式OFD,以有助于解决相关疑难。当然,修订工作并非只是增补内容,此前版本中存在的信息失准、详略失当、措辞欠妥、文字差错(衍文、脱漏、别字等)、体例不一等问题,这次也都做了订正和润色,插图也有调整,有些图附二维码彩图,这使内容的准确性、表述的合理性及阅读理解的舒适性都有了明显提高。

有道是芳林新叶催陈叶,学术旧识让新知,因此,学术论著的修改永远都在路上。虽说这一版的修改从第四版出版以来一直都在进行,鄙人之于修订,可谓尽心焉耳矣,然其中瘢疵仍属难免,吹求指正,固所企盼。

责编张弘泓老师尽心尽力,不厌其烦地在校样上落实我不时提交的修补内容,我的博士生陈菡、詹静珍、李雪琪、孟冰洁四位细心审校文本,发现不少问题,提出修改意见供我定夺,在此对她们的辛勤付出表示感谢。

杨琳
2021 年 8 月 8 日于南开大学西南村

【补记】

2021 年的 5 版 1 次印刷很快就销售一空了。我看了一下豆瓣上的评分,高达 9.4 分,一则以喜,一则惕厉。趁 2022 年初重印的机会,修正了个别差错和不确之处,版面则与去年的印本保持一致,特此说明。

2022 年 1 月 9 日